DE QUEM É O COMANDO?

EDUARDO MATOS DE ALENCAR

DE QUEM É O COMANDO?

O DESAFIO DE GOVERNAR UMA PRISÃO NO BRASIL

1ª edição

EDITORA RECORD
RIO DE JANEIRO • SÃO PAULO
2019

CIP-BRASIL. CATALOGAÇÃO NA PUBLICAÇÃO
SINDICATO NACIONAL DOS EDITORES DE LIVROS, RJ

A353d

Alencar, Eduardo Matos de
De quem é o comando?: O desafio de governar uma prisão no Brasil / Eduardo Matos de Alencar. – 1ª ed. – Rio de Janeiro: Record, 2019.

Inclui bibliografia e índice
ISBN: 978-85-01-11724-3

1. Complexo Prisional do Curado – Recife (PE). 2. Prisões – Recife (PE) – Administração. I. Título.

19-57096

CDD: 365.98134
CDU: 343.811(813.4)

Meri Gleice Rodrigues de Souza – Bibliotecária – CRB-7/6439

Copyright © Eduardo Matos de Alencar, 2019

Todos os direitos reservados. Proibida a reprodução, armazenamento ou transmissão de partes deste livro, através de quaisquer meios, sem prévia autorização por escrito.

Texto revisado segundo o novo Acordo Ortográfico da Língua Portuguesa.

Direitos exclusivos desta edição reservados pela
EDITORA RECORD LTDA.
Rua Argentina, 171 – Rio de Janeiro, RJ – 20921-380 – Tel.: (21) 2585-2000.

Impresso no Brasil

ISBN 978-85-01-11724-3

Seja um leitor preferencial Record.
Cadastre-se em www.record.com.br
e receba informações sobre nossos
lançamentos e nossas promoções.

EDITORA AFILIADA

Atendimento e venda direta ao leitor:
sac@record.com.br

*Para Carla e Miguel.
Sem eles, a vida seria só fúria e tumulto.*

*Tão escuro era aquilo e nebuloso
que, por mais que eu fincasse o olhar a fundo,
o que eu visse restava duvidoso*

DANTE

Sumário

Agradecimentos   11
Prefácio: Quem manda no cárcere (por Allan de Abreu)   13
Introdução   17

PARTE I: COMPLEXO

1. A caça e o caçador   39
2. Coisas estranhas   77
3. O comando é nóis   127

PARTE II: DO ILEGAL AO LEGAL E DE VOLTA E DE NOVO

4. O que faz o monge é o mosteiro   161
5. Os donos da chave   205
6. Feira livre   271
7. O comércio pacifica, mas a concorrência mata   303
8. De quem é o comando?   345
9. Na letra que mata   387

10. Quem vigia os vigias   427
11. A família estendida da prisão   457

Epílogo: O Complexo do Curado tem que acabar   491
Radiografia do Sistema Penitenciário de Pernambuco   501
Unidades prisionais em Pernambuco   503
Bibliografia   505
Notas   509
Índice onomástico   525

Agradecimentos

A memória é quase sempre ingrata, mas algumas pessoas e instituições não poderiam deixar de ser mencionadas aqui.

Este livro é fruto de uma tese desenvolvida no Programa de Pós-Graduação em Sociologia da Universidade Federal de Pernambuco, sob orientação de José Luiz Ratton, financiada pelo CNPq. Produzir conhecimento científico no Brasil é fazer muito com pouco, mas pouco é sempre melhor do que nada.

O empenho admirável de todo o time da Record para fazer deste livro uma obra editorial belíssima não pode deixar de ser mencionado. A visão e a ousadia de Carlos Andreazza, editor-executivo do grupo, já são parte indissociável da história brasileira. Obrigado pela oportunidade e pelo reconhecimento.

Alexandre Marques e Leonardo Lira foram amigos essenciais no desenvolvimento de inúmeros aspectos da pesquisa. Sem os conhecimentos filosóficos do primeiro e a experiência prática do segundo, o valor desta obra restaria bastante reduzido.

Carla e Miguel me deram o sustento emocional necessário durante os momentos mais difíceis. Maria Fernanda, minha mãe, sempre esteve ao meu lado durante todo esse tempo e nunca se furtou às críticas e comentários necessários sobre o livro. Eduardo, meu pai, infelizmente não pôde estar presente para ver este sonho realizado, mas tenho certeza de que ora por mim lá de cima.

Os gestores públicos, agentes penitenciários, policiais, detentos, familiares de presos, magistrados, promotores, psicólogos, assistentes sociais e egressos do sistema penitenciário que entrevistei me dedicaram um tempo e uma confiança que espero fazer por merecer. Gostaria que este livro trouxesse algum bem para as pessoas que trabalham e vivem cotidianamente no Complexo Penitenciário do Curado e no sistema penitenciário pernambucano como um todo. Sem elas, nada disso teria sido possível.

Wilma Melo foi para mim um Virgílio, franqueando-me as portas de um mundo fascinante, mas também por vezes triste e perigoso. Junto com todas as pessoas que trabalham no Serviço Ecumênico de Militância nas Prisões, o Sempri, já faz parte indissociável da história das prisões em Pernambuco. Espero que estas páginas façam jus ao seu nome e trajetória.

No nome de São Jorge, agradeço toda a proteção recebida e as graças alcançadas. Louvado seja o santo, Maria Santíssima e Nosso Senhor Jesus Cristo.

PREFÁCIO

Quem manda no cárcere

Allan de Abreu

Nas últimas três décadas, o Estado brasileiro respondeu ao avanço do crime organizado com uma política de encarceramento em massa. Prisões tornaram-se depósito para todo tipo de gente desajustada, do ladrão de carne em supermercado ao homicida serial. De repente, suas grades ficaram pequenas, mais e mais fétidas, impregnadas de ódio e ressentimento. Mas quem se importa com um criminoso na cadeia? Quem se abala com o drama de um bando de desviados? Está lá, em "Diário de um detento", canção de Mano Brown: "Cadeia? Claro que o sistema não quis./ Esconde o que a novela não diz."

A panela de pressão ferve em fogo brando. Cozinha olheiro do tráfico até transformá-lo em dono do morro, coronel de uma "quebrada" qualquer. Ou até explodir em sangue, com rebeliões, incêndios, execuções cruéis. O pior do homem. Nós nos horrorizamos, ouvimos atentos os chavões de sempre dos comentaristas na TV, mas em pouco tempo aquelas cenas brutais se esvaem da memória coletiva — afinal, não somos nós, são detentos. Ignoramos os laços que unem quem está na cadeia com seus acólitos do lado de fora. E que, com um simples celular, aquele detento que nos esforçamos para esquecer comanda um pequeno exército nas ruas, pronto para expulsar a polícia do morro, vender impunemente suas remessas de droga e, diante de qualquer crise no caixa, partir para o assalto justamente contra aqueles cidadãos que o ignoram. Quando isso acontece, nós, impotentes, inseguros, clamamos pela polícia, rogamos por mais e mais prisões. Empilhamos detentos onde, segundo Brown, Lúcifer é só mais um. A roda não para de girar.

Neste livro, Eduardo Matos de Alencar se propõe a quebrar esse ciclo de ignorância estéril do país sobre o que se passa entre os muros e grades de uma prisão. Ouso dizer que nenhum outro pesquisador da academia brasileira se propôs a mergulhar tão fundo nesse ambiente que, freudianamente, relutamos em olhar. Com um texto vigoroso e fluente, Alencar nos toma pelo braço e, por meio de sua incrível capacidade analítica, nos faz enxergar com outros olhos, sem os filtros do preconceito, aquilo que se passa nesse ambiente opressor. Seu foco de análise está no Complexo Penitenciário do Curado, no Recife, Pernambuco. Por dois anos, o autor visitou constantemente o presídio, na companhia de uma respeitada ativista dos direitos humanos no estado. Foram dezenas de entrevistas e de cenas impactantes observadas *in loco*. O fato de retratar uma penitenciária pernambucana é apenas circunstancial. Alencar poderia estar em qualquer presídio brasileiro. Nossas mazelas estão todas lá — de certa forma, um presídio é o microcosmo de um país.

Com propriedade, o autor trata, de pronto, de desmistificar a ideia de que as prisões brasileiras são ambientes coesos e racionalizados, ao estilo daqueles descritos por Michel Foucault no clássico *Vigiar e punir*. Por aqui, a articulação é bem mais frouxa e precária, o que é uma das causas da baixa eficiência das prisões em punir e educar. Mas isso não significa um ambiente completamente caótico — há ordem na bagunça. E é esse, talvez, o grande mérito da análise percuciente de Alencar: enxergar as filigranas do relacionamento entre o Estado punidor e seus encarcerados.

Na contramão da ideia panóptica de Foucault — a de um poder estatal plenamente vigilante —, o sistema penal tupiniquim, frágil, desestruturado e corrupto, delega funções de comando e controle aos próprios detentos. Surge então a figura do "chaveiro", singular e essencial para se compreender a gestão de um complexo penitenciário em Pernambuco e, por dedução, no Brasil. São detentos há mais tempo no cárcere — e por isso mais "confiáveis" aos olhos da direção penitenciária — que detêm as chaves das celas em seus respectivos pavilhões. Em um contexto de efetivo insuficiente de agentes penitenciários, cabe aos chaveiros a interface entre a massa carcerária e o poder estatal, em um jogo complexo, repleto de estratégias sutis, com o objetivo de evitar a implosão das relações sociais em um ambiente opressor e desumano. Por exercerem o poder coercitivo chancelado pelo Estado, eles regulam não só as normas de convivência como os direitos de propriedade (divisão do espaço nas celas, por exemplo), mas os diversos mercados ilegais, como o das drogas.

Essa relação passa, primeiro, por um conjunto de normas éticas — não furtar nem dedurar companheiros de cela e comportar-se com decoro em dias de visita estão entre elas. Como na letra de "Diário de um detento": "Minha palavra de honra me protege/ pra viver no país das calças bege." Mas também envolve acordos tácitos entre a direção do presídio e os chaveiros, nodal fundamental para se entenderem as relações de comando nesse ambiente. "A soberania do Estado na cadeia", escreve o autor, "é sempre negociada de alguma forma" em um sistema de recompensas e punições. Essa relação envolve determinadas liberalidades que contrariam a letra dura da lei: a circulação de aparelhos celulares, de armas brancas e de determinadas drogas, como a maconha. No limite, permite que os presos driblem a precariedade estrutural da penitenciária por meio do improviso: barracos de lençol e cadarços para visitas íntimas e até a construção, em alvenaria, de espaços de convivência. "Ainda não consigo encontrar maiores semelhanças para descrever o Complexo Penitenciário do Curado do que uma favela", resume Alencar. E deságua, não raro, na cooptação de agentes penitenciários por facções criminosas, presentes na maior parte dos presídios brasileiros, ocupando o vácuo deixado por governanças fracas e ineficientes.

A debilidade do poder estatal, entretanto, não significa que ele tenha perdido o controle dos presídios. Para o autor, gerir um estabelecimento penal implica sempre certa flexibilização, em uma complexa política com grupos criminosos organizados. Levar a lei ao pé da letra e recorrer constantemente à força, em um contexto de debilidade estrutural crônica das cadeias no Brasil, seria contraproducente e arriscado: a panela de pressão fatalmente explodiria.

É no equilíbrio sempre mambembe entre o Estado e a massa carcerária que o sistema penitenciário se alicerça. Nada, afinal, é tão simples quanto parece à primeira vista. Alencar nos instiga a todo momento a retomar o título que norteia toda a sua obra, que já nasce clássica e referencial: "Quem comanda esse caos ordenado?"

Introdução

O primeiro dia de 2017 anunciava um ano preocupante para as pessoas envolvidas direta ou indiretamente com o sistema penitenciário brasileiro. Em Manaus, uma grande rebelião no Complexo Penitenciário Anísio Jobim, o Compaj, resultara no assassinato de 56 detentos. Dezenas de vídeos gravados e transmitidos de dentro do muro da penitenciária, pelos celulares dos próprios presos, circularam pelo YouTube e no WhatsApp, exibindo presos portando armas, cenas de tortura, decapitações, execuções sumárias, ameaças, corpos espalhados pelo chão e fugas em massa para milhões de pessoas em todo o país.

O fato ganhou destaque na grande mídia como a segunda maior chacina em prisões brasileiras desde o Carandiru, em 1992, quando 111 presos foram mortos durante rebelião seguida de uma invasão maciça das forças de segurança do Estado. Ao contrário do famoso massacre de São Paulo, porém, a maior parte dos crimes no Compaj foi sabidamente praticada por detentos contra outros detentos. Eventos similares que se seguiram em vários outros estados demonstrariam que esse dado não era mero detalhe, e apontava para um deslocamento definitivo do eixo de preocupações em torno do problema prisional no Brasil.

No dia posterior ao ocorrido, reportagem publicada no jornal *El País* atribuiu os acontecimentos a uma guerra silenciosa que se desenrolava desde 2016 envolvendo as duas maiores facções criminosas do país, o Primeiro Comando da Capital (PCC) e o Comando Vermelho (CV). Segundo o jornal, a ordem para iniciar a rebelião teria partido da Penitenciária Federal de Campo Grande, onde se encontrava preso José Roberto Fernandes Barbosa, o Zé Roberto da Compensa, um dos fundadores da Família do Norte (FDN), organização criminosa que controla grande parte das rotas de tráfico de drogas e de armas no Norte do país, a partir da Colômbia, Peru e Venezuela, com destino a vários estados brasileiros, bem como para países da Europa e da África.[1]

De fato, como as investigações vieram demonstrar um ano depois, a esposa de Zé Roberto teria recebido uma carta escrita pelo capo com a ordem de deflagrar a rebelião, aproveitando a oportunidade para atacar os 27 membros do PCC que se encontravam numa ala reservada da prisão. A carta teria sido lida em novembro na unidade para as principais lideranças da FDN, facção que exerce poder incontestável no local, com o maior número de integrantes e de armas. Apurou-se que a FDN estava disposta a esvaziar as celas especiais dos "jacks", reservadas aos condenados por estupro, policiais e familiares de policiais, assim como os detentos do "Seguro PCC". Os sobreviventes relataram ter sido ameaçados vários dias antes do evento. Autoridades públicas foram alertadas com antecedência, mas nenhuma medida foi tomada para que o massacre fosse evitado.[2]

A ação foi deflagrada minutos após a saída das visitas da unidade. Pouco antes do levante, uma fuga no Instituto Penal Antônio Trindade (Ipat), também em Manaus, teria sido utilizada como cortina de fumaça para distrair as autoridades. Um dos presos que fugiu da unidade chegou a postar uma foto no Facebook como sinal de provocação. Pouco tempo depois, um grupo armado iniciava a tomada da guarita e a invasão dos pavilhões do Compaj onde se localizavam os principais alvos da FDN. Das 15h do dia 1º de janeiro até as 8h40 do dia seguinte, a penitenciária ficou sob total controle dos detentos. Das 56 pessoas assassinadas, 23 estavam no "Seguro PCC" e pelo menos 21 eram detentos em situação de vulnerabilidade ou ameaça. Alguns presos foram mortos em cobranças de dívidas ou por causa de rixas antigas de cadeia. Pelo menos um integrante da própria FDN foi assassinado por engano. Não poucos morreram sufocados pela fumaça dos colchões incendiados na tentativa de bloquear o avanço dos amotinados, mas a maior parte das mortes foi causada por arma de fogo, arma branca ou asfixia.

Uma foto tirada poucos minutos antes da rebelião e espalhada pelas redes sociais chocou a opinião pública pelo tamanho do arsenal em posse dos presos, que exibiam pistolas, revólveres, espingardas, escopetas e granadas de mão. Os agentes penitenciários e policiais de plantão pouco puderam fazer contra as dezenas de detentos bem armados. Doze deles foram feitos reféns e tiveram sua libertação negociada com as forças do Estado. Pelo menos duzentos presos escaparam por cima dos muros da penitenciária, utilizando escadas ou cordas feitas de pano. Nenhum refém foi morto. Ironicamente, o então secretário de Segurança Pública do Amazonas, Sérgio Fontes, disse à imprensa que a decisão de não enviar a PM para dentro da unidade logo no início da rebelião tivera como intenção "evitar um Carandiru 2".[3]

A atenção da imprensa se voltou para as causas por trás do acontecimento. Reportagens publicadas no ano anterior já alertavam para conflitos no sistema penitenciário decorrentes das disputas entre CV, PCC e facções locais. Em outubro de 2016, houve pelo menos duas rebeliões associadas a tais disputas. Na penitenciária agrícola de Monte Cristo, em Boa Vista, pelo menos dez presos do CV foram mortos quando da invasão do setor destinado à facção fluminense por detentos ligados ao PCC. O evento ocorreu durante o horário de visita, espaço de tempo normalmente protegido pelos códigos não escritos que regem a vida social nas prisões, o que foi entendido como um ato de guerra declarado. Horas depois, numa prisão de Porto Velho, um motim semelhante terminou com saldo de oito detentos mortos. A relação dos acontecimentos com a disputa nacional entre facções foi confirmada pelo secretário de Justiça de Roraima, Uziel de Castro, que citou a ocorrência de rebeliões também no Pará, não confirmadas pelas autoridades locais.[4]

A origem mais provável dessas disputas remonta ao ano de 2015, quando pelo menos três lideranças do PCC foram assassinadas por integrantes da FDN. Os eventos integraram o episódio que ficou conhecido na capital amazonense como Fim de Semana Sangrento, quando ocorreram 38 homicídios nas ruas de Manaus, boa parte de indivíduos ligados ao PCC ou a outros grupos criminosos rivais da FDN. Os ataques teriam sido uma reação à disposição da facção paulista de expandir seus domínios na região, "batizando" novos membros, inclusive egressos do grupo manauara.[5] A disputa local entre as duas facções se intensificou durante o ano de 2016, com o progressivo afastamento entre o PCC e o CV, um dos principais aliados da FDN. Após o assassinato de Jorge Rafaat, o "Rei da Fronteira", principal traficante em atuação em Pedro Juan Caballero, responsável pela exportação de toneladas de maconha e cocaína para o Brasil, a tentativa da facção paulista de impor preços maiores para a comercialização dos produtos para o país teria intensificado ainda mais a disputa, que terminaria envolvendo várias facções com atuação regional.

Os eventos que se seguiram ao massacre do Compaj não deixaram dúvidas de que havia algo sinistro acontecendo no sistema penitenciário brasileiro. Quatro dias depois da rebelião, nova chacina na Penitenciária Agrícola de Monte Cristo, em Roraima, deixaria o saldo de 31 detentos assassinados. Os crimes teriam sido cometidos por integrantes do PCC contra membros do CV e da FDN, em resposta aos acontecimentos de Manaus. No Rio Grande do Norte, no dia 14 de janeiro de 2017, uma investida de integrantes do grupo paulista contra os pavilhões dominados pelo seu rival local, o Sindicato do Crime, deixou saldo de 26 mortos em quase uma semana de rebelião, com imagens de verdadeiro conflito campal sendo transmitidas em cadeia nacional.[6] Novamente, nesse caso, não só as autoridades locais, como também membros do PCC que se comunicaram com a imprensa, exigindo a transferência dos detentos do Sindicato para outra unidade, já haviam alertado para os riscos de um "novo Carandiru".[7]

Os relatórios de inteligência dando conta de novas rebeliões não paravam de chegar para as autoridades de vários estados. Alertas foram dados no Amazonas, em Roraima, Rondônia, Acre, Mato Grosso e Mato Grosso do Sul. Dessa vez, os tomadores de decisão informaram rapidamente o governo federal assim que foram notificados e pediram reforços na segurança. No dia 7 de janeiro, reportagem do *Estadão* divulgou um infográfico com a geopolítica das facções brasileiras, afirmando que 27 delas disputavam o poder do crime organizado no Brasil inteiro, e que todas estavam direta ou indiretamente envolvidas com a guerra entre o PCC e o CV.

Parte das autoridades governamentais agiu como sói acontecer no Brasil quando condenados pela justiça morrem em decorrência de eventos dessa espécie. O governador do Amazonas afirmou que "não morreu nenhum santo" durante o massacre do Compaj,[8] enquanto o secretário nacional de Políticas para a Juventude publicou nas redes sociais que deveria ocorrer uma chacina dessas por semana nas prisões, sendo exonerado pelo governo federal na semana seguinte.[9] A reação do então ministro da Justiça, Alexandre de Moraes, foi no sentido de negar qualquer crise no sistema penitenciário brasileiro, explicando cada um dos acontecimentos como restritos a dinâmicas locais, sem ligação com disputas nacionais entre grandes organizações criminosas.[10]

Alguns governadores e secretários de segurança pública, entretanto, passaram a expressar publicamente a preocupação com a incapacidade de oferecer uma resposta adequada ao problema, que já assumia dimensões nacionais. A governadora de Roraima admitiu, em ofício enviado à União, que não dispunha dos recursos materiais e humanos necessários para garantir a segurança dos 2.200 presos sob sua responsabilidade, solicitando o reforço imediato de policiais da Força Nacional de Segurança Pública e da Força de Intervenção Penitenciária, além de recursos para a compra de equipamentos.[11] O governador do Rio Grande do Norte falou de maneira aberta que o PCC teria ameaçado publicamente a soberania do Estado, reiterando a necessidade de cuidado para que a esperada reação não resultasse em um "novo Carandiru". Enquanto isso, o presidente do Tribunal de Justiça do Rio Grande do Norte admitiu que "o estado perdeu para o PCC".[12]

A crise penitenciária passou a ocupar a grade de programação e os editoriais de diversos órgãos da imprensa. *Estadão, O Globo, Folha de S.Paulo, Extra, Gazeta do Povo, El País*, BBC Brasil, UOL Notícias, SBT e Band publicaram matérias a respeito da guerra entre facções nos diversos estados. Somente a Rede Globo de Televisão manteve a política de não nomear as organizações criminosas envolvidas, nem explorar as possíveis relações entre os eventos locais e as disputas envolvendo Comando Vermelho e Primeiro Comando da Capital.

Pressionado pela opinião pública, o Ministério da Justiça anunciou, poucos dias após o massacre do Compaj, o lançamento de um Plano Nacional de Segurança Pública que incluía a construção de cinco penitenciárias federais, uma em cada região do país.[13] O documento, divulgado primeiro na forma de slides sem qualquer tipo de detalhamento a respeito de metas, prazos e valores, não passou de um improviso, um arremedo de resposta a um problema que começava a tomar proporções de crise nacional na grande imprensa e nas redes sociais. Entre outras medidas mais ou menos conectadas com a crise no sistema prisional, o plano falava do objetivo de reduzir em pelo menos 10% a população carcerária do país. Além disso, contingentes da Força Nacional de Segurança Pública e da Força de Intervenção Penitenciária foram enviados para estados do Norte e do Nordeste em atendimento a pedidos das autoridades locais.[14]

Não demorou até que o problema da superlotação dos presídios brasileiros ganhasse importância inédita nos órgãos de imprensa. O termo "desencarceramento" atingiu o topo da lista de termos mais pesquisados no Google Trends na semana do massacre do Compaj, comparando-se janeiro de 2016 a janeiro de 2018, sendo que no ano de 2017 atingiu o maior número de pesquisas em quase todas as semanas, em contraponto com o ano anterior. Especialistas foram chamados para falar nos jornais e nas emissoras de televisão a respeito do tema. De uma hora para outra, a tese de que a superpopulação carcerária favorecia a consolidação de grandes facções criminosas tomava ares de verdade longamente testada pelo tempo. As condições precárias das prisões brasileiros e as privações constantes a que os detentos se encontravam submetidos passaram a ser tratadas como elementos de fortalecimento do poder dessas organizações.

Personalidades públicas comumente associadas a posições conservadoras, como Gilmar Mendes, ministro do Supremo Tribunal Federal (STF), passaram a fazer coro a demandas históricas de parte da sociedade civil organizada quanto à necessidade de celeridade nos processos penais, para que muitos detentos pudessem progredir de regime e não poucos conquistassem a liberdade que lhes era devida pelo Estado.[15] De repente, mesmo as preocupações humanitárias de setores mais progressistas pareceram se deslocar da esfera da preservação e do respeito aos direitos humanos para as preocupações em torno da segurança pública, que envolviam a necessidade de estabelecer controle efetivo sobre as prisões. Pouco importava que não houvesse um debate sobre a melhor forma de fazer isso ou um estudo sistemático sobre a consequência real da aplicação do tipo de medida proposto: colocar pessoas para fora do sistema penitenciário passou a ser um objetivo publicamente desejado por autoridades que até então jamais haviam demonstrado qualquer preocupação com o assunto.

Além da aparente mudança de prioridades em torno do sistema penitenciário, o massacre do Compaj e os eventos que se seguiram durante todo o ano de 2017 e início de 2018 parecem ter operado também o deslocamento do eixo de poder do próprio sistema, ou pelo menos o reconhecimento público de um deslocamento que remonta aos idos de 2006. Naquele ano, uma série de rebeliões no sistema prisional de São Paulo foi seguida de inúmeros atentados contra agentes públicos, repartições e coletivos ordenados pelo PCC, então uma facção prisional quase totalmente desconhecida pela opinião pública brasileira. Pela primeira vez, a realidade de facções prisionais com capacidade de exercer poder sobre territórios inteiros, afrontando a soberania do Estado, parecia ultrapassar as fronteiras do Rio de Janeiro, até então um dos únicos estados da federação onde o crime organizado atingia tamanha magnitude e importância, com um papel de destaque para as prisões enquanto centro nervoso dessas organizações. Nesse sentido, a comparação recorrente das rebeliões de 2017 feita por tantas pessoas com a chacina do Carandiru de 1992 talvez possa dizer mais do que a referência a números de corpos na casa dos três dígitos. As 111 mortes ocorridas na Casa de Detenção em São Paulo resultaram de uma intervenção desastrosa da Polícia Militar para a retomada da unidade após o início de uma rebelião. Esta, por sua vez, tivera início numa briga durante um jogo de futebol entre os detentos responsáveis pela faxina e o time dos que trabalhavam no setor de alimentação. O estopim da confusão foi o desentendimento entre dois presos por causa de um varal. Não houve reféns, nem reivindicações, nem tentativas de fuga, nem mesmo um motivo claro que pudesse ter sido identificado como razão para as confusões que se estenderam por todo o pavilhão naquele dia. A invasão da unidade pelas forças de segurança não foi mais do que uma tentativa atrapalhada e extremamente violenta de imposição estatal da ordem em uma situação de desordem momentânea.

Já nas rebeliões que tiveram no Compaj o seu momento de violência mais acentuado, a ideia de uma lógica política nos acontecimentos ficou mais do que evidente. Entre estudiosos, acadêmicos, jornalistas e operadores de segurança o debate se deu em torno de qual seria a natureza dessa lógica, quais atores e organizações estariam envolvidos, quais os objetivos em jogo e o que se poderia esperar nos próximos meses. De certa forma, os próprios agentes públicos pareciam ter se somado aos inúmeros espectadores que assistiam atônitos aos acontecimentos, como se não fosse sua responsabilidade antever os próximos lances ou exercer controle efetivo sobre os eventos em curso e sobre aqueles que se seguiriam. Ainda que parte da imprensa comentasse que a atitude de não intervenção dos governos estaduais era uma estratégia para deixar que as facções em conflito se enfraquecessem com as baixas que inevitavelmente sofriam nos conflitos, a ideia de que o Estado brasileiro não exerça mais controle sobre as unidades prisionais disseminou-se rapidamente. O domínio do sistema carcerário por facções criminosas organizadas parecia ser entendido como um dado da natureza, sobre o qual se poderia debater ou mesmo ensaiar intervenções, mas não algo a ser questionado, criticado ou sequer nuançado. Declarações como as da ministra Cármen Lúcia, então presidente do STF, quando afirmou que "as pessoas não conseguiriam dormir" se soubessem tudo o que ela sabia após visitar quinze penitenciárias masculinas e femininas no Brasil, só contribuíram para aumentar a sensação generalizada de total domínio do crime organizado no sistema penitenciário e fora dele.[16]

Para além da sensação de impotência, a ideia de que autoridades públicas estivessem estabelecendo acordos de natureza política com organizações criminosas veio acrescentar uma pitada de apreensão ao clima de insegurança da sociedade brasileira frente às facções que agora mostravam sua cara para todo o país. A hipótese de que representantes do governo do estado de São Paulo pudessem ter negociado com o PCC após o início dos atentados de 2006, com o intuito de colocar um freio à onda de violência e insegurança que assolou o estado, até então se encontrava restrita a um círculo limitado de jornalistas e estudiosos da área. Como as autoridades paulistas negassem veementemente qualquer possibilidade de acordos dessa espécie, não havendo comprovação material do caráter da reunião realizada entre representantes do governo e da facção criminosa, a falta de um precedente histórico desse tipo de iniciativa dava ao poder público o benefício da dúvida. Com o desenrolar dos acontecimentos, entretanto, a hipótese foi se tornando mais verossímil, chegando mesmo a ser cogitada publicamente por parte da imprensa como alternativa para dar solução aos imbróglios que intensificavam os conflitos em andamento. Matérias sobre possíveis negociações políticas entre representantes do governo do estado do Amazonas e lideranças da FDN ocorridas em 2014, que teriam tido por objetivo angariar o apoio político da facção e fomentar a pacificação nas ruas e cadeias do estado, voltaram a ganhar destaque. A possibilidade de que o governo do estado do Rio de Janeiro pudesse garantir a transferência de Antônio Bonfim Lopes, o Nem da Rocinha, como forma de atenuar a crise de segurança do Rio de Janeiro foi debatida por autoridades na imprensa e possivelmente nos corredores palacianos do governo fluminense. Segundo o próprio advogado de Nem, o traficante teria dito que os roubos de carga e o aumento da criminalidade provavelmente acabariam se ele fosse transferido da penitenciária federal em Rondônia de volta para o Rio de Janeiro.[17]

Não deve ser difícil imaginar que um início de ano assim repercutiu de maneira negativa para quem trabalhava ou estava envolvido de alguma forma com o sistema prisional. Mas, ao contrário do que os acontecimentos pareciam apontar, os contatos que eu tinha dentro e fora das três unidades que compunham o Complexo — Presídio Frei Damião de Bozzano (PFDB), Presídio Juiz Antônio Luiz Lins de Barros (PJALLB) e Presídio Agente Marcelo Francisco de Araújo (PAMFA) — não demonstravam qualquer apreensão com os eventos que se sucediam em vários estados da federação. A informação que eu recebia de fontes distintas era de que "a cadeia estava tranquila" — não se cogitava o risco de rebeliões, chacinas ou massacres de qualquer espécie.

Então com quase 7 mil detentos para cerca de 1.800 vagas, o Complexo do Curado talvez fosse, naquele momento, uma das prisões mais precárias do país, quiçá da América Latina. Possuía celas superlotadas, onde presos dormiam apinhados no chão, péssimas condições de infraestrutura, saneamento, serviços assistenciais, de educação e saúde, e praticamente nenhum projeto voltado para a reinserção social dos detentos. A este quadro acrescia o fato de que não havia número adequado de agentes públicos para exercer controle sobre os detentos. Pelo menos duas unidades do Complexo contavam com plantões de dez agentes de custódia, enquanto a restante não ultrapassava a casa dos vinte. Em algumas situações, seis homens ficavam responsáveis pela custódia e manutenção de mais de 1.200 presos. Observe-se que a Resolução n. 1 do Conselho Nacional de Política Criminal e Penitenciária, de 9 de março de 2009, estabelece uma proporção mínima de cinco detentos para cada agente como o minimamente recomendável em termos de garantia de segurança e de bom andamento das rotinas administrativas nas prisões.

A arquitetura pavilhonar tampouco facilitava qualquer exercício de controle por parte das autoridades. Estruturas de concreto isoladas umas das outras por vastos espaços abertos, a dezenas de metros de distância da parte administrativa das unidades, onde se concentravam os poucos agentes de plantão, garantiam uma vida social com um grau considerável de autonomia para a população carcerária. Isso se refletia na disseminação de armamento para quase todos os presos do Complexo, bem como no comércio intenso de drogas ilícitas, celulares e outras mercadorias. Posso afirmar que não houve um dia de visita às unidades em que eu não tenha visto homens armados com facas, facões, chuços, machadinhas, porretes ou punhais, utilizando aparelhos telefônicos livremente e comercializando ou fazendo uso de drogas como álcool, maconha e crack, sem quaisquer reservas. Bastava ter dinheiro para que qualquer preso adquirisse esses e outros bens ali dentro. Sabia-se que havia até mesmo armas de fogo na mão de alguns detentos, ainda que estas sempre fossem guardadas e escondidas como objetos de extremo valor. O assassinato de três homens no Complexo, em 2016, vítimas desse tipo de armamento, eram prova de que havia presos com posse de tais artefatos.

As notícias sobre as rebeliões davam conta de que o Nordeste deveria ser um alvo privilegiado para as investidas das grandes facções. Havia notícias de que um acordo entre o PCC e o CV fora o responsável por um extenso período de pacificação nas lutas fratricidas entre gangues nas periferias de Fortaleza (CE), e que agora estava ameaçado pelo rompimento entre as duas facções. A Paraíba andava às voltas com a luta contra duas grandes facções que disputavam o controle do tráfico de drogas no estado, a Okaida e os Estados Unidos, uma das quais sabidamente mantinha acordos para a venda de armas e drogas com a facção paulista. O Rio Grande do Norte se mostrava incapaz de lidar com a desordem gerada por essas organizações criminosas. E Pernambuco, por causa do Porto de Suape, era apontado por muitos especialistas como um local privilegiado para o envio de grandes remessas de drogas para a Europa e a África. Por isso, deveria se transformar num ponto importante de disputa nos conflitos que se seguiriam nos próximos meses.[18]

Em um contexto de franca desestruturação do Pacto pela Vida, política de segurança do estado, com sucessivas altas nas taxas de crimes violentos desde 2014, o cenário de insegurança e vulnerabilidade do Complexo Penitenciário do Curado parecia ser o palco perfeito para mais um evento trágico como os que ocorreram durante todo o ano de 2017 e início de 2018.[19] No entanto, não era isso o que eu via, nem ouvia falar. De fato, durante todo o ano de 2017, poucas ocorrências de monta foram registradas no sistema penitenciário pernambucano. A maior delas, uma tentativa de fuga coletiva ocorrida no Presídio Frei Damião de Bozzano, uma das unidades do Complexo, não aparentava qualquer relação com os eventos que se desenrolavam pelo país.[20] Em suma, a relativa estabilidade do sistema penitenciário pernambucano não parecia fazer sentido nem mesmo para os agentes públicos que trabalhavam nele.

Até mesmo os dados divulgados por autoridades corroboravam que o problema das facções no estado parecia ser de menor monta que em outros locais. Segundo um relatório do Centro de Segurança Institucional e Inteligência do Ministério Público de São Paulo, apesar de o Nordeste concentrar 33% dos filiados do PCC no Brasil, em todo o estado de Pernambuco somente 154 membros integrariam a organização, o segundo menor número da região, ficando atrás apenas do Piauí, e muito próximo dos estados com menor número de filiação considerando todo o território nacional.[21]

Apesar de a reportagem publicada no *Estadão* no início de janeiro colocar as prisões pernambucanas como divididas entre o PCC e o CV,[22] em oito meses de pesquisa dentro do sistema penitenciário eu já sabia que a distribuição de poder nas unidades era bem mais complexa do que o retratado pela grande imprensa.

Naquele momento, para mim, já estava claro que havia algo impreciso na forma como o debate sobre as prisões no Brasil vinha sendo travado na opinião pública. Afinal, eu dispunha de informações suficientes para entender que o caso pernambucano apresentava diferenças peculiares de outros estados que foram palco de massacres e rebeliões em 2017. Porém, ele também apresentava características mais gerais cuja importância não estava sendo levada em conta. Havia questões complexas relativas à governança da prisão que pareciam escapar ao entendimento dos jornalistas, operadores de segurança pública e acadêmicos chamados a se pronunciar sobre os casos ocorridos. Falar sobre quem manda na prisão, quem produz a ordem ou quem cria a desordem não é só escolher entre duas opções aparentemente antagônicas — governo ou crime organizado. Envolve a compreensão de uma tessitura fina de relações, mecanismos causais, técnicas disciplinares, dispositivos de controle, papéis sociais e estruturas econômicas responsáveis pela governança nos espaços prisionais.

Ao contrário da imagem que grassa no imaginário popular, de serem locais totalmente fechados, coesos e racionalizados ao extremo, defendo que prisões são sistemas frouxamente articulados que se compõem de pessoas, instituições e grupos de interesse com objetivos não raro divergentes ou mesmo francamente antagônicos. Políticos, gestores públicos, diretores, agentes penitenciários, policiais civis e militares, médicos, profissionais de enfermagem, assistentes sociais, psicólogos, agentes de ressocialização, advogados, promotores públicos, juízes de execução penal, entidades religiosas, defensores dos direitos humanos, fornecedores de alimentos e materiais de construção, chaveiros, cantineiros, presos concessionados, familiares de presos, traficantes de drogas, organizações criminosas e uma miríade de detentos com biografia, histórico criminal e comportamentos diferentes formam um sistema cuja estrutura, resultados e arranjos são função de suas ações, prioridades, esforços e decisões. A posição de cada personagem determina diferentes possibilidades de influir sobre o funcionamento do sistema como um todo, mas todos encontram limites para a realização de seus objetivos e operam sob determinados constrangimentos. Um incentivo alocado em determinada ponta desse arranjo pode gerar modificações e efeitos no todo, mas nem sempre isso acontece. O caráter frouxamente articulado explica, portanto, que os resultados finais desse sistema dificilmente sejam objeto de uma única mente racional ou mesmo de ações perfeitamente intencionadas.

Este livro procura lançar alguma luz sobre o funcionamento de certos mecanismos que possibilitam a governança desse sistema, considerando os papéis sociais, as posições em jogo e as estruturas institucionais de constrangimentos e incentivos que influenciam a ação humana. Por governança, entenda-se a capacidade de sistemas sociais gerenciarem determinados cursos de eventos, envolvendo uma série de mecanismos e instituições que vão bem além do que se entende normalmente pela esfera de atuação do governo, isto é, do Estado. Falar em mecanismos de governança, por sua vez, significa explicar a vida social, numa espécie de abertura de caixa-preta, desvendando as peças, engrenagens, porcas e parafusos que compõem a maquinaria própria dos fenômenos. Em outras palavras, trata-se de compreender como se dão os processos de articulação entre indivíduos, normas, valores e instituições tendo em vista a produção de determinados resultados, intencionais ou não.

A ideia para este livro nasceu de uma extensa pesquisa sobre uma das maiores prisões brasileiras, realizada entre 2016 e 2018, com o objetivo de fundamentar a minha tese de doutorado em sociologia pela Universidade Federal de Pernambuco. Particularmente, três temas inter-relacionados foram objeto de atenção para a construção do argumento.

O primeiro diz respeito às possibilidades de produção de um nível sustentável de estabilidade nas relações humanas numa instituição onde pessoas condenadas pela Justiça são encarceradas por longos períodos de tempo, sofrendo de inúmeras privações, o mais das vezes contra a própria vontade. A questão *per se* constitui um dos problemas recorrentes de teorização a respeito das prisões nas ciências sociais de todo o mundo desde o início do século XX. Não só pelo tipo de pessoa que se encontra confinado nessas instituições, mas pelo simples fato de que a maior parte delas não gostaria de estar ali pelo tempo determinado pelo sistema de justiça criminal. No contexto do Complexo Penitenciário do Curado, assim como em outras prisões de Pernambuco, os elementos de precariedade (superlotação, déficit de pessoal, deficiências estruturais etc.) trazem ainda mais dificuldade para o entendimento de uma questão em si mesma já bastante complexa.

O segundo tema aborda as instituições e personagens que operam na prisão (e a forma como o fazem) para a articulação dos mecanismos causais responsáveis pela produção de ordem. Isso significa entender como e quando interesses quase sempre antagônicos podem atuar para a realização de objetivos comuns, e também em que medida os eventuais conflitos podem levar a momentos de rompimento da ordem estabelecida, com infrações às regras formais e informais que regulam as relações cotidianas, atos de violência interpessoal, tentativas de fuga ou distúrbios coletivos como rebeliões, motins, chacinas ou linchamentos. Em outras palavras, quais as instituições e mecanismos que contribuem para uma governança das relações nesses espaços, que se apresentam com um caráter eminentemente nodal, onde inúmeros protagonistas se articulam em rede, de maneira mais ou menos frouxa, com a finalidade de obter resultados coletivos.

Esse tema remete diretamente ao terceiro ponto abordado neste livro, que diz respeito ao esforço de entendimento dos mercados que se formam em ambientes de precariedade, que exercem distintas pressões e constrangimentos sobre o comportamento dos indivíduos. O que se pretende, então, é investigar em que medida as privações a que os detentos se encontram submetidos criam contextos para o estabelecimento de arenas de trocas de bens e serviços, ensejando não raro a corrupção de agentes públicos e o conflito entre presos, mas também permitindo a regulação informal do comportamento individual pela imposição de uma estrutura de custos e benefícios que incentivam determinados cursos de atuação. Compreender a dinâmica desses mercados, onde e em que medida contribuem para a disseminação de conflitos, bem como o papel que diversas instituições desempenham na coordenação das relações de troca, possibilitando um coeficiente mínimo de confiança em zonas cinzentas de regulação estatal, pode ajudar a compreender uma parte importante dos mecanismos que operam para a produção de uma relativa estabilidade dentro de prisões onde o Estado tem poucas condições de oferecer um controle efetivo.

Finalmente, cada um desses temas nos leva a questões que dizem respeito às possibilidades e impossibilidades do Estado brasileiro de reorganizar suas prisões de maneira mais segura, bem como se este deveria ser um objetivo socialmente desejável, e por quê. O entendimento sobre os mecanismos e instituições responsáveis pelo estabelecimento da ordem social em um grande complexo penitenciário brasileiro, num momento de crise generalizada do sistema como um todo, pode fornecer elementos valiosos para o debate sobre o tipo de prisão que desejamos ou de que precisamos, assim como as alternativas possíveis de mudança. Acredito que o presente estudo tem algo a oferecer a estudiosos, operadores de segurança ou pessoas interessadas em compreender mais a respeito da interface entre política, burocracia, mercados, instituições e organizações criminosas. Compreendendo a governança das relações sociais na prisão como o resultado da articulação de diferentes instituições, que produz mecanismos causais mais amplos do que a simples esfera da atuação governamental, procuro trazer contribuições específicas do campo de estudo das políticas públicas, que vêm assumindo crescente importância desde a década de 1980, para um campo de estudos geralmente marcado por outras preocupações no Brasil.

Como espero demonstrar ao longo dos próximos capítulos, a governança do Complexo Penitenciário do Curado e de muitas das prisões de Pernambuco envolve uma série de constrangimentos e incentivos para a ação das diversas personagens que atuam no sistema, o que possibilita o estabelecimento de situações relativamente prolongadas de equilíbrio no tempo. Não se trata meramente de uma tentativa de revelar a política de uma instituição, onde as pessoas que a integram procuram simplesmente atingir os próprios objetivos de maneira egoísta e autorreferente. Na verdade, a posição que cada uma delas ocupa dentro do sistema lhes impõe constrangimentos de diversas naturezas que as levam a adotar determinados cursos de ação, em vez de outros. Tampouco pretendo defender uma visão excessivamente focada nos elementos estruturais que compõem esse sistema, na qual as pessoas apareçam como autômatos incapazes de agir de maneira deliberada e estratégica devido às barreiras burocráticas, institucionais e culturais que encontram no seu dia a dia. Claramente, os integrantes do sistema prisional possuem níveis diferenciados de autonomia e influência sobre determinados assuntos, incluindo os próprios detentos, por mais estranho que isso possa parecer. O desafio é compreender como esses dois universos de possibilidades (controle e autonomia) interagem de maneira dinâmica para possibilitar o prolongamento de determinadas relações sociais por períodos de tempo relativamente estáveis.

Esta pesquisa é fruto de um extenso trabalho de campo conduzido durante mais de dois anos, que teve como objeto principal o Complexo Penitenciário do Curado, mas que compreendeu inúmeras visitas a outras unidades da região metropolitana do Recife, como o Presídio de Igarassu, o Centro de Observação Criminológica e Triagem Professor

Everardo Luna e a Colônia Penal Feminina Bom Pastor. As entradas em todas essas unidades, a possibilidade de presenciar de perto parte de sua rotina, sem acompanhamento de agentes armados, bem como as inúmeras situações, conversas, entrevistas e relatos que ouvi e/ou presenciei só foram possíveis, em última instância, pela minha atuação como voluntário no Serviço Ecumênico de Militância nas Prisões (Sempri), organização responsável pelo monitoramento de estabelecimentos penais, proteção aos direitos dos presos e seus familiares, bem como dos agentes de custódia e funcionários diretamente envolvidos no cotidiano das unidades. A história de como cheguei a essa temática, do que me levou a esse tipo de engajamento, e de qual a natureza do meu envolvimento com essa organização, além dos limites da minha atuação como pesquisador e mesmo da natureza da minha posição, por vezes ambígua, durante esse período, serão objeto de discussão nos capítulos seguintes.

Prisões são instituições fechadas, habitadas por pessoas com razões de sobra para não se expor a estranhos. Por um lado, agentes de custódia e funcionários que trabalham nesses locais não costumam ver com bons olhos qualquer observador externo, capaz de registrar não só eventuais irregularidades, como de expor situações que podem implicar custos profissionais frente a colegas de trabalho e superiores, assim como riscos para a segurança pessoal em relação a detentos e criminosos eventualmente interessados na prisão. Por outro, os presos receiam fornecer informações que possam comprometê-los junto aos demais custodiados, participem eles ou não de facções prisionais ou de outras organizações interessadas na regulação do comportamento alheio ou no bloqueio de informações para pessoas que possam eventualmente comprometer operações ou objetivos comuns. Na situação de exposição e vulnerabilidade que se encontram em relação aos agentes do Estado, tampouco existem muitos incentivos para compartilhar relatos que podem ter consequências processuais, administrativas ou políticas, com a possibilidade de represálias e perdas de diversas naturezas.

Isso posto, é preciso sempre ter em conta que absolutamente todos os nomes utilizados para designar detentos ou agentes do Estado são fictícios. Ressalto a importância dessa observação porque as prisões estudadas englobam milhares de pessoas, de modo que é praticamente impossível que não haja uma coincidência mínima entre os nomes utilizados por mim e o de algum habitante real de universo tão abrangente. O mesmo critério se aplica à designação dos pavilhões citados nos relatos. O único nome que corresponde à personagem real é o de Wilma Melo, diretora do Sempri, presença constante durante toda a pesquisa e peça fundamental para que o trabalho fosse levado a cabo. Tentativas de utilizar o mesmo apelido para todos ou nomear indivíduos com nomes de frutas, bichos ou plantas resultaram estilisticamente inaceitáveis ou francamente ridículas. Assim, decidi apelar para uma referência esportiva na hora de conferir identidade aos personagens, a partir da escalação dos times mais famosos dos três principais clubes pernambucanos. Agentes penitenciários, policiais, promotores, diretores de prisão, secretários, gestores governamentais e outros funcionários públicos foram designados pelos nomes do time hexacampeão do Clube Náutico Capibaribe de 1968. Qualquer referência à função que ocupavam no sistema foi suprimida, quando pudesse facilitar, de alguma forma, sua identificação — como é o caso dos diretores e supervisores de segurança, em número bastante reduzido no Complexo. Presos comuns, lideranças ou não, integrantes de facção criminosa ou dissociados de qualquer vínculo dessa espécie, além de egressos do sistema penitenciário, receberam as alcunhas correspondentes ao Pentacampeonato do Santa Cruz Futebol Clube em 1973. Chaveiros, informantes e outros detentos que desempenham funções de controle reconhecidas informalmente pela administração prisional tiveram seus nomes escolhidos a partir do plantel do campeonato brasileiro do Sport Club do Recife em 1987. É possível que alguns apaixonados por futebol pensem em associações as mais variadas que expliquem esse critério de nomeação das personagens deste livro. A principal inspiração para a escolha, entretanto, foi a de prestar devida homenagem à verdadeira paixão da maioria dos detentos e funcionários do sistema penitenciário pernambucano, que transparece em camisetas, quadros na parede, bandeiras, roupas de cama, radinhos de pilha e televisores ligados, piadas, discussões e até atos de violência ocasionais, provocados por disputas a respeito do futebol, tema que, por si só, valeria um trabalho acadêmico. Também procurei delimitar a diferença entre aqueles que de fato são o que são e os que dizem ser o que não são, isto é, no plano da nomenclatura, campeões de futebol, e no da realidade, presos ou agentes. Assim como a identidade ambígua do título de campeão brasileiro do Sport Club do Recife, os chaveiros e "presos que trabalham com a polícia" ocupam, como se verá mais adiante, um lugar pouco definido, entre custodiado e operador de segurança pública, numa zona cinzenta.

Finalmente, as falas transcritas nestas páginas me foram ditas em grande parte em conversas, durante as visitas às unidades prisionais. A regulação estrita do uso do gravador e a implicação que ele teria para a segurança das personagens envolvidas fez dele uma ferramenta totalmente secundária para a coleta de material. Isso significa que a transposição para o papel não é absolutamente literal, já que muita coisa tinha de ser guardada na memória por horas a fio, até que eu pudesse dispor de papel e local seguro onde as anotações pudessem ser realizadas. Ainda assim, consegui gravar entrevistas com gestores públicos, diretores de prisão, agentes de custódia, promotores, egressos do sistema prisional, familiares de presos e ativistas, que foram de grande valor, sendo explicitamente citadas quando de sua utilização. Dada a natureza dos acordos internacionais envolvidos na atividade de monitoramento que possibilitou a minha entrada na prisão, não foi possível elencar registros fotográficos inéditos no livro. Felizmente, o eleitor interessado pode recorrer à internet, onde já consta um bom acervo sobre as prisões pernambucanas.[23] No mais, a maior testemunha dos fatos aqui elencados e interpretados é o próprio autor. São as minhas capacidades de observação e análise dos dados objetivos da realidade que estão em jogo aqui. Por isso, optei sempre pelo relato em primeira pessoa, evitando invocar qualquer entidade coletiva que pudesse me dar um falso respaldo para além da minha própria consciência e honestidade. Toda vez que eu falar na terceira pessoa, tenha-se em mente que se trata de Wilma, a minha mais constante companheira durante os mais de dois anos em que estive enfronhado no sistema penitenciário pernambucano, mais particularmente no Complexo Penitenciário do Curado.

PARTE I

COMPLEXO

1
A caça e o caçador

FEBRE DO RATO

Certas espécies animais demonstram interessante capacidade de ludibriar seus caçadores. Farejando a chegada de humanos a quilômetros de distância, empreendem uma grande volta no território, postando-se à retaguarda do seu predador, que mal tem tempo de reagir ao ataque-surpresa. O folclore em torno da caça de alguns tipos de felinos e de bisões é recheado de relatos deste tipo, quando o caçador se converte em presa, e a caça, em caçador.

Esse tipo de coisa pode acontecer com o cientista social em alguns momentos de sua vida. Em determinadas situações, o objeto de pesquisa simplesmente conduz o investigador por vias inesperadas. Os novos dados e experiências simplesmente se precipitam sobre ele, cravando-lhe as presas na carne sem qualquer aviso. Quando isso acontece, a capacidade do indivíduo de lidar com o inaudito, o acidental e o imprevisível é posta à prova. E muitas vezes, antes que as respostas apareçam com clareza, pode-se ter o ímpeto de abandonar tudo e voltar para esferas mais previsíveis e controláveis de atuação. No meu caso, foi preciso um acontecimento traumático para que eu começasse a entender realmente o que estava fazendo na prisão.

Ao final de mais um dia estafante de visitas no Complexo Penitenciário do Curado, um detento nos abordou no pátio externo para avisar que Pitico, chaveiro do Pavilhão K, precisava falar conosco urgentemente. O homem trajava camiseta amarela, bermuda e chinelos, uniforme típico dos presos utilizados na função de "menino de recado", com autorização ampla para circular pelos diferentes pavilhões da unidade. Poucas horas antes, enquanto percorríamos o chão de terra batido que levava até os pavilhões mais próximos da muralha, um rapaz havia gritado para nós, por trás da cerca, que o chaveiro precisava falar conosco. Assoberbados pela quantidade de trabalho, havíamos ignorado o recado. A designação de um dos rapazes responsáveis pela circulação de informações na prisão para solicitar nossa presença era sinal de que o assunto devia ser sério, afinal. Porém, mal podíamos imaginar o que nos aguardava.

Chaveiro e "representante dos presos" são denominações comumente empregadas no sistema penitenciário pernambucano para designar detentos que exercem atividades de controle direto dos pavilhões. Como já diz a alcunha, chaveiro é aquele preso que detém a chave das celas no pavilhão, exercendo, também, controle sobre a circulação de pessoas a partir de determinadas cercas que separam os pavilhões no Complexo Penitenciário do Curado. No caso daquela unidade prisional, a ideia de "representante" nada tinha que ver com votação ou representação por meio de escolha, mas esperava-se, entre outras coisas, que o preso designado para o cargo também fosse capaz de "falar" em nome da população penitenciária sob sua responsabilidade, criando um canal de comunicação confiável entre os presos e a administração penitenciária. No caso de Pitico, a função implicava a necessidade de manter a ordem num espaço habitado por centenas de homens, que não obedecia a nenhum dos requisitos daquilo que normalmente se entende por ala ou pavilhão de uma unidade prisional.

Visto de fora, o Pavilhão K mais parecia uma casa de concreto, separada do restante da unidade por uma cerca de metal, com um grosso portão de entrada entre o pátio e o local de moradia dos detentos. Não passava de uma estrutura inteiramente improvisada, sem celas de qualquer espécie, bem parecido com uma favela, no sentido comum da acepção do termo, incluindo a presença de dezenas de barracos onde os presos se distribuíam em várias fileiras contíguas. Cubículos feitos de compensado, com pouquíssimo conforto, alguns desses espaços comportam pouco mais que um homem deitado e uma televisão pequenina. A ventilação, o mais das vezes, se resume às frestas da portinhola, que permanece aberta durante o dia, para o conforto do ocupante, ou cerrada durante a noite ou à hora do banho de sol, por razões de segurança. Ironicamente, tais espaços constituem bens valiosíssimos na prisão, já que a alternativa, na maior parte dos casos, é habitar o chão dos pavilhões, a chamada "BR", quase sempre lotada e sem nenhum tipo de conforto ou privacidade.

Quando chegamos ao pavilhão, um rapaz da equipe do chaveiro abriu o cadeado que separa a área externa da prisão do pátio, reservado para o banho de sol dos presos, um espaço retangular, com chão de terra batida, vizinho à cerca que delimita o perímetro de segurança da muralha. No local, havia uma lona recém-instalada fazendo as vezes de toldo, bem como uma mesa de sinuca ao canto, que não estavam ali algumas semanas antes, em nossa última visita. Dezenas de homens de bermuda e sem camisa apinhavam-se nas nesgas de sombra, em pé ou acocorados, conversando ruidosamente. Alguns acenaram para nós, familiarmente. Outros nos observavam, desconfiados.

Pitico, homem grande e corpulento, com maxilar quadrado e profundos sulcos na testa, recebeu-nos com um sorriso apreensivo. Normalmente reservado, parecia ansioso para informar as melhorias trazidas por ele para o local. A lona e a mesa de sinuca, por exemplo, foram presente de um famoso jogador do Santa Cruz Futebol Clube, que viera a seu pedido para uma visita poucas semanas antes. "Foi uma festança danada para a criançada", recordava o chaveiro, satisfeito. Além de trazer lanche e refrigerante para todo mundo, o atleta topara financiar o pedido dos detentos, alívio para os dias mais quentes e um grande alento para o tédio constante da prisão, um dos maiores inimigos dos aprisionados em qualquer instituição penal do mundo.

Minha experiência ensinava que, quando um chaveiro se comportava daquela forma, é porque sabia que fizera uma besteira, ou porque pensava que estava sendo acusado de algo. Essas pessoas não costumam procurar os "direitos humanos" para fazer queixas de qualquer espécie, visto a proximidade que têm com a administração penitenciária. Era mais provável que quisesse se adiantar a algum boato ou denúncia de maus-tratos de presos, ou se queixar da ação de algum rival que acreditasse que poderíamos prejudicar de alguma maneira. Ledo engano.

O barraco do chaveiro se localizava em uma das extremidades do pavilhão. A porta de correr ficava a maior parte do tempo cerrada, protegida por um cadeado grande. Era certamente o espaço mais confortável do lugar, ainda que não fosse propriamente luxuoso. Na verdade, resumia-se a um pequeno quarto com porta de madeira corrediça, onde só cabia uma cama de casal, mas com uma distribuição espacial inteligente para comportar prateleiras, um televisor de médio porte e outros pertences pessoais. Assim que entramos no cômodo, Pitico fechou a porta, ligou o ventilador que pendia da parede em potência máxima, encostou-se na cama e pediu que nos acomodássemos da melhor maneira possível. O barulho das hélices funcionava como um abafador de som muito útil naquele ambiente, dada a pequena espessura das divisórias entre os barracos. Era provável que o chaveiro não estivesse preocupado só com o nosso conforto ao ligar o aparelho.

— Isso aqui está muito difícil! Eu não sei se vou aguentar — desabafou, logo de cara. Em seguida, foi desfiando um rosário de queixas sobre o cotidiano do pavilhão. Era preso que se drogava e tentava molestar outros presos. Era preso que roubava o companheiro de cela. Era preso querendo resolver rivalidade antiga, "guerra da rua", como se diz no vocabulário da prisão. — A minha vida virou um verdadeiro inferno — desabafou, após relatar inúmeros casos dos últimos dias. Não aguentava mais ter de resolver todo dia essas pequenas coisinhas. Não tinha idade, nem paciência para tanto. Para completar, a família também lhe trazia problemas difíceis de resolver, já que estava preso. As pessoas solicitavam dele atitudes que não podia tomar de dentro de uma cela, por mais que pudesse se comunicar por telefone com muita gente. Pareciam esquecer a condição em que ele se encontrava.

Conforme ia se abrindo, o chaveiro perdia progressivamente o controle sobre as emoções. Procurávamos acalmá-lo, mas parecia não haver muito o que fazer além de deixá-lo desabafar. Logo, aquele homenzarrão, quase um gigante perto de Wilma, estava chorando como uma criança grande, numa cena bastante inusitada. Afinal, Pitico tinha fama de ser um homem violento fora da prisão, era um matador famoso e gozava de certo renome no submundo do crime. Pessoas como ele costumam ser respeitadas pelos demais detentos, alcançando rapidamente funções proeminentes nas prisões pernambucanas. Não raro, apresentam comportamento reservado, seguro de si. Exposições de fraqueza ou fragilidade nunca são bem-vindas na prisão, operando como sinal verde para a atuação de aproveitadores de toda sorte.

— E ainda tem o problema da direção — queixou-se ele. — Eu tento explicar que o pavilhão tem comando, mas o pessoal simplesmente não entende. Tem coisas que a gente não pode fazer. Chaveiro não é babá de preso! — Com as mãos na cabeça, o homem se desmanchava por inteiro. Num tom maternal, Wilma procurava inutilmente trazê-lo de volta à razão. De repente, o homem explodiu. — Eu vou matar todo mundo! — gritou, cerrando os punhos. — Eu juro que quando sair daqui vou caçar todos eles e matar cada um. Não tem jeito! Todo mundo só quer puxar para baixo. Como é que dá para viver desse jeito? Eu não aguento mais!

Subitamente, com a respiração ofegante, ele retirou um pacotinho verde de baixo do travesseiro, rasgou a ponta da embalagem e engoliu o conteúdo. De início, pensei que se tratasse de balas ou de um doce qualquer.

— O que é isso, Pitico? — questionou Wilma, mais apreensiva do que de costume.

O preso nos fitou com olhar alucinado e gritou:

— É veneno! Eu quero morrer!

De um salto, aquela senhora pequenina agarrou a mão do homem e retirou o pacote de veneno, quase que lhe torcendo os dedos para isso. Naquele momento, a primeira coisa que me passou pela cabeça foi como eu poderia nos defender daquele homem, caso sua fúria se voltasse contra nós. Era impossível prever como ele reagiria naquela situação. O tom da voz e o *éthos* corporal denotavam absoluta falta de controle. Instintivamente, encostei na parede e procurei com os olhos alguma coisa que pudesse ser utilizada numa luta corpo a corpo. Entretanto, logo em seguida, o chaveiro se deitou de lado na cama, de costas para nós, em posição fetal.

Saímos de lá quase correndo, avisando ao auxiliar do chaveiro o que estava acontecendo, para que ele não deixasse que Pitico saísse de lá ou fizesse outra besteira. Ultrapassamos as duas grades que davam acesso à gaiola, onde estava concentrada a maior parte dos poucos agentes de plantão naquele horário. Para nossa sorte, o diretor estava junto da equipe. Logo que foi comunicado, ordenou que o chefe de segurança, junto com o pessoal da enfermaria, removesse o homem para um hospital.

— Rapaz, que coisa! E um preso que trabalha com a gente... — exclamou, de braços cruzados, abismado com o acontecimento.

Naquela hora me dei conta de que segurava o pacote de veneno nas mãos. Era uma embalagem transparente, com um conteúdo esverdeado dentro, um veneno para rato de efeito retardado, do tipo que se atira nos locais onde há infestação de roedores, para que o animal abocanhe uma porção e vá morrer na colônia, envenenando os demais. Depois soubemos que o procedimento de dedetização das unidades no estado constava basicamente em atirar pacotes desse tipo em várias áreas da prisão. A tentativa de suicídio de Pitico não fora a primeira no sistema penitenciário do estado. Havia inclusive relatos de presos que envenenaram a comida de outros com esse tipo de material.

Na saída encontramos o chaveiro acompanhado de dois agentes penitenciários. Visivelmente assustado, tinha o olhar perdido, meio abobalhado. Toquei no seu braço; estava gelado.

Deixei Wilma em seu apartamento e voltei para casa ruminando se não seria o caso de deixar de lado a pesquisa na prisão. Talvez aquilo tudo já tivesse ido longe demais, afinal. Foi quando tive o estalo que me levou ao entendimento de muita coisa que até então me parecia nebulosa naquele mundo formidavelmente estranho e perigoso. De repente, o que parecia central se provava meramente acessório. E eu percebia que, naquela torrente confusa de queixas e lamentos de um preso desesperado, residia a chave para a interpretação de um enigma: de quem é o comando na prisão?

TINHA UMA PRISÃO NO MEIO DO CAMINHO

A ideia de realizar um estudo no Complexo Penitenciário do Curado surgira em meados de 2015, enquanto eu trabalhava como intérprete para um pesquisador canadense num projeto conjunto entre a Universidade Federal de Pernambuco e a Universidade de Carleton, no Canadá. Jean Daudelin, professor da instituição canadense, procurava investigar as dinâmicas produtoras de violência no mercado de drogas do Recife, especialmente do crack. Com poucos meses de pesquisa, Daudelin descobriu que precisaria entender alguma coisa sobre o papel da prisão na configuração desse tipo de comércio nas periferias da cidade, o que o levou diretamente a uma entrevista com Wilma Melo.

Figura tarimbada no campo dos direitos humanos, Wilma era talvez a pessoa mais abalizada do estado para prestar informações sobre as penitenciárias. A história do Serviço Ecumênico de Militância nas Prisões, organização não governamental criada por ela e outros ativistas para a promoção e defesa de direitos dos presos, inicia-se bem antes de 1997, ano de sua fundação. Formada em Assistência Social, o envolvimento de Wilma com a temática se iniciou a partir de uma luta individual pela preservação da vida e da integridade física do próprio marido, que terminou assassinado dentro do sistema penitenciário em circunstâncias pouco esclarecidas. Num processo de apropriação progressiva do campo, Wilma foi expandindo sua esfera de atuação para outros casos envolvendo violação de direitos de detentos e seus familiares, até a consolidação de uma ONG especializada no assunto. Hoje, o Sempri é peça fundamental na articulação de uma rede ampla de organizações e pessoas para a circulação de informações, atuação localizada e estímulo ao debate e produção de conhecimento que influenciam diretamente a dinâmica interna de muitas prisões do estado.

Daudelin fazia as perguntas de praxe de quem não conhece a realidade local com profundidade. Queria saber qual o papel das facções criminosas na prisão, em que medida elas influenciam na organização do tráfico na periferia. Wilma, desconfortável, franzia o cenho, tentando explicar que a coisa era um pouco mais complexa do que se podia imaginar. Não se tratava de uma realidade como a do Rio de Janeiro ou São Paulo, apesar das semelhanças. Havia facções, de fato. E a prisão não era menos importante do que lá para a configuração dos mercados ilegais. Ao fim e ao cabo, havia um problema relativo ao Estado, que não podia ser ignorado. Ela mencionou que a questão dos chaveiros, por exemplo, era bem complexa, envolvia tráfico, crime organizado, facções, agentes penitenciários, mas era difícil de explicar. Em certo momento, disparou, sorrindo:

— Eu acho que você tem que entrar lá para ver. Tem que conhecer a prisão, mas conhecer de dentro mesmo. Não fazer entrevista. Entrar na prisão, entrar de verdade, no meio dos presos. Posso conseguir isso para você, se achar que é importante.

A provocação surtiu mais efeito em mim do que no professor canadense. Ainda no início do doutorado na Universidade Federal de Pernambuco, andava tateando uma forma de pesquisar as gangues que atuavam no tráfico de drogas no estado. Aquele poderia ser um ótimo ponto de partida. Enquanto a quantidade de pesquisas nas ciências sociais brasileiras sobre prisões ainda é relativamente baixa, se comparada a outros temas mais populares, como educação, desigualdade ou desenvolvimento, em Pernambuco, ela se aproxima de zero. A atuação de facções criminosas de caráter nacional no estado tem sido parcamente documentada pela imprensa, sem nenhuma análise aprofundada sobre o assunto. Além disso, um estudo assim poderia me ajudar a entender melhor uma realidade na qual estava inserido indiretamente desde o início da minha experiência na gestão pública, em 2007.

Naquele ano, já no final da graduação, fui chamado para compor a equipe de Ratton no governo, que teve como primeira missão coordenar a elaboração do Plano Estadual de Segurança Pública, pedra fundamental do Pacto pela Vida. À época da elaboração do plano, a primeira dificuldade a superar foi a quantidade insuficiente de pesquisas que explicassem os altos índices de violência em todo o estado. De maneira geral, o crescimento dos números acompanhava a consolidação do mercado ilegal de drogas no Brasil, numa elevação progressiva a partir da década de 1980. Pouquíssimas pesquisas locais, entretanto, abordavam a dinâmica real desses mercados ilícitos e seu rebatimento nas estatísticas criminais. Organizações de defesa dos direitos humanos, alguns políticos e parte da imprensa pernambucana alertavam havia certo tempo sobre o problema da atuação de grupos de extermínio no estado, associações criminosas que operavam no mercado ilícito de proteção privada, e respondiam por um grande número de homicídios documentados na imprensa. Porém, na falta de qualquer diagnóstico consistente, não se sabia ao certo quantas mortes eram resultado de disputas por pontos de drogas ou cobrança de dívidas de traficantes contra usuários ou outros traficantes, quantas refletiam a atuação de grupos informais de proteção privada e quantas diziam respeito a conflitos de natureza interpessoal. A inteligência acumulada em setores da polícia, da imprensa, da sociedade civil organizada e da academia teve de ser integrada num diagnóstico que possuía algumas evidências e inúmeras hipóteses. A aposta principal do Pacto pela Vida era de que as forças policiais deveriam atuar diretamente na redução da impunidade, com foco nos crimes contra a vida. Isso deveria coibir a atuação de grupos de extermínio e enviar um recado para as gangues e outras organizações criminosas pulverizadas pelas periferias, forçando uma reorganização do mercado ilegal de drogas no estado. Ao mesmo tempo, o governo implementaria programas de prevenção à violência que atuassem sobre as populações mais vulneráveis às inúmeras dinâmicas que levavam a conflitos violentos, desde a dependência química até as situações de conflitos entre vizinhos provocadas por utilização irregular do espaço público ou desrespeito às normas básicas de convivência.

Do ponto de vista prático, porém, o enfoque repressivo teve bem mais destaque e investimento governamental. A implementação de um modelo de gestão das polícias, com acompanhamento centralizado de um Comitê Gestor envolvendo diversos atores e instituições, coordenado pela Secretaria de Planejamento (Seplag), contando com a presença constante do então governador Eduardo Campos, junto com melhorias efetivas nas condições materiais e nos recursos humanos das corporações policiais, teve efeito direto nas estatísticas criminais e na sensação de segurança da população. Uma rápida olhada nos indicadores acompanhados pelo Comitê dá uma ideia da ênfase da gestão estadual na repressão qualificada a partir de então: conclusão de inquéritos policiais, cumprimento de mandados de prisão, apreensão de armas, revista de suspeitos e patrulhamento intensivo de áreas especialmente vulneráveis à violência passaram a fazer parte do cotidiano da gestão do trabalho policial no estado. Entre os anos de 2006 e 2010, a prisão de homicidas cresceu na ordem impressionante dos 1.300%. Para se ter uma ideia do que isso significava, enquanto no ano de 2006 foram presas 407 pessoas acusadas de homicídios simples, esse número chegou a 5.668 só no ano de 2010. Isso se refletiu diretamente num aumento da população carcerária do estado, que praticamente dobrou em pouco mais de uma década, passando dos 15.777 detentos em 2006 para os 31.920 em meados de 2018. Em termos de resultados, entre 2007 e 2013, o PPV foi responsável por uma redução na ordem de 39% na taxa de criminalidade violenta letal intencional em Pernambuco, atingindo o patamar de quase 60% no Recife, capital do estado.[1]

É importante ressaltar que esses resultados não foram reflexo somente de investimento realizado na área de segurança. Na realidade, o montante de recursos alocados para a segurança pública em Pernambuco durante o período de maior sucesso do PPV não foi maior proporcionalmente do que em muitos estados brasileiros que não tiveram quaisquer resultados positivos nesse aspecto. É verdade que os investimentos na área cresceram bastante, saindo dos R$ 790 milhões em 2006 até alcançar um pico de R$ 1,97 bilhão em 2011, mantendo-se num patamar próximo nos dois anos seguintes. Porém, em estados da mesma região, como o Ceará, por exemplo, as despesas se elevaram de R$ 450 milhões em 2006 para R$ 1,46 bilhão ao final de 2013 — uma variação percentual maior que 200% —, e, mesmo assim, o estado viu seus indicadores de homicídios subirem na ordem dos 142% entre 2005 e 2013. Ainda que pesquisas mais aprimoradas precisem ser realizadas para entender as variáveis que incidiram mais fortemente em cada caso, a referência serve a título de comparação. Em outras palavras, em Pernambuco, o resultado se deveu não só a uma maior alocação de investimentos, mas também à implementação de um modelo de gestão mais eficiente. Ironicamente, na contramão da opinião hegemônica na extrema esquerda brasileira, o governo de um partido socialista demonstrava que prender mais e prender bem poderia ter impacto positivo na redução da criminalidade violenta. E isso num período em que o país como um todo apresentava melhorias em vários indicadores sociais, o mais das vezes, porém sem qualquer reflexo positivo na segurança pública.[2]

Enquanto o programa era reconhecido nacional e internacionalmente pelos resultados que alcançara, pesquisadores liderados por Ratton iniciaram uma agenda de pesquisas que acompanhava, de maneira geral, muitas das ideias e hipóteses que nortearam a elaboração do PPV. Investigações sobre motivação de homicídios, gangues, mercado de drogas, sociabilidade violenta, grupos de extermínio, impunidade e avaliação de políticas públicas foram desenvolvidas pelo grupo, muitas das quais trouxeram um reforço substantivo de evidências para ideias que ainda estavam no campo das hipóteses quando do lançamento do programa.

Durante parte desse período, entre os anos de 2010 e 2012, trabalhei como gestor social do programa UPP Social, no Rio de Janeiro, nas comunidades da Rocinha, Vidigal, Batan e Cidade de Deus, acompanhando uma realidade totalmente diferente, mas cujos problemas me fizeram despertar para questões relevantes. A importância do mercado ilícito de drogas nas comunidades cariocas, a influência que exerce na resolução de conflitos locais, a dinâmica territorial das facções, as relações entre política local e crime organizado, o papel da prisão na trajetória de inúmeras pessoas e os limites de políticas de segurança exclusivamente focadas no controle social eram alguns dos temas que serviam de medida de comparação de realidades distintas em inúmeros aspectos, mas com pontos em comum que me pareceram relevantes do ponto de vista de uma análise científica.

Em 2013, recebi um convite do novo secretário de Segurança Urbana da prefeitura do Recife para compor sua equipe. A minha missão era auxiliar no desenho de uma política preventiva que deveria, no âmbito municipal, sanar o que era publicamente reconhecido como um limite do PPV. Afinal, o programa tinha alcançado grande sucesso em termos de repressão qualificada do crime e da violência, mas as iniciativas no âmbito preventivo ainda eram bastante tímidas, com exceção do Programa Atitude, que trazia uma proposta inovadora para o acompanhamento, proteção e reinserção social de usuários de crack em situação especial de vulnerabilidade à violência. Após auxiliar na elaboração do Plano Municipal de Segurança, documento que deveria nortear a atuação da prefeitura nessa área, fui encarregado de implementar um projeto que teria a função específica de mapear o público a ser atendido pelas políticas de prevenção social da violência no âmbito terciário, isto é, voltadas para aquelas pessoas envolvidas em situação de violência, que compunham o universo prioritário de intervenção municipal. Tratava-se de desenvolver uma inteligência e especialização dentro da máquina pública capaz de identificar e de se aproximar das pessoas que mais matavam e morriam dentro das comunidades recifenses, o que incluía jovens envolvidos direta ou indiretamente com redes e organizações responsáveis pelo tráfico ilegal de entorpecentes, para que pudessem ser direcionados para uma série de projetos e programas da prefeitura voltados para sua proteção e assistência.

A falta de interesse dos gestores públicos em atender diretamente a um público que não parecia importar muito no cálculo eleitoral me levou a abandonar o projeto e aceitar um convite da prefeitura do Ipojuca para desenvolver uma proposta no mesmo sentido, igualmente sem resultado, devido a fatores semelhantes. Ao que parece, em quase todo o país, os políticos não veem com bons olhos a ideia de direcionar recursos públicos para jovens em situação de conflito com a lei ou de vulnerabilidade social extrema. Fosse pela dificuldade inerente ao trabalho, fosse pelo medo de cobrança das bases eleitorais pelo investimento em um público considerado marginal e indigno de qualquer tipo de benefício do governo, o fato é que essas pessoas sempre ficaram no último lugar da fila em termos de prioridade de alocação de recursos e investimento. Na lógica eleitoreira, famílias desestruturadas, jovens com histórico de violência ou em conflito com a lei, dependentes químicos e egressos do sistema socioeducativo ou penitenciário não compõem um público capaz de gerar votos, pelo menos em comparação a fatias mais grossas do eleitorado, às quais se direcionam as preocupações e os cálculos de gestores públicos e partidos políticos.

Assim, a minha ideia inicial era desenvolver uma pesquisa ambiciosa que procurasse compreender a dinâmica de organização dos grupos e redes que atuam no mercado ilícito de drogas no Recife, considerando o perfil das pessoas envolvidas nesse tipo de atividade e as motivações em torno de sua adesão, bem como os fatores estruturais que levavam à vitimização de tantas pessoas. Foi em meio a essa expectativa que recebi a provocação de Wilma. Entender a economia política que regia as relações sociais dentro das instituições penais do estado parecia um excelente ponto de partida para delimitar as diferenças nas configurações locais da criminalidade em comparação a estados como Rio de Janeiro ou São Paulo. Afinal, eram nesses locais que estavam presos inúmeros integrantes das gangues locais que atuavam nos mercados ilícitos em Pernambuco. Pessoas envolvidas em mercados ilícitos costumam reagir com desconfiança ou violência a investigadores externos. A entrada na prisão com a ajuda do Sempri poderia representar uma importante via de acesso a uma rede intricada de relações. Porém, não iria demorar até que o contato com o ambiente prisional reorganizasse minhas questões de pesquisa e os meus eixos de prioridade por inteiro.

O que encontrei no Complexo Penitenciário do Curado foi um universo bem mais vasto, complexo e perigoso do que eu esperava. O problema das facções e grupos criminosos que atuavam na prisão não era simples de compreender e se relacionava intimamente com a governança do Complexo, mas não conforme a visão simplista de "prisões governadas pelo crime". A organização dos diversos mercados na prisão, lícitos e ilícitos, também influenciava diretamente as relações sociais que se desenvolviam naquele espaço. E isso tudo se relacionava, de uma maneira ou de outra, com a administração das unidades, que, por sua vez, se encontrava também submetida a mecanismos internos e externos de controle que se refletiam nas relações cotidianas entre detentos, e entre estes e os atores governamentais. Traficantes, matadores, grupos de extermínio e outras organizações criminosas, chaveiros, agentes de segurança penitenciária, supervisores de segurança, agentes de inteligência, diretores de presídio, presos concessionados, parentes de presos, instituições religiosas, juízes, policiais, promotores públicos e grupos de direitos humanos desempenham papéis fundamentais para a operação dos diversos mecanismos que contribuem para os momentos prolongados de ordem naquele local. Todas as pessoas envolvidas se encontram imbricadas em um único sistema, ainda que um sistema frouxamente articulado, com inúmeros pontos de conexão, canais de circulação de bens, serviços, tecnologias e informações, estruturas de incentivos e constrangimentos para a ação, mas também com fios soltos, remendos improvisados, conexões para o exterior e zonas cinzentas, de difícil acesso e compreensão.

Alguns conceitos da sociologia econômica, política e organizacional me forneceram as bases teóricas de orientação dentro desse espaço. Procurar a lógica econômica e a política que rege muitas das relações dentro da prisão ajudou a operacionalizar um trabalho de campo que, do contrário, poderia se perder na vastidão de problemas inter-relacionados que se encontram em um universo como esse. A ideia-motriz que norteou minhas investigações foi a busca por uma explicação sobre como se governa um espaço como o Complexo: essa questão fundamental orientou uma pesquisa quase que essencialmente aberta, onde as perguntas, as hipóteses e as explicações foram surgindo a partir do contato com a realidade.

VER PARA CRER

É importante destacar que este livro não é o resultado de uma pesquisa comum. Prisões são instituições fechadas a observadores externos por sua própria natureza. As barreiras só aumentam na proporção que administradores têm de lidar cotidianamente com irregularidades endêmicas ao seu funcionamento. Daí que a proposta de Wilma se fizesse tão tentadora, ainda que restassem obstáculos a serem contornados.

Era improvável que o governo do estado autorizasse a entrada regular de um pesquisador dentro dos pavilhões, para acompanhar a vida social dos presos e investigar questões como as que me preocupavam. Não só pelo caráter fechado das prisões, com preocupações mais do que justificadas de segurança, mas porque adentrar o espaço prisional sem o direcionamento do Estado implicava a possibilidade de expor as inúmeras irregularidades que fazem parte do cotidiano das unidades, e que vão das péssimas condições de infraestrutura, higiene e acomodação dos detentos ao flagrante desrespeito a direitos fundamentais, passando pelos atos ilegais que se consumam com frequência nessas instituições.

Normalmente, o caminho para uma pesquisa como essa seria o de realizar entrevistas com os presos, em salas reservadas dentro das unidades. O problema é que, nesse caso, os presos entrevistados seriam previamente selecionados pela administração local e não haveria a menor garantia de privacidade para a realização do trabalho, ou mesmo de confiabilidade dos resultados. Demorei um tempo para entender por que os chamados "presos de confiança" não são boas fontes de informação quando se trata de entender a governança no sistema prisional, mas já sabia que seria improvável contar com informações fidedignas nesse formato de investigação mais tradicional. Uma coisa é entrevistar um detento sobre motivações para o crime, trajetória de vida, processo de escolha de vítimas etc., outra é perguntar para ele sobre como funciona a prisão onde está encarcerado. Perguntas a respeito do tráfico de drogas e das facções criminosas sempre despertam suspeitas imediatas. Além disso, no momento em que os agentes de segurança penitenciária tivessem notícia de que eu me interessava por questões relacionadas à maneira como a prisão era administrada, era de se prever que obstáculos intransponíveis fossem levantados.

A solução foi realizar um acordo para desenvolver a pesquisa em estreita ligação com o Sempri. Com largo histórico de monitoramento das prisões e contato prolongado com políticos, gestores, agentes penitenciários e detentos de todo o estado, a instituição ocupava posição privilegiada de acesso ao sistema carcerário, sem as restrições que seriam encontradas por simples pesquisadores ou integrantes de outras organizações. Como o estatuto da entidade prevê o auxílio e a produção direta de conhecimento sobre o sistema prisional como parte de sua missão institucional, optei pelo estabelecimento de uma parceria para a realização de um estudo científico, em troca de auxiliar a instituição na medida das minhas possibilidades nas atividades de monitoramento, elaboração de relatórios, transporte para as unidades prisionais, entre outras coisas. Do início da pesquisa até agora, esse modelo de parceria tem atraído outros pesquisadores da universidade, que vieram se integrar voluntariamente à instituição com objetivos parecidos.

Na atual gestão do Complexo, impera o consenso de que é melhor deixar o monitoramento acontecer com certa liberdade. Depois entendi que o cálculo dos tomadores de decisão não se relaciona apenas às implicações legais relativas ao descumprimento da legislação vigente, já que a Lei de Execução Penal (LEP) prevê a atuação de organizações com essa função dentro do sistema penitenciário. Nem mesmo se trata de evitar confronto com o Ministério Público ou outras instituições responsáveis formalmente por impor limites à atuação do Poder Executivo. É verdade que esses e outros fatores devem ser levados em conta, incluindo os prejuízos políticos associados à publicidade que o fechamento das prisões para os grupos de defesa dos direitos humanos poderia provocar. Na verdade, a aceitação do monitoramento e a facilitação de acesso às unidades se estabeleceram em grande parte pela metodologia de trabalho adotada pelo Sempri no decorrer dos anos. E também não se pode desdenhar a importância daquilo que designo como certo papel de governança desempenhado pelas organizações de defesa dos direitos humanos nas prisões do estado, por mais que isso não seja amplamente reconhecido pelos agentes públicos.

A legitimidade da organização também contribuiu diretamente para a nossa segurança durante a realização do monitoramento. As atividades desenvolvidas na pesquisa implicaram visitas relativamente prolongadas em pavilhões onde parcela considerável dos detentos detém algum tipo de arma branca, muitas vezes sem a presença de qualquer tipo de guarda armada. Nesse contexto, o que garante a integridade física dos estranhos é o resultado de um agregado de interesses comuns, já que grande parte dos presos entende que a existência dessas organizações é importante para eles em inúmeros aspectos. Afinal, o cárcere é um lugar fechado, sem testemunhas desinteressadas, onde disputas de narrativas sobre determinados acontecimentos vão muitas vezes envolver, de um lado, agentes da lei, e, do outro, detentos acusados ou condenados pelo Estado, sem muita reputação junto às instituições oficiais. Dispor de uma organização capaz de interferir em situações em que há algum tipo de injustiça envolvida nesse relacionamento é um recurso valioso. Além disso, interferências externas não raro salvam vidas ou aliviam sofrimentos extremos. Logicamente, os presos mais articulados sabem ler as entrelinhas das complicadas disputas de poder que envolvem sociedade civil organizada e Estado, passando pelo acesso privilegiado de setores da imprensa, que podem gerar problemas para gestores públicos de alto escalão, com impacto direto sobre os funcionários dos andares de baixo da hierarquia. Lidar com denúncias falsas e sondar a veracidade de informações é sempre uma das etapas mais complexas do monitoramento, assunto que será abordado mais adiante. Aqui, o que importa é entender que a avaliação política em torno da importância da presença de organizações de defesa dos direitos dos presos também contribui para o nível de segurança dos ativistas e de seus acompanhantes, com reflexos que se manifestam para além dos muros da prisão.

Não se pode falar das atividades de monitoramento, entretanto, sem uma explicação mais detalhada a respeito das medidas provisórias instauradas pela Organização dos Estados Americanos (OEA) em relação ao Complexo Penitenciário do Curado. Em 2011, uma coalizão de entidades da sociedade civil organizada, composta por Sempri, Pastoral Carcerária, Justiça Global e Clínica Internacional de Direitos Humanos da Faculdade de Direito de Harvard, munida de uma série de denúncias de violação aos direitos humanos no âmbito do Presídio Professor Aníbal Bruno (atual Complexo Penitenciário do Curado), requereu um pedido de determinação de medidas cautelares urgentes às pessoas em situação de vulnerabilidade perante a Comissão Interamericana de Direitos Humanos (CIDH) da Organização dos Estados Americanos (OEA).

Em 4 de agosto de 2011, a CIDH concedeu medidas cautelares (MC--199-11), nos termos do artigo 25(2) de seu Regulamento, em favor das pessoas privadas de liberdade no Presídio Professor Aníbal Bruno. Tais medidas cautelares consistiam nas seguintes providências a serem implementadas pelo Estado brasileiro: a) adotar as medidas necessárias para proteger a vida, a integridade pessoal e a saúde das pessoas privadas de liberdade; b) aumentar o efetivo responsável pela segurança na prisão; c) garantir que os agentes das forças de segurança estadual fossem encarregados das funções de segurança interna, eliminando o sistema dos chamados chaveiros e, assim, impedindo que as pessoas privadas de liberdade assumissem funções disciplinares, de controle ou de segurança; d) ofertar atendimento médico adequado aos beneficiários; e e) adotar as medidas necessárias para evitar a transmissão de doenças contagiosas, inclusive por meio da redução substantiva da superlotação. Em 2 de outubro de 2012, a Comissão decidiu ampliar os beneficiários das medidas cautelares, a fim de proteger também os funcionários da unidade prisional e os visitantes.

Em 9 de abril de 2014, a CIDH, em conformidade com o artigo 63.2 da Convenção Americana sobre Direitos Humanos (CADH), alegando existir uma situação de extrema gravidade, urgência e risco iminente de dano irreparável aos direitos à vida e à integridade física das pessoas privadas de liberdade e presentes na unidade prisional, decidiu acionar o mecanismo de medidas provisórias. Assim, em resolução de 22 de maio de 2014, a Corte Interamericana de Direitos Humanos (Corte IDH) outorgou medidas provisórias, requerendo ao Estado brasileiro a adoção de todas as medidas necessárias para a proteção eficaz da vida e da integridade pessoal de todas as pessoas que se encontravam no Complexo do Curado. Também solicitou que o Estado adotasse medidas de curto prazo a fim de elaborar e implementar plano de emergência em relação à atenção médica; reduzir a situação de superlotação e superpopulação; eliminar a presença de armas; assegurar as condições de segurança e de respeito à vida e à integridade pessoal de todos os internos, funcionários e visitantes do Complexo do Curado; e eliminar a prática de revistas humilhantes que afetam a intimidade e dignidade dos visitantes.

As medidas provisórias foram ampliadas por meio das resoluções de 7 de outubro e de 18 de novembro de 2015, referindo-se às condições de infraestrutura, aos grupos vulneráveis, à proteção da vida e à integridade pessoal da senhora Wilma Melo e ao monitoramento do cumprimento das medidas pelos representantes dos beneficiários. Em 8 de junho de 2016, delegação da Corte IDH realizou diligência *in situ* no Complexo Penitenciário do Curado. Em resolução de 23 de novembro de 2016, a Corte IDH requereu que o Estado implementasse o Diagnóstico Técnico e o Plano de Contingência de acordo com o disposto nos parágrafos considerativos 62 a 64 da resolução.

Ressalte-se que o Ministério Público Federal (MPF), por meio de seu 4º Ofício da Tutela Coletiva da Procuradoria da República em Pernambuco, passou a acompanhar o cumprimento das medidas cautelares e provisórias outorgadas pela Corte IDH, referentes à situação das pessoas privadas de liberdade no Complexo do Curado, por meio do Inquérito Civil n. 1.26.000.002034/2011-38. Desde a determinação das medidas protetivas pelos órgãos do Sistema Interamericano de Proteção dos Direitos Humanos, autoridades públicas federais e estaduais se mobilizaram para reverter o cenário de violação de direitos humanos no estabelecimento prisional. Nesse sentido, foi criado, no âmbito do Inquérito Civil supramencionado, o Fórum Permanente para Acompanhamento das Medidas Provisórias outorgadas pela Corte IDH referentes ao Complexo Penitenciário do Curado, instância de monitoramento do Plano de Trabalho pactuado para o cumprimento das medidas provisórias, composta por integrantes das organizações da sociedade civil peticionárias, representantes do Ministério Público federal e estadual, do Poder Judiciário estadual, da Defensoria Pública e dos Poderes Executivos estadual e federal.

Os efeitos provocados pelos acontecimentos narrados ultrapassam em muito o escopo deste livro. Por enquanto, prefiro falar sobre aquilo que presenciei ou que me foi relatado pelas diversas pessoas envolvidas no processo, que ainda está em andamento no momento em que escrevo estas páginas. Do ponto de vista do Sempri, a identificação da organização e de Wilma a partir de sua associação com a OEA se tornou generalizada em todo o estado, mas principalmente no Complexo. Ainda que muitos não entendessem bem o tipo de filiação que se estabelecera, a ideia de que um organismo internacional mantinha algum tipo de vigilância sobre a unidade teve um impacto difícil de negar, e também de mensurar com precisão. Diversos presos, quando se viam em situações vexatórias ou de flagrante desrespeito aos seus direitos, passaram a ameaçar agentes com "denúncias à OEA". Não raro esse tipo de advertência se estendia aos chaveiros, ou passou a ser utilizado como simples provocação e desafio às autoridades estabelecidas.

Ainda não é possível saber se os casos de abuso foram reduzidos depois das medidas provisórias. Porém, existem fortes indícios de que a regulação exerceu algum tipo de influência sobre a governança das unidades, com reflexos diretos não só em sua gestão, como também nos índices de violência. Afinal, os dados mais antigos a respeito da violência letal registrada no Presídio Professor Aníbal Bruno dão conta de 28 assassinatos no ano de 2008. Ainda que a SERES não tenha disponibilizado dados que permitam uma análise adequada da curva de homicídios, sabe-se que esse número caiu para 12 em 2017. Falar de uma relação de causa e efeito evidente seria imprudente, mas há indícios de que a preocupação com a integridade física dos detentos tenha aumentado de alguma forma. Logicamente, fatores como a política do governo do estado em relação à redução das estatísticas de violência letal intencional, a partir da implementação do Pacto pela Vida, também devem ser levados em consideração, já que o número de mortes ocorridas na prisão também passou a ser objeto de monitoramento das instâncias de controle e gestão do programa.

O que se pode afirmar ao certo é que a chegada da OEA provocou impactos políticos reais na gestão prisional do estado, em inúmeros aspectos. A possibilidade de que o Brasil se tornasse réu ou mesmo fosse condenado pela Corte IDH poderia ter desdobramentos econômicos para o estado, haja vista tais medidas costumarem refletir em outras instâncias de poder. A simples exposição provocada pelo processo, com o estado se tornando referência nacional em termos de violação aos direitos humanos na prisão, já foi mais do que suficiente para provocar mudanças em diversas esferas do governo. Espaços de discussão e instâncias fiscalizadoras foram criados, envolvendo diversos órgãos, incluindo o Ministério Público e o Poder Judiciário. Planos foram apresentados para a resolução de diversos problemas, e passaram a ser monitorados em reuniões com a presença da sociedade civil organizada. E ainda que não se possa falar de mudanças estruturais, é possível registrar melhorias como a eliminação de locais de castigo insalubres, investimentos na qualidade da alimentação e do material utilizado para sua preparação, construção de novas instalações dentro das unidades, maiores cuidados com estoque de medicamentos e atendimento médico, proibição das revistas vexatórias etc.

Tudo isso contribuiu para que nosso acesso aos pavilhões interiores do Complexo se desse sem a presença de qualquer guarda armada durante muito tempo. A incorporação da "marca" da Corte/OEA ao trabalho de monitoramento se refletiu inclusive no uso dessa senha para superar grande parte das dificuldades de acesso às unidades. Em muitos casos, bastava se apresentar como "representante da medida provisória" ou falar em "monitoramento da Corte" para que a entrada na prisão fosse logo facultada sem grandes dificuldades. Apesar da resistência natural que esse tipo de atividade provoca entre diretores, supervisores de segurança e agentes de segurança penitenciária, nessa pesquisa ela poucas vezes se refletiu em franca oposição a liberar o acesso a áreas da prisão ou impedir registros a respeito de eventuais irregularidades. De forma geral, a disponibilidade de muitas informações internas era imediata, sem a necessidade de encaminhamentos de ofícios ou quaisquer burocracias.

FORASTEIROS NÃO SÃO BEM-VINDOS

É sempre bom lembrar que estamos falando de prisões em que as condições de habitação, saúde, infraestrutura e segurança são absolutamente precárias e fora de qualquer parâmetro legal. Presos dormem em celas quentes e superlotadas, em barracos improvisados que são comercializados pelos chaveiros. Os que não têm dinheiro para pagar por um espaço terminam apinhados no chão das celas e corredores dos pavilhões, expostos à sujeira ou à água que se infiltra pelo teto nos dias de chuva, tendo de lidar com ratos, baratas, besouros e muriçocas que infestam as unidades. Há infiltrações de água e mofo nas paredes e no teto, e instalações elétricas e hidráulicas improvisadas pelos próprios detentos são causas de choques ocasionais e até de pequenos incêndios. Nas áreas exteriores destinadas ao convívio e banho de sol há diversos locais onde o esgoto corre a céu aberto. As celas reservadas para castigo e isolamento são sempre imundas ou com temperatura ambiente acima de qualquer limite razoável. As visitas íntimas se dão nas condições mais degradantes, não raro em barracas improvisadas feitas com colchas ou lençóis, cordões e cadarços de sapato nas áreas externas do pavilhão, que os presos chamam de "okaida", em alusão às tendas utilizadas pelos guerrilheiros terroristas da Al-Qaeda no Afeganistão. Nos ranchos, onde as refeições são preparadas pelos próprios detentos, em panelas amassadas, quebradas ou improvisadas, as condições de higiene e armazenamento são totalmente inadequadas, com água suja ou esgoto correndo muito próximo do local onde fica a comida. Os sacos de mantimentos ficam empilhados em despensas sem qualquer proteção, e os presos concessionados dormem em meio ao estoque de alimentos. A cadeia inteira cheira mal: catinga de suor humano, futum de mofo, urina, fezes e outros dejetos. Encontramos detentos com tuberculose, HIV, sífilis, pneumonia, dengue, chicungunha, zika, cáries dentárias, hanseníase, furúnculos, sarna e outras doenças de pele, hérnias, fraturas não tratadas, membros deslocados ou mutilados, demência, dependência química e outras enfermidades psíquicas. A maior parte dessas mazelas resulta das próprias condições de insalubridade da prisão, mas não poucas se devem a maus-tratos, ferimentos ou espancamentos. O acesso aos serviços médicos tem francas limitações. A espera para se conseguir uma cirurgia não raro chega a anos. Existe um grande número de presos com processos em aberto com a justiça, sem informações precisas a respeito de sua situação jurídica. Vários deles já ultrapassaram o tempo previsto para progressão de regime, mas continuam confinados nas unidades do Complexo. O atendimento jurídico e a Defensoria Pública são absolutamente insuficientes para resolver a enorme quantidade de pendências e irregularidades, muitas das quais dizem respeito ao trabalho do Poder Judiciário. A segurança pessoal dos presos nos pavilhões é quase que de exclusiva responsabilidade deles mesmos. Os chaveiros são nomeados informalmente pela administração para representar um canal de comunicação com a população penitenciária, mas, na prática, exercem poder de polícia, contando com dezenas de homens a seu serviço para impor a ordem no local. Ainda assim, praticamente todo detento possui um chuço, faca, facão ou outro tipo de arma branca. Aqueles que detêm mais dinheiro e poder não raro estão de posse de alguma arma de fogo, geralmente pistola ou revólver — em pelo menos um caso recente de tentativa de fuga coletiva houve registro de presos portando espingardas calibre .12 e carabinas. Não há qualquer critério para a separação de presos por nível de periculosidade, o que implica convivência comum entre assassinos contumazes e réus primários enviados para a prisão por furto ou crimes de menor potencial ofensivo. O uso de drogas nos pavilhões é praticamente indiscriminado, com uma grande quantidade de presos sofrendo de dependência química de crack, maconha, álcool, barbitúricos e outras substâncias.

Esse quadro por si só já justificaria algum nível de resistência dos responsáveis por esses estabelecimentos aos visitantes externos. Ainda que os diretores, supervisores de segurança ou agentes penitenciários saibam que boa parte desses problemas não é de sua responsabilidade apenas, são eles que nos recebem e que acabam aparecendo de alguma forma nos documentos da Corte IDH. A depender da situação, podem ser responsabilizados diretamente pelos seus superiores, ainda que seja pela incapacidade em esconder as falhas. Pode-se inferir que há certo grau de tensão entre os escalões superiores e inferiores do governo, com tentativas de parte a parte para a transferência de responsabilidades, o que acaba por contribuir para certo nível de resistência em relação a nossas atividades.

Porém, a maior fonte de animosidade tem a ver com a possibilidade de denúncias de violação de direitos, violência física ou ilegalidades ocorridas na prisão. Aqui, a resistência vem não só de diretores, supervisores de segurança e agentes penitenciários, mas principalmente dos chaveiros dos pavilhões, alvo principal de denúncias de maus-tratos sofridos pelos presos, ainda que isso aconteça, em muitas ocasiões, com a anuência ou ordem direta dos responsáveis pela administração das unidades.

Além da questão representada por eventual possibilidade de denúncias, outro fator que gera tensionamento é a regulação de determinados mercados ilegais dentro da prisão, um dos temas principais deste livro: agentes penitenciários, chefes de segurança, diretores de prisão, serviços de inteligência e escalões superiores da Secretaria Executiva de Ressocialização (Seres), todos acabam tendo de lidar, de uma maneira ou de outra, com algum tipo de regulamentação desses mercados. Esses espaços se destacam enquanto *locus* para a troca de diversos bens e serviços que lhes são particulares, dados os diversos tipos de privação a que os presos estão submetidos no cárcere. Locais de moradia e descanso, serviços assistenciais, jurídicos e de saúde, alimentos, eletrodomésticos, sexo, proteção privada, álcool, maconha, cocaína, crack, tudo é objeto de negociação, que termina não raro envolvendo, ainda que de maneira indireta, agentes públicos, forçados a operar com certa condescendência em várias situações. Muitas vezes, porém, há participação ativa de tais agentes como instâncias de coordenação ou (nos casos de corrupção explícita) enquanto partes diretamente interessadas. Ressalte-se aqui que mesmo a paz da cadeia, ou seja, aquele estado de ordenamento social da prisão marcado por longos períodos sem rebeliões, tentativas de fuga ou assassinatos, pode ser fruto de negociações nessas arenas. Os momentos de rompimento e desestabilização costumam estar ligados ao descumprimento de alguns dos inúmeros acordos implícitos ou explícitos operados cotidianamente. A soberania do Estado na cadeia, portanto, é sempre negociada de alguma forma.

Com isso, eu não quero dizer que os gestores públicos ou agentes penitenciários têm conhecimento de todas as trocas legais e ilegais que são operadas dentro das unidades prisionais, ou que têm capacidade direta de regulação das mesmas. A imagem de agentes da lei sentados na mesma mesa com criminosos condenados pela Justiça para negociar acordos escusos não é de forma alguma adequada. As evidências apontam que parcela considerável daquilo que denomino como regulação ou governança das relações sociais acontece como num jogo ou contexto de baixa informação, imprevisibilidade e desconfiança mútua, quando uma das partes faz ou deixa de fazer alguma coisa tendo em vista uma reação esperada da outra, para então, a partir disso, decidir o curso de ação mais adequado. É o que fica evidente, por exemplo, no discurso de muitos agentes de custódia a respeito de questões como o comércio ilegal de drogas na prisão, que, para eles, não pode ser tratado com a dureza que espera a sociedade. Além de consumirem recursos humanos e materiais já bastante escassos, procedimentos de controle como revistas diárias ocasionam prejuízos não só para traficantes e detentos influentes, capazes de incitar rebeliões ou promover desordem dentro dos pavilhões, mas para outros cativos, cuja perda ocasional de bens materiais como televisores, eletrodomésticos ou pertences pessoais, que costuma ocorrer durante esses procedimentos, tem um peso grande no ambiente fechado da prisão. Há quem defenda que alguns tipos de substâncias, como a maconha e o álcool, podem servir para acalmar os ânimos da população prisional, reduzindo as tensões decorrentes das péssimas condições de habitação e convivência, e do próprio desgaste do processo prolongado de encarceramento. Por outro lado, a incorporação dos chaveiros ao dia a dia da gestão das unidades, com reuniões frequentes com os diretores, supervisores de segurança e outros agentes penitenciários com função administrativa, para tratar de problemas internos dos pavilhões, além da designação de detentos para administrar as cantinas das unidades e mesmo preparar as refeições dos próprios agentes prisionais, é evidência de que negociações diretas são realmente estabelecidas de alguma forma, ainda que não envolvam diretamente trocas ilegais. Representam, assim, um coeficiente de informalidade que não se esperaria num ambiente perfeitamente controlado pelo Estado. Em prisões onde as condições materiais para o controle da população carcerária dependem, em grande parte, da ação de pessoas e grupos organizados que integram essa própria população (chaveiros ou líderes de gangues ou facções criminosas), dadas as deficiências estruturais e o baixo contingente de agentes públicos, é preciso operar cálculos complicados para saber onde e como intervir, sempre a partir de informações escassas, com pouco nível de previsibilidade acerca dos resultados de cada ação.

Ainda que a interferência nesse tipo de governança não seja objeto da atuação do Sempri, sua presença ou atuação pode contribuir para gerar determinadas situações de instabilidade indesejadas. A denúncia de atos de violência ou torturas cometidas pelo chaveiro de um pavilhão pode colocar os gestores e agentes numa situação delicada, sob a pressão para retirar ou substituir uma pessoa que pode abalar o equilíbrio de poder dentro de um pavilhão. Afinal, um movimento como esse não raro implica perda ou transferência de poder entre grupos inteiros, precipitando rivalidades e cobranças inesperadas. O simples fato de o chaveiro exercer controle sobre mercados como o de comercialização de barracos, ainda que sem anuência direta dos administradores da prisão, pode gerar tensionamentos que resultam não só da perda de uma boa fonte de renda da parte de uns e sua transferência para outros, como da incerteza em torno do cumprimento de acordos anteriormente estabelecidos, sem contar a instabilidade decorrente da perda e transferência de poder natural nesse tipo de mudança.

A interferência por meio de denúncias pode muitas vezes ser vista como desafio à autoridade dos personagens envolvidos e abalar o bom andamento da comunicação e as relações de hierarquia estabelecidas. Assim, casos de franco abuso de autoridade podem ser encobertos por gestores que prefiram se colocar ao lado de seus próprios agentes e/ou presos de confiança para evitar dissidências internas que possam contribuir eventualmente para a desorganização da administração. É normal, portanto, que ativistas de direitos humanos sejam vistos como pessoas externas que não entendem a lógica profunda da instituição, e que podem provocar desequilíbrios e dores de cabeça para os responsáveis pela gestão. Por outro lado, o excesso de irregularidades no sistema penitenciário como um todo, acompanhado da disposição de mediação e negociação própria do trabalho da entidade, muitas vezes provoca acusações ou falta de entendimento a respeito da interferência em determinadas situações, mas não em outras. Como o alcance do ativismo é essencialmente limitado e nem tudo se denuncia diretamente aos órgãos de controle, é normal que haja ruídos na comunicação e dificuldades de entendimento. Perguntas como "por que eu?", "por que aqui?" e "por que agora?" costumam orientar parte da representação de gestores e agentes penitenciários sobre a atuação de instituições de proteção aos direitos humanos, que muitas vezes é vista exclusivamente sob a ótica de disputa de poder, procura de alguma fonte escusa de financiamento junto aos presos ou, numa chave interpretativa mais passional, "implicância pessoal".

As razões para a desconfiança em torno dos "direitos humanos" são inúmeras e, de certa forma, justificadas, considerando a posição que os agentes públicos ocupam, a responsabilidade sobre seus ombros e os interesses individuais de cada um. Além disso, esse tipo de trabalho contribui para a estruturação de oportunidades que facilitam a atuação de aproveitadores, comprometendo muitas vezes a reputação de toda uma categoria de profissionais sérios. Afinal, muitos presos sabem que tais instituições podem prejudicar a posição ou mesmo provocar a transferência de diretores ou agentes. E não é raro que tendam a jogar com isso. A denúncia também pode se tornar um mercado valioso, já que a reputação da instituição lhe confere um poder junto à imprensa e a outros órgãos de controle externo que pode ser usado pelos detentos. Casos como o do vice-presidente do Conselho de Direitos Humanos de São Paulo, condenado por ligação com o PCC, num esquema que envolvia, entre outros crimes, a compra e venda de denúncias falsas contra diretores e agentes de custódia,[3] se não são a regra nesse meio, certamente existem sempre como uma possibilidade, considerando os atores envolvidos. Não é raro que tomadores de decisão desconfiem de ligações assim, já que existe certa dificuldade em compreender o tipo de interesses que move as pessoas envolvidas nesse tipo de trabalho.

Contudo, seria uma injustiça tremenda falar que as relações estabelecidas com essas pessoas não foram positivas em inúmeros aspectos. Na maioria das vezes, diretores, supervisores de segurança e agentes penitenciários se apresentaram de maneira cortês e com disposição para o diálogo. Os momentos de tensão sempre foram exceção à regra. Até mesmo para fornecer informações a respeito de inúmeros aspectos da prisão, tais pessoas foram fontes privilegiadas e um contraponto muito útil às opiniões dos presos ou da própria Wilma. Ainda que não estivessem dispostas a falar tudo o que eu desejava saber ou não demonstrassem abertura para falar sobre qualquer tema, não raro elas me confiaram informações e dados essenciais. As opiniões de muitas delas a respeito da prisão e do seu próprio trabalho ajudaram a constituir muitas das hipóteses levantadas neste livro.

Tenho certeza de que não é fácil lidar com problemas que costumam envolver diretamente a integridade e a vida de outros seres humanos, sejam eles detentos, funcionários públicos ou familiares de ambos os grupos. Ao mesmo tempo que encontrei e ouvi relatos de agentes penitenciários que nutriam franco desprezo pelos custodiados, vistos como criminosos, psicopatas, celerados ou "sem recuperação", para os quais os sofrimentos da prisão eram castigos merecidos, dispostos mesmo a desempenhar o papel de algozes na administração de punições que deveriam se somar à privação de liberdade, também me deparei com inúmeras pessoas francamente preocupadas em encontrar sentido para um trabalho que não atendia às expectativas delas e da sociedade. A maior parte dos agentes gostaria de trabalhar numa prisão segura e perfeitamente controlada, com condições decentes de habitação, saúde, assistência social, jurídica e educacional dos presos, capazes de se refletir em índices positivos daquilo que denominam como "ressocialização", ou desistência da "vida do crime". Não poucos se frustram cotidianamente, vivendo sob pressão constante, temendo pela própria segurança, com medo de sair em locais públicos, ou sofrendo de transtornos psicológicos, esgotamento físico e falta de esperança. Muitos desejam abandonar o emprego, outros simplesmente desistiram de fazer algo relevante e arrastam a vida à espera da aposentadoria.

Outro fator que contribuiu de alguma forma para facilitar a abertura com alguns gestores e funcionários da prisão tem a ver com outras redes de relacionamento que não o Sempri. Nesse aspecto, minha identificação como alguém que já havia trabalhado no governo do estado certamente deve ter contado positivamente. A ligação com Ratton era vista como positiva por muitas pessoas, outrora alunos em cursos de formação ou interlocutores no governo. É preciso dizer que esse mesmo relacionamento também suscitava resistência por parte dos escalões superiores da burocracia, já que o professor se tornara *persona non grata* no PSB desde 2015, quando começou a criticar publicamente o andamento do Pacto pela Vida, cuja desorganização após a morte de Eduardo Campos rapidamente se refletiu no recrudescimento da violência no estado.[4] Nos últimos anos, a aproximação do professor com setores da extrema esquerda, que parece ter levado à assunção de posições políticas por vezes radicais, como a defesa da ampla legalização das drogas, gerou um estranhamento progressivo com muitos operadores de segurança na ponta das corporações.[5]

Certamente, relacionamentos pessoais estabelecidos com operadores do sistema prisional ou indivíduos que trabalharam nas unidades contribuíram para driblar esses e outros obstáculos. Sentar para tomar cerveja e mesmo visitar a casa de alguns agentes foram coisas que se tornaram parte da minha rotina nos últimos anos, ainda que esse tipo de relacionamento sempre tenha se pautado pelo respeito mútuo aos limites daquilo que podia ser conversado ou não. Não demorou para que muita gente entendesse que eu não era propriamente um ativista de direitos humanos ou filiado a partidos de extrema esquerda. O meu posicionamento político pessoal, em muito destoante do das pessoas comumente identificadas com ONGs ou parte da academia brasileira, também serviu como ponte de aproximação. Não há dúvida de que a mentalidade de agentes penitenciários, assim como de outros operadores de segurança, frequentemente se aproxima com uma visão mais conservadora da sociedade. Discursos que colocam criminosos condenados como vítimas da sociedade não encontram boa recepção entre aqueles que convivem de perto com esse tipo de público. Além disso, a postura que optei por adotar em campo, não me envolvendo diretamente nas negociações ou investigações de denúncias, nem interpelando os responsáveis pela gestão da prisão a respeito de assuntos delicados, preferindo antes o papel de observador ou assistente do que de pessoa ativa no monitoramento, contribuiu para que eu fosse visto como "ator híbrido", menos interessado em fiscalizar o trabalho de agentes prisionais e oferecer denúncias de eventuais abusos do que em conhecer as dinâmicas internas da prisão.

NÃO É COMO PESQUISAR OS ÍNDIOS

O mesmo não posso afirmar sobre o relacionamento com os detentos dentro do sistema prisional. Nesse aspecto, acho que jamais consegui dissociar a minha imagem daquilo que os presos denominam como "direitos humanos", mais particularmente da figura de Wilma. É importante falar a respeito disso porque as informações fornecidas pelos detentos durante os quase dois anos em que frequentei o Complexo e outras unidades do estado de alguma forma sempre foram influenciadas por essa vinculação. Os presos podiam ter inúmeras razões para procurar a ativista, mas também outras tantas para esconder dela muita coisa. A reputação que Wilma conquistou durante os anos de militância na prisão lhe confere não raro a imagem de detentora de um poder para além do que de fato possui, como a capacidade de conseguir transferências, facilidades processuais ou mesmo a retirada de um chaveiro, supervisor de segurança ou diretor de unidade. Muitos detentos procuram jogar com isso, mentindo ou plantando denúncias falsas que atendam aos seus interesses pessoais. Na verdade, a dissimulação e a mentira fazem parte do cotidiano do sistema penitenciário em qualquer lugar do mundo, não só pelo perfil dos envolvidos, mas pelos efeitos que a condição de detento costuma impingir na personalidade dos sujeitos, que geralmente se refletem numa agressividade imediata para com aqueles vistos como administradores diretos da pena, que leva, muitas vezes, ao uso do expediente da calúnia e da difamação como exercício de resistência, vingança ou obtenção de vantagens.[6] Nesse sentido, o trabalho de monitoramento é também um trabalho de investigação para driblar a chamada "cutruca de cadeia", isto é, a fofoca deliberadamente implementada como forma de abalar a posição, provocar uma punição disciplinar (isolamento, transferência etc.) ou colocar alguém em situações de risco de morte.

Denúncias a respeito de maus-tratos ou ameaças de morte só costumam ser encaminhadas com forte fundamentação material, isto é, visitas *in loco*, registros fotográficos e gravações de depoimentos das vítimas. Ainda assim, atos de violência física costumam deixar marcas visíveis, mas não evidências explícitas sobre sua autoria, de modo que também se faz necessário ouvir outras pessoas próximas e distantes dos fatos, para saber se há versões contraditórias em circulação. Não é raro que se demorem semanas para aferir a credibilidade de uma fonte ou informação específica. A forma como essas denúncias chegam às entidades ligadas à defesa dos direitos dos presos, por sua vez, varia daquilo que se verifica durante as visitas até informações que chegam por parentes de detentos, telefonemas anônimos e mesmo por parte de agentes penitenciários insatisfeitos com as práticas de colegas ou superiores.

Muito do que vi e ouvi a respeito da prisão chegou a mim durante essas atividades de investigação e monitoramento. Tenho plena consciência de que muitas informações me foram contadas simplesmente porque os detentos não entendiam o intuito da pesquisa. Ainda que sempre fizesse questão de me apresentar como pesquisador vinculado ao Sempri, o fato raramente era apreendido pelos presos para além da minha imagem como ajudante ou ativista de defesa dos direitos humanos. Obviamente, os temas mais delicados sempre tiveram que ser abordados de maneira indireta. Uma conversa rápida, quase aos sussurros, muitas vezes valia mais do que meses inteiros de visita para descobrir determinadas informações. E não raro a consistência de muitas hipóteses a respeito da prisão neste livro se fundamenta na soma de pequenos relatos.

As dificuldades materiais para auferir informações também precisam ser consideradas. Durante mais de um ano, a orientação da Secretaria de Justiça e Direitos Humanos (SJDH), à qual está subordinada a Secretaria Executiva de Ressocialização (Seres), para que não tivéssemos impedimentos no trabalho de monitoramento deu-se sem grandes problemas. Geralmente, as visitas aconteciam uma vez por semana, sem grandes interferências da administração prisional quanto ao acesso aos pavilhões e outros espaços da prisão. Ainda assim, as limitações de tempo e a impossibilidade de permanecer para além do final da tarde dentro das unidades impunham sérios obstáculos a um trabalho de campo mais aprofundado. A agenda do próprio Sempri também era um problema, já que os interesses da organização e a atividade de monitoramento não poderiam estar sujeitos a minha atividade de pesquisa. Nesse aspecto, anotações eram realizadas no caderno de campo não só com os relatos dos dias de visita, mas também com as questões que precisavam ser respondidas no campo, que deveriam ser discutidas com informantes fora das unidades.

Outras limitações foram surgindo no decorrer da pesquisa. Em pelo menos três oportunidades durante esses dois anos, tivemos de lidar com situações de ameaça de morte a Wilma. Uma delas nos chegou por meio de detentos que teriam se envolvido numa trama de assassinato em outra unidade do estado, onde se encontravam pessoas denunciadas pelo Sempri em ocasiões passadas. As outras duas diziam respeito diretamente a uma das unidades do Complexo, tendo relação direta com o trabalho de monitoramento no contexto da medida provisória, e foram provocadas por boatos que associavam a instituição à demolição de pavilhões irregulares. Apesar de não ter havido grandes medidas para a proteção da ativista no seu dia a dia, passou a vigorar nas unidades a ordem de que as visitas de monitoramento só poderiam ser realizadas com acompanhamento de guarda armada dos agentes da Gerência de Operações e Segurança (GOS), unidade tática da Seres.

Do ponto de vista da pesquisa, as possibilidades de aproximação com os presos se tornaram mais escassas já pelo final de 2016. Afinal, a presença de agentes da GOS, famoso entre os detentos pela utilização de armamento pesado e disposição para o confronto, provoca o afastamento imediato de muitos presos, além do tensionamento das relações durante as visitas. "Lá vem o óleo", é como se costuma gritar entre os presos à vista de tais personagens, ao que se procede imediatamente a debandada daqueles que estão fora dos pavilhões para o seu interior, bem como a tentativa de esconder toda e qualquer coisa que possa render um flagrante, como drogas, bebidas, armas e aparelhos telefônicos.

Enquanto nos meses anteriores tinha sido normal presenciar detentos armados com facas, facões e outras armas brancas, utilizando celulares ou fazendo uso de drogas sem qualquer constrangimento, a presença da guarda armada rompeu certo clima de naturalidade que ainda se preservava na vida dos pavilhões quando de nossa presença. Antes, era possível sentar calmamente ao lado dos presos ou do chaveiro de um pavilhão para uma conversa demorada, mas a presença de uma força policial armada tornou esses momentos bem mais raros. É mais do que evidente a tensão que se instaurou a partir daí, menos pela nossa presença do que pela dos agentes armados. Ainda que os detentos desejassem falar conosco e muitas vezes o fizessem, as coisas não se desenrolavam sem um clima de desconfiança e animosidade explícita para com "a polícia", como se fala no linguajar da cadeia.

É importante ressaltar que a leitura que nós fizemos no campo sobre a nossa situação não foi a mesma realizada pelo serviço de inteligência da Seres. Ainda que os boatos sobre o envolvimento da instituição na ordem de demolição dos pavilhões tivessem realmente circulado, tivemos inúmeras conversas com presos influentes ou com posição de comando na massa carcerária que serviram para colocar as coisas em pratos limpos. Nessas ocasiões, a posição do Sempri foi devidamente explicada, e a dos detentos, também. Se estes confirmavam que havia se instaurado certo clima de desconfiança, negavam peremptoriamente que houvesse planos de apedrejamento ou ameaças de morte.

Como as relações com o pessoal encarregado da unidade onde o fato se deu sempre foram marcadas por mais tensionamento do que com o pessoal das demais unidades do Complexo, possivelmente devido a conflitos ocorridos no passado com os grupos de defesa dos direitos humanos, não posso afirmar que notei alguma deterioração na receptividade dos presos com relação a nossa presença. Os chaveiros continuavam desconfiados como sempre, com pouca disposição para o diálogo, mas sem jamais exteriorizar maiores animosidades. Enquanto isso, nada parecia diferente nas demais unidades do Complexo ou do estado. Entretanto, ainda que todas essas informações fossem repassadas e discutidas nos escalões superiores da SJDH, a ordem para o acompanhamento da GOS ao monitoramento vigora até o presente momento. E apesar de mais de um ano ter se passado desde a primeira denúncia de ameaça, as investigações internas não levaram a nenhuma conclusão sobre as fontes de onde elas partiram ou seu nível de gravidade.

Essa situação gerou outros problemas para a atividade de monitoramento e para a pesquisa. Não raro, encontrávamos barreiras para a entrada nos pavilhões, devido à indisponibilidade ou demora de acionamento ou deslocamento do pessoal da GOS para a unidade em que nos encontrávamos. Por definição, a lógica das visitas de monitoramento demanda que não sejam avisadas às autoridades com antecedência maior do que uma ou duas horas, já que o objetivo é encontrar a prisão em seu funcionamento normal, sem interferência da administração para amenizar ou esconder situações que possam ser objeto de denúncia. Dessa forma, nunca era possível prever se haveria guarda armada disponível ou não. Nos momentos em que isso não acontecia, perdíamos longas horas na espera até que uma resposta oficial fosse dada. Além disso, tivemos de lidar muitas vezes com pressões do ponto de vista do pessoal da GOS, que alegava a necessidade de deslocamento para outras unidades, ou a chegada do horário de almoço dos agentes, o que abreviava muitas vezes as visitas que antes podiam se estender por longas horas. Esses fatos figuraram em denúncias à Corte IDH, ocasionando mais tensão ainda em torno do problema.

O constrangimento não impediu que o monitoramento continuasse acontecendo. A coleta de informações e o contato com muitos detentos foram prejudicados, de fato, já que os presos em sua maior parte não gostam de ser identificados por agentes penitenciários como pessoas dispostas a fazer denúncias junto aos "direitos humanos". Entretanto, em vários momentos o controle se mostrava mais frouxo do que o esperado, ou facilmente contornável. Nem sempre a guarda armada fazia questão de entrar conosco nos pavilhões, circunstância em que os agentes ficam mais vulneráveis, pela proximidade de centenas de detentos num espaço apertado. Longe da vista dos agentes, os cativos se mostravam bem à vontade. Nos pavilhões destinados aos presos concessionados, por sua vez, quase nunca vigoravam as exigências de acompanhamento, dado o nível de confiança da direção da unidade para com essa categoria de detentos.

É óbvio que essas situações influenciaram em muito meu posicionamento dentro e fora do campo de pesquisa. Preocupações em torno da segurança são inevitáveis em qualquer etnografia de prisão. Em um ambiente onde há proximidade com pessoas com histórico de violência, é muito difícil agir com total naturalidade ou sem algum tipo de receio quanto à própria integridade física e segurança. No caso do Complexo, o contato com detentos portando armas, sem qualquer tipo de proteção policial, nunca deixou de ser motivo de tensão para mim, ainda que esta fosse se reduzindo com o passar do tempo, chegando, em muitas ocasiões, ao nível mesmo da naturalidade, quando comecei a compreender os fatores e relacionamentos que contribuíam para a minha segurança individual entre aquelas pessoas. Saber que havia ameaças de morte em jogo adicionou uma pitada de adrenalina ao trabalho. Particularmente, uma conversa com um agente penitenciário, que nos narrou em cores bem vivas o que era um apedrejamento dentro da cadeia, com as pedras esvoaçando pelos ares como uma revoada de andorinhas na direção da vítima, ainda está bem viva na minha memória. Apesar de nenhuma ameaça ter sido dirigida diretamente a mim, o risco de estar no lugar errado e na hora errada, fosse dentro ou fora da prisão, teve impactos psicológicos que ainda não consigo mensurar muito bem. Além disso, a amizade pessoal que terminei desenvolvendo com Wilma nos últimos anos também tornou sua integridade física motivo de preocupação constante. De fato, não posso negar que algum nível de ansiedade e medo tenha se incorporado no meu dia a dia desde que a pesquisa começou.

Tem-se escrito muita coisa sobre o fazer etnográfico na prisão e sobre o impacto que o ambiente provoca nos pesquisadores, em parte porque ele é indissociável do modo como se acaba interpretando o objeto de estudo e a própria experiência.[7] A prisão que me propus a pesquisar é um lugar sujo, insalubre, quente, abafado, fétido, superlotado, claustrofóbico e perigoso. Nos dias de visita, eu geralmente voltava tão cansado para casa que corria direto para um banho demorado e desabava na cama. Por vezes, saí de lá resolvido a nunca mais retornar. Não sou uma pessoa particularmente sensível, mas durante o desenrolar deste período vomitei, tive acessos de raiva e até chorei depois de vivenciar situações de tensão ou presenciar níveis extremos de degradação ou sofrimento. Vez por outra me pego olhando para trás enquanto ando na rua ou pelo retrovisor do carro para verificar se estou sendo seguido ou não. Procuro ter cuidado sobre o que falo ao telefone e sobre quem falo. Outros hábitos se juntaram aos que já havia adquirido por conta do trabalho em áreas sujeitas a conflitos constantes, como o de me sentar sempre voltado para a rua e o de procurar imediatamente pelos possíveis locais de entrada e saída em qualquer estabelecimento. É normal que me pegue desconfiado ou perplexo diante de algum rosto que me parece familiar na rua, sem saber se o reconheço da prisão ou de outro lugar mais civilizado.

As péssimas condições em que se encontram muitos dos que estão encarcerados e os sofrimentos aos quais são expostos cotidianamente se impregnam na vivência de qualquer um que se proponha a observá-los de perto. Independentemente da opinião que se possa ter sobre eles, as condições às quais se encontram submetidos aviltam a sensibilidade de qualquer espectador desavisado. Penso na verdade que vários deles sequer merecem uma punição por encarceramento, principalmente pelo baixo potencial ofensivo dos delitos pelos quais foram condenados. Ao mesmo tempo, não raro ouvi histórias de vida e de crimes cometidos por detentos que me provocaram repulsa, desprezo e rancor. O trato com essas pessoas me fez duvidar de sua possibilidade de reabilitação, ainda que submetidos a condições mais decentes. Não sei se existe explicação ou justificativa moral razoável para que muitas dessas pessoas sejam mantidas vivas, às expensas do contribuinte e sem chance de retorno sem risco para a sociedade. Acho que já consigo entender por que muitos homens se embrutecem ou simplesmente perdem a saúde física e mental em lugares como os que visitei. Até mesmo as razões por trás da violência constante de certos agentes para com os detentos hoje se me afiguram como uma possibilidade entre muitas de reação ao tipo de ambiente, circunstâncias e pessoas com as quais é necessário lidar, ainda que eu não considere moralmente justificável nada que se faça nesse sentido. A prisão é um lugar onde sentimentos negativos, vícios e perversões tendem a ganhar proporções diferentes do que em locais de convívio social minimamente saudável.

Finalmente, cabe tratar de um último ponto que pode ser objeto de dúvida para os leitores. Ele diz respeito à possibilidade de minhas avaliações e interpretações sobre a prisão terem sido distorcidas pela convivência prolongada com Wilma Melo. Parte do trabalho de triangulação teve o intuito de amenizar essa influência inevitável. Nem tudo o que escrevi nestas páginas a respeito da prisão foi compartilhado por ela ou por quaisquer grupos que atuam em atividades de proteção aos direitos humanos na prisão. Em inúmeros aspectos, discordamos com veemência um do outro. Obviamente, boa parte das hipóteses e conclusões foi discutida com ela, um contraponto sempre inevitável, mas também com muitos outros personagens que compõem parte do universo pesquisado, assim como com colegas do mundo acadêmico. Pessoal e ideologicamente, somos pessoas bastante diferentes, com posições por vezes antagônicas. Não partilhamos da mesma visão sobre política e legislação penal, papel do Estado na sociedade, possibilidades e limites da reinserção social, motivações em torno das decisões que envolvem o cometimento de crimes, a gestão de uma unidade prisional ou o trabalho dos agentes penitenciários e outros funcionários públicos nesses espaços. Enquanto Wilma partilha em muito da visão de mundo de setores alegadamente progressistas ou mais alinhados com a esquerda brasileira, defendo publicamente posições políticas muito mais próximas ao conservadorismo e ao liberalismo econômico, com um modo de pensar a realidade orientado pela minha formação católica e disposição de espírito muitas vezes cética em relação à natureza humana, suas inclinações e possibilidades de transformação. Até mesmo nossas posições em torno da interpretação da abrangência ou importância dos direitos humanos como um todo não são consensuais.

Apesar disso, confluímos em inúmeros aspectos. Ambos concordamos que os detentos não podem ser tratados da forma como vem sendo feita nas prisões pernambucanas. Partilhamos da mesma ideia de que devem existir limites para a atuação do Estado sobre a vida dos indivíduos, incluindo aqueles presos sob sua custódia. Em suma, defendemos aquilo que para muitos institui o "núcleo duro" dos direitos humanos, mas cujo conteúdo remete a processos civilizatórios bem anteriores ao próprio conceito, desde, pelo menos, o advento do cristianismo e o *Corpus Juris Civilis* de Justiniano. Além disso, acreditamos que a prisão deve servir para algo mais que não a simples punição de delitos ou incapacitação de criminosos condenados pela Justiça, desempenhando algum papel para a mudança de vida e de atitudes dessas pessoas, ainda que não concordemos sobre a forma ou o tipo de atividade a ser executado para que isso seja possível. De resto, não vejo problema nenhum em assumir algum tipo de influência de Wilma nesse sentido. Afinal, trata-se de alguém que se bate com os dilemas e problemas da prisão desde que eu era criança. De uma pessoa de quem se pode discordar, mas que deve ser respeitada e ouvida. Nesses dois anos, nos tornamos amigos. E saber conviver com as diferenças é um dos fundamentos de qualquer relacionamento humano duradouro.

2
Coisas estranhas

A PRIMEIRA VEZ A GENTE NUNCA ESQUECE

— Diga!
— É Wilma.
— Quem?
— Wilma Melo, da medida protetiva da OEA. Visita de monitoramento. Direitos humanos!

O apito estridente da trava do portão foi o primeiro sobressalto daquele dia. Obviamente, eu já esperava algumas surpresas na primeira visita a uma unidade prisional. Porém, o que eu não imaginava era que, no primeiro dia detrás dos muros no Complexo Penitenciário do Curado, já veria esboçados os principais contornos do sistema de governança responsável pela produção de ordem na instituição. Claro que demoraria ainda um bocado para entender os seus meandros e regras de funcionamento. Na verdade, foi necessário o acontecimento traumático narrado no capítulo anterior para que eu compreendesse que as engrenagens se articulavam muito mais como uma rede complexa de relações do que enquanto resultado da vontade de um sujeito isolado, da atuação de uma facção criminosa ou da operação de uma burocracia racional e eficiente. O esboço, porém, já estava ali. E a minha surpresa em descobri-lo foi tão grande que achei que valia a pena apresentar a prisão ao leitor com o mesmo viés com que a vi pela primeira vez, para que seu entendimento vá se ajustando num ritmo análogo.

O Complexo Penitenciário do Curado é uma estrutura incrustada no bairro do Sancho, na cidade do Recife, composta de três unidades em arquitetura pavilhonar, com amplas áreas abertas entre os pavilhões, que não são ligados entre si por qualquer corredor, ficando a área administrativa localizada junto aos portões de entrada das unidades. Os pavilhões originais possuem formato de paralelepípedos de concreto, com uma única entrada e saída, que dão para uma gaiola que divide o pavilhão em duas alas, cada uma com duas fileiras de cela de ambos os lados. Lá dentro existem dezenas de estruturas improvisadas, de modo que não é possível falar num único padrão arquitetônico. Em grande parte, o Complexo é um apanhado de puxadinhos e arranjos, uma prisão em avançado processo de favelização e em estado de constante mutação.

A unidade que visitamos primeiro naquele dia, o Presídio Frei Damião de Bozzano (PFDB), é certamente a mais problemática das três. Tem a entrada voltada para uma estreita rua do bairro do Sancho, bem menos visível do que as das duas outras (PAMFA e PJALLB), ambas voltadas para a avenida da Liberdade, nome singular para uma via que separa o Cemitério Parque das Flores da muralha da prisão. Como consequência, a unidade é apontada por muitos operadores de segurança como ponto privilegiado para tentativas de fuga e arremessos de objetos por cima do muro, uma das maneiras mais utilizadas para a entrada de armas, drogas e outros bens valiosos para os detentos da unidade. Além disso, quando da divisão do antigo Presídio Professor Aníbal Bruno a partir de 2012, o PFDB teria sido selecionado para abrigar presos com maior potencial de periculosidade, a partir de um critério estabelecido pelo governo do estado para o encaminhamento preferencial de presos condenados ou que respondessem a três processos ou mais, ficando os presos com dois processos no PAMFA, e os com somente um no PJALLB. Apesar de não haver decisão administrativa que obrigasse a gestão penitenciária a adotar esse critério, é provável que o procedimento tenha sido responsável pelo encaminhamento para aquela unidade de um número excessivo de detentos "renitentes" ou "criminosos de carreira". Talvez isso explique a má fama da população carcerária do presídio entre os gestores públicos e agentes de custódia, considerada resistente ao controle, de trato difícil, irrecuperável e não raro propensa ao enfrentamento e à violência.

O entorno da unidade se compõe basicamente de ruas e vielas calçadas de paralelepípedos, relativamente bem arborizadas, com casas, em sua maior parte rebocadas, algumas bem espaçosas e com dois pavimentos, a maioria de muro alto. No muro de duas vendinhas, leem-se avisos de ofertas de serviços de guarda de celular e outros objetos, serviço bastante utilizado pelas esposas e familiares dos presos nos dias de visita. No dia em que chegamos, estava em andamento uma reforma para isolamento das muralhas da prisão por uma estreita zona de segurança composta de uma grade verde de arame farpado. Na área do estacionamento, porém, essa zona de segurança acabava e os carros podiam ficar praticamente encostados ao muro da prisão. Olhando para cima, consegui ver um policial militar passando pela muralha, mas não dava para ver dali se havia alguém de prontidão nas guaritas fixas.

Com o primeiro portão de acesso destravado, seguimos pela pequena área que separa a prisão da muralha. Embaixo da marquise de uma passarela de concreto, algumas mulheres aguardavam sentadas num banco. Após atravessar outro portão de acesso, numa pequena antessala, apresentamos nossa documentação a um agente protegido por uma janela de vidro blindado e fomos encaminhados para a permanência. Também chamada de "gaiola", essa área corresponde a um espaço guarnecido por grades na frente e atrás, compondo o único caminho de acesso para dentro da unidade, tanto para os veículos que chegam pelo portão principal como para as pessoas que precisam passar pelo caminho que fizemos. De um lado e do outro, a permanência divide a área administrativa da unidade em duas partes. É onde a maior parte dos agentes de plantão fica de guarda, o que, naquele momento, compreendia um grupo de cinco homens armados no controle da única porta de entrada e de saída da unidade. Na parede, um monitor de televisão mostra vários locais da instituição. Presos concessionados, trajando camiseta verde e calças jeans, circulavam atarefados de um canto para outro. No pátio externo, cinco detentos nos observavam, curiosos. Apesar de alguns olhares desconfiados, nenhum dos agentes interpôs qualquer resistência a nossa presença ali. As revistas com detector de metal foram realizadas de forma rápida e civilizada. Poucos minutos depois, o diretor da unidade e o supervisor de segurança nos receberam de forma simpática. Trataram de amenidades e de problemas e personagens que eu então não conhecia. Em menos de meia hora, estávamos na área interna da prisão, separada do restante da unidade, que se prolongava vários metros adiante por uma cerca de metal.

 O primeiro local que visitamos foi o chamado Pavilhão Disciplinar, também chamado por todos de Isolamento ou, simplesmente, Disciplina. O local tinha sido originalmente destinado para que detentos cumprissem castigo disciplinar, quando cometessem infrações que pudessem ser punidas com até dez dias de isolamento, segundo o Código Penitenciário de Pernambuco (Lei n. 15.755, de 4 de abril de 2016) e a Lei de Execução Penal. Porém, com o tempo, terminara se transformando num local reservado principalmente para aqueles presos que não podiam ter "convívio" nos pavilhões "interiores", o chamado "morro", onde ficava a maior parte da população carcerária da unidade. O termo "sem convívio" engloba a quase totalidade dos presos acusados ou condenados por crime de violência sexual; ex-policiais ou integrantes de forças de segurança, presos com desavenças ou rixas com detentos poderosos na unidade, como traficantes de drogas, líderes de facções ou chaveiros; e também presos acusados ou flagrados praticando furtos dentro dos pavilhões ou em situação de dívida extrema para com traficantes da prisão. Junto com esses, ficavam os detentos pegos em tentativas de fuga ou com envolvimento direto em rebeliões, ou famosos por esse tipo de evento, além, é claro, daqueles transferidos para o pavilhão por infrações de natureza média ou grave, como porte de celular, drogas ou armas, agressão, desobediência, desacato etc.

 Para chegar até o local, atravessamos uns 50 metros de chão de areia com brita. Três construções ficam viradas para a gaiola principal da unidade. Entre a escola e a enfermaria, nosso destino, uma estrutura pequena, separada do espaço aberto por duas grades contíguas. Em cada cerca ou grade por que passávamos, havia um preso com um molho de chaves na mão, administrando a entrada e a saída de pessoas. Nenhum agente penitenciário seguia ao nosso lado.

Fomos recebidos pelo auxiliar do chaveiro, o chamado mesário, preso que tem a função de anotar num caderno os detentos que entram e saem do pavilhão, atribuição que terminou sendo abandonada após um tempo, dadas as crescentes dificuldades de controle do fluxo da população na unidade. Ele nos informou que o "representante dos presos", como o chaveiro era chamado por sua equipe, estava dormindo naquela hora. As pessoas que trabalhavam diretamente na equipe responsável pelo controle do pavilhão se diferenciavam das demais pela utilização da camiseta, de manga ou regata. Nenhum deles trajava qualquer uniforme de identificação que os diferenciasse dos demais detentos. Conforme íamos avançando, muitos detentos se aproximavam para cumprimentar Wilma, de forma afetuosa. Um ou outro gritava:

— Mãe!
— Dona Wilma!
— A minha mãe chegou!

Do lado esquerdo de quem entra, ficavam as celas. Logo depois da entrada do pavilhão, um pequeno espaço para o castigo propriamente dito, uma cela escura e mais apertada, com um pequeno banheiro ao fundo. Em frente ao corredor que dá para a entrada das celas, dois presos cortavam o cabelo com máquina. À esquerda, uma cela destinada à igreja evangélica, que fazia as vezes de dormitório noturno para os presos. A maioria absoluta dos detentos vestia só bermudas e chinelos. A cor de pele predominante era mulata, com uma incidência grande de pretos e bem poucos brancos. Praticamente todos apresentavam alguma tatuagem no corpo; algumas mais discretas, como um nome feminino estampado no braço; outras, carpas, dragões ou palhaços, cobriam os braços, ombros e não raro o peito e as mãos dos presos.

O mesário abriu a grade que separava a área externa do pavilhão do corredor de acesso às celas. O corredor em L dava para uma ala mais comprida, à esquerda, e outra menor, em frente. Na ponta extrema, duas celas, uma pequena, outra grande. Na ponta menor, uma cela à direita no início e outra à esquerda. No final, ao lado, a cantina do pavilhão, separada por uma grade. Nesta, via-se um freezer, uma prateleira com uma sanduicheira, e outra, que servia para guardar as mercadorias, também penduradas por cordões nas paredes — bolacha, cuscuz, macarrão, farinha, amendoim, salgadinho, paçoca, mortadela, sabonete, detergente, sabão em pó, pasta de dentes. As celas eram fechadas por fora, com um grande cadeado servindo de tranca para cada uma. O mesário guardava todas as chaves num grande molho que trazia preso na bermuda.

 A primeira cela, mais próxima da entrada, era composta por quatro cômodos adjacentes e um banheiro. Dentro dela, em torno de setenta homens se apertavam como dava. Os dois cômodos com janelas voltadas para o pátio do pavilhão possuíam melhor ventilação e uma temperatura um pouco mais amena. Os demais, entretanto, traziam as janelas tapadas por tijolos, de modo que quase não havia circulação de ar e o calor girava em torno dos 40 graus. Havia gambiarras de instalações elétricas por todo canto, algumas bastante perigosas, segundo os presos. Bolsas e ventiladores ficavam pendurados nas paredes, enquanto os colchonetes repousavam enrolados pelos cantos. Era possível ver um e outro fogão de mola, feito com um ferro em forma de S encravado num tijolo, ligado diretamente na eletricidade. Ao lado dos fogões improvisados, travessas de macarrão, saquinhos de tempero e pedaços de verdura. Dois detentos fumavam um cigarro artesanal que não consegui identificar do que era feito, dado o forte odor de mofo e suor humano.

 Vários deles reclamavam de doenças de pele, principalmente os que habitavam nos cômodos mais quentes. Apresentavam os braços com manchas vermelhas, brotoejas, eczemas. Outros pediam que anotássemos seus prontuários, a fim de consultar o processo junto ao setor jurídico da unidade, alegando já terem cumprido tempo suficiente de sentença para serem transferidos para o regime semiaberto. Wilma permanecia cercada pelos detentos, conversando com cada um e fazendo anotações num pedaço de papel. Um rapaz se queixava de um tumor não tratado. Rapidamente fomos deixados a sós num canto da cela, para que o doente pudesse me mostrar a ferida com mais privacidade. O tumor ficava abaixo da nádega esquerda, um abscesso enegrecido, que devia ter o tamanho de uma tampa de copo de requeijão, mas sem sinais de inflamação naquele momento. Segundo o preso, um rapaz jovem, de vez em quando a ferida inchava e se enchia de secreção, provocando dor e febre. Disse que o médico só lhe passava antibióticos nessas horas, mas a coisa não se resolvia apenas com medicação, já que logo voltava a infeccionar: precisava de uma cirurgia.

Em outra cela, menor, dezenas de presos se apinhavam em duas fileiras contíguas de camas. O restante permanecia sentado ou deitado no espaço apertado do chão. Entrei na cela para tirar uma fotografia do banheiro, um espaço minúsculo, com um cano que fazia as vezes de chuveiro e um vaso turco de concreto ao lado, quase um buraco no chão. Na próxima cela, mesmo cenário de superlotação, calor e pouca ventilação. Dentre os detentos que solicitavam pedidos e apresentavam reclamações as mais diversas, dois deles se queixavam do chaveiro do Pavilhão T, Ribamar.

— Aquilo é um ladrão, rapaz! — queixava-se um deles, alegando que o representante lhe teria roubado R$ 800, valor pago por um barraco no pavilhão. Segundo ele, o chaveiro armara um flagrante para que ele fosse enviado para o Isolamento e terminara revendendo o espaço para outro detento.

Outro se queixava de ter sido transferido para ali depois de reclamar para a direção sobre a quantidade de facas que havia no pavilhão, além de uma pistola.

— Eu reclamei sim, que não sou de ficar calado. Mas quem deveria estar aqui, eu ou ele, que tem uma arma? — questionou, ao que os demais assentiram.

Havia também um rapaz que alegava estar sendo perseguido no Isolamento por Marco Antônio, um dos auxiliares do chaveiro, que vivia encontrando desculpas para bater nele e humilhá-lo. Dizia que já tivera problemas de convívio em todos os pavilhões da unidade. Precisava que pressionássemos para que fosse transferido para outra prisão.

O local que visitamos em seguida foi o Pavilhão T, um pouco maior que o anterior. Localizado mais próximo da muralha, fora originalmente destinado aos detentos que "trabalhavam com a polícia", isto é, tanto os que exerciam trabalho concessionado como aqueles que atuavam como informantes ou prestadores de serviços variados para policiais quando estavam em liberdade ou para agentes penitenciários durante sua estada na prisão. Do lado esquerdo, uma área livre, com chão de terra batido. Vários presos circulavam pelo local, todos sem camisa. Um grupo pequeno brincava com uma bola de futebol de borracha. O chão de terra do pátio era um pouco mais elevado que o do pavilhão, separado deste por uma pequena canaleta, por onde escorria água suja que saía de um cano da parede, ao lado da cela dos presos homossexuais, transexuais e travestis, que ficavam separados dos demais. Estes se mostraram alegres com a nossa chegada. No meio da conversa, um rapaz vestido de shortinho e blusinha feminina me contou que tiravam um trocado todo dia lavando a roupa dos demais detentos, cobrando R$ 0,50 a peça, valor que vez ou outra não era devidamente quitado, já que os presos gostavam de passar calote nos "frangos".

Ribamar, o chaveiro do local, um mulato gordo e baixote, de compleição forte, vestido de bermuda e camiseta do Santa Cruz, foi questionado por Wilma a respeito das queixas sobre sua conduta na unidade.

— Todo dia tem uma reclamação sobre você aqui. O que está acontecendo, afinal? — perguntou ela, assertivamente. Constrangido, o chaveiro pediu que o acompanhássemos até seu barraco.

O Pavilhão T é uma estrutura ainda mais irregular que o Isolamento. Claramente, não fora pensado para servir de pavilhão. Do lado direito, era possível ver dois grandes corredores, entre três fileiras de barracos, estruturas de compensado com porta corrediça ou dobradiça, também de madeira de baixa qualidade. Do lado esquerdo, outros barracos se apinhavam em uma estrutura ainda mais apertada e improvisada, de dois pavimentos, com escadas de madeira para subir para o andar de cima. Na maior parte dos espaços, cabia pouco mais que um homem deitado em seu colchonete, com um pequeno televisor ao lado.

O barraco de Ribamar era um espaço bem melhor que os demais, ainda que humilde. Um quartinho com um tamanho em torno de 2 metros quadrados, com uma cama de solteirão, uma televisão pequenina e uma prateleira. Em cima da cama, um caderno escolar grande. Ribamar procurou se defender das acusações, sem demonstrar agressividade. Alegou que o caso do detento que dizia ter sido enganado não tinha sido posto de maneira correta. Na verdade, o rapaz teria sido expulso do pavilhão por ter roubado mais de vinte celulares de outros detentos. Trabalhava como faxina do chaveiro, e aproveitava a livre entrada nas celas para furtar os aparelhos. Um dia, os presos se juntaram e disseram que teria que ser expulso ou morto.

— Agora, o sujeito rouba assim, na cara dura. Eu vou fazer o quê? Se deixar aqui, o pessoal dá conta. — Sobre o valor reclamado, negava que cobrasse aluguel de qualquer pessoa, mas reconhecia que cada um dos presos teria pago, recentemente, R$ 800 para a construção dos barracos que víramos do lado esquerdo do pavilhão, num sistema de cotas.

Ribamar ainda aproveitou para se queixar dos supostos prejuízos que tinha com o exercício de sua função. Diferentemente do que acontecia em outros pavilhões, não cobrava taxa de faxina ou qualquer outra, os produtos e materiais de limpeza (água sanitária, detergente, sabão em pó, vassouras, rodo, esfregão) eram todos tirados do seu próprio bolso. Todo dia havia um problema diferente para resolver. Ressaltou que nunca batia nos detentos, tendo sido o chaveiro que mais durara no pavilhão, há onze meses ininterruptos na função.

— Podem perguntar para qualquer um aqui, como era antes de eu chegar — dizia, comparando-se aos antecessores, todos violentos, extorsionários, traficantes, ladrões. Falou particularmente de um detento, Betão, que agora estaria trabalhando na administração, e que tinha um gosto particular de se comportar como polícia, batendo nos presos, levando-os de braço torcido para o castigo. Era um problema, porque todo mundo sabia que se tratava de um homem perturbado, usado pelo sistema.

Considerando a quantidade de pessoas com quem tinha desavença, era um milagre ainda estar vivo. Questionado sobre a existência de uma pistola no pavilhão, negou veementemente.

— Para não mentir, eu tenho, sim, uma faca, de três polegadas, porque ninguém aqui vive sem isso — disse, fazendo menção de mostrar o objeto. Também disse que não aceitava tráfico de drogas ali dentro. Antes de sairmos, tirou algumas notas do bolso e estendeu R$ 400 para que entregássemos ao reclamante. Recusamos o pedido gentilmente e seguimos para fora.

Na saída, encontramos os presos reunidos para o almoço, perto da entrada. Já era por volta do meio-dia, e perto da grade que ladeava o pátio do pavilhão se via uma mesa de plástico, em cima da qual repousavam três grandes panelas de metal. Os presos se encaminhavam em fila, trazendo potes plásticos de sorvete ou qualquer tigela que pudesse fazer as vezes de prato. Um dos homens nos exibiu a iguaria: feijão-preto, arroz, farinha e salsicha.

— Feijoada! — exclamavam uns, ironicamente, alegando que o cardápio tem variado bastante nos últimos meses.

De volta para o Isolamento, fomos seguidos por Betão. Era um homem de olhos quase sempre arregalados e andar agressivo, baixinho e atarracado, bastante afável conosco. Usava a camiseta polo verde dos presos que trabalham no setor administrativo. Trazia na mão os R$ 400 que Ribamar pedira que fossem entregues ao preso reclamante. Toda vez que esse dinheiro passava de mão em mão, os detentos faziam questão de contá-lo na frente de testemunhas em voz alta. No pavilhão, tivemos conversas de advertência com o chaveiro do local, Eusébio, e seu auxiliar, Marco Antônio, acusado de agredir um dos detentos.

— Vocês sabem que não precisa disso. Não tem para que dar tapa. Porque, daqui a pouco, são vocês se queixando do outro lado. Porque o sistema é sinistro! — disse Wilma aos dois homens, reservadamente.

— Isso aqui é só uma conversa, uma advertência, para ver se as coisas melhoram, mas, se continuar, vou ter que escrever no meu relatório — prosseguiu ela, fazendo um gesto de escrever com a mão.

Marco Antônio, encabulado, prometeu se comportar daquele momento em diante.

— Não vou mais bater. Garanto que não vão mais ouvir queixa de mim — replicou, num sorriso entre acanhado e cínico. Eusébio, por sua vez, ressaltou que o manteria na linha daquele momento em diante. Não deixava de ser impressionante ver dois homens feitos, com tatuagens pelo corpo, braços fortes e expressão dura, baixando os olhos como crianças, ainda que a coisa toda tivesse um ar de indiscutível fingimento.

Em seguida, a conversa se encaminhou para o caso de um interno que estava no Isolamento, cônjuge de um homossexual do Pavilhão Z, expulso de lá porque os dois viviam brigando quando estavam embriagados. O rapaz tinha esposa e filhos em casa, a esposa já aprendera a conviver com a relação. O seu parceiro se queixava de que ele estaria sofrendo discriminação, por ter relacionamento afetivo com outro homem, mas o chaveiro garantia que não havia qualquer tipo de tratamento diferenciado. Falava que tudo não passava de fofoca do homossexual, que chegara ao ponto de ameaçá-lo outro dia, completamente bêbado.

— É tudo por causa da droga. Ele usa, fica noiado e arruma confusão com todo mundo. A senhora sabe como é — disse o chaveiro, explicando a situação.

Na saída, encontramos Betão, que disse que o preso que havia reclamado não quisera receber o dinheiro e o mandara devolver para Ribamar, pois a dívida seria de R$ 800, e não metade do valor. Fez questão de contar de novo os R$ 400 na nossa frente, antes de seguir para o T. Uma rápida visita à enfermaria revelou deficiências no estoque de analgésicos, apesar do suprimento adequado de outros medicamentos. Nos dois quartos reservados para os leitos, detentos se abrigavam embaixo de cobertores bolorentos, num ambiente cheirando a iodo. Dois casos nos chamaram a atenção: o de um detento que sofrera golpes de facão havia poucos dias, e de outro, que levara uma facada na cabeça fazia algum tempo, e apresentava problemas neurológicos decorrentes do ferimento. Pedimos para falar com os dois, e fomos encaminhados para uma sala reservada.

O primeiro preso que chegou foi o rapaz da facada na cabeça. Visivelmente alterado, trazia o olhar perdido, parecendo meio abobado. Alegou a necessidade de tomar muitos analgésicos, ainda que o ferimento estivesse bem cicatrizado. Estava encontrando dificuldades para conseguir consulta com o neurologista. No meio do atendimento, um detento adentrou na sala, interrompendo a conversa. Magro, com olhar alucinado, declarou que precisava de uma transferência urgente.

— Só a senhora pode me ajudar, doutora! — disse, explicando que estava sendo perseguido pelos outros presos, tinha problemas de convívio em todos os pavilhões e não podia mais sair da enfermaria. Estava vivendo com os homossexuais no anexo, porque, todo lugar a que ia, batiam nele, apesar de não ser homossexual. — Eles ficam me colocando nome de "frango", entrando na minha mente! — exclamou, batendo com a ponta de dedo nas têmporas. Afirmou que sofrera violência das mãos dos homens de Ribamar. Sofria de transtornos mentais, tomava Diazepam, remédio controlado; não devia estar ali. As perseguições que sofria eram porque era "bebê" de Ademir, antigo chaveiro na unidade, de modo que acabara herdando suas desavenças. Queria ser transferido para o PAMFA, onde conhecia algumas pessoas. Estava transtornado.

Em seguida, entrou o detento que fora agredido com um facão. O ferimento estava em estado avançado de cicatrização, mas ainda com os pontos na cabeça. Tomou dezoito.

— Quase perdi dois dedos — disse, exibindo a mão com os dedos costurados, ainda bastante inchada. Disse que foi quando se defendeu de um golpe que lhe acertaria a cabeça, depois de cair no chão devido a uma rasteira de outros detentos, comparsas do agressor. Reconheceu que também estava armado com um facão na hora. — Foi guerra de rua — respondeu, desconversando, quando questionado sobre as razões da briga. O termo se refere a rixas anteriores ao período de encarceramento, normalmente devido a disputas relacionadas ao tráfico de drogas. — Não sei o nome dele — completou, sorrindo, quando instado a depor na delegacia. Em seguida, pediu para que o depoimento não constasse em nenhum relatório; tinha medo de que a denúncia gerasse represálias para sua família lá fora, iniciando uma rixa que não teria mais fim. Alegou que não pretendia se vingar ali dentro, preferindo, inclusive, ser transferido para o Anexo.

Depois do almoço, demos uma rápida passada na sala da Defensoria Pública, para entregar uma lista com o nome dos detentos que haviam se queixado de atrasos processuais. Em seguida, seguimos para a sala do chefe de segurança, do lado oposto à área onde ficavam o diretor e o refeitório, num cômodo no final do corredor, relativamente próximo da gaiola.

Limeira é um rapaz jovem e bastante educado. Vestia a camiseta preta típica do fardamento dos agentes de segurança penitenciária, tênis, calça jeans e uma pistola a tiracolo. Apresentava cicatrizes nos nós dos dedos, como as de um lutador, e ficava boa parte do tempo passando a mão nas marcas. Falou um pouco sobre os desafios da gestão na unidade, uma das mais complicadas do estado. Havia uma quantidade imensa de arremessos todas as semanas, sem que houvesse agentes o suficiente para reprimir a atividade. Não raro, um moleque atirava um pacote em um canto e outro fazia o mesmo em um local mais afastado, de modo a confundir o "guariteiro" em cima do muro. Enquanto este procurava espantar, com disparos de aviso, os detentos para longe de um dos pacotes, outro grupo ia atrás da encomenda que realmente importava. Na falta de agentes de plantão, demorava muito até que se conseguisse formar uma equipe armada para coibir a ação dos presos, sem comprometer a segurança da gaiola. Fez questão de dizer que não gostava de trabalhar batendo em internos nem aceitava qualquer tipo de tortura.

— Quem era Betão antes dele trabalhar conosco? A senhora sabe muito bem... — observou, recapitulando casos de violência e agressão cometidos pelo detento quando trabalhara em funções de controle. Sobre o rapaz da enfermaria, comentou que alguém naquele estado de desordem psíquica não deveria estar ali, mas no manicômio judiciário. Conforme íamos relatando os casos e falando os nomes dos detentos que tinham algum problema que dizia respeito ao setor de segurança, isto é, aqueles que envolviam risco de vida para os detentos e necessidade urgente de transferência para outra unidade, Limeira consultava os prontuários no computador e imprimia as fichas, para averiguação posterior.

A reunião assumiu um tom descontraído quando o diretor entrou na sala. Rapidamente ele prestou informações sobre o estoque de remédios e outras questões relativas à unidade. Não demorou até que partíssemos para outra visita.

Seguimos direto para o Presídio Agente de Segurança Penitenciária Marcelo Francisco de Araújo, o PAMFA. Lá, fomos recepcionados por um esquema de segurança bem parecido com o da unidade anterior. Um portão menor dava acesso a um pátio interno, onde se via um grande portão reforçado com chapa de aço, para a passagem de veículos, e uma entrada menor, por onde entramos. Deixamos os documentos na entrada e nos submetemos aos procedimentos de revista. O diretor da unidade nos recebeu na sua sala, com cara de poucos amigos. Logo percebi que a desconfiança tinha relação com a ocorrência de um homicídio na noite anterior. Dois detentos assumiram o crime, mas havia a suspeita de que outros dois estivessem envolvidos.

— Problema de droga. É sempre isso — disse ele, sem dar maiores detalhes.

Dessa vez, seguimos direto para os pavilhões interiores, sem parar para falar com detentos concessionados. Ao lado da entrada, passamos pelo Pavilhão X, reservado principalmente para os presos que trabalhavam na unidade, separado dos demais por uma cerca de metal. Da mesma forma que na outra unidade, o pavilhão se encontrava bem próximo e voltado para a gaiola onde ficam os agentes de segurança penitenciária (ASPs) de plantão. Num campo de terra improvisado, alguns presos jogavam bola. O caminho de concreto até a cerca que separava a área externa em duas era ladeado pela grama recém-capinada, com algumas árvores pequenas e bem podadas. Passamos pela construção que faz as vezes de igreja. Três presos estavam trancafiados lá. Pediram que os ajudássemos com urgência, pois estavam ameaçados de morte em vários pavilhões, incluindo o de Isolamento. Precisavam de uma transferência o quanto antes, o chamado "bonde". Havia pouco, durante um princípio de rebelião, tinham sido atacados por dez detentos ali mesmo, na igreja, mas conseguiram resistir com o que tinham à mão até a chegada da guarda. Tinham medo de morrer. Prometemos retornar depois para anotar os nomes deles, assim que voltássemos de uma rápida visita nos pavilhões interiores.

O homem que guardava as chaves da cerca que separava esse setor do restante da prisão nos recebeu com muita cordialidade. Disse que precisava da ajuda dos direitos humanos para resolver um problema, e prometemos conversar quando da saída. As imagens que se seguiram foram bem chocantes. Um caminho de terra levava até um conjunto de três pavilhões separados uns dos outros por uma área livre. Ladeando esse percurso, várias barracas improvisadas, as chamadas okaidas ou, simplesmente, "come quieto", espaços improvisados para que os detentos que não possuem barracos nos pavilhões possam ter relacionamentos íntimos nos dias de visita. Cada uma delas pertencia a alguém, e o seu uso não raro era objeto de negociação entre detentos. Estávamos numa sexta-feira, dia de véspera de visita e de montar as estruturas para o final de semana. Do lado direito, era possível ver a área do pavilhão de rancho, lavada há poucas horas, uma construção fechada, com um buraco retangular para a passagem de alimento para os detentos, e uma canaleta no chão com água escorrendo e restos de comida. Vários presos circulavam pelo local, todos sem camisa. Um deles brincou que a limpeza fora feita às pressas, quando avisaram da portaria que havíamos chegado.

No pátio central dos pavilhões, nos deparamos com uma verdadeira multidão. Centenas de homens circulavam livremente no terreno entre os dois pavilhões. Vários se agrupavam em rodas, conversando animadamente. A maior parte trazia consigo algum tipo de arma branca à mostra. Portavam tesouras, estiletes, chuços, facas, peixeiras, facões, foices ou machadinhas. Algumas das armas eram claramente artesanais, outras, não. Muitas delas traziam enfeites de cordas coloridas ornando os cabos. Um ou outro detento guardava o celular quando nos aproximávamos, mas ninguém parecia particularmente intimidado. O pátio era sujo, com poças de esgoto e estruturas improvisadas de madeira para guardar galinhas, galos e patos. Também havia animais soltos, circulando livremente pelo terreno, inclusive alguns cachorros. Os evangélicos eram facilmente identificáveis por andarem de calça e camiseta, não raro com a Bíblia embaixo do braço. As paredes dos pavilhões apresentavam grandes manchas de infiltração; aqui e ali, a água minava do teto. Os detentos se queixavam de infestação de chicungunha. Um deles, ao nos ver tirando fotos do local, denunciou que o teto estava cheio de poças de água da chuva, formando um verdadeiro criadouro de mosquitos.

Entramos no pavilhão onde o diretor dissera ter havido o assassinato. A estrutura lembrava um grande paralelepípedo de concreto, com janelas gradeadas para fora. Atrás de uma pesada grade de entrada, um pequeno hall se assemelhava a uma gaiola de vigilância, separando as duas alas do pavilhão no meio. Em cada uma delas, à esquerda e à direita, ficavam as celas dispostas de duas em duas. Quem abriu a porta do pavilhão foi um dos homens da equipe do chaveiro. No hall, internos se acumulavam sentados em bancos de cimento ou no chão em torno de uma televisão de 29 polegadas, pendurada na parede. Aqui e ali era possível ver um barraco improvisado. Bolsas e mais bolsas penduradas na parede. Centenas de detentos sentados pelos corredores. Vários deles, ao nos verem, fizeram gestos com a mão para indicar a superlotação. O calor era muito grande, o ambiente, abafado. Reinava um cheiro horrível de suor e mofo. Questionados sobre o assassinato, os detentos disseram que o fato ocorrera do lado de fora, no lado esquerdo do pátio. Aproveitaram para se queixar das condições do pavilhão. Relataram o caso recente de um preso que teria falecido em decorrência de chicungunha, havia pouco mais de um mês. Falaram de presos apinhados na enfermaria, à beira da morte.

— Aqui, só Cristo ressocializa — disse um evangélico, aproximando-se de mim com olhos arregalados e a mão sobre as páginas da Bíblia.

Seguimos para o local que teria sido a cena do crime. Enquanto caminhávamos, Wilma explicou que os assassinatos não eram mais realizados dentro dos pavilhões como antigamente. As rixas e execuções passaram a ser resolvidas do lado de fora, no pátio ou nas áreas comuns, uma maneira que os chaveiros encontraram de escapar de cobranças a respeito de eventos violentos ocorridos nos pavilhões pelos quais eram responsáveis. Tiramos várias fotografias dos problemas de infraestrutura e insalubridade. Alguns metros adiante, acontecia um jogo de futebol, numa quadra de concreto, sem cobertura. Por cima da muralha, dava para ver os morros do bairro do Sancho que circundavam o Complexo, com suas casinhas pobres. Tudo ali parecia suspeito, feio, desolador, pobre, estranho.

Retornamos para os pavilhões mais próximos da entrada. O chaveiro que guardava o portão de acesso pediu que déssemos uma olhada no seu processo no setor jurídico. Na frente da enfermaria, encontramos um detento conhecido, conversando com o supervisor de segurança da unidade. O rapaz disse que precisava de nossa ajuda para reverter a decisão judicial de um magistrado que lhe teria retirado cinquenta domingos trabalhados, sob a alegação de que o fato configuraria trabalho escravo, caso fosse computado. Na conversa, ele demonstrou conhecer a fundo detalhes da LEP, sobre cálculo de remissão, responsabilidades, sanções e prescrições. Wilma alegou que podia dar uma olhada no problema, mas o rapaz precisava parar de aprontar. O homem, magro e baixinho, prometeu que estava quieto agora. Na saída, ela me explicou que se tratava de um matador de um famoso grupo de extermínio do estado.

A estrutura do Pavilhão X, da mesma forma que os anteriores, claramente não fora feita para abrigar detentos. Era apenas um espaço vazio onde se amontoavam barracos em um labirinto de tapumes de difícil apreensão. A impressão que dava era de que havia sido colocado um barraco em cada metro disponível. Alguns detentos viviam em espaços onde só era possível entrar agachado, que mais pareciam caixões de madeira de péssima qualidade. Com efeito, o lugar melhor se descreve como uma favela das mais miseráveis. Existe, inclusive, uma área exterior que é assim chamada, uma fileira de barracos com uma pia ao fundo e um filete de esgoto correndo a céu aberto. Os que não podem comprar espaço dormem no chão, na BR. A população LGBT do pavilhão, mais ou menos uma dezena de detentos, fica ao fundo, numa cela escura. Dormem de dois em dois nos barracos, mas estão satisfeitos por terem uma cela exclusiva. Tudo muito quente e abafado, cheirando a mofo e suor.

Não demoramos mais do que alguns minutos ali. Ambos apresentávamos sinais de esgotamento e já começava a anoitecer. No carro, conversamos sobre as minhas primeiras impressões. As dúvidas eram tantas que seria preciso organizá-las por tópicos. Naquele momento eu já começava a entender algo sobre a complicada economia política da prisão, o sistema de controle dos chaveiros e o papel desempenhado pelos agentes penitenciários. A partir de então estava autorizado a acompanhar Wilma sempre que quisesse, como voluntário do Sempri. Testado e aprovado. Wilma precisava de ajuda com o trabalho da organização, entusiasmava-se com a ideia de abrir um canal direto para o estudo das prisões pernambucanas, e também gostava de ter mais alguém para discutir o dia a dia, visto que tão pouca gente se propunha a fazer aquele tipo de serviço em Pernambuco, e praticamente ninguém com a minha idade. Depois de deixá-la na autoescola onde dava aulas durante a noite, já que a organização não possui qualquer fonte de financiamento próprio, segui para casa. Minhas roupas, meu cabelo e meu suor tinham o cheiro da cadeia.

IDEIAS FORA DE LUGAR

Esse pequeno resumo do primeiro dia de visita à prisão contém bem mais elementos do que serei capaz de tratar nesta obra. Para todos os efeitos, ele fornece um guia para uma apresentação da realidade com que tenho me deparado nos últimos anos. Talvez a primeira coisa que se evidencia é que a instituição em estudo não é uma prisão comum, pelo menos no sentido que se costuma atribuir ao termo. E não estou falando só de diferenças relativas às imagens que a maior parte de nós está habituada a assistir em filmes ou séries de televisão norte-americanas. Prisões como o Complexo Penitenciário do Curado parecem mesmo não se adequar às teorias correntes de muitos autores clássicos que escreveram sobre o tema. Por vezes, deixam a sensação de que não só o imaginário popular, mas também muitas das ideias a respeito do estudo de prisões estão fora do lugar.

Como a maior parte dos estudantes de ciências sociais, meu primeiro contato com a temática das prisões veio ainda na graduação, com a leitura de *Vigiar e punir* (1977), de Michel Foucault. É muito difícil não se impressionar com a interpretação do historiador francês sobre o nascimento dessas instituições, que teriam substituído o lugar do suplício no Antigo Regime, centrado nas demonstrações de violência explícita do Estado sobre o corpo dos súditos como forma de exercer dominação. Produtos do racionalismo iluminista, as prisões aparecem como a manifestação de um poder que procura operar sobre os indivíduos na forma de técnicas disciplinares as mais diversas. Não se trata mais só de punir ou oferecer uma vingança pública contra um infrator. Tampouco se trata apenas de aplicar uma punição a um delinquente como forma de dissuadir comportamentos indesejados de outras pessoas no futuro. A partir da interpretação do crime como sintoma ou manifestação de desvio de personalidade ou formação do sujeito, algo muito próximo de uma doença social, a prisão é pensada como instituição especializada que deve servir para oferecer tratamento, buscar cura ou plena reabilitação dos autores de certos tipos de delitos.

Assim, o sistema penal moderno opera na identificação, catalogação, distribuição e tratamento dos sujeitos, com organização e práticas que lembram em tudo a medicina nascente. Aqui, a pena está para o crime assim como o remédio está para a doença. A semelhança arquitetônica entre prisões, hospitais e manicômios psiquiátricos, então, não é mera coincidência. No sistema penal, a prisão aparece como o *locus* privilegiado para a aplicação de procedimentos disciplinares orientados para o controle mais estrito dos corpos e mentes dos apenados, visando à produção de determinados resultados. O tamanho das celas e sua distribuição espacial, o tempo da pena, a imposição de uma rotina mecanizada e cronometrada de trabalho, lazer, reflexão, estudo, descanso e espera, até mesmo o uniforme imposto aos detentos tem como objetivo o disciplinamento, a eliminação das idiossincrasias socialmente indesejáveis, a produção de novas individualidades, *corpos dóceis*, ou, na linguagem refinada do humanismo burguês, a reabilitação ou ressocialização do delinquente.

Nesse sentido, o panóptico ainda é a imagem mais expressiva dessa concepção em torno da prisão. O projeto, idealizado por Jeremy Bentham em 1758, é não só um modelo de custo-benefício em termos de controle e disciplinamento, mas também um dispositivo em si mesmo voltado para a aplicação de tratamento especializado. Uma galeria ou estrutura circular no centro de um edifício também circular, dividido em celas simetricamente iguais. Cada uma das celas sem possibilidade de comunicação umas com as outras, contando com uma pequena janela para a entrada de luz solar e as grades voltadas para o vasto pátio interior. No centro deste, uma torre de vigilância, protegida por venezianas ou persianas, de modo que dela se possam ver os detentos dentro das celas, mas sem permitir que estes vejam quem os está vigiando, e em que momento. Não é à toa que Bentham defendia a possibilidade de implementação do modelo para instituições aparentemente tão distintas como escolas, hospitais, fábricas ou prisões. Ele permitia não só o controle mais efetivo sobre todas as ações dos indivíduos, como também a organização racional de procedimentos e a aplicação de métodos voltados para a produção de determinados resultados, que poderiam ser mensurados, catalogados e sistematizados com o mais moderno rigor científico. O panóptico possibilitaria experimentos os mais diversos, com técnicas e procedimentos disciplinares para diferentes tipos de presos e de delitos. Para uns, determinada quantidade de horas de trabalho, descanso e lazer. Para outros, um tempo mais estendido de reflexão sem distrações exteriores. Submetidos ao método hipotético dedutivo, cada um dos procedimentos se encaixaria numa lógica racional da organização da prisão como instituição disciplinar.

Não é difícil identificar reflexos ou conexões entre as prisões e sistemas penitenciários modernos e o quadro delineado por Foucault. Ainda que o modelo do panóptico tenha sido raramente implementado conforme sua concepção original, como nas penitenciárias de Autun, na França (1856), Haarlem, na Holanda (1901), e a penitenciária de Statesville, nos EUA (1919), os princípios estabelecidos por Foucault. A maioria dos países modernos delimita, entre os objetivos da prisão, algum tipo de intervenção voltada para a ressocialização, reabilitação, reeducação ou reinserção social dos apenados. No Brasil, uma rápida leitura da Lei de Execução Penal pode suscitar uma analogia com a linha de produção de uma fábrica. A ideia de individualização da pena a partir da classificação de antecedentes e personalidade; a utilização de comissões técnicas de especialistas; os dispositivos disciplinares permitidos para a dissuasão de infratores; a progressão de regime orientada por parâmetros que incluem o comportamento do apenado; e os papéis diferenciados de cada tipo de estabelecimento penal são só alguns elementos de um sistema que se apresenta como voltado para a produção de um resultado, ao final da pena de cada condenado pela justiça. Espera-se que o sistema penitenciário produza alteração na vida das pessoas que cometeram determinados delitos, na forma de mudanças de trajetórias sociais que incluem, principalmente, o abandono daquele tipo de comportamento que o Estado sanciona com os rigores da lei. Em outras palavras, a prisão aparece, inevitavelmente, como uma "assistência técnica" de gente que, por um motivo ou outro, parece ter dado errado e precisa de algum tipo de reparo para funcionar normalmente.

E as prisões no Brasil? As representações que circulam na esfera pública brasileira parecem nos levar para imagens bastante diferentes. Na mídia, no cinema, na literatura e na pesquisa especializada, as prisões do país são retratadas como instituições desorganizadas, superlotadas, insalubres e inseguras. Com uma quantidade insuficiente de agentes públicos e pouco investimento do governo, aparecem como locais privilegiados para a ampla circulação de drogas, armas e outras mercadorias, onde os inúmeros delitos que ocorrem cotidianamente são tratados com negligência ou franca condescendência. Não é raro que se fale delas como "masmorras", "depósitos de gente", "antros de imundície e depravação" ou simplesmente "universidades do crime". A ideia corrente é que as pessoas costumam terminar o período de pena imposto pela justiça pior do que o iniciaram, pela convivência prolongada com um ambiente que em nada facilitaria a mudança de vida dos apenados. Geralmente, o problema da falta de controle do Estado sobre esses espaços só costuma vir à tona quando da ocorrência de fugas ou grandes rebeliões. São representações que dificilmente nos remetem para qualquer ideia de organização, sistematização, racionalidade ou ordem.

Os dados gerais disponíveis a respeito do sistema penitenciário nacional tampouco desmentem esse imaginário em torno de sua configuração. Em junho de 2016, o Levantamento Nacional de Informações

Penitenciárias (Infopen, 2017) registrou 726.712 pessoas privadas de liberdade no Brasil, distribuídas em 1.422 unidades prisionais. Desse número, 689.510 se encontravam nos sistemas penitenciários estaduais. Em relação à população total do país, o Brasil conta com uma taxa de 352,6 presos para cada 100 mil habitantes. Esse grande contingente populacional se distribui por um sistema que apresenta um total de 368.049 vagas disponíveis, o que corresponde a uma taxa de ocupação de 197,4%. Entre os anos de 2000 e 2016, a população prisional do país subiu de 232.755 presos para 726.712, um aumento em torno de 212%, enquanto o número de vagas foi de 135.710 para 368.419 durante o mesmo período, um aumento aproximado de 171,50%.

Trata-se de uma população de perfil jovem, com 30% de detentos na faixa entre 18 e 24 anos; 60% do total dos presos brasileiros podem ser contabilizados numa ampla faixa com menos de 30 anos de idade, e 96,3% deles são homens. Racialmente, a sua composição é de 64% de pretos e pardos. A maior parte (60%) é solteira, 53% dos homens não possuem filhos; 51% possuem ensino fundamental incompleto e 40,2% são classificados como presos provisórios, isto é, que permanecem no sistema sem qualquer condenação. Entre os sentenciados, 21% estão condenados a penas de até quatro anos. Para cada cem pessoas que entraram no sistema penitenciário nacional no primeiro semestre de 2016, 73 saíram. De maneira geral, entre os crimes tentados e consumados pelos quais essas pessoas foram condenadas ou estão sendo processadas, 37% se referem a crimes de roubo e furto, 28%, a crimes de tráfico de drogas, e 11%, a homicídios.

Essa população se distribui de maneira extremamente desigual: 11% das prisões brasileiras apresentam taxas de ocupação superiores a 400%. Amazonas, Ceará e Pernambuco lideram o ranking dos estados com maior taxa de ocupação, com 484%, 309% e 301%, respectivamente. Somente 12% dessa população se encontram matriculados em algum tipo de atividade educacional, enquanto 15% executam algum tipo de trabalho dentro do sistema. Ainda que 85% dos presos brasileiros tenham acesso a um módulo de saúde, em estados como o Amapá e o Rio de Janeiro esse percentual se encontra na ordem dos 20% e 34%.

A média de detentos para cada agente de custódia, considerando todo o sistema penitenciário nacional, é de 8,2. O desequilíbrio dos estados, nesse aspecto, também é patente. Pernambuco lidera com folga como o sistema com maior déficit, apresentando uma razão de 35,2 detentos para cada agente penitenciário, seguido por Mato Grosso do Sul, com 18,6, e Alagoas, com 15,2. A taxa de óbitos criminais dentro do sistema penitenciário nacional fica em torno de três para cada 10 mil detentos. Novamente, há diferenças gritantes entre os sistemas estaduais, com estados como Piauí, Rio Grande do Norte e Ceará apresentando taxas de 17,4, 12,6 e 11,5, respectivamente.

Em termos comparativos, a taxa de ocupação do sistema prisional brasileiro se encontra entre as maiores do mundo. Os dados mais recentes publicados pelo World Prison Brief (WPB), base de dados que fornece acesso a informações de sistemas penitenciários de todo o mundo, atualizada mensalmente a partir de informações governamentais e outras fontes oficiais, coloca o Brasil na 34ª posição mundial em termos de taxa de ocupação das prisões.[1] Na mesma lista, o Haiti aparece como campeão em termos de prisões superlotadas, com uma taxa de ocupação de 454,4%, número significativamente inferior a 484%, taxa do sistema penitenciário estadual do Amazonas. Em segundo e terceiro lugares entre os estados brasileiros com sistema penitenciário mais superlotado, as taxas de ocupação de Ceará (309%) e Pernambuco (301%) superam as dos sistemas penitenciários da Guatemala (296,2%) e do Sudão (255,3%), respectivamente o sexto e o sétimo colocados no ranking do WPB.

Em 2009, o Conselho Nacional de Política Criminal e Penitenciária determinou ao Departamento Penitenciário Nacional (Depen) que os projetos de construção de novas unidades submetidos pelos estados para financiamento federal apresentassem uma proporção mínima de cinco detentos para cada agente penitenciário. Esse número é bem inferior à proporção de 8,2 detentos para cada agente de custódia considerando todo o sistema penitenciário nacional. É importante ressaltar que, para estabelecer essa medida, o conselho tomou como parâmetro a Estatística Penal Anual do Conselho da Europa, data-base 2006, divulgada em 23 de janeiro de 2008, que registra que a maioria dos países europeus obedece a uma proporção média menor que essa. A proporção é maior do que a divulgada pelo Federal Bureau of Prisons (FBP) para o ano de 2015, que classificava como "perigosa" a razão de 4,4 detentos para cada agente de custódia verificada no sistema penitenciário norte-americano. No Reino Unido, um corte de verba para as prisões em 2010 acarretou um aumento na razão entre detentos e agentes de custódia, que passou de 2,5 para 3,6, alteração que o Ministério da Justiça atribui ao aumento de casos de agressão de detentos contra agentes, que passaram de 34 para 54 para cada grupo de mil.

Um relatório publicado pelo Bureau of Justice Statistics, do Departamento de Justiça norte-americano, sobre a mortalidade no sistema prisional dos Estados Unidos entre os anos de 2001 e 2014 apresenta números bem menores que os registrados para o sistema penitenciário brasileiro em 2016. Enquanto no primeiro semestre do ano o Brasil atingia uma taxa de três óbitos criminais para cada 10 mil pessoas, as penitenciárias estaduais norte-americanas apresentavam uma taxa de 0,7/10 mil. Lembrando que o cenário plausível da possibilidade de ocorrência do mesmo número de óbitos para o segundo semestre com a mesma população dobraria a taxa, o sistema penitenciário brasileiro em 2016 era quase dez vezes mais violento que as prisões estaduais norte-americanas em 2014.

Segundo o 11º Anuário do Fórum Brasileiro de Segurança Pública, em 2016 foram registrados 54.523 crimes violentos letais intencionais (CVLIs) no Brasil. Numa aproximação grosseira, desconsiderando a variação natural da taxa pelos meses do ano, é possível realizar uma comparação com os dados disponíveis pelo Infopen para ter uma ideia aproximada do nível de violência dentro do sistema, em comparação com a sociedade como um todo. Para isso, é preciso dividir o número total de CVLIs pela metade, já que os dados sobre o sistema penitenciário só abrangem o primeiro semestre de 2016, o que resulta numa taxa de 1,26 CVLI a cada 10 mil habitantes para os seis primeiros meses do ano. É quase metade do registrado para todo o sistema prisional no mesmo período, e isso em um país que figura como um dos mais violentos do mundo nas estatísticas. Em um sistema prisional como o do Piauí, cuja taxa de óbitos criminais chegou a 17,4 para cada 10 mil detentos no primeiro semestre de 2016, a mesma estimativa aponta para uma ocorrência quase dez vezes maior de homicídios nas prisões do estado, se comparados com os índices da população total.

Os dados de 2014 disponibilizados pelo Infopen denotam uma proporção ainda mais gritante. Para o segundo semestre daquele ano, o relatório apontava para uma taxa de 9,52 óbitos criminais para cada 10 mil habitantes no sistema prisional. Considerando as ocorrências de homicídios para o total da população brasileira no mesmo período, é possível auferir dos dados disponibilizados pelo Departamento de Informática do SUS uma taxa de 1,41 homicídio para cada 10 mil habitantes. Ainda que a discrepância de ocorrências entre um relatório e outro possa ser indício da baixa qualidade dos dados fornecidos pelo Infopen, não se pode excluir o fato de que a diferença entre o número de rebeliões ocorridas nos períodos considerados, por exemplo, possa responder pela diferença no número final de óbitos criminais dentro do sistema. De qualquer forma, seja duas, três ou seis vezes mais violento, os indicadores apontam que o sistema prisional brasileiro é bem menos seguro que a sociedade no entorno.

O sistema penitenciário pernambucano certamente não passa em branco nesse mapa. Dados da Seres revelam que, em 2006, a população carcerária do estado era de 15.777 pessoas para 8.310 vagas disponíveis, o que correspondia a um déficit de 7.467 vagas no sistema prisional. Esse número saltou para um total de 30.029 detentos para 10.968 vagas disponíveis em 2016. O déficit atual de 19.061 vagas é reflexo de um aumento da ordem de 100% da população carcerária nos últimos dez anos, acompanhado por incremento de 32% das vagas disponíveis, devido à construção de novas unidades e reestruturação das existentes. Em termos comparativos, utilizando os dados fornecidos pelo Infopen, a população prisional pernambucana cresceu pelo menos 20% a mais do que a nacional, enquanto o percentual de crescimento do número de vagas se manteve dentro da média nacional. Com uma taxa de ocupação em torno de 273%, o sistema se apresenta entre os primeiros colocados em termos de superlotação das unidades prisionais em todo o Brasil.

Dessa população, 11.899 detentos se encontram presos sem julgamento, o que corresponde a mais de um terço da população prisional do estado. Em sua maioria, são homens (95%), pardos (69%), com até 30 anos de idade (72,5%) e ensino fundamental incompleto (51%). Considerando o universo total de 53.279 crimes pelos quais as pessoas privadas de liberdade respondem a processo ou estão condenadas em Pernambuco, 21.576 referem-se a crimes contra o patrimônio, totalizando 40,5% do total. Em seguida, encontra-se um universo de 13.992 crimes relacionados ao tráfico de drogas, seguidos de 10.288 crimes de homicídio e 1.380 crimes de violência sexual, valores que correspondem a, respectivamente, 26%, 19% e 2% do total.

Não se trata de um sistema penitenciário que possa ser classificado como seguro. Em termos de violência criminal, o Infopen registra uma taxa de óbitos violentos de 6,7 para cada grupo de mil no estado, que ocupa a sétima posição entre os sistemas penitenciários mais violentos do país. A quantidade de pessoas empregadas em atividades de custódia nas prisões também está bem aquém da média nacional, com uma proporção de 35,2 presos para cada agente, número que coloca Pernambuco na liderança absoluta em termos de déficit de pessoal, um indicador normalmente tomado para mensurar a capacidade de controle que o Estado exerce sobre sua população carcerária. Comparado com outras realidades do país, não é propriamente uma guerra de todos contra todos, mas está longe de compor um sistema pacífico.

CORPOS INDÓCEIS

Todos esses dados corroboram o imaginário dos brasileiros a respeito da realidade das prisões no país. Nesse aspecto, seria desonesto afirmar que o senso comum falha na apreensão da realidade como ela é. Salvo honrosas exceções, as prisões brasileiras se apresentam como instituições superlotadas, desorganizadas, insalubres e inseguras, cuja baixa capacidade de controle se reflete em altíssimos índices de violência. É difícil pensar que lugares assim possam ser chamados de "dispositivos disciplinares", espaços para o exercício de poder que objetive a "produção de corpos politicamente dóceis e economicamente produtivos".

Não se pode nem mesmo dizer que esse cenário seja uma exceção na história das prisões no Brasil. Na verdade, a bibliografia existente a respeito do assunto denota justamente o contrário.[2] Desde o seu nascimento enquanto instituição moderna, não houve período em que a prisão não estivesse em crise por essas paragens. É como se o Estado nacional apresentasse uma incapacidade constitutiva em fazer da prisão um reflexo da racionalidade iluminista europeia que lhe deu nascimento, esta sim presente nas diversas reformas dos códigos criminais a partir do século XIX, que procuraram reorganizar os sistemas jurídicos e penitenciários a partir de uma lógica humanitária, nominalmente distanciada do suplício da justiça e das instituições penais do Brasil Colônia, baseada em concepções modernas de reforma moral e reabilitação do sentenciado por meio de dispositivos racionais e alinhados com o status mais atualizado do debate científico da época.

A Casa de Correção do Rio de Janeiro, primeira instituição pensada a partir dos pressupostos modernos da Constituição de 1824 e do Código Penal de 1830, já prenunciava na sua trajetória essa história permeada de fracassos. Foi prevista para ser uma construção com oito raios divididos entre celas individuais e oficinas de trabalho, mas só dois edifícios foram construídos ao final — o primeiro destinado à Casa de Correção, com quatro andares e duzentas celas individuais, e o segundo, finalizado em 1856, destinado à Casa de Detenção, para presos que aguardavam julgamento ou cumpriam sentenças curtas. A instituição teria sido pensada para a "correção moral" dos detentos sentenciados pela justiça. Entretanto, logo de início, os únicos dois funcionários que foram alocados para tomar conta do novo estabelecimento tinham no currículo o exercício da profissão no Calabouço de Aljube, desativado quando do início das reformas prisionais. A localização, os empregados e as regras que regiam a operação do local eram estritamente provisórios quando da inauguração, mas, no curso de algumas décadas, passaram a ser definitivos. A Casa de Correção não tinha esgoto, água encanada ou instalação adequada para o banho dos presos. Em 1874, o diretor do estabelecimento relatou oficialmente que as condições de vida eram tão insalubres que uma condenação acima de dez anos a ser cumprida ali era equivalente a uma sentença de morte. Em 1874, um relatório do chefe de polícia denunciava um total de 2.901 presos na Casa de Detenção, com uma quantidade absurda de detentos por cela.

Na Casa de Correção, os presos condenados a cumprir penas eram separados e administrados conforme um rigoroso sistema de classificação e recompensa por trabalho e bom comportamento. Já em 1858, um deputado do Rio de Janeiro relatava a incapacidade do regime disciplinar de manter as normas estabelecidas de silêncio e falta de comunicação entre os detentos. O próprio perfil destes começou a se alterar substantivamente, conforme o projeto original foi transformado para agregar dependências diferentes. Foi construído um calabouço para aplicar punições a escravos fugitivos ou enviados por seus senhores para serem castigados, bem como um Instituto de Menores Artesãos, que passou a receber crianças de rua e menores de famílias pobres. Além deles, o novo complexo prisional passou a abrigar os condenados às galés, acorrentados individualmente ou em grupo, para trabalhos públicos. Apesar de, no início da década de 1870, diversas instituições firmarem contratos para a prestação de serviços pelos detentos da Casa de Correção, as reclamações crescentes sobre a qualidade dos mesmos e a péssima administração da unidade levaram ao reconhecimento progressivo de que os lucros da unidade não chegavam nem perto de cobrir os custos do seu funcionamento. Na República, a condição da instituição seguiu a trajetória de deterioração. Notícias da imprensa de 1905 falavam de constantes revoltas, evasões, conflitos, lutas e ferimentos. Olavo Bilac já dizia, em 1902, que "não há de ser a demissão de um administrador que há de consertar o que já nasceu torto e quebrado".

No Rio Grande do Sul, a Assembleia Legislativa da província determinou a construção de duas Casas Correcionais a partir de 1835, uma em Porto Alegre e outra na vila de São Francisco de Paula, mais tarde município de Pelotas, alinhadas ao novo ordenamento jurídico e penal. A Casa da Vila já estava sendo construída em 1832, com verbas da própria municipalidade. No mesmo ano, começou a receber detentos em salas recém-erigidas. Com a eclosão da Guerra dos Farrapos, as obras foram suspensas. Em 1844, ofícios da Câmara Municipal dão conta do estado de ruínas em que a estrutura se encontrava. Apesar das contínuas reformas, a obra nunca foi inteiramente concluída. Ainda que o projeto original previsse a construção de uma escola de alfabetização para os detentos, bem como o espaço de dez oficinas de trabalho, nada foi construído além de vinte celas. Nelas, os presos dormiam no chão, em celas quentes e úmidas, dividindo o espaço com ratos e baratas. Muitos deles ficavam longos períodos dentro da prisão, não raro ultrapassando o período previsto para as penas. Sobre a Casa de Correção de Porto Alegre, um relatório oficial de 1895 classificou a instituição como "um depósito de condenados de toda espécie [...] ali vivendo promiscuamente na mais repulsiva comunhão do crime, com grave prejuízo para a sociedade, pois não raro ali vai se completar a educação do celerado [...] com os conhecimentos adquiridos em tão edificante meio".

Em São Paulo, o entusiasmo em torno da Penitenciária do Estado, que mais tarde viria a ser conhecida como Carandiru, começou a se apagar duas décadas após sua inauguração. A unidade, que chegou a receber elogios de personalidades como Claude Lévi-Strauss e Stefan Zweig pela sua limpeza, higiene e organização, servindo como ponto turístico para visitação de personalidades científicas, literárias, artísticas e políticas do mundo inteiro, atingiu sua lotação máxima de 2 mil presos em 1940, forçando o governo a construir novas unidades e a reformar a penitenciária-modelo. Em 1974, a unidade contava com 5.346 detentos, mais do que o dobro de sua capacidade. Em 1978, novas reformas ampliaram o número de vagas para 3.500 detentos, mas a população do lugar já ultrapassava os 7 mil detentos em 1981. Apesar de um decreto da Justiça naquele mesmo ano ter determinado que a população do presídio não poderia ultrapassar os 6 mil presos, em 1992, quando da ocorrência do famoso massacre do Carandiru, a quantidade de detentos na unidade já ultrapassara os parâmetros da década anterior.

No Recife, a construção de uma Casa de Detenção em moldes estritamente modernos foi aprovada como projeto legislativo em julho de 1848, mas as obras só se iniciaram dois anos depois. Pensada no modelo de um panóptico na versão radial, em forma de cruz, a casa deveria comportar os detentos em celas individuais, mas, a pedido de uma comissão especial que acompanhava a elaboração do projeto, fez-se um arranjo para que as celas comportassem três, cinco e sete presos. Orçada em 237 mil contos de réis, a construção do edifício despendeu uma quantia superior a 800 mil. Em 1855, estavam concluídos o primeiro raio, as casas da administração e da guarda, toda a muralha de circuito do estabelecimento e dois torreões de entrada, de modo que a estrutura já pôde receber os detentos da Cadeia do Recife, após uma tentativa de fuga em massa e um motim poucos meses antes. Em 1860 concluiu-se o raio sul, e as obras se prolongaram até 1867, com a conclusão do raio leste. Apesar do regulamento prevendo a separação de presos, sistemas de recompensas, trabalho e silêncio obrigatório e outros dispositivos disciplinares, nada chegou a funcionar seriamente a contento na unidade. A partir de 1860, relatórios oficiais apontavam para a impossibilidade da separação dos presos conforme o projeto original, devido à falta de comunicação pelas autoridades competentes dos pronunciamentos e sentenças proferidas contra os detentos, de modo que mesmo as penas impostas não raro deixavam de ser informadas à administração. Como resultado, presos que já tinham cumprido sentença permaneciam indevidamente por meses ou mesmo anos na prisão. A superlotação rapidamente se tornou um problema. Tornou-se comum numa mesma cela a convivência entre réus condenados às galés perpétuas e presos aguardando o devido processo legal. Em 1864, era possível encontrar 28 mulheres distribuídas em duas celas, com capacidade para cinco pessoas cada, entre processadas, sentenciadas, correcionais e enfermas. De início, eram 110 celas, todas numeradas, de um lado a outro dos raios, com capacidade para 370 detentos, projetadas para receber um, três ou cinco detentos. Após 1869, já se registravam celas com até doze detentos apinhados. Diversos presos eram obrigados a dormir no chão, e doenças se disseminavam, dadas as precárias condições de higiene. Os detentos só tomavam banho uma vez por semana e tinham de dormir à noite com o incômodo do mau cheiro exalado pelas latrinas. Os guardas da unidade não demoraram a fazer fama antes do final de século como uma récua de funcionários corruptos, propensos à bebida, ao jogo, ao tráfico ilegal de mercadorias para os detentos e a acessos ocasionais de violência.

Os exemplos se multiplicam conforme o avanço das pesquisas historiográficas sobre o tema. Nesse aspecto, os espetáculos dos séculos posteriores não passam qualquer ideia de aprimoramento progressivo. Um após o outro, projetos originalmente pensados para se alinhar ao estado da arte da penologia europeia ou já saem do papel estragados ou parecem caducar em menos de uma ou duas décadas. A prisão no Brasil parece um projeto destinado ao fracasso, mas de uma maneira muito mais pujante que as afirmativas de Foucault sobre o tema. Não é só que ela não sirva para aquilo que originalmente se propõe, isto é, reabilitar moralmente o criminoso, devido aos problemas constitutivos no artificialismo totalitário que lhe é próprio. Sobre ela, na verdade, mal se pode falar que controle alguém ou alguma coisa. No dizer de Luciano Oliveira em um brilhante artigo intitulado "Relendo *Vigiar e punir*", talvez o fato se deva a que os brasileiros sempre tenhamos vivido em uma "sociedade indisciplinar", isto é, uma sociedade violenta, onde nunca houve universalização da escola, com um aparato de justiça penal o mais das vezes brutal e ineficaz, cuja imensa força de trabalho, miserável e informal, jamais foi hegemonicamente enquadrada pelo dispositivo da fábrica.[3] Por aqui, a prisão parece desafiar sobranceiramente os princípios do panóptico, antepondo, ao adestramento das almas e ao princípio de inversão da masmorra, o espancamento irrefletido como regra e a masmorra como princípio.

O PANÓPTICO IMPOSSÍVEL

Não pretendo levar às últimas consequências um projeto de descrição daquilo que poderia se denominar como a genealogia da sociedade indisciplinar brasileira. Antes, importa ressaltar o estranhamento para com determinadas concepções a respeito do estudo sobre prisões, que se tornou cada vez mais forte, conforme ia avançando o trabalho de campo. Vários dos elementos evidenciados na primeira visita foram se tornando mais e mais problemáticos, enquanto outros, novos, ainda mais complexos, se revelavam, de modo que o apelo a outras tradições do estudo sociológico sobre prisões foi-se tornando impositivo. Era preciso encontrar explicações plausíveis para a realidade em outro lugar e, se fosse o caso, construí-las integralmente para o objeto em questão. Afinal, não seria uma prisão como a que descrevi na primeira parte deste capítulo uma antítese do projeto moderno que deu nascimento a essas instituições? E, no entanto, não penso tampouco que a imagem de um calabouço do antigo regime sirva perfeitamente para descrevê-la. De toda forma, ao Complexo do Curado bem cabe o título de *panóptico impossível*,[4] a começar pela disposição arquitetônica das unidades que o compõem.

O antigo Presídio Professor Aníbal Bruno, que deu lugar ao Complexo em 2012, foi inaugurado em 1979, como Presídio e Centro de Classificação do Recife, para operar como um centro de triagem para presos de todo o estado. O projeto incorporou as diretrizes nacionais de uma prisão em estilo pavilhonar, onde os detentos seriam distribuídos em pavilhões isolados por grandes espaços vazios, idealmente separados por cercas ou grades de contenção. A vantagem desse tipo de estabelecimento é que, ao contrário das prisões em modelo de poste telegráfico ou espinha de peixe, os potenciais núcleos de revoltosos poderiam ser facilmente isolados. Em contrapartida, o acesso, a manutenção e a segurança dos pavilhões se tornam bem mais custosos, já que não há ligação direta com a ala administrativa, nem uma posição privilegiada a partir da qual uma torre ou centro de vigilância possa ter acesso à maior parte dos presos. Isso significa que qualquer ideia de controle em tempo integral sobre a ação dos detentos exigiria, desde o início, a disposição de agentes de custódia dentro de cada pavilhão. Dado o formato como estes foram pensados, como paralelepípedos dispostos em um vasto terreno com grandes espaços vazios entre um e outro, com as celas se distribuindo por dois lados de um corredor estreito, cortado ao meio por um hall que deveria fazer as vezes de gaiola de vigilância, nem mesmo um grupo de agentes disposto nesta área poderia ter acesso visual simultâneo ao interior das duas raias de cada pavilhão.

Infelizmente, a historiografia local ainda não produziu nenhuma obra sobre a prisão em questão. Não se sabe como eram a disposição dos guardas, a organização das escalas de trabalho, a classificação dos presos, a rotina penitenciária ou os mecanismos disciplinares utilizados nas primeiras décadas de existência do presídio. Entretanto, uma rápida olhada no material especializado e nas notícias da imprensa a esse respeito torna difícil acreditar na hipótese de que o antigo Presídio Professor Aníbal Bruno tenha sido um modelo de segurança e controle em qualquer momento de sua história. Em um artigo publicado na revista *Tempo Histórico* em 2013, Antônio Henrique Ferreira da Silva demonstra que as primeiras notícias de fuga na unidade começaram a aparecer na imprensa local em 1981, dois anos depois de sua inauguração. "Baixinho confessa que fugir é fácil" foi o título de uma matéria publicada no *Diário de Pernambuco* daquele ano, onde constava o relato de um assaltante foragido da unidade que dizia ter escapado com uma corda improvisada por lençóis, por cima do muro, sem grandes dificuldades. Outros relatos de fuga constam durante todo o período pesquisado, incluindo a de um criminoso denominado pela imprensa como o "Rei da Maconha no Nordeste", que teria envolvido o suborno do então diretor da unidade, junto com dois agentes penitenciários.

Em 1990, consta notícia no *Jornal do Brasil* sobre uma rebelião ocorrida na unidade. Em 1992, um motim envolveu a tomada de onze reféns, entre familiares de presos e soldados, por um grupo de sete apenados que terminaram mortos pelo Batalhão de Choque da Polícia Militar. Dois anos depois, em 1994, dois presos foram mortos em frente ao presídio, durante uma tentativa de fuga. Em 1996, mais dois outros detentos foram assassinados em circunstâncias semelhantes. No ano seguinte, seis pessoas morreram e nove ficaram feridas numa tentativa de fuga coletiva que descambou numa rebelião. E, em 1998, nova tentativa de fuga resultou em três feridos e três mortos, entre os quais dois presos e um soldado da Polícia Militar. Em 2006, dois dias seguidos de rebelião deixaram um saldo de três detentos mortos e mais de quarenta feridos, além da destruição de pelo menos dois pavilhões, que tiveram as grades das celas e das janelas arrancadas. No final do ano seguinte, três rebeliões consecutivas terminaram com pelo menos três detentos mortos e 43 feridos. Em 2008, uma nova rebelião deixou como saldo dois detentos mortos e onze feridos. Dois outros motins se seguiram no mês de maio de 2010, deixando um saldo total de três mortos e 27 feridos. Em 2011, uma rebelião durante um "apagão", isto é, um corte no fornecimento de energia que se abateu sobre vários estados do Nordeste no início de fevereiro, resultou em um preso assassinado e outro ferido. Neste mesmo ano, detentos tentaram fugir da unidade mediante a explosão do muro.[5]

Infelizmente, casos de violência dentro da prisão, quando não envolvem tentativas de fuga ou rebeliões, parecem não despertar atenção da imprensa, de modo que um levantamento dessa ordem se faz de pouca utilidade. Declarações oficiais contidas em relatórios para a Corte IDH reconhecem a falta de prioridade para o registro e tratamento correto da informação nesse nível de especificidade antes de 2008. O material mais confiável existente a esse respeito vem dos relatórios produzidos pela coalizão de entidades da sociedade civil responsável pelo pedido de medidas cautelares, além das respostas emitidas pelo poder público a respeito das comunicações. Esse processo pode ser acompanhado pela documentação oficial emitida até 2015 em um site (arquivoanibal.weebly.com/arquivo.html). Nesse aspecto, alguns dados interessantes podem ser encontrados. Em termos de violência letal, o número de CVLIs chega aos 24 confirmados em 2008, descendo para catorze em 2009, nove em 2010 e treze em 2011. Não existem dados que possibilitem o estabelecimento de uma série histórica a partir da taxa de homicídios na unidade, o que permitiria uma análise comparativa mais adequada com outras realidades. Em 2011, segundo relatório divulgado pelo governo do estado, a população da unidade estava em torno de 4.979 internos. Isso corresponde a uma taxa aproximada de 2,61 CVLIs para cada mil detentos em 2011. Em termos comparativos, a taxa de CVLIs por mil habitantes do Recife, calculada a partir dos dados divulgados no Anuário da Criminalidade em Pernambuco, foi de 0,44 para cada mil habitantes no mesmo ano. Lembrando que a taxa de óbitos criminais divulgada pelo Infopen somente para o primeiro semestre do ano de 2016 ficou em 0,3 para cada mil detentos considerando todo o sistema penitenciário brasileiro.

A baixa quantidade de informações disponíveis a respeito dessas mortes impossibilita a realização de uma análise quantitativa mais bem estruturada. Na maioria dos casos, as informações sobre as vítimas, os ofensores, as circunstâncias, o local e as causas que levaram ao crime não estão muito claras. Contudo, é possível afirmar que a maior parte delas ocorreu em decorrência de ferimentos causados por armas brancas como barrotes, porretes, chuço, faca ou foice. As poucas mortes que resultaram de ferimento por arma de fogo aparecem como resultado de confrontos envolvendo amotinados e agentes da lei. Os casos em que se registra algum tipo de informação a respeito da motivação se referem a crimes decorrentes de discussões entre detentos, vingança, brigas entre grupos rivais, rixas pessoais, dívidas por consumo de drogas, mortes de detentos acusados por roubo dos pertences dos demais internos. Outros casos de violência entre presos encontrados nos relatórios produzidos para a Corte IDH envolvem agressões entre os reclusos, não raro com a utilização de facas e outras armas brancas, além de dezenas de casos de tortura. Estas assumem formas variadas, como espancamento por policiais ou agentes penitenciários, a utilização indiscriminada de armamento não letal como cassetetes, tiros de bala de borracha e spray de pimenta, além de cortes de faca ou estilete e bordoadas aplicados por detentos concessionados. Relatos envolvendo a figura dos chaveiros são uma constante. Em suma, ainda que não seja possível quantificar os eventos de maneira precisa, é possível depreender que a violência no antigo Aníbal Bruno não decorria somente da suposta falta de controle do Estado sobre os presos no processo normal de convivência na prisão, mas também da própria ação do arranjo estabelecido para esse mesmo controle, que envolvia diretamente a utilização de presos concessionados e chaveiros, capazes de exercer poder ilegal de polícia e aplicar punições físicas nos detentos.

Isso nos remete a outros tipos de violência relatados pelas entidades, que dizem respeito a agressões ou torturas cometidas por agentes do Estado. Nesse aspecto, os casos relatados também possuem documentação farta. Inúmeros detentos apresentam marcas de barrotadas, hematomas, queimaduras, costelas quebradas e outros tipos de fraturas alegadamente relacionadas com a atuação de agentes da lei. A maioria desses processos não resultou em procedimentos de acareação com a devida investigação legal por parte do governo. Entretanto, a julgar pelos depoimentos dos integrantes da sociedade civil e pela experiência que acumulei nos últimos dois anos com esse tipo de trabalho, não duvido que as denúncias possam ter motivado reprimendas sérias aos envolvidos, transferências de unidade ou mesmo perdas de função comissionada. Esse assunto será tratado em capítulos posteriores, mas é importante entender que parte da violência cotidiana da instituição está relacionada com procedimentos adotados pelos próprios agentes da lei para o controle da população carcerária, entendendo a palavra no sentido mais lato, isto é, não necessariamente como resultado de uso da força para resolução de problemas específicos, mas também como instrumento de intimidação, aplicação de castigo e afirmação de autoridade. Os instrumentos utilizados, no caso de agentes da lei, fossem policiais militares ou agentes penitenciários, eram, o mais das vezes, cassetetes, balas de borracha, sprays de pimenta ou barrotes. Em uma visita realizada em outubro de 2008, as entidades presentes conseguiram flagrar no Pavilhão Disciplinar, onde ficava baseada a guarda da Polícia Militar, um dos instrumentos utilizados em situações como essa, que ganhou destaque na imprensa nacional e internacional: um porrete de madeira improvisado, coberto de arame, com a inscrição "DIREITOS HUMANOS". Esse tipo de violência, somada àquela praticada pelos chaveiros, que parece estar assumindo um caráter mais preponderante nos últimos anos, por um processo progressivo de transferência de poder, mas também como efeito da própria atividade de monitoramento, que ganhou mais força com o envolvimento de organismos internacionais, forçando a adoção de novas estratégias para práticas antigas de controle, será tratado na segunda parte desta obra.

A literatura internacional costuma utilizar determinados parâmetros para definir o nível de ordem dentro de uma prisão. A quantidade de fugas, rebeliões, motins, homicídios, agressões entre detentos e agressões entre detentos e guardas costumam servir de parâmetro para avaliações de desempenho e comparação entre modelos de gestão. A precisão conceitual tem sua importância aqui, visto que eventos como motins, que envolvem uma quantidade menor de detentos, o uso menos disseminado da violência em um espaço bastante limitado da unidade prisional, não têm a mesma dimensão que rebeliões que comprometem o funcionamento da prisão inteiramente, por um ou vários dias. Da mesma forma, o tipo de arma utilizada em casos de homicídio ou agressão, a forma como tais crimes são praticados, se em grupo ou entre indivíduos, bem como a motivação envolvida (altercações, vinganças, rixas entre gangues, dívidas por droga), informam muito sobre as dinâmicas sociais das unidades. Em sentido análogo, o mesmo pode ser dito sobre os procedimentos, a frequência, o tipo e o caráter da violência empregada por aqueles responsáveis oficialmente ou extraoficialmente pela manutenção da segurança nesses locais. É claro que isso implica a existência de uma grande variabilidade de dados relacionados com as infrações previstas em cada unidade e no sistema penitenciário de forma geral. Não olhar para baixo enquanto se fala com um agente de custódia pode ser considerado uma infração em determinados contextos, que é tomada como indicador do nível de disciplinamento da massa carcerária. Contudo, para além dessas diferenças, acredito que indicadores mais gerais, como quantidade de fugas, agressões, homicídios, rebeliões e motins fornecem parâmetros úteis não só porque indicam o nível de previsibilidade da rotina dentro da prisão, como também propiciam informação importante sobre a segurança dos detentos, um dos fatores mais relevantes para a qualidade de vida de qualquer pessoa, dentro ou fora da prisão.

É importante ter em mente que a utilização de chaveiros como instrumentos de controle da massa carcerária não é recente na história do Aníbal Bruno. Os registros oficiais mais antigos e as notícias na imprensa dão conta de que, já na década de 1990, o arranjo encontrado para a governança do presídio não obedecia a uma razão de controle total do Estado da rotina dos apenados. Durante anos, a presença de agentes de custódia se dava na forma de duas guardas que ficavam de plantão dentro da unidade, uma no Pavilhão J e outra no Pavilhão Disciplinar. A primeira era composta por policiais militares, em torno de cinquenta homens, enquanto que a segunda era formada por agentes penitenciários e variava de tamanho, mas sempre em número inferior à primeira. Isto durou até meados de 2010, quando a realização de um grande concurso público permitiu o incremento do efetivo de agentes penitenciários, incentivando a retirada dos policiais militares das atividades de controle interno. Essas informações condizem com uma entrevista que me foi dada por um agente penitenciário com largo histórico no sistema prisional do estado:

> Entrevistador: Em algum tempo chegou a haver controle interno para cada pavilhão aqui no Complexo?
>
> Agente: Não. Essa é a diferença dos projetos das unidades novas e das antigas. O Aníbal Bruno, antigamente, só o Pavilhão J e esse Pavilhão Disciplinar. No Disciplinar ficava a PM; no J, os agentes penitenciários. Eram pavilhões de castigo e de isolamento, dos presos que não tinham convívio. Nesses pavilhões existia uma estrutura de alojamento para os agentes penitenciários também. No restante dos outros pavilhões não existia, mas só a presença do homem ali, porque a gente não ficava dentro do alojamento, ficava fazendo policiamento ostensivo, então você inibia muita ação. Tinha o controle de abertura dos pavilhões, quem mandava a chave para abrir os pavilhões eram os agentes penitenciários, acompanhavam o fechamento de tudo. E faziam a contagem de presos, que é o mais importante. No Aníbal Bruno, na época de 2000, até 2004, 2005, se fazia a totalidade de manhã e à tarde. Então, você tinha a presença dos agentes e da polícia dentro da unidade, coisas que hoje, em virtude da superpopulação, e da falta de segurança para o nosso efetivo, a gente não faz. A gente só acompanha o pagamento da boia e recua. Agora, as unidades mais novas, a partir de 2002, feito Igarassu, todo pavilhão tem o seu alojamento para a guarda que fica fixa lá, 24 horas. Ou seja, cada pavilhão teria os presos e uma guarda fixa, de mais ou menos uma média, se não me engano, de oito agentes por pavilhão.

Ou seja, aquilo que acontecia dentro dos pavilhões, nas celas dos detentos, não era passível de conhecimento imediato pelos agentes do Estado. O trabalho de condução da população carcerária para abertura e fechamento das celas de cada pavilhão não era feito por agentes de custódia propriamente ditos. É importante ressaltar que o efetivo de agentes jamais esteve dentro do esperado para um exercício adequado do controle da população penitenciária do estado. Historicamente, a profissionalização da categoria de agente penitenciário só foi instituída em 1995, com a promulgação da Lei n. 10.865, que criou o cargo de agente de segurança penitenciária, seguida poucos meses depois pela realização do primeiro concurso público para compor o corpo de profissionais responsáveis pela custódia dos presos em Pernambuco. A previsão de 1.890 vagas, entretanto, para uma população penitenciária que na época estava próxima dos 10 mil, já indicava a necessidade de arranjos que possibilitassem a governança dos detentos nas unidades prisionais do estado. Como vimos, esses arranjos incluíam a utilização de policiais militares no trabalho de segurança interna dentro das unidades, mas também de detentos que faziam as vezes de agentes de custódia. Posteriormente, o governo do estado realizou certames para a contratação de mais ASPs em 1998, 2010 e 2017. O crescimento de funcionários, entretanto, sempre esteve aquém das necessidades do sistema. Em 2000, por exemplo, havia 1.075 agentes de custódia distribuídos em doze unidades prisionais e quarenta cadeias, totalizando 4.836 vagas para 8.419 presos. Ao final de 2017, o número de agentes chegara a 1.501, distribuídos em 22 unidades e 55 cadeias, correspondendo a 10.841 vagas para 30.285 presos. Ou seja, enquanto a quantidade de detentos no sistema mais do que triplicou durante o período, o efetivo dos agentes de custódia não chegou a crescer nem 40% em duas décadas.[6]

A utilização dos chaveiros ocupando função originalmente destinada a agentes de custódia passa a ser tema de notícia na imprensa pernambucana a partir dos anos 2000. Em uma reportagem especial intitulada "Uma cadeia de contradições", publicada no *Jornal do Commercio*, já se admite que são eles "quem ditam as regras de convivência nas celas".[7] Estes personagens possuíam a função de levar os detentos para dentro e para fora da cela nas horas de banho de sol e de refeições, para que os guardas pudessem realizar a contagem dos detentos, isto é, a "totalidade". Caso o número de detentos não correspondesse ao registrado pelo mesário do pavilhão, era preciso procurar o desaparecido, para saber se estava escondido em algum lugar do pátio, se havia se abrigado em outro pavilhão, ou mesmo se fugira num momento de descuido dos policiais na guarita. O chaveiro também tinha a função eventual de retirar um detento na cela pelos mais diversos motivos, como transferência de pavilhão ou unidade, retirada temporária para audiência no tribunal ou ouvida no setor administrativo da prisão ou mesmo acesso a serviços médicos, jurídicos ou educacionais. Na época em questão, o Aníbal Bruno contava com doze pavilhões, alguns dos quais já francamente improvisados, para abrigar uma população que se aproximava perigosamente dos 3 mil detentos. Com essa estrutura, que arquitetonicamente nunca foi muito bem adaptada para o controle de uma grande população carcerária, não é difícil imaginar que o arranjo do chaveiro tenha sido empregado originalmente como estratégia de segurança e otimização do tempo. Afinal, mesmo considerando os pavilhões concebidos para sua função precípua, sem levar em conta os que são fruto de improviso, a disposição das celas e o tipo de tecnologia empregada para seu acesso implicam dificuldades para a entrada e saída dos detentos, uma cela após a outra, num processo não só demorado, mas permeado de riscos para os agentes da lei. O corredor estreito, com grades vazadas entre uma cela e outra, não é lá um espaço muito seguro para um ou mais homens armados lidarem com um grande número de presos. A proximidade entre agentes e detentos e o número excessivo destes facilitam casos de agressão, tomadas de refém ou tentativas de roubo de armas.

Ainda que não se guardem registros históricos sobre a extensão das funções desempenhadas pelos chaveiros dentro das unidades, já em 2001 noticiam-se casos como o do assassinato de Helinho, chaveiro do Pavilhão Disciplinar, dentro do Aníbal Bruno. O detento se transformara em uma espécie de celebridade da prisão devido ao filme *O rap do Pequeno Príncipe contra as almas sebosas*, que fala sobre seu histórico de execuções de pelo menos 65 delinquentes e outros criminosos, que lhe rendeu fama como um dos maiores justiceiros da história do estado.[8]

Não deixa de ser interessante registrar que a busca por um perfil de detento com características como as de Helinho, isto é, um matador, com habilidades específicas e capacidade de intimidação física de outras pessoas, já fosse, aparentemente, uma preocupação dos administradores do presídio naquela época. Possivelmente, trata-se de um indicativo do tipo de poder então concentrado na figura do chaveiro, que só vai aumentar paulatinamente nos anos posteriores ao incidente, junto com a população penitenciária e a superlotação das unidades no estado.

NOMEN EST OMEN

Assim, é possível afirmar com relativa segurança que o Aníbal Bruno dificilmente foi um presídio sob controle pleno do Estado em qualquer momento de sua história. A permanente situação de crise que lhe é característica parece impressa no seu destino como aquilo que o institucionalismo denomina como *dependência de trajetória*, isto é, escolhas feitas no seu nascimento que exercem efeitos de constrangimento no futuro. Já em 2008, poucos meses depois que três rebeliões consecutivas se tornaram tema do noticiário local e nacional, a divisão do Aníbal Bruno em três unidades independentes, com gestão, perfil populacional e serviços especializados próprios, aparece no orçamento do estado, com R$ 12.407.745,46 previstos em recursos próprios e R$ 9.862.516,04 de investimento do governo federal.[9] Em 2009, a divisão já era anunciada nos informes do Todos por Pernambuco, modelo de gestão governamental centralizado na Secretaria de Planejamento e Gestão (Seplag), mas as obras só tiveram início oficialmente em 2010. Ainda que as constantes rebeliões, tentativas de fuga e fugas coletivas da unidade produzissem impactos políticos que não podiam ser ignorados indefinidamente pelo poder público, não se pode descartar a influência da atuação mais pujante da supracitada comissão de entidades da sociedade civil junto à Corte IDH como um elemento que contribuiu para a agilização das obras. Afinal, a partir de 4 de agosto de 2011, a concessão de medidas cautelares em favor dos internos da unidade transformou a questão do

Aníbal Bruno em um problema internacional, que envolveu a União diretamente nas negociações, interferindo na política em torno da gestão penitenciária em Pernambuco.

Ainda assim, a divisão só foi oficialmente finalizada em fevereiro de 2012, quando as novas instalações foram apresentadas à imprensa.[10] A obra teria implicado a construção de mais de 3 mil metros quadrados de novas instalações, totalizando 19 mil metros quadrados de área construída. O número de guaritas policiadas passou de onze para 24, incluindo uma grande guarita central que teria visibilidade para os pátios de todas as três unidades. O grupamento de quarenta policiais militares que antes integrava a guarda interna do presídio foi transferido para a guarda da muralha, após a alocação de um contingente de trezentos agentes penitenciários para todo o complexo. O então secretário executivo de ressocialização, Romero Ribeiro, afirmou que isso permitiria extinguir a figura dos chaveiros, tornando os agentes penitenciários a "ponte efetiva" entre os reeducandos e o gestor. As três novas unidades que integravam o Complexo Penitenciário Professor Aníbal Bruno teriam direção independente, perfil populacional diferenciado, escola, enfermaria e estrutura de serviços jurídicos e assistenciais própria. Os detentos que respondessem a um processo seriam alocados ao PJALLB, aqueles com dois processos ficariam no PAMFA, e os com três ou mais, no PFDB.[11] Os reeducandos inseridos em atividade educacional contariam com bolsas mensais e poderiam realizar serviços de qualificação profissional em uma cozinha-escola. Cada uma das enfermarias contaria com leitos, farmácia, equipamentos e equipe médica completa.

O improviso, claro, não poderia ficar de lado. Já naquela data, o governo reconhecia para a imprensa que a superlotação continuava a ser um problema. Com capacidade para 1.500 detentos, o novo complexo abrigaria 4.800, sendo 2.900 no PJALLB, mil no PAMFA e outros novecentos no PDFB. Nas palavras do secretário, "a superlotação é uma realidade de todo o país [...] Em meados de março, abril, deveremos ter mais 420 vagas aqui".[12] Em 2016, um Relatório de Construções com Investimento Federal do Depen, divulgado em maio de 2016, revelava que a obra de divisão do antigo Aníbal Bruno se encontrava "paralisada", com 80,18% do projeto inicial concluídos até dezembro daquele ano.[13] Claro que nada disso foi dito oficialmente em 2012, mas já era evidente o açodamento governamental em dar resposta para um problema que só daria sinais de resiliência nos anos posteriores.

Cinco dias depois da reportagem anunciando a inauguração das três novas unidades, o Diário Oficial de Pernambuco declarou em manchete: "O Aníbal Bruno se transform[ou] em complexo prisional-modelo."[14] Em 23 de fevereiro, o Estado brasileiro solicitou à Corte IDH "que, a partir dos resultados das ações descritas na presente manifestação, considere a possibilidade de levantar as medidas cautelares concedidas".[15] Quatro dias depois, uma nova rebelião no Complexo terminava com dois detentos mortos e quatro feridos, incluindo um policial militar. No mês seguinte, uma série de distúrbios no Complexo e uma rebelião no PFDB deixaram pelo menos seis detentos feridos. Em maio, duas novas rebeliões resultaram em quatro mortes violentas, uma delas provocada por conflitos com "um chaveiro do pavilhão" e outra pela falta de água no PFDB. Neste mesmo mês, um túnel que seria utilizado pelos detentos para fuga foi descoberto na unidade.[16] Em 2012, pelo menos doze CVLIs foram registrados na unidade, um dos quais ainda nos primeiros dias do ano, decorrentes de um espancamento ordenado por um chaveiro.

Os chaveiros continuavam inseridos na rotina do Complexo, fato constatado não só pelas entidades da coalizão, mas pelo promotor de execuções penais e por representantes sindicais dos ASPs. Em um depoimento constante de um dos informes enviados pelos peticionários, um diretor do PFDB reconhece que um plano para transferir os chaveiros junto com outros duzentos presos teria sido barrado pelas instâncias superiores da Seres, tendo em vista o risco de que o movimento desencadeasse uma rebelião entre os detentos. Os casos de queixas de detentos em torno de agressões e abusos cometidos pelos novos agentes penitenciários foram se acumulando rapidamente. Vários detentos apresentavam marcas de tiros de balas de borracha, um dos quais chegou a exibir catorze ferimentos dessa natureza espalhados pelo corpo para os integrantes da coalizão de entidades da sociedade civil. Há registros de abusos de chaveiros presenciados pelos agentes da unidade sem nenhum tipo de interferência. Depois de ser espancado por agentes, um detento teria sido enviado para a cela de castigo por catorze dias, dividindo um espaço apertado com mais 88 homens. Um informe à Corte IDH fala em 5.473 homens detidos nas três unidades naquele ano, um número já superior ao relatado pelo governo quando da inauguração do complexo.

As medidas de segurança do governo do estado logo se tornaram objeto de crítica. Segundo consta no referido contrainforme, "o sistema de classificação de presos 'de acordo com a gravidade do crime cometido e com a pena aplicada', anunciado pelo 2º informe do Estado brasileiro, não foi implementado" (Ofício IHRC, 26.08.12 — 4, p. 37). Em várias visitas, foram encontrados detentos cumprindo penas nas unidades que deveriam servir só para presos provisórios, bem como detentos com mais de um processo nas unidades destinadas a detentos com menos do que isso etc. O número de agentes declaradamente alocados não demorou a se revelar absolutamente insuficiente. Um cálculo realizado pela coalizão naquele ano, levando em conta a escala de plantões, demonstrou que o número de ASPs por dia realizando trabalho de segurança interna seria de 25 no PJALLB, quinze no PAMFA e quinze no PFDB, ou seja, 55 no total, o que significava mais ou menos uma média de pouco mais de cem detentos para cada agente. E, ainda assim, constatava-se *in loco* que o número de agentes disponíveis todos os dias na unidade era ainda menor, pois vários deles eram alocados para serviços de custódia de detentos em audiências, hospitais e outros locais, além das eventuais licenças médicas, férias ou afastamento por razões diversas. Assim, restava um quadro bem menor de ASPs, destinado à realização de serviços de segurança interna. O problema de falta de efetivo continuava tão sério que, em uma declaração a esse respeito, o presidente do sindicato da categoria chegou a afirmar que o Estado não conseguia nem mesmo levar todos os detentos para as audiências judiciais, implicando atrasos nos processos e aumento no tempo de prisão provisória. Consequentemente, em agosto, os agentes organizaram durante uma semana a "Operação 100% Legal" ou "Operação

Padrão", durante a qual se restringiram a realizar os serviços conforme os procedimentos operacionais estabelecidos, em cumprimento estrito à letra da lei, insistindo, por exemplo, na recomendação da quantidade prevista de ASPs de escolta para cada preso.

Os demais serviços prometidos com a criação do Complexo tampouco apresentavam grandes diferenças em relação ao período anterior. Os detentos continuavam se queixando de dificuldades para acessar o setor jurídico das unidades para obter informações sobre seus processos. Em uma visita à enfermaria do PJALLB, a coalizão constatou que havia 52 camas para 171 detentos enfermos. As celas estavam imundas e era possível ver o mofo crescendo nas paredes. Cenas como pilhas de curativos usados sobre os leitos e cães andando pelo pavilhão eram comuns. Faltavam itens básicos como sabão, desodorante, colchões especiais, cadeiras de rodas e remédios para tratar infecções cutâneas.

A julgar pelos registros da imprensa e pela documentação expedida pela coalizão, o ano de 2013 parece ter sido comparativamente mais tranquilo. Ainda assim, logo no primeiro mês do ano, uma fuga em massa de uma das unidades foi perpetrada por um grupo de pelo menos 35 detentos, alguns dos quais armados com revólveres e outras armas de fogo, que fizeram um ASP de refém, tendo como resultado final do evento dois agentes feridos por arma branca e disparos de arma de fogo, além da fuga de dezenas de detentos. Poucos meses depois, em março, diversos incêndios foram registrados na unidade. No total, quatro CVLIs ocorreram em todo o complexo durante o ano, além de duas claras tentativas de homicídio. Pelo menos 25 casos envolvendo situações de tortura, espancamento e agressão foram registrados pela coalizão e encaminhados à Corte IDH, incluindo eventos envolvendo agentes penitenciários e chaveiros.[17]

No ano seguinte, consta um registro de motim e uma rebelião no complexo, esta última resultando em doze detentos feridos. Porém, nove presos foram vítimas de CVLIs e pelo menos dez tentativas de homicídio foram registradas pela coalizão, além de 42 denúncias de tortura ou espancamento por agentes penitenciários ou chaveiros. Além disso, inúmeros casos de agressão entre detentos, a maioria envolvendo brigas de faca, ocorreram em todo o ano de 2014. Os números oficiais repassados na época davam conta de 6.953 detentos em todo o complexo. É bom lembrar que os arranjos para a construção de novos pavilhões ou espaços para abrigar a população não cessaram em quase nenhum dos anos. Em 2014, por exemplo, um novo pavilhão foi oficialmente inaugurado no PJALLB, com capacidade para 306 detentos. Entretanto, os problemas relativos à insalubridade e à precariedade dos serviços ofertados nas unidades, com disseminação de doenças contagiosas, presos sem atendimento médico adequado e detentos presos além do tempo estipulado pela pena se perpetuaram com uma constância quase entediante. No ano seguinte, uma rebelião de grandes proporções, dessa vez veiculando reivindicações políticas da parte dos detentos, que se queixavam, principalmente, do longo tempo de espera para a progressão de regime, devido ao suposto mau funcionamento da 1ª Vara de Execuções Penais, deixou um saldo de dois mortos e 29 feridos, num evento que tomou as páginas dos principais jornais locais e também de parte do noticiário nacional.[18]

Ao que tudo indica, o hoje Complexo Penitenciário do Curado jamais foi uma prisão que pudesse ser classificada como "tranquila" ou "sob controle". A cada novo acontecimento, sua história parece mais e mais assinalada pelo caos, pela desordem e pela ingovernabilidade. Porém, esse é só um lado da questão. Afinal, a extensa lista de eventos relatados pode facilmente ser contraposta aos longos períodos em que nenhuma anormalidade ou sinal de ruptura da ordem se apresentou no cotidiano da unidade. Diante da realidade de uma prisão permanentemente superlotada, insegura, violenta, com pouquíssimos agentes de custódia disponíveis para o controle da população carcerária, a questão em torno da simples possibilidade de certa continuidade da ordem no tempo adquire uma importância nada trivial.

Afinal, uma prisão não é uma simples sociedade de homens ou mulheres. Nela estão custodiadas, contra sua vontade, pessoas que foram consideradas pelo sistema de justiça criminal inaptas para o convívio social. Condenados por furto, roubo, homicídio, estupro, estelionato, agressão, tortura, tráfico de drogas e outros crimes convivem cotidianamente ali, dividindo o mesmo espaço. E, ao contrário do que se espera, tais pessoas não estão o tempo inteiro tentando subverter a ordem constituída, seja por meio de fugas, rebeliões ou delitos contra a propriedade ou a vida de outras pessoas. Ainda que as estatísticas de violência na unidade sejam chocantes até mesmo tendo em vista os parâmetros pouco usuais da sociedade brasileira contemporânea, não se pode dizer que não haja algum tipo de ordem na unidade. A vida na prisão não é uma guerra de todos contra todos, como no estado de natureza hobbesiano.

Na primeira sessão deste capítulo, as situações que descrevi em duas das unidades do complexo denotam em tudo uma vida social permeada por relações de conflito e não raro de violência, mas também por trocas de diversas naturezas, códigos de conduta, símbolos, instituições as mais variadas, hierarquias complexas e redes de relacionamento, com conexões por vezes diretas para além dos muros da prisão. O simples fato de ter saído ileso do breve convívio com os detentos logo no primeiro dia ali, sem que estivesse acompanhado em nenhum momento por um guarda armado para garantir minha segurança, deveria servir como constatação de determinado nível de ordenamento para além daquele garantido pela presença ostensiva de um agente do Estado. Com efeito, os detentos do Complexo Penitenciário do Curado estabelecem uma sociedade, com determinado nível de rotina, previsibilidade, confiança e controle das relações humanas, com uma economia material e simbólica que rege a distribuição dos recursos e o acesso a posições de poder dentro de uma hierarquia que lhe é própria. Não se trata, porém, de uma *sociedade dos cativos*, para usar do termo consagrado por Gresham Sykes na tradição sociológica de pesquisa sobre prisões, isolada do convívio com a nossa como uma tribo perdida no meio da floresta amazônica. Grande parte, se não todas as características elencadas, não só reproduzem, como se ligam material e simbolicamente às estruturas da sociedade no entorno, incluindo os aparatos e instituições do Estado, ainda que essas ligações encontrem limites reais e lógicas próprias de funcionamento, com diferentes níveis de porosidade e fechamento, a depender dos atores em questão.

Segundo os dados da Seres para julho de 2018, o Complexo Penitenciário do Curado comporta um total de 6.029 detentos, sendo 1.452 no PAMFA, 3 mil no PJALLB e 1.487 no PFDB. Cada uma dessas unidades tem direção e equipes de funcionários específicas, bem como estruturas arquitetônicas próprias, ainda que semelhantes, visto que todas se constituíram a partir do antigo Presídio Professor Aníbal Bruno. Todas elas comportam um aparato de improviso e arranjos que tornam praticamente impossível uma descrição fidedigna da distribuição do espaço. Na última contagem que fiz ao lado de Wilma, contabilizamos dezessete pavilhões no PJALLB, sete no PAMFA e oito no PFDB. Esse número inclui os pavilhões oficialmente reconhecidos pela administração e outros arranjos não raro construídos pelos próprios detentos. Caso consideremos pavilhão aquelas estruturas onde vivem permanentemente detentos, seria preciso acrescentar a enfermaria e talvez a escola de cada uma das unidades nessa conta, onde já constam o rancho, pavilhão utilizado para preparação de alimentos, com inúmeros barracos onde dormem os detentos empregados no serviço de preparação da comida, não raro dividindo o mesmo espaço com os mantimentos da unidade.

Infelizmente, não se trata de um cenário para o qual se possa apresentar uma caracterização alicerçada na prolongada observação do campo. O Complexo é uma prisão em permanente processo de favelização, onde novas partes são construídas e antigos espaços são remodelados ao sabor das circunstâncias, conforme as necessidades políticas, econômicas ou securitárias. A distribuição dos detentos não obedece a qualquer critério de universalização na ocupação do espaço, sendo reflexo de decisões administrativas e de uma economia política própria da unidade, que será tema da segunda parte deste livro. As poucas tentativas de realizar um mapeamento tradicional, por meio de croquis, mostraram-se não só infrutíferas, como extremamente perigosas. Afinal, um registro cartográfico ou arquitetônico é também um registro de ilegalidades e desigualdades em uma instituição como essa. Alguns conflitos entre detentos e entidades de direitos humanos que acompanhei de perto estavam diretamente relacionados com isso. Administradores também não se mostram muito propensos a aceitar esse tipo de ação, visto que se trata, ao fim e ao cabo, do registro de inúmeras irregularidades nas unidades oficialmente sob sua responsabilidade. Por isso, restrinjo-me a uma contabilidade pouco precisa no seu detalhamento. Nesses mais de trinta espaços regularmente habitados por detentos, incluem-se pavilhões de isolamento, de triagem e espera, o mais das vezes utilizados para fins de habitação permanente, devido à falta de espaço e outras questões, relativas à economia política da prisão. Entre eles, há pavilhões de estrutura regular, conforme os que descrevi mais acima, bem como galpões improvisados onde a maior parte dos detentos se distribui pelo chão, dormindo promiscuamente ao lado uns dos outros. Da mesma forma, existiam e ainda existem áreas inteiras das prisões construídas pelos próprios detentos na mais franca informalidade, com pequenos apartamentos com cozinha anexa ou mesmo áreas voltadas para a criação de animais silvestres, constituindo verdadeiros pátios reservados. Ainda não consigo encontrar maiores semelhanças para descrever o Complexo Penitenciário do Curado do que uma favela, na acepção comum que o termo costuma ter na esfera pública brasileira.

E uma favela muito pouco vigiada, em inúmeros aspectos. Nas poucas visitas que realizei nos últimos dois anos, presenciei uma equipe de agentes penitenciários em número minimamente razoável. Em algumas unidades, esses números muitas vezes chegavam a menos de dez agentes de plantão. O intricado de corredores e o amontoado de pessoas em muitas áreas da prisão a tornam um cenário por vezes indevassável, onde os ASPs só se aventuram em equipe ou acompanhados de forte escolta policial. O cenário descrito na primeira parte deste capítulo, de uma prisão com centenas ou mesmo milhares de detentos com liberdade de circulação portando armas brancas e celulares durante a maior parte do tempo, é uma realidade constante e também antiga no Complexo. Ainda assim, em absolutamente todos os pavilhões, a presença dos chaveiros é facilmente constatada. Reinando como *primus inter pares*, com autorização legitimada pelas autoridades constituídas para um uso limitado da força, esses personagens são centrais para a composição de um sistema frouxamente articulado de governança nodal característico das prisões pernambucanas. A busca pelo seu entendimento, bem como da economia política que o fundamenta, será o tema da próxima parte deste livro.

3
O comando é nóis

GATOS E RATOS

Zico acordou com uma balbúrdia tremenda no pavilhão. No susto, saltou do colchão e logo se pôs a tatear no escuro, antes mesmo de saber o que estava se passando. O revólver calibre .38 ficava escondido num buraco do piso, disfarçado com uma peça falsa de cerâmica, embaixo do frigobar da cela. Assim que guardou a arma na cintura, correu para a saída, mas terminou topando na estante. Praguejando, acendeu a luz do teto, que iluminou o cômodo amplo, com dois ambientes e um banheiro anexo. Ao lado da cama de casal, um frigobar e uma estante abarrotada de cadernos, livros e roupas. O ventilador fazia um barulho forte, que abafava quase todo o som que vinha de fora. A chave do cadeado estava logo ali, na sua frente, mas o preso preferiu encostar o ouvido na chapa de ferro que tampava as frestas da cela, para tentar escutar alguma coisa.

— Bora matar logo esses ratos filhos da puta antes que o chaveiro acorde!

Furioso, o detento correu até a pequena mesa que fazia as vezes de balcão da cozinha e pegou uma grande peixeira. Antes de sair, porém, colocou o revólver no lugar de onde o havia retirado. Abriu a cela e deu de cara com seu auxiliar, Estevam, acompanhado de mais cinco homens que trabalhavam na equipe.

— Eu falei para eles que não era assim que se devia resolver isso — disse o homem gordo, de braços musculosos, visivelmente nervoso, e completou: — Estão ficando fora de controle, vão terminar fazendo besteira!

Dali, não era possível enxergar com clareza o que estava acontecendo. A maior parte dos detentos que dormia no chão, na BR, estava de pé, conversando ou gritando, com os olhos voltados para o aglomerado que entupia o corredor da ala oposta do pavilhão.

— Tem que matar essa desgraça! — urravam uns.

— Resolve logo! — replicavam outros.

A maior parte dos detentos que dormia nas celas também estava acordada. Os que não estavam no meio da maçaroca de gente aguardavam apreensivos, em frente à entrada das celas. Somente a cela dos evangélicos permanecia fechada de cadeado, com estes aproveitando o tumulto para ler a Bíblia e rezar em voz alta. Enquanto o chaveiro abria caminho aos gritos e empurrões, podiam-se ouvir os gritos de alerta dos detentos:

— Olha os gatos! Olha os gatos!

Em pouco tempo, Zico e seus homens chegaram em frente a uma cela apertada. Na entrada, Robertinho, o homem mais alto e forte de sua equipe, segurava uma estrovenga com as duas mãos, em posição ofensiva, discutindo com um grupo de detentos que enchia todo um lado do corredor. Na frente dessa turba, Givanildo, um homem baixo e atarracado, com os braços cruzados e as mãos embaixo da axila, os polegares voltados para cima, procurava falar mais alto que os demais.

— Vai proteger um rato, Robertinho? — indagava o preso, trincando os dentes. — Tem que matar logo uma desgraça dessas, rapaz! — Robertinho, entretanto, não parecia disposto a ceder ao grupo.

— Eu já falei que tem que esperar o Zico chegar. De quem é o comando aqui?

Matador famoso na periferia de Jaboatão no final dos anos 1990, com quase 2 metros de altura e mais de uma dezena de mortes nas costas, cinco das quais na prisão, Robertinho dificilmente teria algum problema em dispersar a facção de Givanildo, ainda mais acompanhado pelos outros quatro membros da equipe que permaneciam dentro da cela. Zico, porém, sabia que uma guerra declarada era a pior coisa que podia acontecer na sua gestão. Givanildo era uma dor de cabeça com que tinha de lidar diariamente ali dentro, mas não resolveria o problema daquela forma, na posição em que estava. O assaltante de bancos angariara simpatia de muitos ali dentro, pela fama de liderança forte, mas também pelo dinheiro, que distribuía na prisão. Zico tinha certeza de que poderia perder a chave para ele se desse algum vacilo. E isso significaria não só menos dinheiro, como também menos poder e menos proteção. Podia ser transferido de bonde para outra unidade já com a cabeça a prêmio. Durante quase um ano à frente do pavilhão, os desafetos haviam se acumulado, algo inevitável nesse tipo de trabalho.

— Qual o problema, tricolor?

Zico parou ao lado de Robertinho e fez sinal para que ele abaixasse a arma. Enquanto o adversário se queixava alto, para todo mundo ouvir, deu uma olhada por cima do ombro do ajudante para ver o que se passava ali dentro. No fundo da cela, atrás dos outros membros de sua equipe, dois jovens magros de pele escura se encolhiam a um canto. Um deles olhava apavorado para fora, estremecendo a cada grito de Givanildo:

— Eu falei que aquilo ali era um rato! Agora estão aí os dois, fazendo cara de coitados. Dessa vez, meu amigo, não vai ficar barato. Eu peguei com a boca na botija! Tem testemunha. Não tem conversa mole, não. Aqui se faz, aqui se paga!

Zico não precisou de muito tempo para entender o que se passava. Os dois rapazes haviam sido pegos furtando os pertences dos colegas de pavilhão numa cela, enquanto as vítimas dormiam. Um deles era o ladrão de dedos leves, que havia tempos procuravam no pavilhão. Com uma habilidade fora do comum, ele se esgueirava por entre os detentos no meio da madrugada e lhes abria os bolsos das calças com uma gilete, tirando o dinheiro que costumavam guardar dentro. Era provável que tivessem sido eles os responsáveis pelo furto dos dois últimos celulares que haviam sumido no pavilhão. Mas, ainda que não fossem, esses crimes e outros mais fatalmente cairiam em sua conta.

Teriam de assinar e pagar por eles. Por isso havia tantos detentos dando razão a Givanildo. O pessoal estava com gosto de sangue.

— As coisas não podem ser assim, Zico! Tem que resolver. Entrega pra gente, que damos cabo desse lixo. O comando é nóis mermo! Olha aqui o rapaz, coitado, com a bermuda rasgada. Ia perdendo R$ 50 para o rato gastar de pedra. Não pode ser assim. Vão ter que responder!

Em outros tempos, podia mesmo ser que sim. Zico vivera no Pavilhão N, no antigo Aníbal Bruno, e se lembrava muito bem da matança. Vira muito menino igual àqueles dois ser atirado para o meio da massa carcerária enfurecida. Um dava uma facada, depois outro, mais outro, mais outro. Sobrava só o farrapo para a polícia. No final, sempre se arrumava um robô que assumia o bagulho, um detento com tantas mortes nas costas que não lhe importava somar mais anos em uma sentença para toda a vida. Desde que se pagasse na moeda adequada, até a culpa tinha seu preço na cadeia. Porém, agora a coisa era diferente. O diretor havia deixado bem claro na última reunião com os representantes dos presos: não queria mais nenhuma morte até o final do ano. A gestão tinha meta para cumprir. Era preciso resolver os problemas de outro jeito. Os presos tinham também o telefone do superintendente Valter, que andava enchendo o saco com as denúncias mais descabidas. Parece que a pressão andava grande depois do último relatório da OEA, ainda que não houvesse denúncia contra Zico em particular. Porém, todos os chaveiros sabiam que, se o diretor caísse, viria um outro que eles não conheciam, provavelmente querendo compor equipe nova, para mostrar serviço. Instabilidade é muito ruim para os negócios. Nem sempre chega gente fácil de lidar ou disposta a fazer algum tipo de acordo. Então, para matar alguém, tinha que haver um motivo melhor que esse. Certamente, Givanildo sabia o que fora dito pela direção para os chaveiros e procurava se aproveitar. Ao mesmo tempo que incitava Zico a dar uma punição exemplar aos ratos, colocando sua autoridade em cheque diante do pavilhão, podia botar alguém ao telefone com Valter ou alguma pessoa dos direitos humanos. Era evidente que estava tentando deixá-lo numa posição desconfortável.

— Vamos parar com isso, que o pavilhão tem comando! — bradou Zico, mais alto que os demais. Em seguida, pediu a Estevam que trouxesse o Professor, um barrote de madeira pesado, que ficava guardado na cela do auxiliar, utilizado pelo chaveiro para aplicar punições disciplinares contra infratores e desafetos pessoais. Enquanto isso, entrou na cela e ordenou que levantassem um dos rapazes, que mal se aguentava em pé, tremendo de medo. Provavelmente tinha certeza de que não sairia vivo dali. — Era você que estava roubando, seu verme? — questionou, segurando o rapaz pelo cangote.

O detento mal teve coragem de subir os olhos, enquanto replicava:
— Não foi eu não, seu Zico, eu juro!

De súbito, um dos rapazes da equipe que estava na cela, mais afoito, desferiu um soco no rosto do garoto. Outro logo se animou e lhe deu um pontapé, assim que caiu no chão. O chaveiro mandou que parassem com aquilo imediatamente; não queria deixar hematomas ou marcas de violência evidentes. Caso alguém dos direitos humanos inventasse de aparecer de surpresa, traria dor de cabeça para a polícia e para todos eles. Assim que lhe entregaram o Professor, Zico ordenou que os dois rapazes, um após o outro, estendessem os braços para receber a punição. Não economizou na força dos golpes que desferiu nas palmas das mãos e no antebraço. Em seguida, orientou que levassem os presos ainda gemendo de dor até o Pavilhão Disciplinar, para que fossem trancados na cela do castigo. De manhã, logo cedo, avisaria à polícia do acontecido. Em seguida, chamou o rapaz que tinha sido roubado e disse que poderia ficar com as coisas que os ratos haviam deixado no pavilhão, ainda que valessem pouco.

Os detentos começaram a se dispersar. Somente Givanildo e seu grupo ainda pareciam querer fazer render o assunto.

— Isso foi leve demais! Está amolecendo, Zico? — questionou seu rival.

Num sorriso, Zico replicou:
— Virou gato também, Givanildo? Está trabalhando para a polícia?
— A insinuação pegou o detento tão de surpresa que ele não encontrou palavra para retrucar, dando ensejo para o chaveiro continuar. — Então é melhor ficar calado. Cada um com seu cada qual. O seu acerto comigo

é outro. Diga a hora e o lugar, que a gente resolve rapidinho. — Intimidado, o adversário ainda quis retrucar, mas foi dissuadido por seus comparsas mais próximos. Num confronto aberto, eles sabiam muito bem quem perderia, pelo menos naquele momento.

Zico retornou para sua cela já sem esperança de conseguir dormir novamente. O pavilhão tinha ficado em polvorosa com a confusão, e muita gente aproveitava a falta de sono para jogar conversa fora, fumar um cigarro, tomar cachaça ou usar droga. Ainda faltavam duas horas para o dia amanhecer. Para não ficar embolando na cama, o chaveiro ligou a televisão e chamou seu auxiliar para dentro. Queria aproveitar para discutir questões da contabilidade dos negócios. O dia de visita estava chegando, era preciso organizar a coleta para a faxina no pavilhão. Também era necessário checar o caderno de receita, para saber quem seria cobrado e pelo quê. Em negócio de droga, a lista de devedores não podia crescer demais. Havia fornecedores a pagar, acertos a fazer e uma reputação a zelar. Se o diretor não queria mais mortes, tinham de manter a clientela no cabresto.

QUEM QUER MANTER A ORDEM?

Ao contrário do que se pode pensar, o relato do item anterior é uma tipificação construída a partir de várias narrativas ouvidas durante a pesquisa, que tem uma finalidade heurística. Isoladamente, nenhum dos casos relatados para mim, seja por presos, por agentes ou outras personagens envolvidas com a prisão, integraria de uma só vez tantas pontas soltas, dadas as diferenças de perspectiva e de posição de cada um. Todos os relatos, entretanto, apontavam para uma mesma conclusão, que só ficou clara para mim quando da tentativa de suicídio de Pitico, narrada no primeiro capítulo: não há uma única instituição ou ator exclusivamente responsável pela produção da ordem no Complexo Penitenciário do Curado ou em qualquer prisão de Pernambuco. Para que se entenda como isso é possível, é preciso ter em mente alguns aspectos do debate sobre o tema.

O argumento sobre a raiz da ordem na sociedade humana é um dos mais antigos da filosofia. Em uma acepção que se tornou um tropo inevitável, Thomas Hobbes, um dos pensadores clássicos mais influentes para a formação daquilo que se entende atualmente como ciências sociais, diz que o homem só é capaz de sair do estado de natureza, isto é, de uma situação de conflito generalizado ou "guerra de todos contra todos", porque difere dos animais inferiores na sua capacidade de uso da razão. Por intermédio da razão, universal para toda a espécie humana, as pessoas podem chegar a um consenso a respeito da necessidade do estabelecimento de um contrato social, por meio do qual renunciam ao seu direito de usar da fraude e da violência. Esse objetivo comum, entretanto, só se estabelece pela renúncia coletiva da liberdade de cada um, que aceita de bom grado transferir para o soberano o direito de utilizar da violência e de todo e qualquer meio necessário para a preservação da ordem social, isto é, a proteção dos súditos contra a violência.

A questão hobbesiana em torno das razões que levam as pessoas ao cumprimento de normas sociais rendeu um debate por demais extenso nas ciências sociais para ser abarcado neste livro. Aqui, é suficiente dizer que, nas prisões, o problema da ordem social adquire um caráter extremamente paradoxal. Afinal, estamos falando de instituições que confinam pela força pessoas que violaram as leis tidas como fundamentais para a coesão e o perfeito funcionamento do corpo social. Na hora em que alguém é metido na prisão para cumprir pena ou aguardar julgamento, adquire automaticamente o estatuto de "detento", perde inúmeros direitos e precisa se adaptar a regras e hierarquias que lhe são impostas sem qualquer possibilidade de contestação. Em um ambiente assim, falar de "consenso" ou "obediência voluntária" não parece muito adequado.

Porém, ainda que muitas vezes tenham desrespeitado regras de convivência as mais fundamentais, os habitantes da prisão partilham entre si a necessidade de segurança e de proteção contra a violência. No limite, esse consenso generalizado em torno de um conjunto mínimo de regras que possam garantir a sobrevivência se reflete em algum nível de obediência ao ordenamento normativo da instituição imposto pelas autoridades responsáveis. Com efeito, a prisão pode ser entendida como um "sistema gerador de resultados", que podem decorrer diretamente ou não da intencionalidade das partes envolvidas, sendo produzidos por uma interação complexa entre aquilo que as pessoas fazem, a maneira como interagem umas com as outras, as instituições, tecnologias e visões de mundo que desenvolvem, seu aparato e potencialidades biológicas e as condições e estímulos advindos do ambiente físico e social mais amplo no qual se encontram inseridas.

Na verdade, a ideia de que a ordem dentro de uma prisão só se consegue pelo uso direto e permanente da força reflete mais um preconceito do senso comum do que a realidade encontrada nas mais diversas unidades prisionais do mundo. Claro que isso não significa dizer que esses locais podem operar sem um componente de controle direto imposto sobre os detentos. Afinal, até mesmo prisões tidas por estudiosos do tema como autogovernadas precisam de algum tipo de controle do Estado para que os presos simplesmente não ultrapassem os limites das cercas ou muralhas e retornem para suas casas. Porém, em muitos aspectos, essas instituições se assemelham a outros tipos de comunidades humanas, com uma rede de relações implícitas e explícitas entre seus membros, que compartilham determinados valores em comum, ainda que não ocupem posições sociais iguais ou usufruam dos mesmos direitos. E assim como qualquer outra comunidade humana, diferentes prisões apresentam níveis diferentes de ordem, o que se relaciona diretamente com o nível de obediência ou conformidade às regras vigentes, tanto da parte dos apenados como dos funcionários que trabalham nas unidades.

Obviamente, "ordem" é uma palavra que pode comportar significados distintos num mesmo grupamento humano. É comum que políticos, gestores e funcionários identifiquem a ordem com a operação regular da rotina diária ou do cronograma de atividades da prisão, que vai variar de uma unidade para outra. Por outro lado, a ordem em uma unidade pode ser interpretada pelos internos como aquele nível de previsibilidade nas relações de poder e de troca que constituem parte integrante da "sociedade dos cativos". Ainda assim, é possível dizer que existe uma expectativa generalizada de que os presos cumpram determinadas regras e os agentes responsáveis pela sua custódia se orientem pela política normalmente adotada pela administração. Em qualquer prisão, existem limites mais ou menos claros para a atuação das pessoas envolvidas que vão dizer muito sobre a capacidade da instituição de operar ou não com relativa tranquilidade. Assim, a "desordem" deve ser entendida exatamente como eventos que rompem esse equilíbrio, interrompendo a rotina normal das unidades, o que pode acontecer tanto por desvios de comportamento dos detentos quanto por violação das regras de conduta por parte dos agentes de custódia.

A Lei de Execução Penal brasileira afirma que as faltas disciplinares se classificam como leves, médias e graves. Atribuindo à legislação local a função de especificar as duas primeiras, elenca as seguintes condutas como faltas graves para as pessoas condenadas à pena de privação de liberdade:

I. Incitar ou participar de movimento para subverter a ordem ou a disciplina;
II. Fugir;
III. Possuir, indevidamente, instrumento capaz de ofender a integridade física de outrem;
IV. Provocar acidente de trabalho;
V. Inobservância do dever de obediência ao servidor e respeito a qualquer pessoa com quem deva relacionar-se;
VI. Inobservância do dever de executar os trabalhos, as tarefas e as ordens recebidas;
VII. Tiver em sua posse, utilizar ou fornecer aparelho telefônico, de rádio ou similar, que permita a comunicação com outros presos ou com o ambiente externo;
VIII. Prática de crime doloso.

Com exceção dos pontos V, VI e VII, todos esses tipos de faltas costumam ser utilizados como parâmetros para mensuração do nível de ordem em uma unidade por grande parte da bibliografia especializada sobre o tema. Ou seja, o nível de ordem costuma ser objeto de mensuração pelo seu oposto, isto é, pela desordem dentro de uma unidade prisional. Para todos os efeitos, minha preocupação não gira em torno de uma classificação do nível de desordem do Complexo Penitenciário do Curado. Na verdade, tomando como parâmetro a quantidade de infrações cometidas diariamente pelos detentos, seria difícil falar em qualquer momento de normalidade na vida dos presos e funcionários das unidades prisionais. Os parâmetros estabelecidos pela Lei de Execução Penal ou pelo Código Penitenciário do Estado de Pernambuco simplesmente preveem um conjunto de infrações disciplinares disseminadas de forma tão generalizada na população penitenciária das instituições penais do estado que seria pouco elucidativo tomá-las como referência para o tema abordado neste livro. Daí advém parte da utilidade de trabalhar com o conceito de governança, isto é, a capacidade de coordenação do curso dos eventos em um determinado sistema social, uma ferramenta heurística mais interessante para explicar que tipo de ordem impera nas unidades estudadas e para quais resultados coletivos ela se orienta, considerando então a desordem como o mau funcionamento dos mecanismos de cooperação e das instituições que constrangem a ação humana em determinada direção.

No debate especializado sobre o tema, o estudo sobre a produção de ordem nas prisões tem dividido especialistas ao longo de várias décadas. Ironicamente, as primeiras pesquisas sobre prisão realizadas por cientistas sociais procuraram enfocar aquilo que se pode entender como as regras próprias de funcionamento da sociedade dos cativos, para além das rotinas e instrumentos de controle empregados pelo Estado. Nas obras pioneiras sobre sociologia das prisões, os primeiros cientistas sociais que adentraram as instituições penais para realizar estudos calcados na observação prolongada desses ambientes procuraram entender os hábitos, regras de convivência, valores e hierarquias observados nas instituições penais que seriam responsáveis diretamente pela produção de ordem na vida social. A ideia, válida em inúmeros aspectos, é que a prisão só se faz possível pela disposição dos detentos em seguir minimamente as ordens e regulamentos impostos pelo Estado, que não necessita empregar o tempo inteiro a força para que isso seja possível. Além disso, toda instituição penal possuiria, em maior ou menor grau, zonas cinzentas de ausência de vigilância por parte dos agentes de custódia, que permitiriam aos presos se relacionar a partir de parâmetros e regras de convivência próprias. Enquanto ambiente que impõe sobre os apenados diversos tipos de privação que se somam à perda da liberdade, como a insegurança, a falta de autonomia, a carência de bens de consumo básico, as opções de entretenimento e mesmo a possibilidade de exercitar a própria sexualidade, a prisão acabaria possibilitando a instituição de uma espécie de subcultura delinquente que serviria para regular a vida social dos presos, possibilitando, inclusive, a sublimação ou mesmo a realização de muitas dessas demandas reprimidas.[1]

As privações são experimentadas de maneira diferenciada pelos indivíduos, o que as torna objeto permanente de negociação e instabilidade. Como exemplo, presos precisam de um lugar para dormir. Caso não haja camas para todo mundo, nem regras claras para reger o uso das que estiverem disponíveis e instituições que garantam seu cumprimento, é previsível que haja conflito. O mesmo vale para qualquer outro tipo de coisa, seja sexo, drogas, comida, dinheiro, segurança etc. Até mesmo a decisão sobre a qual canal os presos numa cela vão assistir no único aparelho existente é um estopim para uma contenda. Em contextos assim, subculturas possibilitam uma base comum para a coesão social. Códigos formais e informais consolidam uma visão de mundo e estabelecem padrões de interação entre os aprisionados e entre estes e a administração prisional. Uma linguagem própria e um sistema interno de comunicação possibilitam o entendimento mútuo entre iguais. Rituais cotidianos estabelecem previsibilidade nas relações sociais, reduzindo os conflitos e aumentando a confiança interpessoal. Essa subcultura delinquente é o resultado instável da busca, por parte dos internos, de maneiras de contornar a privação que se contrapõe à luta da administração para exercer controle sobre os apenados. Como a prisão é uma organização de natureza burocrática, que precisa basear sua atuação numa autoridade legítima, isto é, que opera segundo normas, leis e regras estabelecidas, o uso constante da força resultaria contraproducente. Daí a criação inevitável de sistemas de recompensas e punições, que funcionam em permanente negociação entre administração prisional e detentos, ainda que uma negociação marcada por desequilíbrios de poder. Assim, a ordem se consolida por meio de alianças por vezes ilícitas entre lideranças prisionais e administradores, não raro pautadas pela corrupção, mas que têm como resultado a redução de conflitos e a estabilidade do sistema. Afinal, a provisão desigual de recursos para determinados detentos os torna capazes de exercer um poder maior sobre os demais, seja pela possibilidade de distribuição dos mesmos, seja pelas alianças que se refletem em mais capacidade de exercício de controle da população penitenciária, o que termina se constituindo como moeda de troca com as autoridades oficialmente responsáveis pela prisão, em um sistema que se retroalimenta constantemente.

Entretanto, essa ideia de que a prisão se organiza em torno de uma subcultura particular, resultado do processo de privação a que os apenados estão submetidos, tem recebido duras críticas desde a década de 1960. O modelo é acusado de ter um escopo demasiado restritivo, que enfatizaria exageradamente a importância das pressões imediatas das condições de confinamento, perdendo de vista as experiências passadas e expectativas de futuro dos apenados como elementos influenciadores de suas respostas ao sistema carcerário. Além disso, a mera existência de problemas comuns não se apresentaria como condição suficiente para a formação de uma subcultura. Por isso, em vez de enfatizar a particularidade do sistema de valores, normas e regras de conduta da prisão, alguns pesquisadores começaram a dar ênfase à relação de continuidade entre os hábitos e valores dos criminosos nas suas periferias e favelas de origem e a sua reprodução/adaptação no ambiente prisional. Dessa forma, o nível da ordem dentro de uma prisão deveria ser explicado em função dos desejos, ambições, hábitos e visões de mundo trazidos por essas pessoas para dentro da prisão, mais do que pelas condições materiais da instituição em si.[2]

Em outras palavras, a possibilidade de adesão ou não a um sistema com valores, regras de conduta, hierarquia, rituais e linguagem próprias também vai depender das experiências passadas e expectativas de futuro dos sujeitos. Ao fim e ao cabo estamos falando de pessoas que não existiam isoladas da sociedade antes de sua apreensão e condenação pelo sistema de justiça criminal. Boa parte delas já integrava de alguma forma os subgrupos envolvidos comumente em atividades criminosas, como máfias, gangues e outras redes articuladas em torno de mercados ilegais. É difícil acreditar que esses relacionamentos simplesmente se rompam após a condenação, ou que as regras de convivência própria desses grupos não vão influenciar a forma como as relações sociais passam a se estruturar detrás das grades. Até mesmo as expectativas em relação ao futuro, em parte conformadas pela convivência prolongada junto a esses grupos, vão afetar o modo como o indivíduo vai se posicionar na prisão. A vida na prisão não é a mesma coisa, nem é encarada do mesmo modo por uma liderança do Primeiro Comando da Capital, com largo histórico no tráfico de drogas ou em assaltos a bancos em vários estados do país, e por um pai de família que esfaqueou um amigo em meio a uma briga de bar, sob efeito do álcool. Por disposição, conhecimento, acesso a recursos, tamanho da rede na qual estão inseridas e outras características relevantes, cada uma dessas personagens vai receber e também afetar de maneira diferenciada o modo como a vida social da prisão se organiza.

É claro que essas diferentes perspectivas de entender a organização da vida na prisão não podem prescindir do entendimento acurado das diferentes maneiras como as instituições prisionais são administradas. Foi só a partir da década de 1980, porém, que os diferentes processos gerenciais utilizados na gestão de instituições penais, bem como seus respectivos resultados em termos de produção de ordem e redução da reincidência criminal, se tornaram objeto de estudos sistemáticos nas ciências sociais. Essa perspectiva, mais focada no aspecto gerencial das unidades penitenciárias, levou a descobertas interessantes sobre a influência de diferentes modelos de gestão, regras formais, procedimentos operacionais, estruturas de carreira dos agentes, prerrogativas e limitações de diretores, orçamento, organização do serviço psicossocial, rotinas administrativas, equipamentos de segurança, sistemas de vigilância, instituições de controle externo e diversos outros fatores na assunção de resultados como diminuição da reincidência criminal, controle da violência e nível de ordem nas diferentes prisões e sistemas penitenciários existentes.[3]

Na literatura especializada, essas diferentes variáveis muitas vezes são agrupadas em controles coercitivos e remunerativos. Controles coercitivos são mecanismos que punem ou desencorajam comportamentos desviantes pelo uso de medidas disciplinares ou por restrições de liberdades e privilégios dos apenados. Na primeira categoria, figuram os mais diversos tipos de segregação administrativa, como a utilização de solitárias, o uso de tickets disciplinares que podem incidir sobre a progressão de pena dos detentos, bem como o emprego da força pelos agentes de custódia; na segunda, agrupam-se regulações e restrições relativas ao uso de televisão, proibição de visitas, vigilância estrita etc. Controles remunerativos, por sua vez, encorajam comportamentos socialmente desejáveis ao oferecer recompensas e recursos para a conformidade com as regras da prisão, por meio do acesso a oportunidades de trabalho, programas educacionais e vocacionais ou mesmo a posse de determinados bens materiais para mitigar a situação de privação dos apenados, reduzindo não só as oportunidades de participação em ações desordeiras, como inserindo custos para o comportamento desviante, dada a possibilidade de retirada desses benefícios como forma de sanção disciplinar.

De acordo com essa perspectiva, diferenças no uso de controles remunerativos e coercitivos contribuem para variações nos níveis de ordem e violência entre prisões e mesmo entre alas e/ou pavilhões de uma mesma unidade. Vários experimentos têm sido conduzidos em diferentes contextos, incluindo a aplicação de procedimentos distintos em unidades ou partes diferentes da prisão com perfil parecido em termos de características populacionais, para mensurar qual a melhor resposta para cada tipo de medida e explicar o porquê. Em alguns casos, por exemplo, é possível identificar correlações negativas entre a proporção de guardas para cada preso e a quantidade de agressões dentro das prisões. Em outros, não se verificam relações válidas entre aumento de vigilância e os diversos tipos de violência coletiva. Da mesma forma, o uso de segregação administrativa apresenta forte impacto na redução da violência em alguns contextos, enquanto em outros pode influenciar no aumento da raiva entre os apenados, que pode resultar em rebeliões e outros tumultos coletivos. Nesse sentido, o esforço dos pesquisadores do campo tem-se dado no sentido de definir um cardápio possível de medidas e procedimentos a serem empregados para cada tipo de população penitenciária e unidade, possibilitando um acúmulo institucional positivo de conhecimento a respeito da melhor maneira de administrar prisões e produzir resultados socialmente desejados.

UM PASSO ALÉM DO GOVERNO

Essas três perspectivas de análise deram ensejo ao surgimento de três grandes correntes teóricas na sociologia das prisões — a teoria da privação, a teoria da importação e a teoria gerencialista. Na última década, uma série de modelos mistos de análise tem se desenvolvido tentando integrar as contribuições de cada uma delas. Assim como vizinhanças, escolas, hospitais ou cidades, prisões são instituições sociais que apresentam diferenças no aspecto individual das pessoas que as integram, bem como entre unidades prisionais distintas. Nesse sentido, uma ampla variedade de estudos tem sido desenvolvida para mensurar a importância de características específicas dos detentos, do ambiente prisional e do gerenciamento das unidades para a produção de modelos preditivos em torno do problema da produção de ordem na prisão.

O que proponho nesta obra é um modelo que aponta para um entendimento mais abrangente, que considera a rede de instituições, relações sociais e mecanismos que contribuem para a produção de ordem nas prisões. Nesse sentido, a ideia de *governança nodal* dá ensejo a um movimento ousado, mas bastante útil para um entendimento mais refinado desse campo de estudos.[4]

Em si mesmo, o conceito de governança só recentemente ganhou maior penetração no vocabulário de cientistas sociais, economistas e formuladores de políticas públicas. Ainda não há consenso sobre o que o termo deveria designar, de modo que os vários sentidos em que tem sido utilizado se ligam a distintos contextos de origem. O que a Economia entende por governança não é necessariamente o mesmo que entende a Administração de Empresas. O debate em torno do conceito remonta à década de 1980, no contexto da problematização em torno do papel do Estado em economias de mercado, com considerações mais abrangentes sobre os papéis da sociedade civil e da autoridade política, tanto em países desenvolvidos como em nações em processos de reconstrução, como alguns Estados africanos e do Leste Europeu. Com o reconhecimento progressivo não só por parte de economistas e cientistas sociais, como por diversos organismos internacionais e governantes a respeito dos limites constitutivos das burocracias estatais para a resolução de determinados problemas, principalmente aqueles no plano internacional, para o qual não se contava com um poder central instituído, pensar em governança passou a ser sinônimo de refletir sobre os limites e as possibilidades de coordenação da ações humanas por meio da articulação das mais diversas instituições.

De maneira mais geral, portanto, a ideia de governança pode ser entendida como a capacidade de sistemas sociais gerenciarem determinados cursos de eventos. Pensar em termos de governança significa focar a atenção nos mecanismos por meio dos quais determinados resultados, de natureza material ou simbólica, são alcançados nos sistemas sociais, desde o nível da vizinhança ao dos regimes globais. Falar em mecanismos de governança, por sua vez, significa explicar a vida social como um processo de abertura de uma caixa-preta, descobrindo as peças, engrenagens, porcas e parafusos que compõem a maquinaria própria dos fenômenos. Em outras palavras, trata-se de compreender como se dão os processos de articulação entre indivíduos, normas, valores e instituições tendo em vista a produção de determinados resultados, intencionais ou não.

Em qualquer nível de organização humana, coordenar ações é sempre algo complexo. Pela sua própria natureza, a sociedade se compõe de sistemas de governança que interagem uns com os outros, em círculos concêntricos de complexidade e diferenciação. Por isso não basta pensar do ponto de vista exclusivamente legal, isto é, a partir do protagonismo do Estado com suas subdivisões como a instituição por excelência capaz de produzir a coordenação das ações humanas para a consecução de determinados objetivos. A consideração da complexidade constitutiva do mundo real implica o entendimento da governança como fenômeno envolvendo uma pluralidade de atores formando redes mais ou menos interconectadas, que se articulam por uma miríade de mecanismos em permanente processo de adaptação.

Toda coletividade humana pode ser entendida como um "sistema gerador de resultados". Esses resultados não são necessariamente consequências intencionais das ações humanas, mas decorrem da interação complexa entre aquilo que seus integrantes fazem, a maneira como interagem entre si, as instituições, tecnologias e visões de mundo que desenvolvem, seu aparato e potencialidades biológicas e as condições e estímulos advindos do ambiente físico e social mais amplo no qual se encontram inseridos. Resultados podem incluir bens como paz, confiança, eficiência econômica, riqueza e distribuição de renda, mas também problemas como violência, desemprego, depressão, epidemias etc. Identificá-los implica estabelecer ligações causais entre um conjunto de elementos do sistema e determinados fenômenos ou eventos identificados como resultados. Explicações científicas de relações causais precisam apresentar encaixes satisfatórios e reveladores dos fatores dessa equação, que se traduzam em fenômenos observáveis e passíveis de mensuração.

Sistemas sociais se defrontam com o desafio da governança na medida em que procuram regular sua própria capacidade de gerar resultados para produzir mais benefícios do que prejuízos. Nesse sentido, uma população que elege um governador com promessas de articular as instituições do sistema de justiça criminal para reduzir a impunidade está se mobilizando para produzir determinados resultados, da mesma forma que um grupo de pequenos comerciantes que passa a financiar grupos especializados na oferta de proteção privada informal por meio da eliminação de pequenos infratores. A possibilidade de as coletividades alcançarem algum sucesso depende, entre outros fatores, da capacidade de adaptação das pessoas envolvidas e da competência da coletividade em potencializar a habilidade de coordenação de informações, tecnologias e capacidades disseminadas numa extensa rede, que inclui a criação de instituições, normas, valores, códigos de conduta, hábitos etc. O estabelecimento de nódulos que interconectam as partes dessa rede é uma das formas mais importantes de adaptação coletiva para a produção de governança.

Nós ou *nódulos* podem ser definidos como *locus* onde as redes se interconectam em um determinado sistema social, mobilizando conhecimentos, capacidades e recursos para manejar um curso de eventos específico. Apresentam determinada visão de mundo ou mentalidade a respeito da matéria a que se propõem governar, contando com uma variedade de métodos ou tecnologias capazes de influenciar no curso dos eventos, além de recursos para financiar as operações de governança e uma estrutura ou instituições que permitem a mobilização de recursos, mentalidades e tecnologias através do tempo. Podem tomar a forma de legislações governamentais ou associações de moradores em determinada vizinhança. Ainda que não sejam entidades legais ou formalmente constituídas, possuem algum nível de tangibilidade, isto é, estabilidade ou estrutura identificável capaz de influenciar as ações humanas. Um nódulo pode ser uma parte integrante de um departamento em uma firma, mas também um ponto de ligação entre outros nós de diferentes organizações, como um dispositivo jurídico específico a partir ou por meio do qual se estruturam diversas instituições.

O exercício da governança que se estabelece a partir desses nódulos se dá pela mobilização de recursos e tecnologias para persuadir e coagir pessoas a adotarem determinados cursos de ação desejáveis para a produção de resultados coletivos. Isso implica utilizar leis, ameaças, força bruta ou qualquer tipo de instrumento de controle à disposição, o que pode variar em eficácia e acessibilidade, ou na capacidade de exercer influência em outros nódulos ou no sistema social como um todo. Em uma determinada rua de subúrbio, por exemplo, um grupo de moradores que costuma passar boa parte da noite na calçada pode constituir um nódulo para a governança de segurança naquela vizinhança, a depender de sua *eficácia coletiva*, isto é, sua disposição para realizar valores comuns e exercer controle sobre o comportamento desviante dos demais membros da comunidade, particularmente dos mais jovens.[5]

A eficácia e eficiência para a produção de segurança desse nódulo, por sua vez, a depender das circunstâncias, do perfil dos infratores e do tipo de crime em questão, podem depender diretamente do seu nível de articulação com outros que compõem o sistema de segurança local, como, por exemplo, o posto policial mais próximo, a delegacia de polícia, as escolas ou as instituições responsáveis pela assistência social. É possível pensar na governança como uma teia de aranha intricada, em que alguns pontos conectam e operam como eixos a partir dos quais outros se fixam e se conectam a outros pontos em que os fios se encontram.

Dado o seu caráter de tangibilidade, operar com a ideia de nódulos significa conferir importância fundamental às instituições. A bibliografia sobre o tema é vasta. De maneira geral, podem-se definir instituições como constrangimentos dos mais variados tipos que estruturam as interações políticas, econômicas e sociais humanas, abrangendo tanto as formais, como as constituições, as leis e os direitos de propriedade, quanto as informais, como os costumes, tradições, tabus e códigos de conduta. Instituições de governança, tais como mercados, hierarquias, burocracias e organizações específicas, regulam as relações sociais de maneira mais direta e imediata. Assim, questões mundanas como a definição de procedimentos operacionais para a atividade de investigação policial ou o tipo ideal de ordenamento dos pavilhões em uma prisão tendo em vista a redução da violência dizem respeito ao tema da governança. Debates sobre o efeito da legislação de drogas na conformação do sistema de justiça criminal, por sua vez, enfocam o ambiente institucional mais amplo no qual essas questões se desenrolam.

Pensar em termos de governança nodal, portanto, significa operar num paradigma que toma o governo como só mais um dos nós que compõem redes sociais bem mais vastas que o próprio Estado. A depender do contexto, o governo pode operar como estrutura central ou superior que condiciona todas as demais, ou então como um ponto de ligação entre diversas instituições, ou, ainda, como aquela instituição com maior capacidade de operar recursos, tecnologias e mentalidades, mas seu exclusivismo ou mesmo protagonismo tende a ficar diluído conforme aumenta a complexidade e o tamanho das redes que compõem o sistema em questão.

Nos estudos sobre segurança pública, essa ideia tem ganho cada vez mais destaque, na medida em que se entende esse serviço não só como resultado do trabalho das polícias, mas enquanto atividade partilhada por várias instituições responsáveis pelo controle social, como os tribunais, as defensorias públicas, as empresas de segurança privada e as organizações especializadas em assistência e mediação social. Essa série de atores, que muitas vezes abrange escolas, grupos comunitários, associações religiosas e outros tipos de agremiações, compõe aquilo que já foi denominado como a "família estendida da polícia", ou o conjunto das diversas instituições que operam de alguma forma com o controle do comportamento das pessoas em determinado sistema social. Isso permite pensar corporações policiais como instituições que operam controles para uma faixa mais estreita de indivíduos que não tiveram seus comportamentos regulados pelas estruturas de incentivos e constrangimentos de instituições com atuação em camadas anteriores. Essas instituições mais primárias, por assim dizer, atuam por meio da supervisão parental e da identificação e punição de atos delinquentes, como a família, ou da eficácia coletiva, que se dá pela capacidade de realizar valores comuns e controlar delitos da parte de intrusos ou pessoas mais jovens, como acontece em muitas vizinhanças e comunidades integradas. Ou seja, o controle da violência e a segurança aparecem, portanto, como o resultado de uma articulação entre instituições em níveis e temporalidades sobrepostos.

É possível compreender de maneira sucinta a utilidade desse marco teórico se retornarmos à narrativa introdutória deste capítulo. Se prestarmos atenção aos detalhes, perceberemos que ela expressa um processo de governança bastante complicado. Dois detentos, reconhecidos dependentes químicos, são pegos roubando no pavilhão, infringindo uma das regras básicas do código de conduta nesses espaços. Parte considerável da população prisional deseja aplicar a violência como meio de justiçamento. A equipe do chaveiro procura evitar um linchamento que resultaria inevitavelmente em mortes, considerando a quantidade de pessoas envolvidas e a ampla disponibilidade de armas brancas no local. O chaveiro precisa lidar com a situação de modo a não parecer fraco para os detentos, evitando a perda de legitimidade, mas sem tampouco exceder certos limites mais ou menos claros para a aplicação de punições. Isso porque sabe que existe uma pressão vinda do diretor da prisão para que se reduza a violência no local, o que impõe determinado nível de controle sobre os mecanismos de resolução de conflito.

Esse controle sobre as mortes e o excesso de violência, por sua vez, diz respeito a orientações mais gerais dos escalões superiores da Seres, dada a presença constante de organizações de proteção aos direitos humanos que têm livre trânsito na prisão, em parte devido à chancela de organismos internacionais que podem eventualmente impor uma sanção internacional ao governo brasileiro, resultado indesejável não só para o governo do estado, como também para o governo federal, que detém poder sobre a maior parte dos recursos que são destinados aos estados no Brasil. Dentro dessa mesma secretaria, o diretor da unidade prisional em questão precisa lidar com personagens em níveis diferentes da hierarquia que possuem seus próprios interesses, considerando quem é protegido político de quem, as rixas pessoais envolvidas, o receio em torno de competidores em potencial etc., para além das concepções particulares que se estabelecem em relação de complementaridade ou competição às orientações diretas do primeiro escalão, a respeito do que deve ser adequado para o gerenciamento de uma unidade.

No pavilhão, o chaveiro precisa lidar com opositores que integram grupos e redes mais ou menos articuladas. Alguns deles têm interesse direto em usurpar sua posição, dado o poder e os lucros que ela possibilita. Outros desejam operar sem serem controlados por ninguém. O chaveiro tem consciência de que sua posição é delicada. Sabe que ela é essencial para manter o domínio sobre os mercados ilegais e informais nos quais atua, incluindo a venda de substâncias ilícitas, mas também tem consciência de que dela depende sua própria segurança pessoal, dada a quantidade de desavenças, insatisfações e rivalidades que gravitam em torno de sua pessoa. De certa forma, tem de lidar com situações que ele mesmo contribui para produzir, intencionalmente ou não, mas considerando freios e contrapesos externos às dinâmicas do mercado ou à sua própria vontade. Possivelmente, seus cálculos incluem filiações grupais e alianças de natureza comercial que ultrapassam os limites da prisão. Na certa, ele precisa administrar o fluxo de entrada de drogas e de armas para o seu grupo, o que implica diversas estratégias e níveis de risco distintos. Caso pertença a alguma facção, seja ela mais ou menos estruturada, precisa prestar conta de suas ações de quando em quando, o que pode incluir a resolução de rixas com inimigos eventuais dentro da mesma prisão, e a necessidade de administrar demandas muitas vezes divergentes — das redes criminosas e da administração penitenciária.

Nenhum dos personagens envolvidos nessa situação, direta ou indiretamente, opera em contextos de informação perfeita. Tampouco dispõe sempre dos recursos adequados para a obtenção dos resultados que consideram mais adequados em determinada situação. Eles lidam com recursos escassos, informações insuficientes e canais de comunicação limitados pela natureza pouco articulada das redes nas quais atuam e por uma miríade de interesses não raro divergentes. É por isso que as articulações do sistema são frouxas, o que faz com que nem sempre os *inputs* produzam os *outputs* esperados. Produzir resultados numa coletividade assim não é simples. Exige uma articulação fina entre os nódulos, em contextos de risco diferentes, a depender dos interesses envolvidos, das informações disponíveis e da distribuição de recursos e capacidades entre os nódulos que compõem essa rede. Muitas vezes, as circunstâncias contribuem para romper o frágil equilíbrio dos antagonismos e as situações fogem momentaneamente do controle. Na história narrada no início do capítulo, o chaveiro Zico conseguiu contornar uma situação difícil com habilidade e um pouco de sorte. Em outros casos, como o acontecido com Pitico, a tensão envolvida produziu um esgotamento momentâneo da psique, induzindo o chaveiro a erro e a um ato desesperado. Ainda assim, a estabilidade das relações sociais resultante desse sistema é real e bastante duradoura, em oposição aos eventos momentâneos de rompimento da ordem estabelecida.

Definir todos os nódulos que compõem esse sistema não é fácil, muito menos a maneira como se articulam em mecanismos complexos. É uma tarefa que exige um trabalho minucioso e um exercício permanente de comparação. Implica compreender, por exemplo, o papel de dispositivos jurídicos mais amplos, que delineiam as regras formais e informais do jogo. Estes estabelecem, entre outras coisas, quem pode e quem não pode ser preso e por quanto tempo, além de delimitar o escopo dos mecanismos legais de controle administrativo da prisão, isto é, aquilo que pode ou não ser feito, por quem e quando, sem implicar riscos para os agentes da lei e gestores públicos diretamente envolvidos.

Outros nódulos, que compõem as instituições do sistema de justiça criminal, também podem influenciar diretamente na produção de mais ou menos ordem na prisão. A quantidade e o tipo de pessoas detidas pelas polícias não é algo que possa ser subestimado. O direcionamento de prioridades e a eficácia da Polícia Civil, instituição responsável pelo policiamento investigativo e judiciário, podem impactar diretamente no tamanho e no perfil da população carcerária. Policiais civis também podem incidir sobre a própria administração das unidades, na medida em que são responsáveis pela condução de inquéritos a respeito das ocorrências de violência que chegam ao seu conhecimento. É possível que eventualmente tenha a necessidade de conduzir investigações que perpassem pessoas ou grupos reclusos nas unidades prisionais do estado, o que pode determinar o estabelecimento de relações eventuais de cooperação, mas também de competição em torno de informações ou priorização da atividade investigativa — isto é, quem importa investigar, quando e por quê.

Em Pernambuco, a Polícia Militar tem responsabilidade direta na segurança das prisões, visto que designa grupamentos especiais para o controle das muralhas de cada uma das unidades que contam com guaritas. Ao mesmo tempo, também contribui com a atuação de unidades especiais, como o Batalhão de Choque ou o Batalhão de Operações Especiais, para a contenção de eventos de rebelião ou fugas em massa, a depender do quantitativo de detentos envolvidos e da disponibilidade de agentes da Gerência de Operações e Segurança. Também é a corporação responsável pelo patrulhamento da área no entorno das prisões, o que pode ter reflexo direto sobre tentativas de fuga, explosão de muralhas ou mesmo entrada de armamento, drogas e outras mercadorias por meio de arremessos do meio da rua. Além disso, sua presença pode exercer efeito dissuasório sobre eventuais acertos de contas ou cobranças que acontecem nas imediações das unidades, seja envolvendo detentos recém-egressos ou familiares dos reclusos. Ademais, trata-se de uma corporação cuja atividade de policiamento ostensivo influencia diretamente no número de detentos no sistema penitenciário, tendo em vista a alta quantidade de prisões em flagrante realizadas todos os anos no estado.

As varas criminais e de execução penal também influenciam o fluxo de detentos e outros aspectos que concernem à governança da prisão. A interpretação do direito, a construção da verdade processual e o nível de rigor despendido na aplicação da pena também terão impacto direto sobre a quantidade de pessoas dentro da prisão. A eventual demora no julgamento de ações e outras questões que dizem respeito aos processos dos detentos incidem sobre o nível de rotatividade dentro da prisão, afetando as estatísticas de reincidência do sistema. Na primeira parte da tese, tratei brevemente de uma rebelião de presos em 2015 cuja principal reivindicação dizia respeito ao andamento alegadamente demorado dos processos judiciais de determinados magistrados do Poder Judiciário de Pernambuco. Durante a pesquisa de campo, coletei indícios mais do que suficientes para afirmar a existência de certa relação entre a proximidade de liberação de um detento ou sua progressão de pena para um regime mais brando e a ocorrência de crimes violentos. Quando informações dessa natureza circulam pelos pavilhões, por exemplo, é natural que a cobrança de dívidas seja acelerada, o que não raro resulta em eventos violentos. Inúmeros detentos alegam que provocações de desafetos ou de predadores de ocasião costumam se intensificar nesse período, dado que as possibilidades de reação violenta reduzem em face dos custos imediatos envolvidos na ação. Além da responsabilidade para com a progressão de pena dos detentos, juízes de execução penal detêm prerrogativa legal para a inspeção de presídios e penitenciárias a fim de verificar as condições em que os condenados estão cumprindo pena, tendo liberdade para adotar providências para o adequado funcionamento das unidades prisionais, incluindo a interdição total ou parcial do estabelecimento penal e a promoção da apuração de responsabilidades por eventuais irregularidades, o que, diga-se de passagem, nunca aconteceu no estado, em que pesem as condições de franca precariedade de todas as unidades prisionais do sistema penitenciário estadual.

Funções que dizem respeito ao andamento do processo penal e à fiscalização das unidades também são compartilhadas pelos promotores do Ministério Público estadual e federal, particularmente na Promotoria de Execuções Penais. Em Pernambuco, o histórico de atuação da entidade em relação às prisões é reconhecido principalmente por uma série de recomendações em torno da segurança dos estabelecimentos, da regulamentação das cantinas, do funcionamento das unidades de saúde e das construções de novas unidades, incluindo o acompanhamento permanente das medidas provisórias impostas pela Corte IDH ao governo do estado de Pernambuco. Entretanto, não há uma atuação incisiva no sentido de responsabilização penal com relação a denúncias e irregularidades ocorridas no sistema prisional, sendo que tal atuação é apontada por alguns atores como objeto de negociação política.

O governo do estado é por si só uma imensa burocracia composta por políticos profissionais cujas prioridades se ligam de maneira indissociável ao processo eleitoral; por profissionais indicados para cargos de confiança por esses mesmos políticos; e por diversos funcionários públicos de carreira, que podem ou não compartilhar das prioridades definidas pela atual gestão. É o governo do estado que define a filosofia, as metas, os objetivos, as prioridades e os recursos disponíveis que vão influenciar diretamente na produção de resultados positivos ou negativos no sistema penitenciário estadual. A configuração da burocracia, por sua vez, indica não só a hierarquia de comando oficial em torno da prisão, como também o seu modo de gerenciamento, efetivo e qualidade dos recursos humanos disponíveis, prioridades e nível de investimento etc., que vão afetar diretamente o modo como se exerce a governança em cada uma das unidades. Na estrutura governamental, as prisões são administradas diretamente pela Seres, que, por sua vez, está subordinada à Secretaria de Justiça e Direitos Humanos. Entretanto, o fato de essas secretarias estarem diretamente envolvidas nos mecanismos de gestão desenvolvidos no âmbito do Pacto pela Vida já aponta para um processo de descentralização do poder decisório ainda não devidamente mensurado. Nos organogramas da SJDH e da Seres, diversas gerências exercem poder direta ou indiretamente sobre o nível local da governança de uma unidade, seja pela capacidade de influenciar politicamente a nomeação, avaliação ou afastamento de diretores e supervisores de segurança, seja pelas prerrogativas oficiais que cada uma possui em termos de autorização de transferência de presos, realização de revistas e operações especiais, fiscalização das unidades, levantamento, controle e difusão de informações etc.

Em alguma medida, as decisões desse nível de governança também podem ser afetadas por esferas distintas do Poder Executivo. Como explicado no capítulo anterior, a partir de 2011, o Complexo Penitenciário do Curado passou a ser objeto de preocupação do governo federal, devido às medidas cautelares impostas pela Corte IDH, já que estas podem resultar em impacto direto para o Estado brasileiro em caso de condenação em tribunal internacional. Tais medidas *per se* contribuíram para transformar o problema da prisão em objeto de preocupação nacional, com implicações diretas nas negociações políticas e tentativas exteriores de gerenciamento sobre a unidade. Para além desse aspecto casuístico, o papel que o governo federal exerce por meio de mecanismos próprios de financiamento e fiscalização não pode ser negligenciado. A presença do Departamento Penitenciário Nacional (Depen) tem sido apontada por muitos gestores, operadores e estudiosos do sistema penitenciário como fator-chave no processo de definição da política local para o sistema, ainda que este se encontre inserido num sistema frouxamente articulado no que tange à normatização das unidades e dos procedimentos operacionais, ao fluxo regular de investimento para o sistema como um todo e ao funcionamento de órgãos especializados de fiscalização, principalmente se considerarmos a criação ainda muito recente do Sistema Único de Segurança Pública (Susp).

Em nível local, a prisão opera como uma burocracia bastante centralizada na figura do diretor. Ele conta com um corpo de cargos comissionados, funcionários de carreira e também outros contratados em regime temporário, com diferentes prerrogativas e níveis de comprometimento.

Os cargos de direção e supervisão de segurança são considerados o coração do funcionamento de uma unidade. Porém, informações, recursos e capacidades se encontram distribuídas em todos os setores que a compõem, ainda que de maneira extremamente desigual. Um setor penal corretamente administrado, por exemplo, pode refletir diretamente na quantidade de presos, tendo em vista a possibilidade de os responsáveis atuarem como mediadores nas varas criminais ou de execução penal, apontando falhas processuais ou instando à correção de determinadas decisões judiciais que podem influenciar no tempo de permanência dos detentos ou no retorno de egressos para dentro do sistema prisional. O mesmo se pode dizer do trabalho dos defensores públicos, que não se encontram hierarquicamente subordinados aos cargos de direção em uma unidade. Assistentes sociais e psicólogos, por sua vez, podem operar como intermediários de informações entre diretores, supervisores de segurança, presos e seus familiares. Existem atores-chave em praticamente todos os setores da prisão que podem contribuir de alguma forma com a governança de uma unidade, principalmente pela posse, concentração ou disseminação de informações relevantes. Esses setores podem atuar de maneira mais ou menos articulada, a depender de uma série de fatores, que inclui a capacidade dos responsáveis por uma unidade de criar relacionamentos positivos com os diversos funcionários que trabalham na prisão, como também o nível de interferência política na indicação, proteção ou favorecimento de pessoas para cada um dos cargos de confiança. Mesmo no nível da burocracia oficial, o sistema da prisão se apresenta como frouxamente articulado, eventualmente sujeito a ruídos, resistências e conflitos mais ou menos declarados entre as partes que o compõem. Nem sempre o que se decide numa ponta tem rebatimento direto na outra, e quase nunca o que uma parte sabe é exatamente igual ao que a outra sabe, independentemente do nível hierárquico que se leve em consideração. Da mesma maneira, o acesso aos mecanismos de controle, na forma de sanções disciplinares, uso direto da força ou distribuição de incentivos, se encontra distribuído de maneira desigual entre os membros do *staff* prisional, mas com uma centralidade evidente na figura dos diretores de unidade.

Essa atividade de governança perpassa diretamente pela cooperação de alguns detentos, que atuam como *brokers*, estabelecendo nexos ou elos diversos entre os nódulos, para dentro e para fora da prisão. A maior parte dos empregados em qualquer unidade do estado se compõe de detentos que trabalham em regime de concessão. Esse grande corpo de pessoas em situação ambígua exerce funções formais e informais de limpeza, manutenção, serviços gerais, transmissão de recados, como assistentes de escritório, cozinha, de enfermagem e de segurança nas unidades do estado, sendo pagos de maneira oficial e/ou mediante outros tipos de benefícios que sua posição lhes possibilita. Junto com os detentos inseridos como informantes em redes complexas de inteligência, que trocam informações por benefícios diretos dentro das prisões, são centenas de pessoas cuja falta de colaboração tornaria impossível a governança no Complexo Penitenciário do Curado ou em qualquer outra prisão de Pernambuco. No caso mais extremo, temos o chaveiro como uma das personagens principais desse sistema.

Outras instituições de governança extralegal centralizadas se desenvolvem e prosperam na "sociedade dos cativos" propriamente dita. Redes e organizações de presos mais ou menos organizadas atuam como "campos de força" que constrangem e incentivam as ações de centenas de detentos. Elas ocupam papel central na organização de mercados ilegais como o tráfico de drogas dentro das prisões, exercendo grande influência sobre os presos mediante exercício de poder político e econômico. Podem apresentar a forma de pequenas gangues locais, organizações com redes mais amplas de comunicação e troca de mercadorias para dentro e para fora da prisão ou facções prisionais de alcance nacional. A forma como regulam determinados direitos de propriedade, definindo quem pode comercializar algo, onde e o quê, além do exercício organizado de coerção sobre determinados tipos de comportamento, impõe uma estrutura de incentivos e constrangimentos para os detentos na prisão que contribui diretamente para a produção de ordem nos pavilhões. Ao mesmo tempo, a forma como os mercados se estabelecem, particularmente o mercado de drogas ilícitas, pode afetar diretamente a ocorrência de eventos violentos, motivados por cobranças de dívidas, ruídos de informação, desconfiança mútua, disputas internas, guerras comerciais ou rixas adquiridas entre grupos rivais que se prolongam das periferias do estado até dentro das unidades prisionais.

Também não se pode negligenciar o papel de instituições religiosas, com influência particular na sociedade dos cativos. Organizações evangélicas funcionam não raro como "portas de saída" do "mundo do crime" para centenas de detentos, com um grau forte de legitimidade entre muitas redes e organizações citadas no parágrafo anterior. A conversão é um símbolo muito forte no imaginário dos detentos, que não raro pode afetar diretamente a cobrança de dívidas nos mercados ilegais ou de rixas antigas entre grupos rivais. E os crentes atuam com determinadas prerrogativas, benefícios e privilégios que poucos grupos detêm na prisão, sendo vistos por muitos como um elemento "pacificador" das relações sociais. Em quase todas as unidades que visitei há sempre uma capela, ainda que denominada de "ecumênica", mas que serve principalmente aos cultos de matriz neopentecostal. O "pastor" e o "crente" são personagens o mais das vezes claramente identificáveis no ambiente prisional, com linguagem, vestimenta, hábitos, códigos de conduta, espaços de habitação e convivência e mecanismos de resolução de disputa diferenciados do comum da população carcerária. Da mesma forma, organizações que atuam de dentro para fora, sejam protestantes, sejam católicas, como a Pastoral Carcerária, procuram exercer algum tipo de governança sobre o comportamento dos detentos, e também sobre a forma como a prisão é gerenciada, por meio de atividades da mediação direta de conflitos junto aos responsáveis oficiais pela prisão, monitoramento de violação de direitos humanos e denúncias à imprensa ou a organismos internacionais.

Nesse aspecto de fiscalização não governamental, os grupos e pessoas que trabalham com o monitoramento de direitos humanos também são atores importantes na governança das prisões, ainda que nem sempre reconhecidos oficialmente. Entre as organizações mais atuantes no estado, o Sempri consta certamente como referência em termos de reputação e capilaridade. A atividade de governança que exerce não se restringe ao monitoramento de violação de direitos humanos, mas também na medida em que age como mediador em inúmeras situações, seja traduzindo demandas de grupos divergentes, seja efetuando negociações que garantam o restabelecimento das relações sociais em momentos de rompimento da ordem estabelecida ou de tensão crescente nas unidades. Aqui, a atuação em rede é própria do *modus operandi* de entidades como essa, tanto para dentro da prisão, estabelecendo contato direto com os detentos ou com a direção da unidade e seus funcionários para a troca de informações essenciais ou para a mediação de conflitos internos, como para fora, nos níveis superiores da esfera governamental ou fazendo pontes com órgãos da imprensa, universidades, organizações não governamentais e organismos internacionais.

No caso do Complexo Penitenciário do Curado, a Corte IDH tem exercido a função de um nódulo específico para a governança, de uma maneira talvez pouco usual nas unidades prisionais brasileiras. O organismo internacional tem operado como instância de pressão para a esfera estadual, que procura dar resposta às demandas estabelecidas pela entidade, ainda que sempre aquém do exigido. Reformas localizadas, abastecimento de suprimentos médicos, proteção de determinados detentos e a possibilidade de organizações locais realizarem atividades de monitoramento sem interferência direta da gestão carcerária são questões que têm sofrido influência direta ou indireta da atividade de fiscalização da Corte IDH. Esse processo tem possibilitado a criação de fluxos de informação mais ou menos confiáveis entre os âmbitos local e internacional, auxiliando na redefinição de prioridades governamentais que passam, entre outras coisas, pelo estabelecimento de um maior nível de segurança e cuidado para com a preservação da integridade física dos detentos, familiares de presos e funcionários do complexo.

A imprensa, por sua vez, atua como intermediária de informações a respeito do sistema prisional em relação ao grande público. A depender do contexto e do modo como as informações são divulgadas, ela pode contribuir para o aumento de violência ou para um maior controle do governo estadual nas condições de vida da população penitenciária. Particularmente em casos de rebelião, é francamente reconhecida a sua importância para evitar desfechos violentos e/ou focalizar demandas de pessoas que dificilmente têm algum espaço para reivindicação na esfera pública local. Como apontado anteriormente, as primeiras informações a respeito da atuação dos chaveiros no sistema penitenciário estadual foram veiculadas pela imprensa, entre outras inúmeras denúncias quanto a irregularidades ou dificuldades disseminadas na gestão das prisões de Pernambuco.

Logicamente, não há espaço para o entendimento detalhado do modo de atuação e da forma como cada uma dessas instituições opera num sistema de governança nodal para a produção de ordem no Complexo Penitenciário do Curado e em outras prisões do estado. O que está em jogo aqui é a necessidade de desenvolver ferramentas conceituais capazes de explicar que tipos de articulações em rede se estabelecem na prisão, que possibilitam a assunção de resultados coletivos. Isso implica a compreensão da prisão como parte integrante de um *sistema total*, ou como uma organização que comporta uma série de nódulos que se articulam entre si e para além dos seus limites físicos e institucionais, de maneira mais ou menos frouxa, em relações não raro simultâneas de cooperação e competição, estabelecendo mecanismos causais de produção de ordem por meio de uma série de incentivos e constrangimentos para a ação humana. Isso também inclui a compreensão daquilo que esse sistema precisa evitar, ou seja, a lógica por trás da violência e da desordem que ameaçam permanentemente a governança nas unidades prisionais.

PARTE II

DO ILEGAL AO LEGAL E DE VOLTA E DE NOVO

PARTE II

DONEGAL AO LICEAL,
DE VOLTA E DE NOVO

4
O que faz o monge é o mosteiro

POLÍCIA PARA QUEM PRECISA

Como em qualquer comunidade humana, os detentos compartilham códigos de conduta a respeito do tipo de comportamento aceitável ou não. Além disso, estão inseridos em uma organização que lhes impõe determinadas regras, procedimentos, sanções disciplinares, benefícios e hierarquias, parte dos quais previstos no ordenamento legal do Estado, que precisam ser levados em consideração durante a sua estada no sistema penitenciário. Os códigos compartilhados pelos detentos incorporam regras que dizem respeito àquilo que pode ou não ser feito, contra quem e em que momento, mas também orientações positivas em torno do modo como um detento deve se comportar em relação aos colegas e à administração penitenciária. As regras formais no arranjo legal da prisão preveem uma série de direitos e deveres dos detentos previstos na Lei de Execução Penal e no Código Penitenciário do Estado de Pernambuco, definindo a competência e os limites da atuação das autoridades no exercício de governo das prisões do estado.

Na vida social da instituição, é esperada uma série de condutas dos presos que diz respeito, em geral, ao que é considerado minimamente necessário para uma convivência social razoável, onde seja possível ter acesso a determinados ganhos, ainda que não raro considerados ilegais, sem que isso gere problemas para os demais. "Não atrasar o de ninguém" é uma expressão comum que designa um imperativo geral de não se meter em negócios alheios, não ganhar algo em detrimento do outro etc. Pode querer dizer muitas coisas ao mesmo tempo, na verdade. Por exemplo, o respeito aos direitos de propriedade estabelecidos na sociedade dos cativos. "Lá fora eu sou ladrão, mas isso é profissão; ladrão na cadeia não dá para aceitar" é uma afirmação comum de se ouvir da boca de detentos quando se trata de discutir a legitimidade ou não de determinado procedimento na prisão. Essa ideia reflete o entendimento relativamente consensual a respeito de um "mundo do crime" separado do "mundo dos trabalhadores", regido por regras de procedimento, direitos de propriedade, linguagem específica, expectativas de comportamento e símbolos que se diferenciam do mundo das "pessoas comuns" ou dos "trabalhadores". Ainda que não opere como um campo de força que estabeleça fronteiras claras entre o dentro e o fora, com delimitações precisas sobre o certo e o errado, alguns elementos são compartilhados de maneira relativamente consensual, ao ponto de se poder falar em algo próximo de uma subcultura delinquente. Em muitos aspectos, essa subcultura na prisão não se diferencia muito da que se verifica nos grupos sociais de origem nos quais esses detentos se integram, com a diferença de que a regulação dos espaços, o acesso a bens e as hierarquias que se estabelecem dentro da prisão são fortemente influenciados por um outro arranjo institucional que não o que se encontra no mundo exterior.

Aquilo que a sociologia econômica entende como "direitos de propriedade", ou as regras formais e informais que regulam o acesso, a posse, a proteção, a distribuição e os fluxos de circulação de determinados bens materiais, está presente de maneira premente nas relações sociais do Complexo. Os bens que um detento traz para a prisão, recebe das visitas ou adquire como fruto de relacionamentos pessoais e atividades legais, ilegais ou informais são vistos como coisas que lhe pertencem e que não devem ser usurpadas sem consequências. Como veremos, o usufruto desses direitos na maior parte das vezes se estabelece em complexos processos de negociação com os agentes oficialmente responsáveis pela administração da unidade, ou com figuras que atuam como mediadores na comunidade prisional, como os chaveiros. O que importa saber é que o colchão, o televisor, o celular, a faca, o dinheiro ou a droga de um detento são seus e devem ser respeitados pelos demais presos, pelo menos em princípio, e estão inseridos em certa "economia moral" própria daquele ambiente social. Ou seja, o ato de furtar ou roubar os bens de um detento em igual situação de poder dificilmente será considerado com indiferença dentro de um pavilhão. "Rato" ou "rato de cela" é como fica conhecido o preso com reputação de furtar os bens dos demais. O comportamento não raro é associado com o do "noiado", o dependente químico com poucos recursos, que faz uso regular ou intensivo de substâncias químicas lícitas ou ilícitas, como barbitúricos, álcool, crack e outras drogas que podem influenciar no comportamento delinquente mesmo do ponto de vista do código de conduta dos detentos, em que pesem os riscos associados a esse tipo de ação.

Outros códigos dizem respeito ao trato com companheiros de cela ou de pavilhão. Há um apelo frequente na linguagem dos detentos, que de resto imita outras subculturas delinquentes, a respeito da "humildade" no trato cotidiano entre companheiros de aprisionamento. Não se trata de mansidão e da postura submissa para com os demais, mas sim de um procedimento de conduta que demonstra certa reserva a respeito da própria reputação, o que inclui não se jactar com frequência dos próprios feitos ou dos recursos de que se dispõe. Um dos modos de se ganhar respeito na prisão tem a ver diretamente com essa capacidade de se manter num nível de comportamento minimamente reservado. Não se trata somente de evitar ser visto como arrogante pelos demais, tornando-se objeto de inveja e ressentimento, mas também de cultivar a imagem de alguém capaz de guardar informação a respeito dos negócios alheios, com pouca disposição para a crítica e praticamente nenhuma para a denúncia às autoridades, que devem ser respeitadas no limite da conveniência para não "atrasar" a própria vida e as dos demais, mas com as quais não se espera que se colabore espontaneamente. Assim, o preso-modelo sabe se manter em silêncio nos momentos convenientes e não gosta de se exibir em público, mas também apresenta determinado nível de segurança pessoal que se reflete na postura corporal, no tom da voz, na frieza nos momentos de tensão e na disposição para a violência física quando ela se mostra necessária. Na convivência cotidiana com predadores em potencial, demonstrações pessoais de fragilidade física ou psicológica e outros sinais de fraqueza não costumam ser bem-vistos, operando como sinais indicativos daquele tipo de preso que pode sofrer assédio, extorsão e outros tipos de abusos que costumam acontecer ocasionalmente. O que está em jogo aqui é um *éthos* bastante comum em subculturas delinquentes, em contextos urbanos distintos, mas com semelhanças que permitem algum tipo de comparação. Em muitos aspectos, assemelha-se à figura típica do "cara durão", o *thug* da máfia ou o bandido que tem "proceder" dos criminosos da periferia paulista, comportamento tido como ideal no mundo do crime em várias partes do mundo.

Demonstrações ocasionais de solidariedade, por sua vez, ainda que estritamente instrumentais, costumam contribuir para consolidar a boa reputação de um detento, facilitando inclusive seu ingresso em redes de amizade, gangues ou mesmo facções prisionais. Elas geralmente se dão na forma do empréstimo ou cessão de bens de consumo mais imediatos quando algum detento se encontra em situação de privação extrema. Um recém-ingresso em um pavilhão ou alguém que não possui familiares que possam lhe fornecer bens básicos de consumo semanalmente costuma receber alguma ajuda imediata ou ocasional dos demais, que pode ir desde a cessão de mudas de roupas usadas, cobertas e alimentos até a proteção explícita contra o achaque de outros presos. Obviamente, o componente instrumental desse tipo de solidariedade pode se manifestar de diversas maneiras. Presos sem familiares podem ser explorados em troca da cessão de espaço, trabalhando como ajudantes na cantina ou no serviço da faxina do pavilhão, ou servindo como mão de obra barata para mercados ilegais, escondendo drogas, armas e outros objetos entre os seus pertences, ou transportando mercadorias entre os pavilhões. A esse potencial se agrega o fato de que pessoas assim não demandam divisão do espaço em dias de visitas íntimas. Em muitos aspectos, estabelece-se uma relação de troca útil para ambas as partes.

Se tiver um amigo, parente ou companheiro de atividades criminosas no pavilhão, é esperado que o recém-chegado seja introduzido no grupo mais imediato de relações de confiança, o que pode significar, por exemplo, a divisão temporária do espaço de um barraco com o recém-chegado. Demonstrações de fidelidade como essa não só reforçam os laços sociais, como contribuem para a consolidação de uma reputação positiva em torno da pessoa que age como se espera de um "comparsa", como se chama o parceiro de atividade criminal, na gíria do mundo do crime, parente ou amigo de longa data. Outra demonstração típica (e instrumental) de solidariedade, uma das formas mais rápidas e estratégicas de se travar amizade na prisão, é a divisão de alguns recursos à disposição, ainda que escassos, a qual, se não se dá como reação visível de medo e intimidação em relação aos demais, pode render dividendos, como a inclusão em alguma rede de solidariedade grupal ou facção prisional capaz de fornecer diversos tipos de benefícios para os presos. Em uma entrevista realizada com um egresso do Complexo, que aqui denominarei de Mazinho, fica claro esse esforço por angariar simpatias mediante determinadas atitudes amplamente aceitas como parte de uma conduta adequada no universo prisional:

> Entrevistador: E como tu fazia quando chegava no pavilhão para ter relação com as pessoas? Lembro que uma vez você falou sobre distribuir comida.
>
> Mazinho: Eu distribuía comida porque, na hora que os caras chegavam, família, alguma coisa, eu via várias compras, depois que a família ia embora, ele vendia. E depois eu pegava, não tinha pena de botar o meu "cumê" e todo mundo comer. Aí eu botava, ajudava aquele que mais precisava, tendo dinheiro, alguma coisa, dava, porque era uma coisa que eu estava ajudando, porque, na hora de uma precisão, de alguma coisa, o cara ia estar do meu lado. Porque todos os presos lá, a maioria tinha consideração a mim, porque eu mesmo não negava nada a ninguém.

Entre os comportamentos sancionados pela sociedade dos cativos está o respeito específico que se deve às visitas íntimas e familiares dos companheiros de aprisionamento. Isso significa que os detentos não devem se apresentar sem camisa na frente das companheiras ou dos parentes dos demais, por exemplo. Da mesma forma, conversas íntimas, olhares demorados ou tentativas não autorizadas de aproximação podem ser lidas de maneira extremamente negativa, podendo desencadear rapidamente represálias violentas. Nos dias de visita, há certo consenso em torno da ideia de que rixas pessoais, vinganças, altercações e outras manifestações de violência não devem ser praticadas na frente dos familiares ou contra estes nas dependências da prisão. Infratores desse código devem preferencialmente ser contidos de maneira rápida e eficiente, mas só devidamente punidos após as visitas ou longe dos olhares das mesmas. Tampouco se aceita sem problemas que familiares sejam colocados como reféns ou tenham a integridade pessoal ameaçada por eventos coletivos como rebeliões ou tentativas de fuga. Considerando que nos dias de visitas todos os pavilhões da prisão se encontram abertos e a circulação de detentos entre um e outro se faz livremente, sem barreiras físicas imediatas, trata-se de um acordo tácito essencial para a viabilidade das próprias visitas, que dificilmente se prestariam a vir com regularidade para a prisão se se sentissem ameaçadas de alguma forma por manifestações ocasionais de rivalidade ou violência coletiva por parte dos detentos.

Esse tipo de respeito costuma se estender ao pessoal empregado nos serviços de saúde, assistência social e jurídica, como médicos, psicólogos e assistentes sociais, além de professores e defensores públicos. No caso dos funcionários que trabalham com os diversos serviços assistenciais na prisão, há uma racionalidade instrumental presente nesse consenso, que diz respeito à ideia de que o atendimento aos detentos restaria prejudicado caso os profissionais se sentissem inseguros no tratamento cotidiano para com os detentos. E, de fato, nos momentos em que esse acordo foi rompido, como numa tentativa de fuga coletiva ocorrida em 2017, quando funcionários da enfermaria foram tomados como reféns pelos detentos e utilizados como escudos humanos durante um tiroteio que se seguiu com os agentes que guardavam a gaiola, os presos tiveram de lidar por vários meses com um atendimento de saúde reduzido e permeado por protocolos de segurança, o que foi interpretado pela população carcerária como retaliação coletiva ao evento protagonizado por um grupo de infratores desaprovado por ela. Além disso, não é muito racional incitar desejos de vingança, medo generalizado ou desmotivação nas pessoas que irão prestar algum auxílio em momentos de necessidade extrema e vulnerabilidade. Um detento que necessita de atendimento médico quando está doente, ferido ou internado na enfermaria sabe que sua vida, integridade física e possibilidade de recuperação dependem diretamente da boa vontade e do profissionalismo das pessoas que o atendem, que podem restar abalados se a população carcerária passar a ser vista como ameaça em potencial.

O mesmo vale para professores, assistentes sociais e defensores públicos, de cujos serviços depende a população penitenciária em maior ou menor grau, o que lhes confere igualmente algum nível relativamente consensual de "imunidade" contra a violência entre os detentos do Complexo. É um tipo de "imunidade" que também se estende às pessoas e grupos que atuam com a proteção dos direitos humanos e com a assistência religiosa na prisão. Enquanto a conversão religiosa permanece como uma espécie de "porta de saída" disponível para qualquer criminoso disposto a mudar de vida, os "direitos humanos" costumam ser vistos como um auxílio indispensável em muitos momentos, operando em socorro daqueles que eventualmente se tornam vítimas de violência e maus-tratos, seja por parte de agentes penitenciários ou por outros detentos.

Existe o entendimento comum na sociedade dos cativos de que todo e qualquer preso pode eventualmente precisar de algum tipo de ajuda durante sua estada na prisão. Até mesmo os chaveiros que se encontram em situação de bom e continuado entendimento para com os responsáveis oficiais pela unidade demonstram algum nível de compreensão a respeito da instabilidade das relações de poder que os mantêm nessa posição. E não é raro encontrar um detento, que outrora exercia violência física e outros abusos contra os colegas de aprisionamento durante o exercício de alguma função de controle, em busca de auxílio externo quando, por qualquer motivo, cai em desgraça junto aos seus superiores. Afinal, um "gato", ou um preso que trabalha diretamente com a "polícia", isto é, a administração penitenciária, vai ser sempre um "gato" para os demais detentos, mas não para a administração, que pode destituir tal pessoa a qualquer momento. Ou seja, detentos nesse tipo de função constroem uma reputação negativa para a maior parte da população carcerária, que eventualmente pode se tornar razão de retaliação. No momento em que eventualmente perdem as prerrogativas e privilégios que os garantiam em determinada posição, eles podem ser forçados a conviver novamente com os seus iguais, sendo cobrados não só pelas suas ações, como pela reputação de alguém próximo aos agentes da lei, capaz de trocar informações por benefícios, prejudicando diretamente os negócios alheios.

Falar que determinadas pessoas dispõem de algum nível de "imunidade" contra a violência significa, por consequência, que outras tantas são vistas como moralmente "atacáveis". Isso se estende aos detentos que infringem certas regras do código de conduta que regula parte da vida social na prisão. "Rato", "tarado", "noiado", "fresco", "robô" e "X-9" são algumas gírias utilizadas para identificar personagens que se encontram num estatuto inferior em relação aos demais, podendo ser vítimas de agressão com menor risco de sanção por parte de algum membro da população carcerária. Elas se referem, respectivamente, àqueles que furtam bens dos demais, aos presos por crimes sexuais, aos dependentes químicos que podem vir a se tornar estorvos no convívio social, aos homossexuais, travestis e transgêneros, àqueles com grande tempo de condenação que se dispõem a assumir os crimes e infrações cometidos pelos demais em troca de benefícios e vantagens, e aos presos reconhecidos ou acusados publicamente como alcaguetes ou dedos-duros.

Nesse ponto, é importante ressaltar que o código é pouco rígido e deveras cambiante, a depender da situação. Além disso, os alvos não se encontram na mesma posição de inferioridade. Um ataque a um rato que furte um companheiro de cela não vai ser aceito com o mesmo apoio ou indiferença do que um que se desfira contra alguém acusado de colaboração com a polícia. Afinal, um gato ou um detento que trabalha com a administração sempre tem fama potencial de X-9, podendo se tornar vítima de retaliação a depender da situação e do lugar onde se encontre. Uma agressão sem qualquer razão contra um homossexual, por sua vez, pode render reprimendas ou sanções mais sérias ao seu autor, a depender da gravidade do ato. Aliás, os detentos homossexuais precisam ser mantidos minimamente isolados dos demais no seu local de habitação, por questões de segurança, ainda que com mais liberdade de circulação do que os detentos "sem convívio" ou acusados de crimes sexuais. Até mesmo autores de crimes sexuais podem encontrar alguma leniência, não só mediante a compra de proteção informal da parte de chaveiros e/ou associações criminosas, mas também pelo simples fato de que atos assim não são punidos quando praticados, por exemplo, contra homossexuais ou transexuais como forma de punição, vingança ou subjugação. No mais, a rejeição quase universal dos detentos à prática de estupro, reforçada por preconceitos ainda mais intensos na cultura nordestina contra relações íntimas com pessoas do mesmo sexo, aliada à disponibilidade relativamente fácil do acesso a relações sexuais nos dias de visita íntima, faz crer que o problema não seja encarado como um risco frequente para a maior parte dos homens que compõem a população do Complexo Penitenciário do Curado, diferente de outros contextos prisionais no Brasil e no resto do mundo.

Agentes penitenciários e todos aqueles que incidem na categoria de "polícia" também compõem um estrato dos moralmente "atacáveis", a depender das circunstâncias. Isso quer dizer que um ataque eventual a uma das autoridades que trabalha para a manutenção da ordem e controle da população prisional não será sancionado da mesma forma que uma agressão contra um detento que não tenha praticado qualquer infração, um médico ou alguém dos "direitos humanos". Essa seletividade se manifesta com maior intensidade em relação àqueles agentes conhecidos pela violência, brutalidade ou intolerância para com negociações e o diálogo com integrantes da população penitenciária, tornando-se vítimas preferenciais de investidas violentas em momentos de rebelião, tentativas de fuga coletiva etc. Logicamente, agressões contra autoridades instituídas costumam ser seguidas de diversas formas de retaliação individual ou coletiva, que fazem parte dos mecanismos de governança utilizados pela administração prisional. Por isso, atos de violência injustificados, não motivados pela reação imediata a uma agressão sofrida, ou por uma avaliação razoável da oportunidade para a tomada de uma arma ou tentativa de fuga, não serão vistos com bons olhos pela população que habita determinado pavilhão, pelas consequências que podem trazer para os demais.

Outras pessoas podem ser alocadas na categoria de alvos possíveis. Visitantes não acompanhados ou mulheres que não possuam nenhum tipo de parentesco com algum detento podem ser alvos de agressão ou tomados como reféns sem que isso cause grande indignação entre os presos. Aqui, impera a lógica do senso de oportunidade. Claro que não se trata de uma situação normal do ponto de vista da rotina do Complexo, mas a ideia difundida entre agentes, chaveiros e detentos sobre a ausência de necessidade de guarda armada para garantir a segurança de uns, mas não de outros, por exemplo, é um forte indicativo dos códigos que regem o respeito ou não a determinadas categorias de pessoas.

O senso de territorialidade também parece demarcar a fronteira entre o tipo de violência permitida ou não, isto é, passível de algum tipo de sanção moral. Espera-se que colegas de pavilhão e mesmo de prisão não agridam uns aos outros sem quaisquer motivos. Alguns eventos, entretanto, são tomados como parte do cotidiano na prisão e não costumam suscitar indignação, desde que praticados nos "locais corretos". Cobranças de dívidas, execuções de desafetos ou resoluções físicas de disputa devem ser conduzidas preferencialmente fora dos pavilhões, nas áreas externas. Aqui, o componente racional instrumental se alinha de maneira quase indissociável com os códigos morais. Afinal, um assassinato ou esfaqueamento ocorrido dentro do pavilhão pode suscitar investigações, revistas coletivas e outras formas de intervenção por parte da administração prisional, que prejudicam o cotidiano das relações sociais e econômicas do pavilhão. Nesse aspecto, a segregação de um espaço sem lei, que pode servir para o conflito violento entre dois detentos permitido pelos chaveiros ou integrantes de facções que operam como instituições extralegais de governança, não é uma exclusividade do Complexo. Nos presídios paulistas, por exemplo, a famosa "Rua 10", gíria citada em músicas de rap e frequente nas falas e ameaças dos detentos, diz respeito a um "ponto cego" nos pavilhões, do ponto de vista de quem olha desde a entrada, que serve como local de execuções, acerto de contas ou mesmo de disputa física regulada para a resolução de desavenças.

No Complexo Penitenciário do Curado, o desfecho violento de encontros entre desafetos nas áreas comuns, especialmente quando envolve integrantes de redes ou facções criminosas rivais, é algo banal para a maior parte dos presos, não incidindo necessariamente em falta digna de reprovação e retaliação. Não só determinado nível de violência é aceito como método legítimo de resolução de disputas, como também outros códigos, como o imperativo de não se imiscuir nos negócios alheios, costumam se fazer sentir nesses momentos. Da mesma forma, a entrada de um membro de facção ou grupo rival em um pavilhão pode ser seguida de reações violentas que, no geral, serão tidas como justificadas pela população carcerária. Nesse sentido, territórios são fronteiras que precisam ser respeitadas, e sua divisão muitas vezes se assemelha à que norteia as disputas territoriais nas periferias urbanas, estimuladas pela competição econômica de grupos e redes ligados ao tráfico ilegal de entorpecentes.

A devoção e o respeito às instituições religiosas, por sua vez, também são aspectos presentes no código de conduta dos detentos, e regulam de alguma forma o seu comportamento. Instituições como a Pastoral Carcerária detêm algum nível de salvo-conduto para atuar junto aos presos sem a necessidade de guarda armada, desfrutando da reputação de mais de um universo simbólico, já que também costuma atuar de alguma forma na coleta de denúncias de casos de violação de direitos humanos e na negociação junto à administração penitenciária em torno de temas semelhantes. No que se refere às representações religiosas dos detentos, ainda que o assunto possa render por si mesmo uma pesquisa inteira, não foi objeto de atenção particular durante os dois anos do trabalho de campo. Entretanto, é impossível não abordar o tema de alguma forma quando se trata de debater códigos morais e regulação da violência. No Complexo, como em grande parte dos presídios brasileiros, a figura do "crente" ou do "convertido" se faz presente em todas as unidades, demarcando um grupo social específico, com regras, hábitos, símbolos, linguagem e locais de convivência, que normalmente é respeitado pelos demais componentes da população carcerária. Ela diz respeito ao preso que passou por um processo de conversão religiosa, abandonando a subcultura delinquente e as atividades econômicas a ela associadas, em troca da adesão ao universo simbólico e normativo de alguma igreja neopentecostal. Essas instituições, para a maioria dos detentos, demarcam a fronteira de um universo protegido e regulado que deve ser respeitado, desde que cumpridas certas condições.

As três unidades do Complexo possuem alguma ala de pavilhão ou celas especificamente destinadas ao público evangélico. Todas contam com mais de uma igreja ou espaço ecumênico destinado aos cultos, a maior parte das vezes operados por representantes de denominações neopentecostais. Essas denominações se organizam na prisão na forma de ministérios, conduzidos cada qual por um pastor, tomado como líder espiritual e não raro responsável pela organização interna desses grupos, mantendo contato direto com congregações religiosas que atuam também no exterior da prisão. Os "crentes" ou detentos que se apresentam como "convertidos" são personagens relativamente comuns em todo o sistema penitenciário pernambucano. Diferenciam-se dos demais pelo modo de andar, de se vestir e de se comunicar. Nunca se apresentam em público sem camisa ou calça, e quase sempre portam uma Bíblia embaixo do braço, diferentemente dos demais, que costumam passar a maior parte do dia só de bermuda e sandália. Não costumam falar palavrões ou gírias típicas de subculturas delinquentes e geralmente adotam um vocabulário e modo de se comunicar recheado de referências a passagens bíblicas ou que remetem ao universo religioso — "abençoado", "livramento", "irmão" etc. Reprovam publicamente o uso de quaisquer entorpecentes entre os seus. E recusam, ao menos no discurso, o compartilhamento ou ligação direta com as práticas de atos ilícitos associados ao "mundo do crime". Em inúmeros aspectos, evitam a convivência com os demais detentos, ainda que sustentem com eles uma relação respeitosa e sempre mantenham um acesso aberto para interessados ou pessoas em processo de conversão.

Ainda assim, não se pode dizer que constituam um grupo em relação de oposição aos detentos que não compartilham dos mesmos valores, símbolos e códigos de conduta. Integrantes de grupos religiosos se orientam em grande parte segundo as mesmas regras que o restante da população carcerária no que diz respeito à ideia de não se meter nos negócios alheios e da manutenção de certa reserva. Nesse caso, a reserva se estende também a queixas a respeito da administração prisional, com quem costumam estabelecer algum nível de relação de respeito mútuo, já que são vistos como elementos ordeiros, que contribuem para a pacificação das relações sociais na prisão. Muitas vezes compartilham diretamente das mesmas crenças e valores dos operadores de segurança, muitos dos quais pertencem às mesmas congregações religiosas ou a outras muito semelhantes. Ainda que não se possa generalizar, particularmente nunca presenciei uma queixa de abuso ou denúncia de qualquer integrante desses grupos às organizações que atuam como proteção dos direitos humanos, seja contra os responsáveis oficiais pela administração e controle da prisão, seja contra outros detentos. Somente numa ocasião fomos procurados por um grupo de evangélicos, que estavam receosos com a possibilidade de demolição do pavilhão onde habitavam e pediram que intermediássemos uma negociação com a direção da unidade.

Esse espaço simbólico que os evangélicos ocupam na prisão é algo que intriga especialistas e observadores externos. De maneira geral, existe certo consenso nas prisões brasileiras de que a conversão religiosa e os religiosos devem ser respeitados pelos demais detentos, dando direito, inclusive, a certas imunidades ou proteções. Dívidas em mercados ilegais ou rixas antigas costumam ser perdoadas para aqueles que se convertem, que passam a ser tratados de maneira diferente dentro da população carcerária. Isso não se dá de maneira simples, mas através de um complicado processo de negociação envolvendo as lideranças religiosas e os antigos grupos de filiação dos presos em processo de conversão. Há certo cuidado, de ambas as partes, para que ela não se apresente como um simples instrumento de fuga ou proteção. O crente, principalmente o recém-ingresso na religião, passa a ser alvo da vigilância constante, não só do seu grupo, como de toda a população penitenciária. Se for pego usando algum tipo de droga, seja lícita ou ilícita, ou se envolvendo em negócios nos diversos mercados ilegais instituídos na prisão, principalmente no tráfico ilegal de entorpecentes, pode ser acusado de trapaça, como alguém cuja conversão é "inautêntica", motivada por razões meramente instrumentais. Isso pode lhe render a expulsão do grupo religioso e o retorno, desonroso em inúmeros aspectos, para o comum da população carcerária, com a reintegração do status das antigas dívidas e rixas a seu respeito, somada à pecha de covardia e malandragem. Os relatos sobre casos assim geralmente incluem agressões físicas espontâneas, seguidas da perda do estatuto de "religioso" ou "convertido", no momento mesmo em que um "falso crente" é flagrado fazendo uso ou comercializando entorpecentes, ou mesmo incidindo em outros tipos de comportamento, como furto de propriedade alheia, brigas, discussões, relacionamento íntimo com pessoas do mesmo sexo etc. Claro que isso confere um poder às lideranças religiosas que precisa ser estudado com mais atenção. Afinal, há um complicado processo de mediação em jogo, que diz respeito a quem legitima a posição de quem nesse universo. Certamente, a vigilância constante dos comportamentos exteriores também desempenha seu papel para reforçar a adesão ao novo credo. Como o monge da conhecida história de Pascal, que foi orientado pelo seu superior a começar fingindo que se arrepende de um pecado para que possa chegar a se arrepender de verdade, a orientação constante dos hábitos em face da presença constante de uma vigilância exterior pode ter implicações reais na mudança da personalidade dos sujeitos e mesmo na assunção de determinadas crenças.

É claro que os limites desse "campo de força" da religião não podem se expandir demais no universo prisional, tendo em vista o conflito de interesses em jogo. Pode ser que seja desejável do ponto de vista instrumental manter uma "porta de saída" disponível, como um recurso de uma racionalidade que prefere não "queimar seus navios" inteiramente. A maior parte dos detentos parece aceitar a ideia de que a vida que levam envolve inúmeros riscos para a sua própria integridade e a dos seus, o que pode se tornar um fardo difícil demais de suportar em algum momento. Pode ser também que as possibilidades de contornar situações de dívidas demasiadamente altas ou rixas com oponentes poderosos se esgotem em algum momento, deixando a conversão religiosa como última alternativa de sobrevivência. Ademais, não é raro encontrar no discurso de muitos detentos o reconhecimento explícito da "imoralidade" ou "ilegitimidade" constitutiva das escolhas de vida que fizeram e os levaram à prisão, donde a assunção da conversão religiosa como um objetivo possível, ainda que longínquo. Pelo menos dois egressos do Complexo com que tive contato constante declararam explicitamente que deixaram para se converter após a saída da prisão, porque percebiam esse gesto como "inautêntico" ou uma "fuga" das agruras do universo prisional e da subcultura delinquente, que lhes pareceria um ato de covardia ou algo essencialmente humilhante, se tomado dessa forma, e não como uma escolha livre de coação exterior. Não se pode descartar, contudo, que a exigência do cumprimento estrito de determinadas regras fosse maior na prisão do que fora dela para os fiéis de uma igreja, já que a presença da vigilância exterior pode operar como um fator bem mais opressivo quando não se dispõe do mínimo de privacidade ou de possibilidade de convivência em outras esferas estritamente separadas e sem comunicação frequente umas com as outras (família, trabalho, amigos), diferente do que ocorre no universo fechado da prisão. O fato de que a conversão permita a assunção de determinados prejuízos, sejam de ordem material, como aqueles ocasionados pelo perdão de dívidas relacionadas ao mundo do crime, sejam os estritamente emocionais, como o refreamento de sentimentos de vingança, por exemplo, não significa que ela seria tratada da mesma forma se se mostrasse como alternativa altamente desejável para a grande maioria da população penitenciária. Afinal, um usuário de drogas ou dependente químico a menos pode não fazer muita diferença no balanço geral dos negócios, mas o que significaria uma grande debandada para a demanda que regula grande parte do mercado ilegal de entorpecentes na prisão? A porta de saída da religião, portanto, precisa ser estreita, para que o sistema de relações sociais, tal como instituído, não entre em colapso total.

A LÍNGUA BIFURCADA DA PRISÃO

Finalmente, cabe aqui uma pequena observação sobre a linguagem dos detentos, que se mostra permeada de expressões proibidas ou sancionadas pelo costume. O trato interpessoal no imperativo é comum, principalmente porque essas relações comumente são permeadas por disputas de poder. Falar de maneira agressiva costuma ser um recurso de intimidação capaz de fornecer alguma informação a respeito da pessoa com quem se trata. Um preso que demonstre fragilidade ou medo costuma se tornar alvo fácil da retaliação de desafetos ou da ação de predadores isolados. Da mesma forma, as gírias de periferia funcionam como marcadores de origem social e aceitação no grupo. "Parça", "rolê", "na atividade", "o óleo", "gatos", "ratos", "noiado", "cutruca", "sujeito homem", "comando" e "sistema" são algumas expressões muito comuns nas prisões de Pernambuco. Saber quando usar cada uma é um sinal de pertencimento às mesmas subculturas que os detentos, o que pode evitar desentendimentos e poupar muitas dores de cabeça. Presos advindos de outras esferas sociais que não as subculturas delinquentes que se originam nas camadas mais populares da sociedade, ou mesmo de cidades do interior, podem não ser bem recebidos em alguns locais, não raro vendo-se sujeitos a tentativas de extorsão e intimidação pelos demais.

Ainda que o uso de palavrões e gírias seja altamente difundido entre os presos, há certas expressões que podem provocar reações mais intensas que as outras. "Filho da puta" e outros xingamentos referentes às mães dos detentos costumam suscitar reações violentas. Possivelmente o que está em jogo aqui é mais do que uma visão de mundo que prioriza a figura materna como referência central na biografia dos sujeitos. Grande parte dos presos tem na própria "mãe" a imagem de uma pessoa que lhes dedica amor incondicional, em que pese o sofrimento causado pela sua trajetória de passagem pelo sistema de justiça criminal. É possível que esse devotamento se dê como extensão de valores difundidos na cultura brasileira mais geral a respeito da valorização da figura materna e da maternidade. Porém, não há que se descartar certa hipertrofia simbólica, dada a ausência de figuras paternas presentes nas trajetórias de muitos dos detentos, ou mesmo a operação de certos mecanismos de compensação psíquica relativos ao sofrimento e humilhação constantes aos quais essas mulheres se encontram submetidas por causa das decisões erradas dos filhos.

O fato de não contar com a mãe, como o de não contar com qualquer visita, em geral, é visto como um elemento de fragilidade que pode representar um risco real para a integridade física de alguém. Afinal, não ter mãe, nem qualquer tipo de visita, significa não ter alguém por si no mundo. Pessoas nessa situação de vulnerabilidade podem ser vitimadas com mais facilidade ou incriminadas no lugar de outras, já que a possibilidade de que parentes ou amigos intercedam em seu favor junto ao sistema de justiça criminal para garantir a legitimidade dos procedimentos investigativos ou a resolução de crimes é bem menor que com os demais. Esse é um aspecto que precisa ser estudado com mais atenção, mas parece existir certo nível de *eficácia coletiva* dos parentes e amigos próximos de um detento que incide diretamente sobre sua segurança na prisão. O conceito diz respeito à capacidade de realizar valores comuns e de exercer controle social sobre determinada comunidade de pessoas e/ou instituições. Detentos que possuem parentes, amigos ou namoradas com capacidade de atuação individual ou coletiva junto às autoridades constituídas, seja por meio do diálogo, da fiscalização ou da cobrança, acabam muitas vezes se tornando objeto de atenção mais cuidadosa por parte dos administradores da prisão. Em inúmeras visitas ouvi relatos de diretores, supervisores de segurança e agentes que dialogavam diretamente com as mães de alguns deles, demonstrando um cuidado maior para com os processos e o atendimento das demandas daqueles presos por quem os parentes intervinham. Em outras situações, a atuação de parentes e amigos junto ao Ministério Público de Pernambuco, às varas de execuções penais ou às entidades de proteção aos direitos humanos mostrou-se essencial para a proteção da integridade física de um detento. Nesse aspecto, a intervenção de um parente ou de alguém próximo pode garantir uma visita de fiscalização, a autuação de um funcionário irresponsável ou mesmo a transferência imediata de um detento em situação de ameaça.

Outras expressões que podem afetar diretamente a reputação dos detentos costumam ser evitadas quando se trata de não provocar uma briga ou uma confusão mais séria. "Fresco", "bicha", "frango", "veado" e outras alcunhas para designar homens que sentem atração ou se relacionam sexualmente com outros homens têm um peso particular nesse ambiente. As consequências de insinuar algo a respeito da sexualidade de alguém costumam ser bem mais sérias do que na sociedade mais ampla. E não é comum se ver esse tipo de brincadeira entre detentos com a mesma frequência que ocorre nas periferias de onde a maior parte deles advém. Para além do sinal de fragilidade e fraqueza comumente associado a esse tipo de hábito sexual e/ou identidade de gênero, é possível que isso se deva ao fato de que homens forçados a conviver em contextos de superlotação, dormindo frequentemente apinhados uns ao lado dos outros, sem qualquer privacidade na hora do banho ou da troca de roupas, precisam demonstrar de maneira mais visível para os demais que aqueles gestos não serão seguidos de nenhuma tentativa de aproximação homoafetiva. Como na piada popular sobre quem se abaixa para pegar o sabonete na hora do banho, a exposição excessiva da circunstância própria do encarceramento aumenta a desconfiança em torno dos sinais exteriores que demarcam a sexualidade alheia. Ademais, o tratamento comumente violento e o preconceito largamente disseminado contra a população LGBT na prisão são motivos mais do que fortes para justificar uma reação mais intensa a qualquer tentativa de associação com aquele grupo social, por mais despretensiosa e jocosa que possa parecer. Como se afirmou acima, o estigma, se não funciona como um marcador explícito para a permissão de qualquer tipo de violência, opera obnubilando as fronteiras que separam o que é ou não permitido. Os membros da comunidade LGBT são comumente xingados e destratados por grande parte da população carcerária, o que é motivo de queixas constantes junto às entidades que atuam com proteção aos direitos humanos. É normal que tais xingamentos provoquem reações igualmente intensas, ao que não raro se seguem casos de agressão mais graves. Por isso, quase todas as unidades prisionais destinadas a homens no estado possuem alguma cela reservada para esses detentos, preferencialmente protegida por cercas, grades ou alguma barreira exterior. Destarte, brincadeiras ou xingamentos explícitos que possam ameaçar a reputação alheia têm impacto direto sobre a qualidade de vida ou mesmo a sobrevivência, na medida em que operam uma exclusão simbólica muito forte, com impactos imediatos para a integridade pessoal e segurança do ofendido. Por conseguinte, ensejam ocasiões para a demonstração explícita da virilidade, que pode se dar de maneira francamente violenta ou sob a forma de ameaças e outras técnicas de intimidação.

"Gato" ou "X-9", por sua vez, são gírias empregadas quase sempre de maneira depreciativa. Como ambas se referem ao ato de colaborar com as autoridades, são acusações com potencial altamente destrutivo para a reputação dos presos. Por isso, costumam ser rechaçadas com veemência, com reações muitas vezes violentas. É verdade que, quando se trata de "gatos", os detentos que exercem alguma função direta na unidade, como os chaveiros, não aparentam qualquer vergonha de se apresentar sob a alcunha, já que o seu papel é publicamente conhecido. É no momento em que se encontram desprovidos desse poder que sua posição passa a representar um sinal de fragilidade em relação à população carcerária. "X-9", entretanto, é termo rejeitado quase que universalmente, já que se espera, mesmo de um chaveiro e de outros detentos que trabalhem na unidade, que não se metam nos negócios alheios e não colaborem com a administração para além do estritamente necessário. Enquanto há infrações em relação às quais o exercício imediato da repressão pelos chaveiros, seguido da denúncia para os agentes da lei, é algo aceito como provido de certo grau de legitimidade, há outros tipos de invasão nas relações sociais e nos negócios privados que não serão respeitados pela população carcerária. É assim, por exemplo, que um detento flagrado pelo chaveiro ou por alguém de sua equipe furtando propriedade alheia pode ser alvo de agressões, para em seguida ser encaminhado para uma punição disciplinar definida pelos agentes penitenciários, sem que isso angarie maiores antipatias para com o representante dos presos em questão. Ao contrário, para muitos deles, é exatamente isso que se espera do devido cumprimento da função. Porém, na hora em que alguém nessa posição se dispõe a denunciar a presença de determinada quantidade de drogas ou de uma arma no barraco ou na cela de outrem, deve tentar ser o mais discreto possível, visto que esse tipo de ação já é tido como algo que ultrapassa as prerrogativas dos chaveiros, o que inevitavelmente pode lhe render a alcunha de "X-9", provocando insatisfação generalizada no pavilhão e enfraquecendo sua reputação, com consequências imediatas para sua capacidade de exercer o controle necessário sobre os presos.

Logicamente, falar a respeito dos valores e códigos de conduta que eventualmente podem contribuir para a regulação do comportamento dos detentos implica investigar "como" isso ocorre, no final das contas. Isto é, os presos agem em conformidade a essas regras estabelecidas por uma simples questão de "crença"? A pergunta não é irrelevante, principalmente considerando que se trata de uma população que de alguma forma já foi reconhecida pelo sistema de justiça criminal como autora de ofensas às leis e regras comuns que regem a sociedade. Considerando que muitas das regras que imperam na prisão reproduzem convenções sociais mais gerais, como, por exemplo, o respeito à propriedade individual de cada um, será que faz algum sentido falar em obediência a esses mesmos valores motivada pelas mesmas razões que levam, por exemplo, pessoas afeitas ao cumprimento das leis a agirem em conformidade com suas crenças?

Em quase todos os aspectos, é muito difícil separar a obediência a essas regras comuns dos mecanismos extralegais de governança, centralizados ou não, que impõem custos e incentivos para conformar a ação humana, principalmente em um local como a prisão. A reação imediatamente violenta dos companheiros de convivência a determinados tipos de comportamento é quase um dado consensual entre a população carcerária. Ela acontece com bastante frequência, com maior ou menor intensidade, a depender do delito envolvido. Na verdade, o linguajar agressivo e o aceno frequente à possibilidade de retaliação fazem parte do modo de comunicação interpessoal cotidiana na prisão. Quem deseja ser obedecido ou respeitado tem de estar disposto a falar grosso e mesmo a se impor fisicamente em algumas circunstâncias. Sinais de fraqueza ou covardia desgastam a reputação individual e colocam aquele que assim se expõe em posição vulnerável. Outros tipos de mecanismos, como o ostracismo e a fofoca, podem contribuir para a perda de reputação de determinados indivíduos, que tem consequências imediatas do ponto de vista afetivo, mas também com implicação no acesso a diversos tipos de bens. Uma *persona non grata*, sem ninguém que peça nada por si ou se disponha a intervir em seu favor, torna-se alvo preferencial para a ação de predadores interessados em extorsão ou outros tipos de agressores. Além disso, pode facilmente se transformar em objeto de denúncias ou incriminações que visem a livrar de qualquer acusação os verdadeiros culpados de alguma infração àquelas regras particularmente caras aos agentes da lei responsáveis oficialmente pelo controle da prisão. A reputação ruim pode significar a vedação do acesso a vários tipos de bens que mitigam as dores do aprisionamento, como, por exemplo, um lugar mais agradável para repouso do que o chão dos corredores de um pavilhão. Porém, sua maior implicação tende a ser do ponto de vista da segurança pessoal. O dilema dos chamados "sem convívio" diz respeito essencialmente a esse tipo de problema, isto é, detentos colocados em situação de anomia em face das relações sociais estabelecidas na prisão, ou sobre os quais impera algum tipo de "estigma" que serve como marca ou autorização implícita para agressão — o "rato", o "tarado", o "fresco", o "robô", o "noiado" etc.

O que está em jogo aqui é um tipo de mecanismo descentralizado de governança que existe em qualquer grupamento humano. Ele se manifesta, por exemplo, nos hábitos à mesa, quando recebemos algum olhar enviesado por mastigar de boca aberta ou fazer outro tipo de barulho desagradável. A complexidade, a diferenciação interna, o crescimento populacional e a falta de acordo em comunidades mais amplas costumam demandar o estabelecimento de instituições mais centralizadas, com recursos, tecnologias e capacidades suficientes para constranger a ação humana em determinado sentido, pela operação de uma série de custos, incentivos, sanções, hierarquias etc. No limite, o Estado moderno aparece como a principal delas, ou, pelo menos, a mais poderosa, para a organização da vida social. Na prisão, as instituições mais centralizadas por vezes assumem a forma de facções ou pequenas gangues prisionais, que acabam substituindo ou reforçando os mecanismos decentralizados calcados na reputação e no ostracismo.[1]

Com efeito, não é simples distinguir empiricamente onde começa e onde termina a atuação de cada tipo de instituição de governança. Afinal, alguns tipos de infração provocarão reações imediatas da parte da maioria dos presos, organizados ou não. A outras se seguirão respostas imediatas das gangues ou facções prisionais mais ou menos organizadas que desempenham um importante papel para o controle dos comportamentos dessas pessoas, como veremos mais adiante. Porém, o mais das vezes, os chaveiros aparecem como personagens centrais para a regulação da convivência nos pavilhões. Não só porque exercem um poder coercitivo chancelado pelas autoridades oficiais, como também pela posição privilegiada que desempenham na regulação dos direitos de propriedade que regem o acesso a diversos mercados ilegais no ambiente prisional. Isso significa que a distinção que se faz aqui tem valor sobretudo analítico. Do ponto de vista empírico, instituições centralizadas não costumam operar de maneira conjunta e/ou sobreposta. É algo que se deve em parte à fluidez daquilo que se pode entender como um código de conduta próprio da prisão.

Particularmente, apesar de encontrar certa utilidade heurística no conceito de subcultura, defendo que se trata de uma ferramenta limitada em inúmeros aspectos. Um conjunto de valores, hábitos, símbolos e regras de conduta adotado por pessoas que se desenvolve no seio ou muitas vezes em oposição a um conjunto ainda mais amplo não opera como um campo de força totalmente protegido, que isola os indivíduos de experiências e fluxos de informação contraditórios advindos do universo social mais complexo em que se inserem. A tendência de tratar subculturas delinquentes como culturas isoladas ou totalmente diferentes de outras pode ensejar comparações inadequadas. Em todo caso, não é como se os presos compusessem uma tribo ou civilização à parte no sistema prisional, apresentando a mesma clareza antropológica capaz de permitir distinções e comparações perfeitamente simétricas. Não é raro que detentos operem com discursos contraditórios, ora acusando-se de viver uma vida moralmente reprovável, ora apresentando franco desprezo pela moralidade mais ampla, que tomam como antagônica por ser diferente da sua. O mais das vezes, as distinções não são claras e as transições são circunstanciais, marcadas por conflito, contradição e sofrimento.

Ademais, como a separação entre regras sancionadas pelo Estado ou por outras instituições é sobretudo nebulosa em ambientes assim, as fontes de regulação também não operam com fronteiras nítidas. Do ponto de vista da população carcerária, o que corresponde ou não a uma lei escrita não conta muito para definir sua importância em relação às demais regras que vigoram neste universo. Além disso, não é só o código de conduta próprio da prisão que é objeto de sanção, já que os detentos têm de conviver com regras formais e informais impostas diretamente pelas autoridades oficialmente responsáveis pela administração da instituição que estão no Código Penitenciário, na Lei de Execução Penal e no ordenamento jurídico geral vigente no Estado brasileiro. Algumas são sancionadas com mais rigor por agentes penitenciários e outras autoridades policiais, enquanto outras são tratadas com mais displicência, por inúmeras razões. Também se lhes exige obediência a procedimentos referentes à rotina administrativa das unidades que não podem ser desrespeitados sem algum tipo de sanção.

Nesse aspecto, o chaveiro também atua como personagem central para garantir o cumprimento das regras, ainda que não de maneira exclusiva. Afinal, não somente os ASPs dispõem de diversos mecanismos efetivos para fazer valer sua autoridade, como também os próprios detentos sem qualquer função administrativa, na medida em que o descumprimento de determinadas regras e procedimentos pode acarretar em prejuízos eventuais para todos os residentes de um mesmo pavilhão. Não raro, códigos de conduta próprios dos presos, regras administrativas e leis sancionadas pelo Estado se confundem quase que de maneira indissociável, assim como as operações de instituições de governança centralizadas e descentralizadas. O que importa saber para compreender a importância de instituições de governança é que consensos de qualquer espécie são quase sempre precários na prisão. Ainda que não se possa falar de um ambiente propriamente desgovernado, a instabilidade nas relações sociais é parte constitutiva desse sistema de ação social. E não se pode entender a importância delas sem alguma consideração sobre as fontes de desordem no Complexo Penitenciário do Curado.

QUEM QUER CRIAR DESORDEM?

Falar que os detentos se orientam por (ou pelo menos são forçados a levar em consideração) um conjunto de regras formais e informais no seu dia a dia não quer dizer que tais regras sejam cumpridas de maneira estrita. Por mais imprecisas que sejam as estatísticas oficiais, os números de Pernambuco apontam para uma constatação evidente: a prisão é um local violento e inseguro. Parte do meu esforço aqui é de compreender por que a violência e insegurança não são ainda piores, visto a precariedade extrema das unidades que compõem o Complexo Penitenciário do Curado e, de resto, praticamente todas as demais do sistema penitenciário pernambucano, em termos de infraestrutura, recursos humanos, tecnologia etc. Para que se entenda como as instituições governam as relações sociais dos detentos, entretanto, é preciso discutir o que leva as relações sociais no ambiente prisional a um risco maior de produção de violência do que em outros contextos. Isto é, em que medida é possível falar em termos de uma estruturação da violência na prisão, a partir de determinadas características comuns a essas instituições, mas também considerando a particularidade do caso do Complexo e das demais prisões pernambucanas.

Em primeiro lugar, importa levar em conta o perfil social dos indivíduos que normalmente se encontram numa unidade prisional. Ainda que não se pretenda fazer uma análise detalhada sobre o caráter, o tipo de personalidade ou as inclinações comportamentais dos indivíduos encarcerados pelo sistema de justiça criminal, é preciso ressaltar que muitas dessas pessoas têm um passado de violações reiteradas à lei, que podem incluir crimes violentos contra a propriedade e contra a pessoa. Em muitos casos, estamos falando de indivíduos condenados por mais de um homicídio, com longo histórico de carreira criminal e diversas passagens por instituições penais e/ou, antes disso, pelo sistema socioeducativo. Parcela da literatura especializada os classifica como populações com baixo autocontrole e alta taxa de desconto racional. Isso significa que são indivíduos normalmente pouco dispostos a adiar gratificações para atingir seus objetivos imediatos, o que muitas vezes os leva a incidir em comportamentos passíveis de punição legal, com o recurso frequente à violência como forma de resolução de disputas.

A falta de autocontrole costuma ser associada a contextos familiares e/ou sociais em que crianças não são submetidas a processos de socialização com regras claras, aplicação proporcional de sanções e recompensas, supervisão eficiente de comportamentos e consistência no reforço e aplicação de regras ao longo do tempo. Isso quer dizer que familiares que se comportam de maneira excessivamente passional, ou não têm tempo, interesse ou disposição de se envolver com o disciplinamento de seus filhos, podem contribuir diretamente para a formação de personalidades pouco afeitas ao cumprimento de regras de conduta, as quais incluem, sim, a lei.[2] Isto é algo que pode se agravar como resultado da influência do ambiente social imediato, como a ausência ou ineficiência de outros adultos ou parentes, instituições de ensino e/ou creches aptas a exercer controle sobre as crianças e os mais jovens na ausência dos pais. Nesse caso, o nível de eficácia coletiva da comunidade pode operar ou não como um elemento compensador da baixa supervisão parental. Fatores como o desemprego e o consumo excessivo de álcool e outras drogas por parte dos pais ou responsáveis também se associam à maior ocorrência de abusos e maus-tratos de crianças, o que afetará seu nível de autocontrole na idade adulta, já que a violência excessiva e o sentimento de injustiça a respeito de punições desproporcionais, inconstantes ou ilegítimas podem influenciar a formação na psique do sentimento de culpa, que opera como um importante componente no controle das emoções.

Em vizinhanças ou áreas urbanas onde a provisão de serviços públicos, sobretudo de segurança, apresenta-se de maneira francamente deficiente, a falta de confiança nas instituições do Estado como instâncias legítimas para resolução de disputas contribui para a naturalização do comportamento violento e a instauração de ciclos de vingança que têm reflexo direto nos níveis de violência. A disseminação de gangues e outras organizações criminosas, como resultado da anomia e da desorganização social, potencializada pela consolidação do mercado ilegal de drogas, por sua vez, exerce efeito de associação diferencial dos jovens a subculturas delinquentes, que encontram nesses grupos laços de solidariedade, acesso a oportunidades de ganho material, prestígio social e possibilidades de exercício de poder sobre os demais.

No caso de prisões como o Complexo Penitenciário do Curado, a alta quantidade de pessoas condenadas em mais de um processo e o grande número de jovens na população estudada são indicativos importantes de baixos níveis de autocontrole, já que, usualmente, criminosos de carreira possuem menos autocontrole do que aqueles presos e condenados por poucos ou somente um delito. Afinal, a impulsividade costuma se reduzir com o passar dos anos, no mesmo passo que aumenta a capacidade de controle das emoções. Mesmo entre pessoas que cometeram crimes, a quantidade de detidos perpetrados durante a vida é inversamente proporcional ao nível de autocontrole, de modo que indivíduos com adesão mais prolongada a carreiras criminosas costumam apresentar índices piores do que aqueles que se envolveram uma única vez em delitos de qualquer espécie. Por isso, em ambientes prisionais, o nível de autocontrole dos detentos é fator fortemente preditivo tanto para infrações disciplinares quanto para a associação em eventos violentos, seja como autor ou como vítima. O consumo intensivo de vários tipos de droga também pode afetar a taxa de desconto racional dos indivíduos, contribuindo para diminuir ainda mais a capacidade de adiar gratificações, aumentando a impulsividade e a probabilidade de adesão a comportamentos como roubos, agressões e outros tipos de atalhos para a aquisição de recursos que servirão para comprar mais drogas. Etnografias sobre o tráfico e o consumo de crack demonstram o caráter endêmico de furtos e outros delitos cometidos por usuários compulsivos para sustentar o padrão intensivo de uso, produzindo tensão, violência e mortes. Nas prisões pernambucanas, a alta disponibilidade de drogas nos pavilhões, com traficantes e usuários dividindo o mesmo espaço por anos a fio, possivelmente contribui para a incidência de padrões ainda mais intensos de consumo do que comumente se verifica na periferia, ainda que essa constatação precise ser confirmada com estudos mais aprofundados. Afinal, não existe a possibilidade de se afastar por um intervalo de tempo minimamente razoável do ambiente de consumo e de outros usuários, e os próprios traficantes, interessados no lucro, costumam exercer pressão nas formas mais variadas para estimular o comércio.

"Quem perturba a cadeia é maloqueiro" é um dizer comum na prisão, usado tanto por agentes quanto por detentos para explicar as razões por trás de pequenos delitos e eventos violentos que atrapalham a rotina normal da instituição. Nesse ponto, a percepção generalizada acaba fazendo coro à literatura científica sobre o tema. Furtos, roubos, agressões e manifestações explícitas de desrespeito, que não raro antecedem a mortes e outros tipos de violência, parecem se associar comumente ao indivíduo mais jovem, mais impulsivo, com menos controle interno e, muitas vezes, dissociado de qualquer instituição capaz de exercer supervisão sobre seu comportamento. Da mesma forma, o "noiado" também costuma ser apontado como particularmente problemático ou fora de controle, potencialmente perigoso para os demais, ou constantemente envolvido em furtos de propriedades ou dinheiro. Em várias visitas, nos deparamos com presos nos pavilhões de isolamento, ou nas celas de "castigo", que haviam sido severamente agredidos por seus companheiros de pavilhão sob acusação de furto de propriedade alheia, para sustentar o consumo de crack e outras drogas. Nos relatos sobre homicídios ocorridos na prisão, é comum que esse público figure como vítima ou autor dos crimes violentos.

Entre os inúmeros depoimentos sobre situações reais que serviram para a construção do relato fictício do início do capítulo anterior, consta um caso real acompanhado em uma das unidades do estado, que envolvia um detento que furtava os pertences de outros durante a noite. Enquanto todos dormiam na BR, o espaço dos corredores e outras áreas que corresponde ao uso comum, o preso utilizava-se de uma lâmina de barbear afiada para cortar as bermudas e bolsas, furtar dinheiro e outros objetos pessoais que trocava por droga. Em outro caso real, ocorrido numa das unidades do Complexo, um detento esmagou a cabeça de outro com uma pedra enquanto este dormia. Os responsáveis pelas investigações preliminares relataram que o ato teria sido motivado pelo desejo do suspeito de roubar os pertences da vítima. Depois que os dois passaram boa parte da noite usando drogas, o assassino teria se aproveitado do sono do outro para atacá-lo com uma pedra, correndo logo em seguida com seus pertences para fora do pavilhão, a fim de negociá-los em troca de mais drogas. Tais eventos, relatados pelos agentes envolvidos na apuração dos casos, costumam compor parte da representação que o *staff* prisional tem a respeito das causas e do perfil de detentos comumente envolvidos em atos de violência e agressão.

Além do perfil dos detentos, fatores estruturais típicos do ambiente prisional também incidem diretamente na produção de indivíduos mais propensos à violência e a transgressões disciplinares, bem como na configuração de circunstâncias que as ensejam. A superlotação, por exemplo, tem sido largamente estudada como elemento capaz de afetar o comportamento humano, contribuindo para uma maior incidência de infrações disciplinares, eventos violentos e distúrbios coletivos nas prisões. Do ponto de vista psicológico, ambientes superlotados influenciam o nível de estresse e o equilíbrio psíquico por uma série de razões. A presença de um número excessivo de pessoas afeta diretamente a capacidade que se tem de levar uma ação do início ao fim sem interrupções. Uma grande concentração de pessoas num espaço limitado exerce uma sobrecarga de atenção, que diminui a capacidade de lidar com muitas informações diferentes, levando os indivíduos a agirem mediante reflexos condicionados associados a estereótipos e preconceitos. A sensação de estar perdido em meio a uma grande multidão num ambiente espacialmente limitado está relacionada com a expectativa de perda da autonomia em relação à capacidade de melhorar a própria situação ou não ser levado pela massa a adotar determinados tipos de atitude. Em ambientes como a prisão, marcados pela continuidade no tempo das relações entre as pessoas, esse tipo de fator costuma contribuir para o aumento no nível de estresse de maneira mais acentuada do que nos encontros transitórios envolvendo multidões, como em jogos de futebol, shows, casas de espetáculo etc., já que a percepção a respeito do que é ou não um ambiente superlotado e em que medida ele é aceitável, e durante quanto tempo, também deve ser levada em consideração, para além das variáveis objetivas. Assim, elementos como o histórico de exposição continuada a ambientes superlotados, sexo e nível de controles internos e externos exercem influência a respeito do tipo de efeito e do tipo de indivíduo afetado pela percepção de um ambiente superlotado. Em outras palavras, os impactos da superlotação sempre vão ser maiores sobre aqueles que adentram pela primeira vez o ambiente prisional, mas afetarão também, com maior intensidade, aqueles menos psicologicamente preparados para lidar com o aumento da tensão decorrente desse tipo de exposição. É por isso que o nível de superlotação, entre as diversas variáveis que podem influenciar no nível de violência nas prisões, aparece como um dos fatores preditivos mais relevantes na literatura especializada, principalmente para as unidades onde detentos são alocados em dormitórios coletivos.[3]

Aqui, cabe uma observação relevante, que diz respeito à total ausência na literatura de um estudo sobre os impactos da superlotação que considere os efeitos de um ambiente com uma taxa de ocupação no nível do Complexo Penitenciário do Curado. As pesquisas especializadas se debruçam, em sua imensa maioria, sobre os dados a respeito de unidades prisionais dos Estados Unidos, do Reino Unido e de outros países que compõem a União Europeia. Em nenhum desses locais, as taxas de ocupação das unidades prisionais chegam sequer próximo aos 300% aqui registrados. Caso se leve em consideração a disparidade evidente entre o que se divulga como "vaga" no sistema penitenciário pernambucano — que, de modo algum, aproxima-se do critério adotado pela maior parte das prisões no chamado Primeiro Mundo, isto é, o quantitativo de camas existentes para cada preso — e o que se apresenta na realidade cotidiana das unidades, é possível ter uma ideia de quão longe se está de um conhecimento apropriado sobre o tipo de efeito que um ambiente assim exerce sobre o comportamento dos indivíduos. Afinal, em praticamente todos os pavilhões do Complexo, centenas de detentos são forçados a dormir no chão, apinhados pelos corredores, em locais abafados e insalubres, quentes no verão e frios no inverno, em meio a baratas, ratos, formigas e outros animais, sem qualquer tipo de privacidade e sem possibilidade de se isolar dos demais por um pequeno momento que seja, para além do tempo de banho de sol. Isso tudo provavelmente contribui para o nível de irritação típico de muitos deles, que não raro chega ao paroxismo nos momentos em que o contingente populacional aumenta, seja como resultado da política criminal do estado, seja como fruto de realocação de uma grande quantidade de detentos em razão de reformas ou desativação de pavilhões.

Certamente, esse tipo de ambiente também contribui para agravar outro fator amplamente associado com estresse e distúrbios de comportamento: a qualidade do sono dos detentos. Privação constante de sono e/ou sono interrompido são elementos presentes em inúmeros contextos prisionais, comumente associados com irritabilidade, ansiedade, estresse, comportamentos depressivos e bipolaridade, que com certeza refletem no nível de violência das unidades.[4] Trata-se de condição relativamente comum, sobretudo durante os primeiros meses de adaptação, nos quais o detento tem de lidar não só com um ambiente novo e desconfortável, como também com os impactos psicológicos associados às diversas dores do aprisionamento, como a distância dos entes queridos, a perda de autonomia, a falta de entretenimento, o tédio e a exposição constante a indivíduos potencialmente perigosos. No Complexo, o efeito dos diferentes tipos de desordem do sono sobre grande parte dos presos se comprova não só pelos relatos dos mesmos em entrevistas ou conversas não gravadas, mas também nas visitas de campo, quando é possível ver a quantidade de homens que procuram dormir durante o dia. Tanto nas áreas comuns quanto nas celas, sempre é possível encontrar homens cochilando a qualquer hora do dia, no chão do corredor, nas áreas comuns, nas celas ou nos barracos.

Em geral, dorme-se mal na prisão. Diversos fatores contribuem para isso, tanto de natureza ambiental quanto cultural. Em dias de chuva, por exemplo, o sono de boa parte da população carcerária resta prejudicado, uma vez que o piso costuma ficar alagado, ensopando colchonetes e cobertas. Da mesma forma, nas noites de calor intenso, é difícil não ter o sono interrompido em algum momento quando se está deitado ao lado de centenas de outros homens, haja vista a circulação de ar deficiente e a própria temperatura corporal exalada pelos demais. Além disso, sempre que surge uma confusão no meio da noite, ou mesmo uma festa de alguns detentos em alguma cela, o sono de muitos é igualmente interrompido. E, numa prisão onde a maior parte das pessoas não exerce qualquer tipo de trabalho ou atividade educacional, esse tipo de coisa não tem hora certa para acontecer, apesar da maior regularidade e intensidade nos finais de semana.

Sobre esse último ponto, o estilo de vida típico de subculturas delinquentes também parece contribuir com o cenário de desordem. Preso dorme tarde, não só porque o lugar para dormir é inadequado em inúmeros sentidos, mas porque os hábitos de muitos deles, desde antes da prisão, integram-se a um estilo de vida eminentemente noturno. Afinal, é comum que pessoas pertencentes a subculturas delinquentes centrem boa parte da vida ativa no turno da noite, com a frequência cotidiana a festas, bares, bailes e casas de show noturnas, não raro acompanhada do consumo ocasional ou intenso de drogas lícitas e/ou ilícitas. As próprias atividades econômicas de muitos desses grupos se realizam, de preferência, longe da luz do sol. Afinal, tráfico de drogas, arrombamentos, roubos, homicídios, crimes sexuais e outros tipos de atividades criminosas costumam ser praticados mais à noite do que durante o dia, quando a ausência de vigilantes é em geral menor e as oportunidades para a consecução de determinados crimes são, por consequência, maiores.

SOCIEDADE DA DESCONFIANÇA

Uma entrevista que realizei com um egresso do Complexo Penitenciário do Curado, que chamarei pelo nome fictício de Mazinho, deixa clara a tensão provocada pela falta de confiança, que afeta o repouso cotidiano na prisão:

> Entrevistador: Você me contou uma história que não dormia durante a noite lá?
>
> Mazinho: Dormia não, porque eu tinha que estar vigiando, porque lá, a turma, quando não esperava, não sei o que tinha, que um passava para o outro o código, chegava código, palavra que a gente não entendia, entre eles, quem era a bola da vez, quem era que ia dormir no outro dia de manhã, quem estava de partida. Você nunca sabia quem era, entre dez homens dentro de uma cela e está rolando isso. Lá não tinha vida.
>
> Entrevistador: E você deixava para dormir durante o dia?
>
> Mazinho: De manhã, quando amanhecia o dia. Dormia recortado. Por isso lá não tinha vida, só estou tendo agora.
>
> Entrevistador: Foram quantos anos assim, sem dormir direito?
>
> Mazinho: Uns dez anos. Dez, onze anos. Eu não tinha vida. Dou graças a Deus, porque aqui é bom demais. Não tem coisa melhor que a liberdade. Eu acho que, para viver nessa vida, é melhor Deus me levar, porque não tem coisa melhor do que a gente estar na paz. Isso para mim, estou criando meus filhos...

A primeira vez que esse detento conversou comigo sobre o tema, disse que era comum que os homens pedissem lençóis brancos e finos para os familiares, em vez de roupas de cama grossas e/ou estampadas. Cobertos dos pés à cabeça, era mais fácil monitorar a movimentação de pessoas no pavilhão, sem que os outros detentos percebessem quem estava realmente dormindo ou acordado. E não se trata de paranoia ou preocupação excessiva de um determinado detento, se considerarmos casos como o do preso que atacou o outro com uma pedra após intensa sessão de uso de crack, conforme relatado anteriormente, ou os pequenos furtos de dinheiro e pertences realizados enquanto a vítima dorme.

Na verdade, a desconfiança em relação aos demais numa prisão é um dos fatores que contribui para o aumento da violência. Confiança pode ser entendida como o nível da probabilidade subjetiva por meio do qual alguém avalia o curso de ação futuro de outra pessoa ou grupo de pessoas, antes ou independentemente da possibilidade de monitoramento dessa mesma ação, num contexto que afeta diretamente seu próprio comportamento. É um atributo social fundamental em qualquer grupamento ou relação humana, que vem ganhando cada vez mais importância em estudos de sociologia, ciência política e economia. Níveis adequados de confiança são necessários para o funcionamento de mercados ou de qualquer relação baseada na troca, material ou simbólica. De forma geral, sociedades onde grassam baixos níveis de confiança interpessoal ou entre os indivíduos e as instituições responsáveis pela coordenação das relações sociais tendem a apresentar altos índices de violência. Na medida em que as pessoas não acreditam na capacidade das instituições oficiais de resolver disputas e ofertar proteção, em contextos de absoluta imprevisibilidade em relação ao comportamento alheio, é normal que se procurem outros meios de lidar com os dilemas decorrentes da desconfiança, o que não raro se traduz em um aumento da violência. É assim que se formam organizações mafiosas, milícias, grupos de extermínio, máfias do apito, gangues prisionais e outras associações responsáveis pelo fornecimento de proteção privada e garantia do cumprimento de contratos e acordos, atividade que, no limite, termina se confundindo com a simples extorsão, devido às externalidades próprias do mercado.[5]

Numa prisão, centenas de detentos que não se conhecem são forçados ao convívio cotidiano uns com os outros, sabendo ou presumindo que muitos deles são violentos, desonestos, instáveis etc. Em um ambiente assim, quanto menos integrado estiver a grupamentos sociais ou instituições mais amplas, capazes de fornecer algum tipo de proteção ou informações confiáveis sobre o ambiente, mais razões um indivíduo terá para temer pela sua própria segurança e a de suas posses, o que afeta diretamente seu equilíbrio psicológico e o modo de se relacionar com os demais. "Tinha situação que eu tinha de lutar para sobreviver, porque, se não lutasse, eu ia morrer", contou Mazinho a esse respeito durante a entrevista, completando:

— Por causa de briga lá dentro, por causa de droga. Ele usando a droga dele e queria dinheiro, e eu não tinha nada. Ele querendo fazer extorsão comigo lá dentro. Foi no começo, que comecei a tirar cadeia, que eu não tinha nada. Aí ele começou a arrumar briga [...] Às vezes chegava pedindo e eu não tinha. E ele: "Não, você tem!"

O medo de ser vítima de extorsão ou outros tipos de violência está presente em qualquer detento que adentre uma prisão pela primeira vez na vida. Em muitos casos, envolver-se logo numa briga ou disputa em que seja possível demonstrar publicamente a própria força ou agressividade é uma forma de consolidar a reputação e evitar futuros ataques. Durante uma visita numa unidade da região metropolitana do Recife, Antonino, um detento com largo histórico de vivência no sistema prisional, revelou-me que instigar uma briga em que pudesse logo esfaquear alguém era, muitas vezes, a melhor forma de garantir a segurança na prisão.

— No Aníbal foi assim, eu matei logo de cara, arrumei um bocado de confusão — revelou-me, sobre sua passagem pela unidade, anos atrás. — Eu era do interior, não tinha outro jeito. Assim, ninguém mexia mais comigo. Tem que ganhar respeito.

É claro que o elemento autojustificador não pode ser excluído desse tipo de relato, mas as narrativas de Mazinho e Antonino possuem uma representatividade que dificilmente pode ser negada por quem já vivenciou de perto a insegurança do sistema prisional pernambucano. Entre outros indícios que apontam para preocupações decorrentes da desconfiança endêmica em prisões como o Complexo, a busca quase universal pela posse de uma arma branca é um forte indicativo de que um preso não pode se dar ao luxo de permanecer desprotegido num lugar assim.

Em outro crime envolvendo dilemas de confiança, reputação e falta de informação, um rapaz assassinou outro preso mais velho devido à perda de uma corrente de prata. Aparentemente, o agressor esquecera o objeto no chuveiro, enquanto tomava banho. Assim que retornara ao banheiro para procurá-lo, não o encontrando, acusara explicitamente um dos dois homens que também tomavam banho no local, que tinha reputação de usuário compulsivo de crack, "um noiado". Apesar da interferência do chaveiro do local, que instara o dono da corrente a não levar a desavença adiante, já que não possuía provas concretas de quem havia sido o autor do furto, o caso não terminaria bem. Esperando até o dia seguinte, num sábado, quando o pavilhão ficaria aberto para a circulação das visitas, atacou o outro detento de surpresa, no pátio, desfechando-lhe duas facadas no peito, o que resultou em falecimento quase imediato, no breve intervalo entre a partida total dos visitantes e o fechamento dos pavilhões. O caso revoltara a população local, de modo que um linchamento teria se seguido se o chaveiro e sua equipe não interviessem, escoltando o assassino até o Pavilhão Disciplinar e logo comunicando a chefia de plantão do ocorrido.

É claro que existem outras razões para a ocorrência de eventos violentos na prisão. O "problema da droga" talvez seja o mais apontado por agentes e detentos como principal razão para a violência nas prisões. Isso engloba não só os atos perpetrados por usuários sob efeito de entorpecentes ou em busca de dinheiro para sustentar o uso intensivo, no tipo de violência que pode ser classificada como "farmacológica", como também a ameaça, o sequestro, a extorsão e a morte relacionada diretamente à dinâmica interna do tráfico de drogas. "É guerra da rua", costuma-se dizer quando se trata de resumir as motivações por trás de brigas ou crimes violentos na prisão, remetendo a disputas relacionadas ao tráfico de drogas no mundo exterior, envolvendo conflitos em torno do domínio de territórios de periferia por gangues rivais, mas também débitos contraídos ou fraudes em transações realizadas fora da cadeia.

Em muitos casos, a falta de informação a respeito das possibilidades de alocação de detentos em determinados pavilhões ou a baixa vigilância nos momentos de convivência coletiva ensejam ocasião para esse tipo de acerto. Nesse aspecto, a divisão de detentos por pavilhões muitas vezes costuma ser feita levando em consideração as gangues que disputam o domínio do tráfico de drogas nas periferias e comunidades, como uma forma de evitar a continuidade de conflitos que poderiam assumir escala ainda maior no espaço fechado de uma instituição com claro déficit de vigilância e infraestrutura precária. Em outras situações, transações são acordadas de dentro da prisão, a partir da participação de lideranças ou personagens relevantes dos grupos que, apesar de encarceradas, coordenam transações que não raro podem resultar em fraudes, calotes ou traições, contribuindo para a ocorrência de mortes violentas como forma de retaliação. Também devem ser tomadas nessa categoria as agressões e homicídios provocados por débito de usuários para com traficantes, ou de traficantes de varejo para com os de atacado, ambos dentro da prisão. Esse tipo de dinâmica também se apresenta em muitos relatos de casos de extorsão de familiares de detentos, para que quitem as dívidas para com os traficantes locais. Há relatos de presos mantidos como reféns, em franca situação de sequestro, sofrendo maus-tratos ou ameaças constantes até que os familiares e/ou amigos consigam recursos para quitar a dívida. Também pode acontecer de os parentes se tornarem eles mesmos vítimas de integrantes de gangues e organizações criminosas comandadas de dentro da prisão, que os procuram para cobrar as dívidas dos seus familiares na prisão. Todos esses casos, por suposto, são reflexos do tipo de violência envolvido na dinâmica do mercado de drogas. Isso significa que fatores como a ilegalidade das transações, venda a crédito, cobrança de atacadistas, operações de busca e apreensão por autoridades policiais ou o caráter aberto/fechado, coberto/descoberto dos mercados podem influenciar diretamente na sazonalidade e na intensidade da produção de violência. Como veremos nos capítulos posteriores, boa parte do arranjo de governança em unidades como o Complexo Penitenciário do Curado diz respeito a tentativas mais ou menos improvisadas de regular esses mercados, diminuindo a quantidade de violência própria do seu funcionamento.

Finalmente, é necessário levar em conta outro tipo de evento associado à violência na prisão, com impacto direto sobre o nível de segurança das unidades. Ele diz respeito às desordens de natureza coletiva, que podem ser classificadas como motins ou rebeliões, a depender da abrangência, da dimensão e dos critérios envolvidos. É comum que muitas pessoas interpretem esse tipo de acontecimento como algo essencialmente irracional e caótico, enquanto muitos presos prefiram apresentá-lo sempre como fruto de uma organização e planejamento prévios. Normalmente, o respaldo para uma visão mais "expressiva" ou emocional a respeito desse tipo de evento se encontra na ocorrência disseminada de comportamentos que nada têm a ver com reivindicações coletivas, como assaltos a cantinas e/ou depósitos, uso desenfreado de entorpecentes, estupros ou ataques a desafetos. Entretanto, o caráter instrumental envolvido em motins e rebeliões se torna quase sempre evidente quando se é capaz de analisar as causas e as personagens envolvidas. Uma rebelião pode se iniciar como forma de reivindicação coletiva da população carcerária, como quando detentos se rebelam em protestos contra o nível de superlotação das unidades, a qualidade da comida, o andamento dos processos, a ocorrência de alguma epidemia não tratada corretamente pelas autoridades, os maus-tratos dos agentes, a ausência ou deficiência de serviços de atendimento médico, Defensoria Pública, assistência educacional, trabalho etc. Ela também pode ser instigada pela ação dos "cabeças de área", apelido dado em Pernambuco aos detentos com grande influência sobre a população carcerária, com interesses econômicos ou políticos na sua ocorrência, seja como forma de ensejar oportunidades para eliminar desafetos, informantes ou concorrentes comerciais e políticos em outros pavilhões, seja como forma de desestabilizar a posição ou desmoralizar a imagem de um governador, secretário, diretor e/ou supervisor de segurança que esteja impondo prejuízos constantes ao funcionamento dos mercados ilegais ou mesmo pelo descumprimento de algum eventual acordo envolvendo a corrupção e conivência de agentes públicos. Logicamente, a quantidade e a diversidade de interesses envolvidos são legião, o que significa que detentos diferentes contribuirão em níveis distintos em busca de objetivos variados para "virar a cadeia", termo utilizado no linguajar da população carcerária e *staff* prisional para descrever rebeliões. Contudo, ainda que muitos deles se engajem por razões meramente individuais, é muito difícil acreditar que um grupo tão grande de detentos se exponha a tais riscos se não houver fortes pontos em comum, tidos como legítimos por essa população, e que sirvam ao menos como elemento agregador para a eclosão dos eventos. Em muitas situações, pequenos desentendimentos entre a população prisional e os agentes responsáveis pela custódia a respeito de determinadas medidas ou gestos percebidos como ilegítimos costumam operar como estopim, dando ensejo para que diversos detentos, por diferentes razões, possam somar esforços para escalar a confusão inicial para um nível mais abrangente de atuação coletiva. É o caso de uma situação narrada em entrevista por um ASP sobre o tema:

> Uma rebelião que durou três dias aqui, no antigo Aníbal Bruno, em 2007, foi num dia de domingo. No meio da visita, o preso tinha uma audiência no interior do estado, eram três presos, dois compareceram e um disse que não iria de jeito nenhum. Como a audiência dele era em outra cidade, distante, ele teria que sair no domingo, para ser apresentado numa segunda-feira de manhã nessa comarca. Então ele se recusou a vir, e se recusou, se recusou, e inflamou a população. Como era no dia de visita, achei por bem não insistir em levá-lo e fazer isso no outro dia. Depois, informar a falta dele e abrir conselho. O diretor da época não estava na unidade, insistiu que era para retirar ele de todo o jeito. Eu disse que a população já estava inflamada, que poderia dar problema; que achava por bem levar ele de manhã ou depois que se encerrasse a visita. Aí a gente foi lá, no pavilhão: ele estava com medo, achando que era uma transferência definitiva. E eu fui até com o ofício. "Olhe, você vai ser apresentado à Justiça, não vai ser transferido. Você vai ficar em trânsito, em outra unidade. Depois vai voltar para cá. Posso lhe mostrar isso aqui." Aí ele até estava vindo, conversando comigo, mas a guarda pegou um agente que se estressou e deu uns gritos nele. Aí ele retornou e disse que não ia, de todo jeito. A população comprou a guerra dele e começou a jogar coisa na gente. A gente teve que recuar. Para não causar coisa pior, a gente saiu. E eu disse ao diretor: "A coisa está ruim, assim, assim, assim; acho melhor deixar para amanhã." Mas o diretor insistiu: "Olha, depois da visita a gente vai retirar ele." Como

tinha a guarda da PM também, eram duas guardas, guarda de agente e guarda da PM, aí a PM disse que, por conta desse problema, o representante do pavilhão estava sendo ameaçado, dizendo que ele estava querendo que o cara fosse transferido. Estaria acuado numa cela com o pessoal querendo matar ele. Aí a gente foi lá. Chegando lá, os caras já tinham tomado um monte de barbitúrico, porque já esperavam que a guarda subisse no final da visita, e já estavam daquele jeito. Quando chegamos lá, já fomos recebidos. Jogaram um botijão de gás em mim, aceso. E o negócio descontrolou. A gente fez alguns disparos. Naquela época não tinha munição não letal. Aí eles pegaram um monte de colchão, colocaram dentro do pavilhão, na frente das grades, e atearam fogo, com eles lá dentro. Metade da população não tinha nada a ver, não estava nem aí. Era só um raio do pavilhão. Aí a fumaça preta começou a entrar no pavilhão e o pessoal sufocando. Eu autorizei de pegar uma marreta e quebrar as paredes, para os caras começarem a sair pro pátio, pra não morrerem de asfixia, enquanto a outra parte estava lá, depredando tudo, tocando fogo. Só que isso aí fez inflamar os outros pavilhões; eram seis pavilhões. Achavam que a gente estava fazendo outra coisa. Os caras estouraram os pavilhões e foram para cima da gente, que ficou acuado. Não existia GOS. Foi uma chuva de pedra pra cima da gente. A gente se abrigou e tentou controlar com disparos e nada, nada, nada. O negócio descambou. Os pavilhões que se rebelaram, os seis lá de cima, passaram a querer entrar nos pavilhões de baixo, para matar os desafetos. Os caras invadiram o rancho, para roubar alimento. Ou seja, por causa de uma coisinha... E o propósito era o quê? Ou matar desafeto, aproveitando dessa alteração, e saquear, depredar. O saldo foram três mortos em três dias de rebelião, por causa disso. Não tinha faixa, não tinha "Fora Diretor", não tinha "Queremos Alimento", não tinha nada; só tinha arruaça.

O relato de alguma forma ecoa descobertas da bibliografia especializada sobre o tema, que relaciona esse tipo de evento à percepção da ilegitimidade de determinados atos ou tratamentos perpetrados pelos agentes do Estado.[6] Não se trata propriamente das condições materiais às quais os presos se encontram submetidos, mas da experiência essencialmente subjetiva de privação e de ofensa percebida pela população penitenciária em determinadas circunstâncias. De maneira geral, informações, mudanças, instabilidade nas relações e ideologias podem intensificar os sentimentos de privação e destruir a presunção de legitimidade envolvida no andamento normal da rotina de instituições penais. Afinal, notícias sobre diferenças de tratamento entre unidades, informações a respeito de benefícios e facilidades do passado ou dados que demonstrem a evidente injustiça na distribuição de bens e serviços podem contribuir para aumentar a percepção de privação da situação presente. Alterações bruscas na administração das unidades ou nas relações de poder afetam diretamente a estabilidade e previsibilidade das relações, não raro contribuindo para a convivência de uma multiplicidade de regras contraditórias, que enfraquece a confiança e a legitimidade de qualquer ordenamento. E concepções ideológicas a respeito da violação ou negação de direitos básicos, ou sobre a importância da adesão ao comando de uma facção prisional mais ampla, que se apresente como contraponto a um domínio do Estado considerado injusto, podem elevar a percepção das dores do aprisionamento ao paroxismo, levando os detentos a um nível de ação coletiva que, de outro modo, não seria esperado.

A essa percepção de injustiça, ainda é necessário somar a ocorrência de determinados fatores que influenciam a capacidade do Estado de conter com menor ou maior eficácia os distúrbios coletivos. É normal que isso se estabeleça com a quebra do controle administrativo e operacional da prisão, que pode ocorrer por uma série de motivos — escândalos, fugas, regras inconsistentes ou incoerentes para os detentos e para os agentes de custódia, fragmentação, multiplicação de níveis e instabilidade na cadeia de comando, administradores fracos, usualmente estrangeiros ao sistema, conflitos entre administração e guardas, não raro resultantes de sindicatos fortes com forte poder de barganha, conflito na esfera pública a respeito das responsabilidades, atribuições e qualidade do trabalho dos agentes responsáveis pela custódia e falhas operacionais que prejudicam as rotinas de alimentação, trabalho e recreação. Vários desses elementos tendem não só a contribuir para o agravamento da sensação de privação dos detentos, como também a deteriorar a capacidade de controle do sistema, evidenciando para a sociedade dos cativos uma série de lapsos de segurança, seja pela incapacidade, tamanho insuficiente ou inadequação do corpo de agentes de custódia, seja por falhas na própria estrutura física. É normal que muitas rebeliões se iniciem com pequenas confusões e distúrbios, que servem, em grande medida, para maturar na cabeça dos presos a possibilidade de que eventos coletivos de dimensão mais abrangente sejam levados a cabo, conforme as oportunidades disponíveis. Parte considerável das grandes rebeliões podem ser evitadas caso os eventos sejam contidos em tempo hábil em uma área delimitada da unidade. Logicamente, fatores externos muitas vezes precipitam a quebra do controle administrativo das instituições prisionais, como a imposição de padrões de qualidade superior da parte de instituições fiscalizadoras ou do Poder Judiciário, por exemplo, junto com as pressões fiscais e restrições orçamentárias que tornam a realização prática desses padrões materialmente impossíveis de atingir.

Outros eventos de natureza disruptiva, que dizem respeito ao nível de controle sobre os detentos, também serão afetados por esse tipo de cenário. É o caso, por exemplo, das fugas, individuais ou coletivas. Usualmente, elas são reflexos diretos das deficiências de supervisão nas unidades e da quantidade de barreiras físicas com as quais os detentos têm de lidar para empreender atos dessa natureza. Fatores como possibilidade de esconder carros para a fuga no entorno da unidade ou de utilizar veículos para a derrubada de cercas de proteção ou da muralha em si mesma; acesso a materiais e a locais com fraca vigilância, passíveis de construção de túneis, buracos ou infiltrações em tubulações de esgoto e/ou ventilação; disponibilidade de equipamentos como escadas, cordas e outras ferramentas de escalada, assim como o uso mais ou menos livre do terreno próximo à muralha, geralmente são favorecedores da ocorrência. Outros elementos, como a possibilidade de se distanciar dos espaços de supervisão direta, a proximidade com guardas e funcionários da prisão que facilite a tomada de reféns e as oportunidades para a falsificação de documentos e utilização de roupas que sirvam para enganar a vigilância dos agentes vêm logo em seguida em termos de importância. Existe ainda uma série de variáveis que operam no nível interveniente, contribuindo também para a ocorrência de fugas, como a forma e a qualidade de acesso a serviços médicos (dentro ou fora da prisão, com profissionais externos ou internos à unidade etc.), a possibilidade de atear fogo e destruir partes das unidades, o nível de conflito entre detentos e agentes de custódia e mesmo a capacidade de ofertar trabalho para os detentos. Causas subjacentes, por sua vez, incluem a presença de organizações criminosas com capacidade, recursos e especialização em planejamento e execução de fugas, desastres naturais ou interrupções de serviços essenciais, como energia elétrica ou mesmo policiamento ostensivo.[7]

Uma rápida olhada pela exposição das condições estruturais do Complexo do Curado pode demonstrar o alto nível de risco de fuga a que a unidade se encontra submetida. Afinal, os agentes de custódia não possuem acesso constante aos pavilhões, que permanecem a maior parte do tempo sob fraca supervisão direta. A quantidade absolutamente insuficiente do efetivo de agentes e policiais também amplia em demasia o espaço de tempo e as áreas onde os detentos podem atuar sem qualquer presença direta de agentes do Estado. Os presos dispõem de inúmeros instrumentos e objetos que podem auxiliar na escalada da muralha ou na fabricação de túneis, como pás improvisadas, materiais de construção, cordas artesanais etc. A disponibilidade de material inflamável é ampla, ainda que não seja tão fácil conseguir combustíveis potentes como querosene ou gasolina. A proximidade com os funcionários que trabalham na prisão, para muitos detentos, muitas vezes se dá sem a presença de um vigilante armado. O entorno do Complexo é particularmente vulnerável tanto para o esconderijo de veículos que sirvam de apoio quanto para tentativas de explosão direta da muralha com diversos tipos de artefato. As condições de superlotação, a precariedade da infraestrutura, a insalubridade, a insegurança, as deficiências nos serviços de saúde, educação, trabalho e assistência social e psicológica são incentivos para qualquer um que deseje escapar da condição a que se encontra submetido na instituição prisional. E a ação de facções criminosas aptas a executar esse tipo de iniciativa em Pernambuco e nos estados vizinhos está fartamente documentada no noticiário policial e na literatura especializada sobre o tema.

Em face do exposto, o leitor deve estar se perguntando por que o Complexo Penitenciário do Curado não é cotidianamente assaltado por agressão entre detentos, estupros, esfaqueamentos, assassinatos, roubos, ataques contra agentes do Estado, motins, rebeliões, fugas individuais ou coletivas, tomadas de reféns e toda sorte de eventos que contribuiriam para a instauração de um cenário de desordem permanente. Como é possível exercer algum nível de governança, de coordenação da ação de diversos indivíduos, numa instituição que poderia ser corretamente classificada como um barril de pólvora, dadas as condições presentes para a estruturação da violência e de atos coletivos ou individuais de rompimento da ordem estabelecida? Não há resposta certa para tais perguntas, mas a prudência recomenda iniciar pelo centro nervoso desse mecanismo, ou, pelo menos, pelo elo que permite o pleno funcionamento da engrenagem: os chaveiros.

5
Os donos da chave

QUEM MANDA É A POLÍCIA

Entrar no presídio com a guarda armada foi sempre uma tarefa penosa. Desde que começaram a surgir ameaças contra a integridade física de Wilma, a Secretaria de Justiça e Direitos Humanos impôs que só poderíamos entrar nos pavilhões acompanhados por um destacamento da Gerência de Operações e Segurança. Essa necessidade foi colocada a partir do episódio da demolição de um pavilhão improvisado, que jocosamente denominávamos Minha Cela Minha Vida (MCMV). O espaço fora construído em algum momento da história da instituição de maneira absolutamente informal, pelos próprios detentos, constituindo-se numa espécie de grande favela a céu aberto no meio da prisão. Basicamente, não passava de uma nesga de terreno entre um pavilhão e outro onde se amontoavam estruturas de dois andares, contendo apartamentos privativos que abrigavam, em média, dois detentos cada. No total, o pavilhão abrigava 180 detentos, em cinquenta moradias. Apesar da precariedade, os barracos do MCMV eram infinitamente mais espaçosos, limpos, organizados e arejados que o restante da prisão, contando não raro com estrutura de cozinha privativa, água encanada, instalação elétrica, cerâmica no piso e outras comodidades. Dizia-se que só a elite do sistema prisional, detentos com bastante dinheiro e conexões, moravam ali, junto com seus agregados, parentes e companheiros de facção.

É verdade que o pavilhão havia sido objeto de denúncias em torno do mercado ilegal de espaços dentro do Complexo à Corte IDH. Em junho de 2016, uma visita de inspeção do organismo percorreu as mais diversas instalações da instituição, incluindo o MCMV. Em nenhum momento a questão da demolição do espaço se colocou como exigência, tendo em vista o problema constitutivo da superlotação das unidades. A Corte IDH e os representantes locais dos peticionários da medida provisória exigiam que o governo do estado encontrasse uma solução viável para a alocação dos detentos do Complexo conforme os parâmetros estabelecidos pela Lei de Execução Penal e sancionados pela legislação internacional a respeito do funcionamento correto das instituições penais. Por isso, todos foram pegos de surpresa em outubro de 2016, quando o MCMV foi sumariamente demolido, sem aviso prévio. A medida provocou insatisfação generalizada entre os presos, que terminou se direcionando temporariamente contra nós, já que havia circulado um boato de que a demolição teria ocorrido em cumprimento a uma "ordem da OEA".

A ação provocou prejuízos imediatos para inúmeras pessoas, além de um desequilíbrio momentâneo nas relações de poder dentro da prisão. De uma hora para outra, 180 homens precisavam ser realocados nos demais pavilhões da unidade, todos eles superlotados. E não se tratava de quaisquer detentos. Traficantes na ativa, assaltantes de bancos e outros presos considerados poderosos foram diretamente prejudicados com a demolição. Vários deles alegavam ter gasto muito dinheiro, tanto na construção do espaço quanto na aquisição de uma unidade para habitar. A forma como o processo foi conduzido não ajudou em nada a mitigar o impacto causado pela medida. Os residentes foram removidos de seus espaços sumariamente pelas forças de segurança, sem qualquer aviso. E não tiveram tempo sequer de retirar televisores, fogões, panelas, fornos micro-ondas, rádios, colchões e outros pertences pessoais, que acabaram sendo destruídos junto com o pavilhão improvisado.

Poucos dias depois do acontecimento, a SJDH informou oficialmente que a inteligência da Seres detectara um plano de presos até hoje não identificados para atentar contra a vida de Wilma, possivelmente na forma de apedrejamento, que deveria ocorrer durante uma das visitas à unidade. Em consequência, foi imposta a necessidade do acompanhamento das visitas de monitoramento por um destacamento da GOS. Um longo processo de negociações se seguiu, já que também se exigia que as visitas fossem avisadas com 48 horas de antecedência, para que os agentes pudessem ser disponibilizados em tempo. Logicamente, isso atrapalharia toda a dinâmica do trabalho, já que haveria tempo de sobra para que gestores locais mascarassem problemas momentâneos ou "escondessem" detentos que pudessem nos fornecer alguma informação relevante. O acordo final em torno do problema foi que a ordem de acompanhamento da GOS seria acatada, mas as visitas só seriam anunciadas poucas horas antes, na mesma manhã.

Paralelamente, foi iniciada uma verdadeira operação de contrainformação, com reuniões e conversas com detentos influentes na massa carcerária, para desfazer os boatos em torno da participação do Sempri na demolição do MCMV. De fato, muitos acreditavam que estávamos diretamente envolvidos no problema, já que eles mesmos haviam presenciado nossas visitas ao pavilhão, bem como a inspeção com representantes oficiais da Corte IDH ocorrida no primeiro semestre do ano. As primeiras semanas após o acontecimento foram marcadas por longas conversas, trocas de mensagens e telefonemas envolvendo personagens variados, ligados direta ou indiretamente à população carcerária. Ao mesmo tempo, procurávamos descobrir junto aos detentos e seus familiares a origem da suposta ameaça contra Wilma. Em uma entrevista que acompanhei pessoalmente com um preso respeitado, considerado por muitos um dos cabeças de área, pessoas com poder e influência na massa carcerária, com contato direto com facções de alcance nacional, recebemos a garantia de que o boato não procedia por parte de nenhum dos principais grupos e facções da unidade. Óbvio que não seria possível responder por todos os presos, mas não havia notícia de que alguém estivesse disposto a um atentado como esse, dado o reconhecimento público em torno da ajuda prestada pelo Sempri em inúmeras ocasiões, para um sem-número de pessoas. Ainda que essas garantias fossem repassadas para os escalões superiores da Seres, as medidas de proteção não foram revogadas. Não houve qualquer conclusão nos anos posteriores sobre a origem das ameaças, mas a informação chegou a ser reiterada pelo setor de inteligência da Seres vários meses mais tarde, com um acréscimo a respeito da possibilidade de um atentado fora da unidade. A SJDH e a Polícia Civil de Pernambuco se envolveram diretamente nas investigações, debatendo inclusive a possibilidade de medidas protetivas que abrangessem a segurança de Wilma fora das prisões, mas pouca coisa foi realmente realizada.

O impacto imediato de todo esse processo se deu na qualidade das visitas de monitoramento, que foi decaindo desde então. Inúmeras vezes, tivemos de cancelar a visita aos pavilhões pela alegada ausência de homens disponíveis da GOS, que estariam em missão em outras unidades do estado, sem possibilidade de se deslocar em tempo para nos acompanhar. Em outras tantas, tivemos de esperar horas até que um grupamento fosse destacado para nos acompanhar. Quando isso acontecia, a presença constante de uma guarda fortemente armada, que sempre girava em torno de quatro ou cinco homens, incomodava francamente os detentos e gerava resistências para conosco. Sempre que nos aproximávamos de um pavilhão seguidos da GOS, era possível ver detentos se apressando para retornar para junto dos grupos dispersos pelo pátio, enquanto gritos de aviso soavam de todos os lados:

— É o óleo! O óleo chegou!

Obviamente, passamos a não presenciar mais cenas como as relatadas nos capítulos anteriores. Os detentos não circulavam mais tranquilamente pelas áreas externas exibindo armas brancas e celulares. Tudo era rapidamente escondido, e muitos dos homens que estavam tomando banho de sol preferiam entrar novamente nos pavilhões até que a GOS não estivesse mais à vista.

Como era de esperar, nada disso contribuía para aumentar nossa sensação de segurança. Alguns presos se mostravam agressivos em relação aos agentes, falando alto e proferindo ameaças, ainda que de longe. E a apreensão de que houvesse algum ataque para tomar as armas ou mesmo como retaliação contra os homens da GOS sempre esteve presente nesses momentos. É difícil acreditar que a guarda exercesse efeito dissuasório em torno da nossa própria segurança. Afinal, sempre que era necessário, adentrávamos os pavilhões e quase nunca éramos acompanhados pelos agentes, já que uma exposição tão próxima com a população carcerária era sempre arriscada para o reduzido grupamento, tendo em vista o espaço apertado, o elevado número de detentos e a sabida presença ali dentro de armas de fogo.

O certo é que qualquer detento que desejasse conversar conosco, fosse para pedir alguma ajuda ou fazer uma denúncia, jamais o faria na frente de agentes da lei, já que correria o risco de se tornar alvo de retaliações da parte da administração da unidade assim que nos retirássemos. Além disso, era evidente que os presos ironizavam a necessidade de seguranças armados para nos proteger deles. Não só porque não levavam a sério a história da ameaça, como também porque sabiam que não seriam aqueles agentes que garantiriam nossa segurança ali em meio a eles.

Naquele dia, o fardo da presença da guarda armada foi momentaneamente aliviado por um evento cômico, bastante revelador sobre a rede de atores e instituições que rege a governança na prisão. No final de um longo dia de monitoramento numa das unidades, seguimos para um dos pavilhões mais precários de todo o Complexo. O local, outrora utilizado como galpão para armazenagem de materiais de construção durante uma das inúmeras obras de expansão do Complexo, fora convertido permanentemente, e sem grandes adaptações, num pavilhão para o abrigo de detentos em algum momento impreciso da história da prisão. A construção basicamente se resumia a um grande galpão cercado de um muro alto, com uma área externa onde os presos podiam jogar sinuca, lavar roupa ou simplesmente passar o tempo conversando sob uma nesga de sol. Havia também uma pequena estrutura em anexo para a igreja, que também fazia as vezes de dormitório noturno para dezenas de homens. Atrás da grade de entrada, havia um pequeno hall com barracos improvisados verticalmente nas paredes, indo até bem próximo ao teto, onde os detentos subiam por meio de escadarias, como catacumbas talhadas na pedra. Um corredor em L levava até a ala principal do pavilhão, onde centenas de homens dormiam apinhados uns ao lado dos outros. O local, naquela data, abrigava em torno de 546 detentos, segundo informações fornecidas pelo mesário, mas facilmente chegava a 650 homens, dependendo do ordenamento dos outros pavilhões, já que era utilizado como pavilhão para detentos considerados "sem convívio" nos demais espaços da unidade.

Assim que nos aproximamos, homens da equipe do chaveiro responsável trataram de abrir a pesada grade de entrada que separava o muro do pavilhão do pátio externo da unidade. Havia muitos presos na estreita área externa, de modo que a presença da guarda armada poderia suscitar incidentes desnecessários ou acirrar ainda mais os ânimos no local. Como sabíamos que o espaço era apertado e já estávamos no final da visita, pedimos para que chamassem o chaveiro, de modo que pudéssemos checar rapidamente algumas informações a respeito do lugar.

Neco era um antigo conhecido nosso. Com certeza um dos homens há mais tempo na função desde o início da pesquisa, parecia sempre bem-humorado e pronto para uma pilhéria. Dessa vez, Neco não se mostrou menos receptivo. Apesar da presença ostensiva da guarda armada, conversou conosco sempre sorrindo, com seus olhinhos apertados e a cabeça chata, ainda que sem perder a oportunidade de fazer troça a respeito da suposta necessidade de uma escolta naquele local.

— Vocês estão muito chiques — gracejava, rodeado de vários homens de sua confiança. Explicou que, naquela hora, só metade da equipe estava acordada, cerca de trinta homens, enquanto os demais dormiam. Tratava-se, evidentemente, de um regime de escala para não sobrecarregar ninguém. Nenhum deles se apresentava armado na ocasião, coisa relativamente comum quando havia agentes penitenciários próximo. Enquanto nos respondia algumas questões sobre a população atual do pavilhão, fomos todos surpreendidos pelo toque musical de um celular que parecia vir do hall de entrada do galpão. Pego de surpresa, visivelmente constrangido, o chaveiro se virou para trás e deu um grito para que desligassem o aparelho:

— Ô! Desliga isso aí! Puta que pariu...

O celular, entretanto, continuou tocando. Outros membros da equipe secundaram o apelo do chaveiro.

— Desliga essa porra, logo! — exclamavam, um após o outro. Um deles se dirigiu para dentro e logo se ouviram gritos atrás do dono do aparelho, que demorou para se apresentar. Naquele momento, olhei para trás e percebi o olhar desconfortável do líder do grupamento da GOS, com o rosto coberto pela balaclava. Enquanto a música do celular persistia, crescia um misto de constrangimento, tensão e comicidade difícil de descrever. Comentei baixinho com um dos rapazes da equipe de Neco que o toque podia ao menos ser um pouco mais discreto, ao que ele ripostou, em voz alta:

— Fosse ao menos uma música do Roberto Carlos, dava para disfarçar de radinho!

Uma gargalhada uníssona acolheu a pilhéria. Nessa hora, o líder da GOS chamou Neco para a entrada e os dois conversaram em voz baixa. O agente parecia bastante exaltado; o chaveiro, visivelmente contrariado com a situação. Não pudemos ouvir o que diziam, mas o barulho do celular cessou. Enquanto coletávamos informações junto ao mesário do pavilhão, Neco retornou para dentro, resmungando:

— Pronto, cacete! Agora me dá esse celular. Vai, cadê o celular? A polícia quer o celular.

Lá dentro, podíamos ouvir os homens discutindo. Wilma seguiu no encalço do chaveiro, enquanto eu fiquei para trás. Podia ouvir sua voz, alertando os detentos:

— Não invente de bater! Não tem para que isso agora!

Era difícil conter o riso diante da situação. Não se passaram nem dois minutos e o chaveiro retornou, acompanhado de outros membros de sua equipe, com um celular velho na mão, um modelo analógico, bem inferior aos smartphones que costumam ser utilizados pelos presos. Em seguida, entregou para o líder do grupamento da GOS, que se deu por satisfeito. Adentramos brevemente o pavilhão para saber se alguém tinha sido agredido, mas não constatamos nada. Despedimo-nos rapidamente e seguimos para a gaiola da prisão.

CÉRBERO

O caráter jocoso da situação antes relatada não deixa de trazer informações importantes a respeito do sistema de governança que estamos tratando neste livro. Falar de sistema, por definição, implica descrever uma rede de pontos ou uma engrenagem com peças que se articulam em relações complexas. Sua descrição precisa se iniciar por alguma de suas partes, cuja compreensão pode levar ao entendimento das demais, pelo simples processo de comparação. No caso do Complexo e do sistema penitenciário pernambucano como um todo, não creio que haja ponto mais privilegiado para se iniciar uma análise da governança do que a figura do chaveiro. Não só pelo poder que comporta, com capacidade direta de incidir sobre o comportamento dos demais detentos, e de contribuir para a produção de ordem nas unidades, mas também por ser o elo entre inúmeros pontos da rede que compõe a governança da prisão. De certa forma, o chaveiro é o coração desse sistema, que guarda alguma relação de analogia com outros casos de prisões no Brasil e no mundo, mas que, no caso do Complexo do Curado, possui idiossincrasias que não podem ser desconsideradas. E assim como o coração do organismo tem uma função própria e fundamental para o funcionamento de todos os demais órgãos, o chaveiro não é somente um papel social com poderes, prerrogativas, recursos, informação e capacidade próprias, capaz de exercer determinado nível de controle sobre a população carcerária, mas possui também uma função de elo entre os diversos atores e instituições que operam com a governança legal e extralegal das unidades, sendo responsável por resultados coletivos que não seriam possíveis sem a sua presença, na atual configuração material e humana do sistema. Compreender o seu papel no processo de produção da ordem nas prisões pernambucanas constitui um excelente ponto de partida para se delimitar e analisar o escopo, o *modus operandi*, os recursos, tecnologias e capacidades dos diversos nódulos que compõem a rede de governança da prisão.

Como já se disse, o chaveiro detém uma série de poderes, recursos, informações e capacidades para exercer determinadas prerrogativas de governança das relações sociais no cárcere. Algumas dessas prerrogativas são diretamente chanceladas pela direção da unidade, enquanto outras se desenvolvem nas zonas de informalidade e de ilegalidade que são parte integrante da sociedade carcerária. O surgimento dessa personagem provavelmente remete à expansão do sistema penitenciário estadual a partir do final da década de 1970, que não foi devidamente acompanhada da contratação de um efetivo suficiente de agentes penitenciários profissionalizados, de forma a permitir uma gestão das prisões centralizada no aparato de controle estatal. Como expliquei anteriormente, é provável que a função tenha sido instituída por uma questão de segurança, tendo a atribuição de retirar e colocar presos nas celas dos pavilhões, os quais, desde a sua criação, sempre comportaram uma quantidade de detentos bem maior do que o previsto no projeto arquitetônico original. Como a proximidade demasiada com um número grande de detentos gerava insegurança para os agentes penitenciários, que poderiam ser atacados ou feitos de refém, era natural que um *primus inter pares* fosse instituído para fazer o trabalho de proximidade mais imediato com a população penitenciária. É preciso lembrar que a função especializada de agente de segurança penitenciária só foi formalmente instituída a partir da década de 1990, sendo exercida, durante os anos anteriores, por policiais civis sem muito prestígio dentro da corporação. A rejeição à ideia de trabalhar como "carcereiro" pode ter contribuído para a nomeação de um preso para exercer o trabalho de "corpo a corpo" que deveria, por definição, ser prerrogativa de um agente do Estado.

Nesse aspecto, a figura do chaveiro se assemelha bastante à de outros detentos que desempenham algum tipo de papel de *broker* no sistema penitenciário, seja do ponto de vista da intermediação de informação, seja do ponto de vista da distribuição de recursos de maneira formal, informal ou francamente ilegal dentro da prisão. O conceito de *broker* diz respeito a uma pessoa que desempenha o papel de intermediário de recursos e informações entre dois outros atores ou instituições originalmente desconectados ou pouco articulados, geralmente lucrando com esse empreendimento. O papel dessas personagens é múltiplo, indo da comunicação até a transferência de conhecimentos e/ou recursos.

Ainda que o arranjo dos chaveiros seja fruto de um evidente acúmulo de improvisos, negociações e soluções colaborativamente eficazes, a maneira como eles são nomeados no sistema penitenciário encontra alguma correspondência na nomenclatura utilizada pela literatura especializada para definir a posição de personagens que atuam em situações análogas. Afinal, "representante" diz respeito exatamente a um tipo de *broker* que faz o papel de intermediário de informações entre o seu grupo e um grupo exterior, podendo negociar em seu nome em inúmeras situações. E chaveiros — ou *gatekeepers*, na sua conceituação mais antiga nas ciências sociais — diz respeito exatamente àquelas personagens localizadas entre grupamentos sociais bem-definidos, que exercem controle sobre a informação ao mesmo tempo que também são tomadores de decisão com recursos à disposição. Os chaveiros ou representantes dos presos, no sistema penitenciário de Pernambuco, atuam de ambas as formas, com o acréscimo de que dispõem de recursos próprios para o exercício de sua função, além daqueles garantidos pelo Estado. Além disso, enquanto eles entre grupamentos sociais distintos e, em princípio, antagônicos, não raro operam como uma categoria à parte, com limites nem sempre claros e quase sempre cambiantes a delimitar os laços de fidelidade em relação a um ou outro lado da balança.[1]

O entendimento da importância destes atores que desempenham alguma função de ligação entre as partes de um sistema é particularmente importante no âmbito do funcionamento das políticas públicas e das instituições governamentais. Afinal, umas e outras costumam englobar em sua atuação, direta ou indiretamente, grande quantidade de atores, organizações e interesses divergentes, o que contribui para que seja extremamente difícil para qualquer participante o estabelecimento de laços rotineiros de comunicação com os demais, sobretudo porque as redes sociais se formam por meio de padrões fluidos de comunicação e participação, em contraponto à estabilidade e simplicidade de estruturas piramidais típicas do mundo corporativo. Dessa forma, em face dos altos custos ou mesmo da impossibilidade de monitoramento, é previsível que tomadores de decisão depositem confiança em determinados personagens capazes de fornecer informações úteis para a diminuição da incerteza e aumento da capacidade de predição. Em muitos casos, inciativas políticas ou determinados arranjos institucionais terminam contribuindo para a assunção de personagens que atuam como elos entre atores que, em circunstâncias normais, não precisariam estabelecer fluxos de comunicação de maneira tão coordenada. No momento em que também se tornam mediadores de recursos, esses protagonistas adquirem uma importância ainda mais significativa, visto que não influenciam os *inputs* e *outputs* somente pela sua capacidade de manipular, difundir e esconder informação, mas também pela possibilidade de alterar a estrutura de incentivos que influencia diretamente a ação das pessoas envolvidas.

O estudo da importância do papel desses intermediários ainda é incipiente na sociologia das prisões. O entendimento dos processos de mediação de informações e recursos, tanto do ponto de vista da divisão de funções no próprio corpo administrativo das unidades como também da ligação entre este e os detentos, não parece ter sido objeto particular de nenhum esforço de teorização sobre a produção de ordem na prisão. Ainda assim, desde sua origem, parte da bibliografia especializada incorpora reflexões sobre o tema de maneira direta ou indireta, com ênfase especial para as lideranças constituídas no seio da população penitenciária que operam como intermediários entre esta e o *staff* prisional, não raro atuando como agentes que possibilitam a transferência de informação em troca de recursos capazes de mitigar de alguma forma as dores do aprisionamento. O pressuposto fundamental nessa perspectiva é que a prisão enseja espaços de convivência, ação conjunta e troca de informação e de recursos entre os detentos que fogem ao controle da administração. Esses "pontos cegos" constituem zonas de incerteza dentro das organizações, que podem operar como fonte de instabilidade, seja permitindo a união de presos para a realização de eventos coletivos que contribuem para a desestabilização da ordem na prisão, como rebeliões ou fugas, seja contribuindo para a ocorrência de agressões, estupros, assassinatos e outros crimes que põem em xeque o dever do Estado de proteger a integridade física das pessoas sob sua custódia. Daí a necessidade de estabelecer pontos de contato entre o *staff* prisional e a população penitenciária, de maneira formal, informal ou mesmo francamente ilegal, a depender do ordenamento jurídico e administrativo existente, permitindo a redução da incerteza e certo nível de controle sob o comportamento dos apenados.

A utilização de detentos como informantes, por exemplo, é fato amplamente reconhecido em diversas unidades e sistemas prisionais em todo o mundo, estimulando, inclusive, debates a respeito da institucionalização de critérios legais para a concessão de dados relevantes para a gestão da prisão em troca de determinados benefícios, que podem ir desde a mitigação da pena até concessões de regalias durante o período de aprisionamento. Esses figurantes podem ajudar as autoridades instituídas a se adiantar a eventos como fugas e rebeliões, segregando administrativamente ou transferindo detentos para outras unidades, ou auxiliar na desmobilização de gangues e outras organizações de presos nas unidades, permitindo que medidas sejam tomadas para a separação de presos antes que as relações sociais se fortaleçam. Em alguns sistemas carcerários, a utilização de detentos para o exercício de funções coercitivas já foi considerada estratégia legítima para o controle das prisões, pelo menos durante determinado período de tempo. Talvez um dos casos mais conhecidos na bibliografia especializada seja o chamado *building tender system*, um sistema de controle administrativo utilizado nas prisões do Texas durante décadas, onde certos detentos exerciam função de controle sobre os outros com autorização, indicação direta e controle permanente da administração. Os chamados *building tender* eram detentos que tinham prerrogativa direta para a manutenção do controle nas alas das instituições penais, incluindo o uso da força física em muitos casos, e contando para isto com a conivência ou o reforço direto dos guardas. Desde os anos 1940, sucessivas tentativas de substituição por uma lógica mais centrada na figura dos agentes penitenciários e orientada pela legalidade foram ensaiadas sem sucesso, dada a importância do nível de informação que os *building tender* permitiam obter da população penitenciária e o importante papel que desempenhavam no sistema de controle das prisões texanas.[2] Outro caso famoso foi o do *snitch system* da Penitenciária do Novo México, um sistema em que intermediários eram agraciados com benefícios em troca de exercer vigilância sobre os presos, mantendo a administração penitenciária informada sobre suas movimentações, hierarquia e organizações internas. Esse sistema se estabelecia por uma série de canais, que incluía um conselho de detentos eleitos por cada ala da prisão e a mediação de informação extraída de detentos por outros presos que tinham função de coordenar programas de trabalho e outras iniciativas dentro da prisão.[3] A utilização de detentos como intermediários, entretanto, pode ser encontrada em diversos sistemas penitenciários pelo mundo, com maior ou menor grau de institucionalização.

No Brasil, estudiosos parecem ter começado a reconhecer a importância dos chamados "faxinas" como personagens centrais para a governança de muitas prisões. Originalmente responsáveis pela limpeza dos pavilhões, distribuição de comida e medicamentos, circulação de informações e reivindicações entre a população penitenciária e a administração prisional, os faxinas contribuem diretamente para a mediação de conflitos e mesmo para o exercício efetivo do controle prisional sobre os apenados. Com o surgimento das facções prisionais no país, principalmente a partir dos anos 1990, eles passaram a ocupar funções importantes na hierarquia dessas organizações, devido à capacidade de circulação interna nas unidades e à possibilidade de exercer papel mediador em momentos de negociação. Nas prisões dominadas pelo PCC em São Paulo e outros estados, por exemplo, muitas vezes a figura do faxina se confunde com a do "disciplina" da organização, diretamente responsável pela mediação e resolução de conflitos segundo o código estabelecido pelo "partido", que se dá sem a participação da administração penitenciária, segundo regras e mecanismos próprios de punição, não raro em oposição direta àqueles estabelecidos pelo Estado. Ainda assim, em inúmeras situações, as duas funções não se sobrepõem, tendo em vista a necessidade que o disciplina pode ter de operar de maneira mais discreta, sem o conhecimento da administração das unidades, enquanto o faxina é uma função reconhecida ou mesmo chancelada oficialmente.[4] Em última instância, os detentos que operam como *brokers* ou intermediários entre a população penitenciária e a administração prisional têm sido apontados como elemento crucial na adoção de políticas voltadas para a produção de ordem e redução da violência, cuja eficácia depende diretamente de determinado nível de legitimidade exigido até mesmo em ambientes como a prisão.

Aqui, o que distingue o caso pernambucano é a concentração de poder e de prerrogativas para a função no sistema penitenciário. O uso da coerção física direta pelos chaveiros para a obtenção de determinados comportamentos dos detentos está associada com a sua importância na distribuição de direitos de propriedade, que delimita o acesso aos diversos tipos de mercados informais e extralegais que se estruturam na prisão. Estar em bons termos com um chaveiro em um pavilhão implica a possibilidade de acesso a uma série de recursos e benefícios que incluem espaço, comida, sexo, drogas lícitas e ilícitas, proteção e serviços essenciais. Infligir determinadas regras, por sua vez, traz o risco não só da punição física e/ou administrativa, como também da perda de acesso a diversos recursos. Tudo isso contribui para que a posição se torne desejável inclusive para outras instituições extralegais de governança, como facções prisionais ou organizações que operam em alguns mercados ilegais. Afinal, ao atuar com a chancela dos responsáveis oficiais pela prisão, o chaveiro garante certo nível de segurança e previsibilidade para os negócios, ainda que isso aconteça mediante um preço muitas vezes alto, que passa pela colaboração para o controle da população penitenciária, que se traduz na regulação da violência e na contenção de fugas e rebeliões. Assim, ao mesmo tempo que a posição é utilizada para o fortalecimento desses grupos, também serve para o exercício mais efetivo do seu próprio controle, tendo em vista a permanente atividade de monitoramento e gestão da atuação dessas personagens exercida pelos administradores da prisão. É uma relação sobretudo tensa, marcada por zonas de incerteza para ambas as partes envolvidas, que nem sempre compartilham os mesmos interesses e objetivos, o que enseja negociações e disputas de poder. Porém, não há que negar que contribui diretamente para a produção de ordem no sistema e ajuda a explicar, inclusive, a menor incidência do poder de facções prisionais de caráter nacional no sistema penitenciário pernambucano, apesar de as unidades do estado apresentarem, pelo baixo efetivo de agentes de custódia e grande contingente populacional, características de um cenário privilegiado para a expansão e fortalecimento daquele tipo de instituição extralegal de governança, que já age diretamente em boa parte do sistema penitenciário nacional.

Para se entender como o chaveiro ocupa esse papel central entre os nódulos que respondem pela governança no Complexo, operando não só como elemento ativo da rede, mas como elo entre os demais pontos que a integram, é necessário analisar detalhadamente como tais protagonistas atuam, que prerrogativas detêm e chanceladas por quem, quais as fontes e o tipo de poder que exercem e quais os recursos possuem para influenciar diretamente o comportamento dos detentos. Pela posição que ocupam, eles operam toda uma estrutura de sanções e benefícios que influenciam diretamente na produção de ordem nos pavilhões, não raro fazendo uso de meios explicitamente violentos para tanto. Assim, não é exagero afirmar que compõem o coração desse complexo sistema de governança, regulando a distribuição de recursos e informações por boa parte da rede. Ainda que operem boa parte do tempo na base do segredo e da informalidade, as evidências sobre a sua atuação, coletadas no trabalho de campo, em estudos, reportagens e documentos oficiais, já permite a composição de um quadro razoável de certeza acerca de seu *modus operandi*.

ESPAÇO, TEMPO E FLUXO

Enquanto é a gestão do sistema penitenciário quem define onde um acusado ou condenado por crime vai cumprir sua pena ou aguardar julgamento, é o chaveiro quem diz se ele vive ou como vive em determinado pavilhão. Quando um preso dá entrada no Complexo Penitenciário do Curado, é comum que seja enviado primeiramente para a triagem, até que se defina em que pavilhão deve permanecer para o cumprimento da pena ou aguardo da sentença. Essa área pode ser um espaço reservado unicamente para isso ou um pavilhão também usado para outros fins, a depender da organização da unidade. Caso seja acusado ou condenado por algum crime de natureza sexual, ou tenha reputação de colaborador com as forças policiais (informante ou ex-integrante de alguma das corporações, por exemplo), é provável que seja encaminhado para os pavilhões específicos para detentos considerados "sem convívio". Esses espaços podem ser denominados como Pavilhão Disciplinar (ou Disciplina), Isolamento ou Segurança, a depender do arranjo espacial da unidade, e servem para abrigar detentos que não podem conviver com os demais pelas razões citadas ou pela existência de desavenças com presos poderosos nos demais pavilhões, mas também outros em cumprimento de castigo disciplinar, que perderam o direito de conviver nos seus pavilhões originais por alguma infração às regras estabelecidas ou mesmo por desavenças pessoais com o chaveiro responsável.

Normalmente, o próprio ingresso fornece as informações para a supervisão de segurança da unidade sobre os riscos potenciais que corre se for alocado em determinados locais, a depender dos dados de que dispõe a respeito dos presos na unidade ou com maior poder de comando sobre determinado pavilhão. Caso seja ligado a um grupo ou rede envolvida com comércio ilegal de drogas que tenha disputa direta com outro grupo ou rede presente em algum pavilhão, é racional que deseje ser designado para outro espaço, para sua própria segurança. Também pode acontecer que tenha rixas pessoais com um indivíduo ou outro pelos mais diversos motivos, seja pelo assassinato de um amigo ou parente, seja por alguma dívida financeira contraída no passado, seja por traição ou por qualquer outra razão que possa gerar desavenças nos diversos mercados ilegais e redes de relacionamento das periferias. Aqui, a "guerra da rua" é um parâmetro importante a ser levado em consideração para se evitarem futuros conflitos. As informações disponibilizadas pelo recém-chegado devem ser submetidas aos chaveiros, que precisam dar uma resposta sobre a possibilidade ou impossibilidade de o recém-chegado ser alocado em determinado pavilhão. A depender da reputação da pessoa em questão, dos relacionamentos que detenha ou mesmo do perfil dos responsáveis pelo setor de segurança ou da equipe de plantão, a preferência do detento em ingressar nesse ou naquele local é um fator que costuma ser levado em consideração, já que facilita o bom andamento das relações futuras para todos os envolvidos.

A partir do momento em que o detento adentra o novo pavilhão, sua acomodação não costuma ser mais objeto de preocupação da administração prisional. Em última instância, seu destino passa a ser responsabilidade do chaveiro do local. O mais comum é que o novato tenha de ocupar a BR, isto é, dormir no chão, nas áreas de passagem, tendo em vista a superlotação das celas e dos barracos. Não se trata de uma situação desejável sob nenhum aspecto. Dormir na BR implica a extinção de qualquer tipo de privacidade do detento, que tem de se deitar lado a lado com inúmeros outros, no chão de um ambiente insalubre, onde proliferam ratos, baratas e outros insetos durante a noite. Nos dias de chuva, boa parte dos pavilhões do Complexo apresenta goteiras ou entrada de água do exterior, o que torna o repouso algo particularmente dificultoso para as pessoas alocadas nesses espaços. O excesso de detentos apinhados uns ao lado dos outros dificulta a imposição do silêncio durante a noite. É comum que alguns passem a noite sob o efeito de substâncias ilícitas, conversando, fumando, bebendo, fazendo barulho e/ou se movimentando, o que dificulta ainda mais a situação de quem deseja repousar. Qualquer passagem de um preso de um lugar para outro pode incomodar o sono dos demais e mesmo provocar uma confusão ou desavença. Ainda que o código de conduta que rege a vida no pavilhão seja relativamente respeitado a partir de determinado momento da noite no que tange ao silêncio e à ordem, é normal que detentos se queixem da movimentação, dos sussurros e dos cochichos. A temperatura também costuma ser mais alta do que nas celas, ainda que a circulação de ar pareça menos restrita, devido à dificuldade de colocar ventiladores que contemplem todos os detentos deitados nos corredores. É um lugar quente no verão, mas frio no inverno, já que, nesse último caso, a circulação do vento frio não encontra barreiras artificiais como ocorre dentro da cela, cujas janelas podem ser fechadas com algum pano pelos detentos nos dias mais frios do ano.

A exposição excessiva de quem dorme na BR é motivo de insegurança entre os presos. A cela é um local onde se costumam desenvolver relações de simpatia, quando não funciona ela mesma para a reunião de relações próximas. Afinal, a convivência de todos os dias, o dormir e acordar ao lado dos mesmos homens, costuma ensejar intimidade. Os homens aprendem uns com os outros, trocam experiências, expectativas e confissões, fazem projetos comuns e, finalmente, chegam ao nível da proteção mútua contra agressões exteriores. Na linguagem da cadeia, "comparsa" é gíria não só utilizada para falar de companheiro de facção, rede, organização ou empreitada criminosa, mas de amizade que não raro nasce e se aprofunda na prisão, e que passa muitas vezes pela divisão de uma cela comum por longos anos. Além disso, a restrição da quantidade de habitantes numa cela ou a posse de um barraco individual permite maior segurança para a propriedade privada de cada um, desde roupas e objetos pessoais até o dinheiro vivo. Um número limitado de moradores conhecidos significa possibilidade maior de auferir informações que contribuem diretamente para a produção de confiança nas relações pessoais. Correntes e cadeados costumam ser utilizados para impedir o acesso de estranhos a celas ou barracos, funcionando como um meio de proteção aos bens quando se está no banheiro, no banho de sol ou em qualquer outra área da prisão. Na BR, ao contrário, os detentos precisam ter um cuidado permanente para com os seus objetos pessoais e a sua integridade física. A quantidade de informação que é preciso administrar é grande demais num espaço habitado por centenas de detentos. Não se pode saber ao certo quem é quem e qual a reputação de cada um. Às vezes, é necessário conviver com simpatizantes, rivais, dependentes químicos, deficientes mentais ou pessoas a respeito das quais simplesmente não há qualquer informação disponível além do fato de estarem presas, o que por si só já opera como estigma para a desconfiança. Obviamente, a ampla disponibilidade de armas brancas nos pavilhões contribui ainda mais para aumentar a sensação de insegurança nesse contexto de incerteza.

Conseguir um espaço minimamente privativo constitui um objetivo desejável não só por questões de privacidade, conforto e segurança. Na prisão, o usufruto de um espaço também tem a ver com a possibilidade do exercício de relacionamentos íntimos nos dias de visita. Enquanto aos domingos o encontro se dá com os familiares, amigos e parentes mais próximos, geralmente nas áreas de convivência comum dos pavilhões, com certa liberdade de circulação e mesmo grande interação entre as visitas, o que por vezes gera amizades, inimizades e até relacionamentos íntimos, e consolida redes de intrigas e de apoio mútuo, os sábados são mais voltados para a busca de privacidade dos casais, que têm poucas horas na semana para o exercício da intimidade conjugal. Nesses momentos, a posse de um barraco privativo ou mesmo de um espaço reservado na cela, separado dos demais por cortinas de lençóis improvisadas, garante o mínimo de privacidade e conforto necessário, tendo em vista a ausência de um local reservado para o exercício desse tipo de interação na unidade. Aqueles detentos que não possuem um espaço privativo podem fazer uso de okaidas, onde os detentos se deitam com suas companheiras sob colchonetes ou lençóis forrados em camas de barro seco. Nesse dia, a prática de aluguel de barracos, okaidas ou espaços na cela é relativamente disseminada em todos os pavilhões, já que não há lugar suficiente para todos e que os detentos nem sempre utilizam de todo o tempo que dispõem com as visitas para relacionamentos íntimos, reservando só uma parte das horas previstas para tanto, e o restante para conversas e outros tipos de interação.

Esse quadro permite entender um pouco da dimensão do chaveiro como figura essencial para a configuração e o ordenamento do espaço no pavilhão, o que lhe confere uma estrutura de recursos que funciona como fonte de poder, já que permite a imposição de constrangimentos ou distribuição de incentivos para a regulação do comportamento dos detentos. Como já se disse, o chaveiro é uma voz decisiva para a alocação ou não de alguém no pavilhão. É verdade que a administração da unidade tem poder de impor que um preso seja aceito sem o seu assentimento. Porém, esse tipo de coisa só costuma acontecer na ausência de possibilidade de alocação do referido detento em outro pavilhão ou mesmo unidade prisional. Também há relatos de casos em que se observa franca negligência com a integridade física de um cativo, por inúmeras razões. Presos que têm histórico de fugas ou de agressão contra agentes prisionais podem ser direcionados propositadamente para pavilhões comandados por desafetos pessoais, como forma de castigo prolongado. Ou então um determinado detento pode ser encaminhado para um pavilhão onde um desafeto o espera para um acerto de contas devido a algum tipo de troca operada entre este e os agentes penitenciários responsáveis pela sua alocação. Em pelo menos duas visitas a unidades prisionais da região metropolitana do Recife conversei com presos que alegavam terem sido vítimas desse tipo de expediente. Isso pode decorrer por decisão de um diretor, chefe de segurança ou de plantão, mas também pode ser obra ou decisão individual dos agentes responsáveis pelo acompanhamento do detento para o pavilhão para onde deveria ser originalmente destinado, por motivo de vingança pessoal ou prestação de favor a uma terceira parte interessada. Há relatos de casos acompanhados por entidades de proteção aos direitos humanos de detentos acusados de crimes sexuais que são atirados "como que por engano" no meio de um pavilhão comum, resultando em eventos violentos que podem resultar em morte. Em muitas dessas situações, o preso é retirado do local já bastante machucado, após ter sido brutalmente espancado, agredido e/ou sodomizado pelos demais, seguindo direto para a enfermaria, onde passará um longo período de recuperação até ser alocado num pavilhão seguro. Geralmente, casos desse tipo dizem respeito a agressores reconhecidos pelos seus crimes em casos que provocam revolta e indignação pública, donde o desejo de algum agente eventual em aplicar um castigo a mais para o preso, além da privação de liberdade. Apesar de não ter acompanhado diretamente nenhum caso dessa natureza em meu período de trabalho de campo no Complexo, os relatos de detentos e de pessoas envolvidas em organizações de proteção aos direitos humanos fazem crer que esse tipo de coisa pode acontecer em qualquer prisão do estado, mesmo que seja como exceção à regra, já que boa parte das práticas cotidianas de governança das unidades no geral são mais voltadas para a redução de ocorrências de violência do que para a sua facilitação ou incentivo.

Em suma, o chaveiro opera como fiador da segurança dos presos nos pavilhões de que ele é representante. Faz parte da condição de possibilidade do exercício de sua função que sua prerrogativa sobre quem deve estar ou não sob sua vigilância seja levada em conta, no limite com um "nada consta". Ou seja, a decisão da direção da unidade em alocar ou manter um detento num pavilhão onde o chaveiro já o classificou como "sem convívio" implica a assunção de um risco por conta do administrador, que o responsável pela ordem no pavilhão geralmente não está disposto a assumir. No quesito distribuição espacial interna dos detentos, entretanto, a discricionariedade dos chaveiros é praticamente absoluta. Na hora em que um preso adentra as dependências de um pavilhão onde deve residir pelos próximos anos, pode ser que um amigo ou comparsa de facção se ofereça para dividir o seu espaço de moradia. Caso contrário, é com o chaveiro que o recém-chegado tem de estabelecer uma tratativa, que geralmente implica entrar em uma fila para ocupar um barraco ou lugar numa cela, mediante a disponibilidade de pagamento a partir das regras definidas pelo representante dos presos, que atuam como verdadeiros donos do lugar.

A capacidade de regular o espaço também se refere ao controle relativo do fluxo e da circulação dos detentos na prisão. Afinal, chaveiro é quem detém a chave. Deter a chave do pavilhão implica, no mínimo, a capacidade de abrir ou fechar cadeados que controlam o acesso e a saída dos detentos. Nos pavilhões mais estruturados, significa também controlar a abertura e fechamento das celas, cujas grades de entrada podem ser bloqueadas por um cadeado. A posse das chaves não raro chega ao ponto da responsabilidade sobre barreiras exteriores ao espaço do pavilhão, como grades ou cercas que separam algumas áreas do Complexo das demais. Para isso, o chaveiro conta com uma equipe de pessoas que se distribuem pelos perímetros de segurança de cada espaço, que também atuam como olheiros ou informantes encarregados de acompanhar a movimentação no restante do presídio, avisando da chegada eventual dos agentes penitenciários, de visitantes externos ou mesmo da movimentação nos demais pavilhões.

Esses olheiros têm uma importância fundamental em prisões como o Complexo, que não possuem uma facção criminosa hegemônica, com nítida separação entre pavilhões onde preponderam diferentes redes criminosas que atuam com o tráfico ilegal de entorpecentes e em outros mercados ilegais. Ainda que as situações de conflito não se façam sentir de maneira tão intensa, é normal que desafetos ou grupos antagônicos se encontrem separados por pavilhões. Em momentos de rebelião e/ou outros eventos de rompimento momentâneo da ordem instituída, qualquer informação que permita algum tipo de preparação prévia para a defesa do pavilhão, como o reforço nas grades de acesso ou o armamento dos defensores, é essencial. Afinal, esses eventos costumam ser utilizados para o acerto de contas contra desafetos ou detentos jurados de morte, seja simplesmente por causa da oportunidade de afrouxamento dos controles que propiciam, seja porque foram deliberadamente incitados para criar uma desordem momentânea que permita a realização de atos de violência normalmente vedados pelos controles estabelecidos. No caso dos pavilhões destinados a detentos "sem convívio", assim como naqueles reservados para os presos que trabalham como concessionados, uma observação permanente das movimentações na área externa da prisão é essencial. Esse trabalho geralmente é realizado por detentos que integram a equipe do chaveiro, muitas vezes montando guarda na laje dos pavilhões, em regime de revezamento. Em pelo menos uma das unidades do Complexo, os presos chegaram ao ponto de improvisar uma "tenda de observação", espécie de barraca ou posto avançado com cadeira, rádio, colchonete e cobertura de lona plástica, que servia para manter o restante da prisão sob estrita vigilância, com uma semelhança bastante intrigante com os postos de observação do tráfico de drogas em muitas favelas cariocas, onde os "fogueteiros" ficam de prontidão para avisar ao grupo da chegada da polícia ou de grupos rivais. Esse controle visual também tem impacto direto na redução da eficácia do "elemento-surpresa" em qualquer ação de repressão conduzida por agentes da lei, na medida em que possibilita que os presos se antecipem a operações de revista e apreensão, podendo acessar rapidamente esconderijos e ocultar drogas, armas e aparelhos celulares.

A impossibilidade amplamente reconhecida de se manter um controle estatal efetivo sobre os detentos, dada a escassa quantidade de agentes de custódia e a disposição arquitetônica dos pavilhões, isolados da visão de observadores externos, contribui para que os agentes façam vista grossa para diversos tipos de comportamentos. É o que acontece, por exemplo, com o tráfico de drogas. Ainda que se perceba certo esforço no sentido de controlar a entrada de drogas na prisão, que se reflete na apreensão ocasional de substâncias ilícitas em revistas ou de "malotes" atirados da rua por cima do alambrado que circunda a muralha do Complexo, a interferência sobre as drogas que circulam internamente é mínima. Parte disso se deve ao reconhecimento relativamente disseminado de que se trata de um trabalho de "enxugar gelo", que demanda procedimentos custosos e pouco efetivos, como as revistas regulares nos pavilhões. Esse tipo de operação, além de demandar um grande contingente de policiais da GOS ou de policiais do Batalhão de Choque da Polícia Militar para garantir a segurança dos agentes, não costuma resultar em grandes apreensões, tendo em vista a quantidade de pisos falsos, buracos, locas e outros esconderijos utilizados pelos detentos para guardar a mercadoria, muitos dos quais construídos para esta finalidade específica, o que acaba fazendo da estrutura improvisada dos pavilhões uma vantagem diferencial para os detentos, já que os agentes e policiais não conhecem a arquitetura do local em profundidade. Não raro, há também outras concepções em jogo, como a ideia presente no discurso de muitas autoridades de que certas drogas "acalmam" a população penitenciária, servindo para amenizar as dores do aprisionamento e funcionando como válvula de escape para o estresse cotidiano — o caso da maconha é um bom exemplo.

Esse assunto será discutido com vagar mais adiante. Por ora, o que importa é entender o papel dos olheiros para evitar situações de constrangimento ou mesmo ocasiões em que as autoridades são forçadas a agir para além dos procedimentos de rotina. Na hora em que nos aproximávamos dos pavilhões junto da guarda armada e ouvíamos o grito "olha o óleo", sabíamos que parte desse aviso se destinava a alertar os detentos para que escondessem coisas que não podiam normalmente ser flagradas pelos agentes — celulares, armas brancas, drogas lícitas e ilícitas etc. Não somente por serem ilegais, mas para evitar a desmoralização dos agentes da lei. Afinal, uma autoridade se deparar com algo errado e não agir segundo os procedimentos disciplinares estabelecidos indicaria mais do que negligência para com suas obrigações de estado: esse tipo de comportamento fragiliza a reputação dos envolvidos, que podem ser vistos pelos detentos, mas principalmente pelos observadores externos presentes, como francamente corruptos ou coniventes com a falta de controle da prisão. Destaque-se que o fato de muitos agentes agirem com nível excessivo de discricionariedade na governança usual das relações sociais das instituições não significa que sejam pessoalmente favoráveis aos comportamentos que preferem não reprimir de maneira ativa. O relato do início deste capítulo é representativo de quando situações que deveriam ser marcadas por demonstrações públicas de respeito à autoridade instituída não ocorrem conforme o esperado, ainda que de maneira não intencional. Os agentes da GOS responsáveis pela nossa proteção não estavam em missão especial de revista ou preocupados em reprimir irregularidades. Porém, no momento em que uma delas foi presenciada, por descuido ou até provocação de um preso, houve uma demanda para a atuação que precisava ser cumprida, não só tendo em vista a preservação da reputação dos agentes envolvidos, como também pela necessidade de afirmação da autoridade, isto é, para que chaveiros e demais detentos se coloquem no seu devido lugar na hierarquia da governança do Complexo.

É preciso esclarecer que o controle sobre o fechamento e a abertura dos pavilhões e das celas não está sujeito somente ao arbítrio do chaveiro. Este obedece ao regulamento instituído pela direção das unidades a respeito das horas de refeição, banho de sol e de tranca, isto é, em que momento e por quanto tempo se pode deixar o pavilhão aberto. Normalmente, os pavilhões são abertos às 6h, para uma primeira refeição, que se estende até as 8h. Esta costuma ser levada pelos detentos responsáveis pelo rancho, um pavilhão destinado para o preparo da comida, também coordenado por um representante, e que conta com uma equipe de dezenas de homens, entre concessionados e voluntários, que trabalham na preparação das refeições diárias na prisão. Conforme a situação, isto é, o "clima da prisão", eles podem estar acompanhados por dois agentes armados, entre os quais o supervisor de segurança da unidade. O acompanhamento vai depender da disponibilidade de pessoal, mas também de eventuais alertas da rede de informantes dos administradores da prisão a respeito de rumores sobre rebelião ou rixas entre grupos e/ou indivíduos dispostos a se aproveitar da hora da "boia" para resolver disputas. Boa parte dos operadores de segurança reconhece como delicado este intervalo. Não só porque todos os pavilhões ficam abertos por um curto período de tempo, o que limita bastante a capacidade dos chaveiros de manter os detentos dentro de certos limites de circulação, mas também porque o consenso interno estabelecido entre os presos reza que conflitos, cobranças e disputas devem ser resolvidos, preferencialmente, do lado externo do pavilhão, que é onde o rancho está localizado, conforme explicado no capítulo anterior.

Depois da refeição, um dos pavilhões permanece aberto, para o banho de sol dos detentos, enquanto os demais são fechados pelos seus respectivos chaveiros. Durante esse período, que se estende até as 12h, horário da próxima refeição, os presos usufruem de relativa liberdade de circulação pela área externa da prisão, desde que dentro dos perímetros de segurança estabelecidos. Em quase todas as ocasiões em que visitei alguma das unidades havia pelo menos um pavilhão aberto para o banho de sol. Nesse horário, a maior parte dos detentos permanece no pátio frontal, diante do seu pavilhão de moradia. Alguns conversam e brincam, outros bebem, usam drogas ilícitas ou descansam nas áreas cobertas do pátio, bem mais ventiladas que o espaço interno do local onde residem. Vários aproveitam o tempo livre para se dedicar a exercícios, que vão da prática de calistenia até a musculação com o uso de halteres improvisados, feitos com barras de ferro com um peso de concreto em cada ponta. Outros preferem simplesmente caminhar ou correr pelo pátio externo. Sempre se formam grupos para disputar partidas de futebol, em regime de revezamento. A maior parte dos presos ostenta algum tipo de arma branca, seja na cintura, seja em mãos. A variedade desses artefatos é imensa. Durante as visitas, encontrei chuços, punhais, facas, peixeiras, facões, foices, estrovengas, machadinhas, machados, porretes, barrotes, marretas etc., alguns dos quais feitos artesanalmente pelos próprios detentos. Ainda que quase todos exibam algum tipo de arma, não se pode falar necessariamente em tensão nesses momentos de banho de sol, sendo a posse de uma arma apenas manifestação de precaução contra qualquer eventualidade ou surpresa, além de representar também um símbolo de poder, força ou agressividade, donde o grande número de enfeites, de cordas coloridas entrançadas ou fitas, que ornamentam muitos desses instrumentos.

Depois do almoço, os detentos retornam para a tranca, menos um segundo pavilhão, cuja população agora vai usufruir do banho de sol no horário da tarde, que se estende até as 16h, hora em que é servida a última refeição do dia, depois da qual todos os pavilhões devem ficar fechados até a manhã seguinte. No outro dia, o revezamento começa de onde parou, até que todos os detentos usufruam do banho de sol durante a semana. Obviamente, isso implica o não cumprimento do horário regulamentar do banho de sol diário de pelo menos duas horas, para todas unidades, previsto pela Lei de Execução Penal, principalmente aquelas com maior quantidade de pavilhões, que exigem um revezamento mais espaçado. É comum que a justificativa para esse tipo de prática administrativa, além do argumento da necessidade de manter controle sobre a circulação dos detentos por razões de segurança, gire em torno da defesa de que os presos podem usufruir do banho de sol nas horas intercaladas das refeições, ou de que o período total de banho de sol numa semana, considerando também as horas em que os detentos podem circular livremente durante os dias de visita, acaba sendo maior do que o previsto em lei.

É no período da tarde que costuma acontecer grande parte dos arremessos de mercadorias ilegais para dentro do Complexo. Os responsáveis oficiais pela segurança nas unidades chegam a falar em dezenas deles, todas as semanas. Geralmente, os arremessos se dão sob a forma de pacotes embalados, que podem conter drogas, armas brancas, armas de fogo, celulares, dinheiro e outras mercadorias. A disposição arquitetônica dos pavilhões e a localização geográfica das unidades são um elemento facilitador, que contribui para que o problema atinja uma dimensão preocupante. Localizado no bairro do Sancho, o Complexo se insere como um grande pentágono irregular que se abre em pelo menos quatro lados para ruas estreitas, cortadas transversalmente por outras ruas, becos e vielas. O controle dessa área externa se faz por viaturas da PM que circulam pelas ruas que ladeiam a muralha, bem como pelo destacamento de policiais que trabalha nas guaritas. O problema é que nem sempre há viaturas suficientes, nem agentes para ocupar de maneira simultânea todas as guaritas, algumas das quais estão desativadas há bastante tempo. Isso ocasiona a existência de inúmeros "pontos cegos" de vigilância, que se formam na troca de turno, com a ausência completa de vigias, em eventual distração de policiais, ou simplesmente logo após a passagem de uma viatura. Afinal, um arremesso não é algo que demanda muito tempo ou esforço, permitindo a fuga rápida do responsável por entre os becos e vielas do bairro. Esse tipo de serviço geralmente é realizado por um jovem, não raro menor de idade e morador de periferia. É comum que alguns deles invadam o primeiro andar ou a laje de casas que ladeiam a muralha, fazendo uso da altura elevada como vantagem. O medo que os moradores têm da retaliação de redes criminosas contribui para a relativa liberdade de ação. A extensão dos becos e vielas, por sua vez, apresenta a vantagem de permitir a utilização do impulso para atingir uma maior altura e distância do arremesso. Em algumas situações, os pacotes conseguem ultrapassar o alambrado da muralha e também o perímetro de segurança da unidade, uma área estreita protegida por cerca, onde os detentos não possuem liberdade de circular. Trata-se de ação orquestrada com os destinatários dos pacotes, que precisa ser realizada nos horários em que houver maior liberdade de circulação interna na prisão. O uso disseminado do celular nas unidades certamente facilita a logística dessas operações, já que a troca de informações em tempo real permite uma precisão que seria difícil em outras circunstâncias.[5]

Na hora em que um arremesso ultrapassa o perímetro de segurança interno, é rapidamente resgatado por algum detento. Nos casos em que ultrapassa o alambrado, mas cai dentro do perímetro de segurança, os presos precisam usar de diversas táticas e improvisos para despistar o "guariteiro", isto é, o policial militar da guarita mais próxima. Como este não está autorizado a abandonar seu posto, geralmente se limita a realizar disparos de aviso ou mesmo diretamente contra os detentos que ultrapassam a cerca do perímetro de segurança. Nos casos em que a supervisão de segurança consegue flagrar o evento por imagens das câmeras que ladeiam boa parte da muralha, ou em que é avisada em tempo pelo rádio, ainda há um intervalo relativamente longo até que um destacamento de homens armados possa ser encaminhado para resgatar o pacote. Nesse ínterim, diversas estratégias costumam ser utilizadas pela população carcerária. Não é raro que os detentos combinem o arremesso de dois pacotes distintos perto do mesmo vigilante, um dos quais serve de distração. Enquanto um ou dois detentos fingem se aproximar do pacote que não importa, atraindo a atenção do guarda, os demais tratam de resgatar a encomenda que realmente desejam. Em outras situações, presos procuram se aproximar do pacote por diferentes direções ou atiram pedras na direção da guarita, para distrair o policial. Obviamente, nesse jogo de gato e rato, há tentativas que resultam frustradas. Em mais de uma ocasião, flagramos detentos na enfermaria feridos por tiros desferidos em tais ocasiões.

Com efeito, não se podem descartar os casos de corrupção de agentes da lei em eventos desse tipo, suspeita relatada por agentes penitenciários e pelos próprios detentos. Mas também há que se contar com a possibilidade de franca negligência, já que o medo da retaliação que pode se seguir a esse tipo de atuação está sempre presente. Há relatos de vários agentes sobre colegas da corporação afastados e de outros funcionários que se corromperam para a entrada de uma arma de fogo ou de uma grande quantidade de drogas. Por vezes a atuação de um policial na guarita ou de um agente responsável pela revista de detentos é colocada sob suspeita, ainda que isso não seja necessariamente suficiente para iniciar uma investigação oficial. De qualquer forma, é improvável que tais casos sejam a regra, tendo em vista a constância dos eventos, o revezamento de turnos dos guardas e as diversas ocasiões em que os presos precisam despistar os guariteiros, não raro sofrendo baixas no processo.

A ampla disponibilidade para a realização de arremessos costuma ser apontada pelos administradores da prisão como a maior responsável pela presença de armas de fogo, armas brancas e drogas nas unidades. As outras fontes reconhecidas para a entrada desse tipo de mercadorias são as visitas e a conivência de agentes públicos. Em uma unidade com baixo efetivo de agentes de custódia, os dias de visitação sempre são motivo de grande preocupação. Não só a quantidade de pessoas transitando na prisão aumenta exponencialmente, como a autorização corrente de que as visitas podem levar, cada uma, 8 quilos de mantimentos para os detentos, impõe sérias dificuldades para a revista. A maior parte dos agentes reconhece que a instalação de scanners para o rastreio das sacolas e bagagens trazidas pelas visitas facilitou muito esse processo, mas é praticamente impossível ter grande eficiência para todo tipo de mercadoria ilegal que pode entrar na unidade nesse momento, particularmente drogas. Nas palavras de um ASP que me concedeu uma entrevista sobre o tema, que aqui chamarei de Jardel:

> Jardel: Na entrada do sábado e domingo, as pessoas que vão entrar têm de estar devidamente cadastradas. É um trabalho grande, você imaginar que tem preso que tem duas, três visitas, então 1.600 × 3, já vão aí 4.800 pessoas, no mínimo, num dia de domingo. Porque sábado é só uma, que é a companhia, aí vão mil, 1.100. Mas no domingo é isso. Aí tem o domingo da criança, que é o filho do preso, ou o neto, quando é autorizada a entrada. Imagina o volume de trabalho! Fora isso, cada qual traz sua bagagem. De repente o pai traz uma bagagem de 8 quilos, a mãe traz outra bagagem de 8 quilos. São 16 quilos para cada preso. Então por aí você tira, olhar bagagem por bagagem, pôr na máquina de raio X... Ainda assim, passam as coisas. Ainda assim as coisas passam. Então é muito difícil esse trabalho.

> Entrevistador: Tem coisa que o scanner não consegue ver?

> Jardel: Tem. Por exemplo, a matéria orgânica, ela tem um padrão. Então se você colocar 1 quilo de maconha ou uma rapadura e 1 quilo de crack, os três vão sair com a mesma coloração. Então tem que ser um agente muito bem treinado, e com pouco volume de sacolas, para poder perceber isso — o desenho, o formato, a densidade. Imagina lá; é uma máquina de moer! Eu trabalho muito no raio X, porque faço serviço extra no fim de semana. E é desumano. Tem que estar muito

atento, muito mais às coisas eletrônicas, às armas e munição, do que propriamente conseguir visualizar droga. Porque se você pegar 1 quilo de feijão, já cozinhado, pronto para o consumo, e ali no meio você coloca 100 gramas de maconha, vai passar. Está lidando com um orgânico.

Entrevistador: Tem jeito de passar arma, faca, essas coisas, dessa maneira?

Jardel: Na parte metálica é bem mais difícil, porque o scanner pega tudo, mas na parte orgânica mesmo, de drogas, o líquido mesmo, a cachaça...

Esse reconhecimento sobre os riscos de descoberta de visitas com armas é relativamente difundido na prisão, donde a preferência generalizada pelo arremesso como instrumento para a entrada desse tipo de mercadoria. De fato, a preferência pelo arremesso pode até reduzir a necessidade de recorrer à corrupção de agentes estatais, bem como o recurso às visitas para introduzir mercadorias nas unidades do Complexo, ainda que a presença de um e outro método não seja elemento ausente nos discursos de agentes, detentos e seus familiares. Na mesma entrevista acima reproduzida, Jardel reconhece o fato: "Infelizmente, também, a gente tem informações [...] de colegas que botam armas também. A gente não pode fechar os olhos para essa realidade. Tem colegas vendidos. Inclusive, recentemente, acho que no mês passado, houve duas demissões publicadas no Diário Oficial, de dois colegas que puseram armas para dentro das unidades prisionais." Trata-se, entretanto, de uma empreitada que traz consigo inúmeras dificuldades que precisam ser contornadas. Afinal, os custos e os riscos envolvidos na corrupção de agentes públicos ou utilização de amigos e familiares próximos que podem ser diretamente incriminados são normalmente bem mais altos do que nos arremessos. Ainda que estes estejam sujeitos a um nível maior de incerteza, tentativas de corromper agentes públicos comportam riscos de retaliação mais grave para os detentos, que nem sempre possuem as informações adequadas para iniciar uma tratativa com os possíveis interlocutores. Além disso, esse tipo de aproximação pode muito bem transformar o detento em presença indesejada para a pessoa que se corrompeu, já que representará sempre um risco para sua carreira e liberdade. Assim como um "robô", isto é, aquele detento disposto a assumir o crime de alguém em troca de pequenos favores, em algum momento pode se tornar um risco e uma ameaça para os demais, já que pode servir de instrumento para a consecução de um crime contra qualquer pessoa, um agente da lei corrupto pode se tornar rapidamente um problema para os presos com quem negocia, a partir do momento em que enxerga nessa relação um risco para si. Da mesma forma, a utilização de visitas íntimas, parentes e amigos para o transporte ilegal de mercadorias pode resultar no encarceramento de pessoas que são importantes para o detento, não só afetivamente, mas enquanto pontes de comunicação com o mundo exterior e instrumentos para a mitigação das dores do encarceramento. Destarte, é possível que alternativas como a corrupção de agentes públicos sejam priorizadas para a entrada de mercadorias mais valiosas, como uma arma de fogo ou uma quantidade substantiva de drogas ilícitas, que não podem ficar sujeitas ao componente de grande incerteza envolvido no ato de arremessar um pacote por cima da muralha. As visitas, por sua vez, provavelmente respondem pelo tráfico mais pulverizado de entorpecentes, não raro tendo sucesso na entrada de pequenas quantidades de drogas lícitas e ilícitas. O que importa destacar aqui é que os arremessos não são regulados pelos chaveiros, que podem até fazer uso deles, dado o seu frequente pertencimento a redes ou organizações criminosas que ultrapassam as fronteiras da prisão. Fazem parte, portanto, daquela categoria de eventos não desejados pela direção, que não encontra nos chaveiros um instrumento útil para sua contenção, diferente dos roubos, furtos, mortes violentas, fugas e rebeliões.

Ainda que os horários de abertura e de fechamento de um pavilhão sejam definidos pela administração das unidades, o poder dos chaveiros nesse aspecto não pode ser ignorado. Afinal, o nível de discricionariedade de que essas personagens dispõem é ainda maior do que o de um agente da lei, dada a informalidade da posição. Os chaveiros não estão em posição de obrigatoriamente permanecer trancados dentro do pavilhão nas horas em que este deve ter seus acessos bloqueados. Ao contrário, é normal encontrá-los do lado de fora, junto com outros membros de sua equipe e comparsas de atividade criminosa. Entre esses homens, incluem-se detentos que prestam algum tipo de serviço para a população penitenciária, como os que trabalham como barbeiros ou cabeleireiros, e que às vezes permanecem do lado de fora, próximos à entrada, junto com seus clientes. O critério que estabelece quem pode e quem não pode ficar do lado de fora não é claro. Alguns relatos citam a possibilidade do pagamento eventual para chaveiros ou pessoas de sua equipe para que se disponha de uma liberdade maior de circulação. O que se sabe ao certo, porém, é que uma quantidade pequena de detentos, mas não irrelevante, costuma se encontrar livre da tranca durante grande parte do dia. E que esses homens precisam estar em boa conta com os chaveiros para que isso seja autorizado. Considerando o nível de superlotação e insalubridade dos pavilhões no Complexo, não se trata de um benefício que possa ser menosprezado. Certamente, significa uma qualidade de vida melhor para os beneficiários, amplamente reconhecida como vantagem diferencial própria da posição social, condição financeira e/ou rede de relacionamentos de cada um.

Oficialmente, cada pavilhão conta com quatro detentos concessionados: um representante e seu auxiliar, um faxineiro e um agente da saúde. O nome designa não só uma função específica, como também a liberdade de circulação de que cada um dispõe dentro da prisão. O chaveiro, o auxiliar e seu agente de saúde, por exemplo, normalmente têm liberdade para se aproximar da gaiola e da enfermaria sem sofrer qualquer retaliação dos agentes penitenciários. Os dois primeiros, inclusive, circulam pelas áreas administrativas da prisão sem a necessidade de acompanhamento de qualquer escolta armada, como os demais presos concessionados. Em mais de uma ocasião me deparei com reuniões de gestão ocorridas entre diretores de unidade e seus respectivos chaveiros. Nunca pude acompanhar pessoalmente uma delas, mas os eventos fazem parte da rotina administrativa da unidade. Os administradores alegam que se trata de ocasiões em que demandas podem ser levadas de parte a parte, para o controle dos conflitos e uma circulação mais eficiente de informações.

O agente de saúde, por sua vez, deve acompanhar os detentos com queixas e problemas de saúde para o atendimento médico na enfermaria. Também pode ser designado, assim como outro membro da equipe, para levar um preso para o atendimento no setor jurídico ou psicossocial. A presença de alguém conhecido da equipe dos chaveiros pelos ASPs opera como salvo-conduto para evitar abordagens, questionamentos mais incisivos ou represálias. Em algumas unidades, esses presos utilizam algum tipo de uniforme de identificação de detento concessionado. Camisetas verdes costumam ser utilizadas por aqueles que trabalham com serviços internos de limpeza, manutenção e na cozinha da área administrativa. Os detentos que se vestem de amarelo são os chamados "mensageiros", que têm a função de circular levando e trazendo informações e objetos dentro da unidade. Já os presos "da segurança", ou seja, todos os concessionados que trabalham com o chaveiro, reportando-se diretamente ao supervisor de segurança e ao diretor da unidade, costumam se apresentar com camiseta vermelha. Ainda que haja certo consenso em torno desses uniformes, com a adoção de uma portaria interna definindo as cores das camisetas para cada tipo de função concessionada, os chaveiros e sua equipe aparentemente não costumam ser cobrados para utilizá-los, já que é relativamente comum que se apresentem na área administrativa usando bermuda, camiseta e chinelo comuns. Isso indica o grande nível de proximidade entre essas personagens e os ASPs, já que o reconhecimento facial não se torna um problema que precise ser mitigado com a utilização de camisetas ou qualquer outro tipo de identificação exterior. Obviamente, chaveiros e seus auxiliares estão sujeitos aos controles administrativos normais que dizem respeito à discricionariedade dos agentes. Eles precisam pedir autorização para a abertura do portão que separa a gaiola da área interna da prisão, justificar para onde estão se dirigindo e tratar respeitosamente todos os funcionários e visitantes da instituição. Vez por outra, o seu estatuto original de detento costuma ser lembrado a eles pelas autoridades instituídas, especialmente nos momentos de altercação e de debate a respeito da insatisfação quanto a determinado estado de coisas. Afinal, quem manda é a polícia.

Atualmente, os chaveiros também exercem muito poder na regulação do fluxo interno de troca de pavilhão pelos detentos do Complexo. Durante muitos anos, a administração do antigo Presídio Professor Aníbal Bruno conseguia manter uma rotina regular de contagem dos presos em cada pavilhão. Esse tipo de procedimento não era feito com base na chamada nominal, dada a grande quantidade de tempo de exposição contínua de um número pequeno de agentes frente a um grande contingente populacional fora das celas. Assim, empregava-se a chamada "totalidade", ou contagem dos presos um a um, "por cabeça", na saída e na entrada dos detentos nos pavilhões. Ainda que longe do ideal, este procedimento permitia algum tipo de controle relativo sobre a quantidade de homens em cada pavilhão. Caso o número não batesse com o esperado, seria possível cotejar esse dado com o livro de registros, de posse do preso concessionado com a função de "mesário", em que se esperava haver o registro de entrada e saída dos detentos no pavilhão. Afinal, o faltante poderia ter fugido num momento de descuido da vigilância, ou estar escondido em algum local do pátio, ou mesmo ter mudado de pavilhão sem a devida autorização. De modo geral, a troca de indivíduos entre pavilhões se fazia mediante autorização dos agentes responsáveis, por intermédio de mensageiros, que levavam a ordem para a relocação de presos e tinham a função de conduzi-los de um local para o outro. Nesse sistema, já havia um grande espaço para permutas negociadas internamente, já que os agentes só estavam preocupados em checar o número total de homens em cada pavilhão. Com o abandono da rotina administrativa da contagem, dada a escassez ainda maior do contingente de ASPs, o controle sobre quem mora em cada pavilhão quase não passa mais pela administração das unidades. Fica a critério do chaveiro permitir a entrada e a saída dos detentos nos pavilhões, e eles costumam trocar de lugar com relativa frequência. E mesmo aqui ainda há um controle bastante frouxo, tendo em vista os frequentes relatos acerca de detentos que se escondem nas lajes das construções ou mesmo nos bueiros da área externa para aguardar o horário do banho de sol de outros pavilhões, onde facilmente se infiltram em meio à massa que compõe a população alojada na BR, sobre a qual os chaveiros possuem menos informações confiáveis e precisas.

A MILÍCIA

É claro que o controle sobre a utilização do espaço, o tempo de tranca e o fluxo dos detentos entre pavilhões não seria possível para os chaveiros se estes não contassem com algum tipo de poder coercitivo. Em praticamente todos os pavilhões, de todas as unidades visitadas em Pernambuco, há consenso sobre a presença da chamada "milícia" do chaveiro, que possibilita o exercício coercitivo do poder por essas personagens. Também chamado de "equipe", "facção" ou "milícia", esse grupo apresenta tamanho variável, podendo integrar ativamente quarenta presos ou mais. Em muitos pavilhões, esse quantitativo se distribui em regime de escala, com metade trabalhando durante o dia, e metade, durante a noite. Afora os quatro presos concessionados mencionados na seção anterior, entre os quais se inclui o chaveiro, nenhum dos homens que compõem a milícia possui qualquer tipo de vinculação oficial com a unidade. Entretanto, são amplamente reconhecidos pela população carcerária enquanto "gatos", isto é, presos responsáveis pelo controle de outros presos e com poderes sancionados extraoficialmente para tanto.

Todas essas pessoas portam algum tipo de arma branca no seu dia a dia, no que pouco se diferenciam dos demais presos das unidades. Os relatos sobre a posse de armas de fogo são demasiadamente marcados pelo segredo, de modo que não é possível saber se há um padrão estabelecido para sua distribuição. Sabe-se, entretanto, que existem em praticamente todos os pavilhões, ainda que não distribuídas de maneira democrática, como as armas brancas, possivelmente devido aos altos custos envolvidos em sua entrada no Complexo. Não há que se duvidar que grande parte dos chaveiros tenha alguma preocupação em possuir uma arma de fogo, tendo em vista que o armamento opera como um fator de desequilíbrio nas relações de força, geralmente definidas por quem possui o maior número de homens à disposição quando se trata de armas de curto alcance.

O tipo de violência física exercida pela equipe do chaveiro costuma variar de situação para situação, mas também conforme o perfil pessoal do representante dos presos. Grande parte deles possui histórico pregresso de uso da violência. Vários foram condenados ou estão sendo processados por homicídios e/ou envolvimento direto com grupos de extermínio. Outros, pela atuação junto a organizações e redes criminosas responsáveis pelo tráfico de drogas. É interessante observar que ladrões e estelionatários não costumam ser vistos como confiáveis pela administração prisional, de modo que raramente ocupam a posição. O chaveiro citado logo no primeiro capítulo deste livro, por exemplo, era reconhecido publicamente pela sua atuação como "matador", com vários homicídios no currículo. Nesse aspecto, a escolha de um preso como Helinho, personagem que inspirou a película *O rap do Pequeno Príncipe contra as almas sebosas*, o justiceiro que terminou assassinado pelos detentos do pavilhão onde atuou como chaveiro em 2001, é menos uma coincidência do que um padrão. Em parte esta escolha pode ser atribuída ao *éthos* particular de detentos que integravam grupos de extermínio, organizações que atuam diretamente no mercado de proteção informal, que em muitos aspectos reproduzem o *modus operandi* e mesmo a subcultura presente em muitas corporações policiais, e que estabelecem diferenciações entre criminosos "matáveis" ou não, isto é, aqueles cuja atuação representa algo a ser reprimido ativamente, como ladrões, arrombadores e pequenos delinquentes, e os demais, que se utilizam do crime como instrumento de controle dos primeiros. Essa diferenciação interna também se reflete na forma como os agentes da lei não raro interpretam essas personagens, diferenciando-as de outros tipos de bandido, com os quais não se deve estabelecer qualquer tipo de relação de confiança.

Apesar dessas considerações, não se pode ignorar o fator capacidade para explicar certo aspecto do perfil de quem ocupa a função de chaveiro. Ainda que muitos discursos na esfera pública pareçam dizer o contrário, a maior parte dos presos não tem envolvimento em homicídios ou outros atos de violência mais explícita. Disparar uma arma, enfiar uma faca ou agredir alguém com as mãos limpas são habilidades específicas, que nem todo ser humano é capaz de desempenhar de maneira satisfatória. Lidar de maneira meramente instrumental com a efusão de sangue, o som do tecido rasgando, os gemidos ou os gritos de outro ser humano não é algo simples, por mais instintivos que atos de agressão possam parecer. O uso mais ou menos eficaz de uma arma de fogo, por exemplo, tem relação direta com o tremor das mãos do atirador, que pode ser afetado por fatores genéticos, mas também por elementos fisiológicos, como a produção acelerada de adrenalina em situações de estresse emocional extremo, além de elementos psicológicos relacionados diretamente ao ambiente em que ocorre a ação. Uma arma branca pode interpor ainda mais problemas para sua utilização eficaz, tendo em vista a proximidade entre atacante e vítima e a resistência natural da pele e do tecido muscular que precisam ser transpostos pela força física e determinação do atacante. A posição dos dedos ao cerrar o punho para um soco e a quantidade de tensão que se produz deliberadamente nas articulações do pulso influenciam diretamente na integridade física do atacante e na quantidade de dano produzido. Parte considerável do treinamento policial e militar visa ao aprendizado de técnicas destinadas a lidar com obstáculos como esses, a partir do controle da respiração e outros elementos que podem ser aprendidos por meio do treinamento intensivo e orientação correta. Porém, a maior parte dos especialistas concorda que a prática é essencial para a introjeção desse tipo de habilidade, donde a possibilidade de ela ser aprendida, para além dos casos de propensão psicológica natural, durante o próprio processo de aprendizado social de uma longa carreira criminosa.[6]

É difícil, portanto, imaginar um chaveiro que não seja um detento, se não disposto a se engajar pessoalmente, ao menos capaz de coordenar ações que envolvam algum nível de violência física. A forma como ela se expressa no cotidiano do pavilhão vai depender, para além das divisões entre grupos estabelecidos no local, que muitas vezes são anteriores à assunção da posição pelo chaveiro, do perfil pessoal do detento que ocupa a função e dos responsáveis oficiais pela segurança na unidade. É visível que alguns representantes preferem operar com mais diálogo e menos violência, às vezes por simples inclinação pessoal. O chaveiro citado como exemplo no início deste capítulo é certamente um dos que apresentam maior capacidade de contemporização no trato cotidiano com a população carcerária entre os que conheci. Em alguns pavilhões, por outro lado, as demonstrações de força são cotidianas, por vezes eivadas por certo elemento de crueldade pessoal que não pode ser ignorado. Alguns chaveiros se comportam com bom humor, preferindo adotar um tom menos imperativo no trato para com os demais presos nas situações cotidianas. Outros, porém, mantêm uma postura física e psicologicamente intimidativa, falando sempre em tom autoritário. Agressões verbais compõem parte do repertório comum de comunicação interpessoal na sociedade dos cativos. Porém, quando utilizadas pelos chaveiros e por suas equipes, apresentam o tônus próprio da autoridade e da afirmação de poder. "Sai da frente, caralho!", "Vai, me dá o celular!", "A polícia está chamando!", "Shh, baixa o tom quando falar comigo!": expressões assim são utilizadas comumente, variando conforme a personalidade, o humor do dia e as pessoas com quem se está tratando. "Noiados", "frangos", presos sem recursos, bons relacionamentos com os demais ou sem filiação com redes ou facções criminosas compõem o estrato mais baixo da hierarquia interna da prisão e ficam particularmente vulneráveis a esse tipo de tratamento. Algumas expressões usadas têm o intuito explícito de induzir humilhação, afetar a autoestima, ridicularizar e rebaixar os detentos insultados. "Tu não é um homem, é um rato", disse um chaveiro para um "noiado" ao qual havia aplicado barrotadas nas mãos e na cabeça como forma de punição por acusação de roubo na cela, enquanto este protestava contra a injustiça da acusação. Em uma subcultura onde o sentimento de honra se manifesta de maneira patente na reação imediata a agressões ou xingamentos, o tratamento humilhante que deve ficar sem resposta, dada a relação de poder envolvida e os riscos de retaliação violenta, é um exercício de poder com impactos reais, que reforçam a reputação das pessoas instituídas em posição de autoridade e rebaixam a moral dos agredidos perante a população carcerária.

Empurrões, tapas no peito e chutes nos pés são outras modalidades de agressão violenta empregadas pelo chaveiro e sua equipe como forma de humilhação e de afirmação de autoridade. Uma das primeiras queixas nesse sentido que presenciei no Complexo veio de um detento que reclamava de uma agressão gratuita sofrida pelo auxiliar do chaveiro no pavilhão. Conforme explicou o próprio agressor, o tapa no peito foi dado em advertência a um gesto de desatenção, quando a vítima deixou cair a grade suja de um ventilador numa tigela de suco que estava sendo preparada. Na história, narrada no início deste capítulo, Wilma se precipitou para dentro do pavilhão a fim de evitar esse tipo de agressão quase espontânea, que provoca menos efeitos físicos do que psicológicos. Não há razão para acreditar que se trate de exceções nas relações cotidianas envolvendo essas personagens. Punições físicas como essa costumam ser aplicadas como um sinal de advertência a pequenas infrações ou a palavras e/ou gestos que possam soar de alguma forma desrespeitosos aos chaveiros e a sua equipe. Assim como no caso das agressões verbais, costumam ter destinatário preferencial naqueles grupos de presos que não possuem qualquer prestígio na hierarquia da subcultura prisional.

Punições físicas de natureza mais cruenta costumam estar reservadas aos detentos acusados de furto de objetos de outros presos, agressão ou desrespeito ao chaveiro ou membros de sua equipe. A depender da situação e do perfil do representante dos presos em questão, podem envolver espancamento, surra, esfaqueamento, queimaduras ou outras formas de violência. Nos relatórios produzidos pela coalizão de entidades durante o longo processo de aproximação com a Corte IDH, há registros de detentos que apresentaram marcas de facadas desferidas pelos chaveiros ou por seus ajudantes. Em mais de uma situação, encontramos porretes e barrotes utilizados por essas pessoas como forma de punição por infrações consideradas mais graves. As pancadas podem ser dadas na cabeça ou no rosto, mas parece haver um aumento considerável nos atos de agressão que visam as mãos, os braços e as pernas dos detentos, assim como chutes e pontapés que miram a região lombar. É provável que esse método tenha por objetivo reduzir as marcas, os cortes e as cicatrizes que costumam ser apresentados como evidência pelas vítimas para compor denúncias junto aos órgãos de proteção aos direitos humanos. Logo nos dois primeiros meses de minhas visitas à prisão, encontramos pelo menos dois casos assim. Em um deles, um preso bastante alquebrado estava na enfermaria da unidade, mas não apresentava nenhum sinal de escoriação no rosto. A vítima esclareceu que havia recebido socos e pontapés no peito e na barriga, justamente para não deixar marcas, de identificação ainda mais difícil pela simples observação a olho nu, dada a sua pele muito negra. Quando questionamos o chaveiro do pavilhão onde havia ocorrido a agressão, este imputou o ato à população local como um todo, que teria se revoltado contra seguidos furtos de celulares (pelo menos oito) tributados ao preso em questão. Às vezes, as punições têm caráter organizado e de certa forma dirigido por essas personagens. Jardel, um dos agentes penitenciários entrevistados, explica a questão de uma perspectiva bastante interessante:

> Jardel: Recentemente, teve um líder de pavilhão que desceu com um daqueles presos que a gente chama de "rato". O rato rouba tudo, se ele vê uma cueca pendurada, rouba, muitas vezes para trocar por uma pedra de crack. Eles mesmo têm as condutas deles, não aceitam esse tipo de postura — você roubar dentro do cárcere. Eles mesmo dão a chamada lição, dão um pau. Eles têm o linguajar de dizer: "vai acelerar!" Aí abrem a BR. O que é abrir a BR? Fazem uma espécie de corredor polonês e gritam: "Acelera!" E o cara vai correndo, aí depois de um certo tempo soltam alguém para ir atrás do cara, esse alguém vai com pau ou outra arma e geralmente dá umas pancadas no cara. Quando chega essa situação correndo na segurança, a gente já faz o resguardo com o resto da população do morro, retorna: não, meu chefe, está de boa. Esse aí estava roubando, estava "rateando". Aí o cara está com uma pancada, um murro no olho, uma boca sangrando. A gente pega, leva ele para a enfermaria, faz um atendimento. Se houver necessidade, a gente faz o encaminhamento para fora; 90% dos casos não têm. É uma coisa que a segurança pede muito para as lideranças: pelo amor de Deus, não se matem, não se mutilem, não se cortem! Por

quê? Não é que a visão seja institucional, mas até mesmo a visão de um retrabalho, de sobretrabalho. Você imagina tirar um plantão de 24 horas e quando chega nove da noite um cara esfaqueado. Aí vai ter que deslocar três agentes para escoltá-lo, para dirigir, para levar para uma UPA, para um Hospital da Restauração, para fazer exames. Então é um trabalho muito desumano para a gente. E os presos têm consciência disso. Quando acontece uma furada, uma coisa assim, é realmente para atentar contra a vida mesmo, para acabar. É uma situação que eles não resolveram do jeito deles, uma coisa muito pesada, que não se consegue regular.

Nesse sentido, a utilização de palmatórias parece também ser empregada com o mesmo objetivo, na forma de "bolos" ou pancadas dadas nas palmas das mãos e nos antebraços dos detentos. Tanto nos relatórios supracitados quanto em visitas às unidades, encontramos porretes e barrotes "batizados" com nomes como "direitos humanos", "Wilma Melo" e "oportunidade", utilizados para a aplicação de punições. É interessante notar como os nomes parecem reproduzir representações correntes entre muitos agentes da lei e mesmo setores da opinião pública a respeito dos direitos dos presos e do tipo de tratamento que lhes deve ser dispensado na cadeia. Ou seja, os "gatos" não só costumam se diferenciar dos demais detentos como presos que "trabalham com a polícia", assumindo declaradamente uma posição de poder em relação aos demais, como procuram adotar alguns elementos da identidade ou subculturas próprias das corporações policiais, que envolvem rigor, violência, humilhação e punição física como forma de impor obediência e subjugar os demais.

As torturas praticadas pelos chaveiros e suas equipes como forma de punição podem também ser empregadas para obter informações de detentos suspeitos da prática de crimes. Em muitos pavilhões das prisões pernambucanas, é comum que uma cela seja especialmente reservada como espaço de interrogatório e aplicação de penas. Num dos casos que inspirou a narrativa do início do capítulo anterior, encontramos no Isolamento dois presos que se queixavam de punição injusta sob acusação de roubo. Segundo o relato de uma das vítimas, um deles foi acusado de furtar dinheiro dos demais. Ao que parece, teria sido pego em flagrante durante a noite, cortando com uma gilete a bermuda de um companheiro de pavilhão adormecido. O outro teria sido incluído na acusação pela proximidade que tinha com o ladrão. Levados para a sala de interrogatório, foram pressionados pelo chaveiro e por sua equipe com barrotadas até que o suposto autor do crime confessou o ato. Ainda assim, como o segundo detento acusado já tinha histórico de furto dentro da prisão, e era reconhecido publicamente como "noiado", o chaveiro aplicou barrotadas nas mãos e nos antebraços dos dois antes de encaminhá-los para o castigo disciplinar.

Outro tipo de situação que consta como passível de punição física é a recusa da contribuição para a faxina do pavilhão. Como citado acima, é normal que o chaveiro organize a arrecadação semanal de uma vaquinha supostamente destinada a cobrir os custos da faxina — sabão em pó, desinfetante, instrumentos e materiais de limpeza etc. Obviamente, o dinheiro apurado, que pode girar em torno de R$ 2 a R$ 3 por detento, soma muito mais do que o necessário para custear esse tipo de serviço. Os presos que não têm dinheiro podem ser alistados para compor o grupo dos que vão executar o serviço de limpeza, normalmente duas vezes por dia. Há casos, porém, em que um preso pode se recusar a fazer uma coisa e outra. Mazinho, o egresso citado anteriormente, relatou em conversa privada o que aconteceu quando de sua chegada ao antigo Presídio Professor Aníbal Bruno, vindo do interior, sem ter relacionamento com ninguém: — Ele queria que eu pagasse, o chaveiro — explicou, sobre a primeira rusga que teve com o representante — mas eu disse não. Foi quando ele me mandou limpar o pavilhão e eu não aceitei, porque eu não ia deixar crescer em cima de mim. — Como resultado, Mazinho foi atacado durante a noite por homens da milícia do chaveiro, que o espancaram e o atiraram para fora do pavilhão, forçando-o a pedir autorização para ingressar em outro local.

Obviamente, a violência exercida sob o comando do chaveiro pode chegar ao assassinato. Nesse ponto, porém, é difícil afirmar que se trata de uma punição extralegal diretamente relacionada à função, no sentido próprio de governança. Afinal, os chaveiros costumam ocupar papel importante em redes e facções criminosas que lidam com o tráfico de drogas, o que implica às vezes ter de cobrar dívidas de dependentes químicos ou de comparsas que não cumpriram com acordos em determinadas transações. Aqui, porém, acho mais adequado falar da violência produzida diretamente por essas instituições extralegais, que de fato têm relação com a governança, mas às vezes produzem resultados que vão diretamente contra aquilo que a administração espera dos chaveiros. Nesses casos, os fatos geralmente precisam ser acobertados e não há garantias de que a posição do representante dos presos se mantenha sem qualquer prejuízo, a depender da situação do diretor da unidade frente aos escalões superiores da Seres e da repercussão do caso. Como a maioria desses casos é permeada pelo segredo, as informações sobre eles chegam de maneira desencontrada e são pouco confiáveis. Porém, o simples fato de o chaveiro atuar em algum nível junto às redes e organizações responsáveis pelo tráfico de drogas diz muito sobre sua participação ou negligência para o controle de alguns tipos de crimes que se relacionam diretamente com a dinâmica desses mercados na prisão. De qualquer maneira, as mortes em geral se dão fora dos pavilhões, conforme explicado anteriormente. Assim, de alguma forma, não são relacionadas, ao menos de modo explícito, à atividade de governo própria do chaveiro.

Relatos de mortes violentas ocorridas principalmente na época do antigo Presídio Professor Aníbal Bruno apontam para uma participação ativa dos chaveiros dos pavilhões, no limite atuando com uma autorização explícita para o desenrolar de eventos violentos de natureza coletiva. Linchamentos em que vários detentos com armas brancas se precipitam sobre um outro, incapaz de resistir à ação simultânea de vários atacantes, tornaram-se bastante populares no imaginário local devido à difusão de vídeos filmados pelos celulares dos próprios cativos e postados nas redes sociais. Em uma das filmagens a que assisti, recebida pelo WhatsApp, um homem continua a ser reiteradamente atacado pelos demais, mesmo depois de inerte, praticamente morto no chão. Um dos assassinos, sorridente, chega ao ponto de se ajoelhar junto ao corpo com uma faca pontiaguda na mão para desferir sucessivos golpes perfurantes, sob o riso geral. Em seguida, o corpo ensanguentado é arrastado para fora do pavilhão, e o ato deve ter se seguido ao informe da ocorrência para as autoridades. Chamado popularmente de "montinho", esse tipo de linchamento não precisa ser desencadeado necessariamente sob a acusação de um crime que ofenda diretamente os códigos e regras próprios da sociedade dos cativos. Muitas vezes, basta que um chaveiro grite algo como "Pega!" ou "É ladrão, pode matar!", para que não só integrantes de sua milícia, como outros detentos, se precipitem violentamente contra a vítima. Ou seja, o incitamento ou a autorização explícita da autoridade reconhecida pelos detentos é suficiente para um desfecho fatal, haja vista a grande quantidade de pessoas armadas e propensas ao cometimento de atos violentos, além do componente inevitavelmente mimético desse tipo de ação coletiva.

Relatos de tais eventos quase sempre remetem a um período anterior das unidades. Ao que parece, o entendimento da necessidade de que mortes por acertos de contas ou outras razões, envolvendo diretamente o chaveiro, ainda que seja por simples conivência, devam ser praticadas fora do pavilhão é ponto relativamente pacífico entre a população carcerária atualmente. Da mesma forma, disputas entre detentos para resolução de rixas, ainda que reguladas de alguma maneira pelas facções e grupos de presos os quais concordam em não se imiscuir diretamente na contenda, também parecem ser direcionadas para esses espaços sem governança direta.[7] Com efeito, a área de convivência externa parece adquirir o estatuto de uma terra de ninguém, termo utilizado nas últimas grandes guerras para designar os territórios não reconhecidamente pertencentes a nenhuma das partes do conflito. Provavelmente, parcela desse entendimento comum se deve às cobranças constantes de entidades de proteção aos direitos humanos, que ganharam maior importância a partir da interferência externa da Corte IDH, além da preocupação governamental com a quantidade de homicídios no sistema penitenciário de Pernambuco, a partir da consolidação do Pacto pela Vida. Como os reclamos a respeito desse tipo de evento acabavam incidindo diretamente sobre os diretores das unidades, que por sua vez exigiam explicações do chaveiro do pavilhão onde se dera o sinistro, é possível que um acordo tenha se estabelecido internamente entre os detentos para que esse tipo de crime venha a ocorrer longe da vista dos presos encarregados de impor a ordem na prisão. Também há que se levar em conta o significado da declaração do ASP Jardel, citado anteriormente, a respeito da inconveniência administrativa que esse tipo de ato gera para os funcionários de plantão. Em todo caso, a morte é tomada como último recurso, antes do qual incidem cálculos a respeito das cobranças que serão feitas para os chaveiros. E o espaço externo é uma área atrativa para esse tipo de crime, já que não deixa evidência facilmente identificável de autoria, nem da leniência dos detentos responsáveis pela segurança do lugar.

A caracterização dos espaços externos como lugares sem controle se tornou algo que ultrapassa o âmbito da resolução de disputas. Têm sido cada vez mais comuns casos de assaltos que acontecem nas áreas externas, durante a noite, com homens que se escondem para ficar de fora da tranca ou escapam por alguma loca ou fresta do pavilhão para transportar drogas ou visitar outro local e acabam vítimas de outros presos armados, em bando ou solitários, que tomam seus pertences assim como acontece na rua, fora da prisão. Eventos desse tipo podem muito bem resultar em brigas, agressões e esfaqueamento, a depender da disposição da vítima para reagir, do nível de agressividade dos salteadores ou da existência de rixas prévias entre os envolvidos.

É possível pensar em diversos objetivos para os atos de violência cometidos pelo chaveiro e por sua equipe. Evidentemente, punições empregadas como formas de retaliação a determinados comportamentos, como furto de propriedade alheia ou agressão injustificada contra outros detentos, agregam algum elemento de justiça retributiva, mas também visam à produção de efeito dissuasório não somente para o autor do delito, como para os demais detentos propensos a esse tipo de comportamento. Considerando a celeridade, a intensidade e a publicidade da punição, a bibliografia especializada tem tomado a primeira cada vez mais como elemento mais importante para a dissuasão de indivíduos inclinados ao comportamento delinquente.[8] Não temos informações suficientes para mensurar a frequência com que delitos são descobertos e sancionados nos pavilhões, mas não se pode ignorar o peso que a presença constante dos homens da milícia do chaveiro exerce na conformação do comportamento alheio. Em pavilhões com quatrocentos presos, por exemplo, é possível encontrar uma equipe de quarenta homens responsáveis pela imposição de determinadas regras no local, resultando numa média de dez detentos com função de vigilância para cada preso, bem mais próxima do recomendado por organismos internacionais para a prisão do que comumente se vê nas unidades de Pernambuco, conforme debatido na primeira parte deste livro. A comparação pode parecer inadequada, tendo em vista as diferenças óbvias entre a posição informal de um membro de milícia de chaveiro e um agente de custódia com funções formalmente definidas por lei e reguladas por procedimentos operacionais dentro de uma burocracia oficial. Entretanto, de certo modo, a vigilância operada pela milícia pode ser um elemento mais eficiente em termos de acesso a informações sobre o comportamento dos presos, com uma rede de relacionamentos com maior capilaridade do que a que um agente de custódia normalmente é capaz de estruturar, por exemplo. Afinal, os servidores públicos operam em regime de plantão, não convivem o tempo inteiro com os detentos e muitas vezes sequer possuem conhecimento suficiente da linguagem, das regras de condutas e dos hábitos da população carcerária. Presos empregados em função de vigilância detêm mais conhecimento, possuem informações mais precisas sobre as pessoas com quem convivem no pavilhão. Isso significa mais facilidade para delinear temperamentos, aferir reputações e conhecer as idiossincrasias de cada um. Também a quantidade de benefícios potenciais ligados ao estabelecimento de boas relações com os chaveiros é grande, o que estimula fortemente a delação e o repasse de informações. E a punição da maior parte dos atos regulados nesse nível costuma ser de interesse imediato daqueles presos, que não desejam, por exemplo, conviver com "ratos de cela", pelo risco que estes representam para seus bens e pertences particulares.

Além disso, a presença de vigilância constante é um dos elementos que influencia de maneira mais direta a ocorrência ou não de delitos, pelo menos para parcela da literatura especializada nos estudos sobre crime. Certamente, a proximidade de convivência e a divisão do mesmo espaço podem conferir maior eficácia à vigilância desempenhada pelos presos empregados nessa função do que a presença intermitente de agentes que alternam plantões de 24 horas com 72h de folga, escala padrão dos ASPs em Pernambuco.

É claro que sempre está presente a possibilidade de delações interessadas e de falsos testemunhos, não só para ganhar créditos com o chaveiro ou membros de sua equipe como para prejudicar desafetos, da mesma forma que acontece com os agentes prisionais quando se trata do relacionamento com informantes na prisão. A necessidade de controle de delações de informantes tem sido tema de destaque no debate judiciário, principalmente pela grande quantidade de falsas acusações que o instrumento pode produzir, caso não seja devidamente regulado por alguns mecanismos e barreiras especiais.[9] No caso do sistema de controle informal dos chaveiros, possivelmente a reputação dos detentos opera como um forte instrumento para a aferição da qualidade da informação, definindo quem pode ser acusado e julgado a partir de informação de terceiros sem graves consequências. Nesse jogo, detentos identificados publicamente como dependentes químicos, presos mais jovens e aqueles sem ligação com redes de relacionamento no pavilhão terminam constituindo a parcela da população comumente apontada como autora de delitos, cuja reputação acaba contribuindo para condenações automáticas, sem muita chance de que seja exercido qualquer tipo de direito de defesa.

— Quem perturba a cadeia é maloqueiro — dizem os chaveiros, fazendo eco a uma visão relativamente disseminada entre os agentes penitenciários, que costumam operar com sistemas de classificação informal que definem certo tipo de detento suspeito até que se prove o contrário, complicado de se lidar no dia a dia, que não se mostra reativo à ameaça de sanções formais, como segregação administrativa ou transferência de unidade. Esse grupo de detentos é publicamente identificável como imune ao diálogo ou a qualquer tipo de racionalidade capaz de incorporar um cálculo de custos e benefícios para suas ações.

— O que eu vejo aqui é que o detento drogado, o noiado, como se fala, ele não respeita nem a mãe dele, quiçá um agente público — disse um ASP, que aqui chamarei de Matias, em entrevista a respeito do assunto. — Muitas vezes é necessário o uso progressivo da força, mas nem todas as unidades dispõem de equipamentos adequados para isso — complementou, deixando claro o tipo de tratamento que poderia exercer algum efeito para esse tipo de público.

As informações de que se dispõe a respeito do perfil dos detentos em uma unidade facilitam uma identificação, não necessariamente precisa, mas generalizada entre os responsáveis pelo controle, daqueles cativos mais problemáticos, comumente identificados como jovens dependentes de crack e outras drogas que não apresentam qualquer nível de controle.

— Eu tenho em torno de noventa a cem, num universo de 1.650 — especulou Brandi, outro agente penitenciário entrevistado, fazendo a conta de cabeça. — Geralmente viciados, novos, entre 18 e 30 anos; 99% viciado em crack, cola. Muitos desses não têm visita familiar, não têm família, não têm ajuda financeira em nada. São os caras que provocam mais problemas. Ou matam, ou morrem. Um público em potencial para um certo sinistro em momentos de rebelião e motim — complementou.

Em suma, existe um entendimento quase consensual de que alguns tipos de pessoas só respondem a sanções de natureza cruenta, já que medidas meramente administrativas não implicam grandes perdas para elas, já acostumadas a situações de privação prolongada e, aparentemente, irremediável em curto ou médio prazo.

Ou seja, o que está em jogo no exercício coercitivo da força pelos chaveiros é um problema objeto de debate na literatura sobre governança extralegal, particularmente aquela operada por instituições como gangues, facções e máfias, dentro ou fora das prisões, mas que dificilmente é enfrentado em todos os seus desdobramentos pelos especialistas, pelo conteúdo fortemente normativo que agrega: a eficácia da violência, da tortura, da execução cruenta e de outros métodos rejeitados socialmente como instrumentos de dissuasão de comportamentos. O debate se torna particularmente interessante na medida em que se verifica que toda a tradição de estudos sobre efeito dissuasório costuma operar com testes de hipótese que visam à mensuração dos resultados produzidos por aquele tipo de intervenção aceita legalmente pelo ordenamento jurídico das sociedades modernas e ocidentais. Ou seja, as opiniões e testes de hipótese variam dentro de uma esfera normativamente restrita de opções — maior presença policial, apreensão em flagrante, penas alternativas, programas de reinserção social, prisão, intensidade da pena, celeridade da punição etc. Esse leque não só restringe o entendimento do efeito dissuasório para os limites do ordenamento legal do Estado, como o delimita para o tipo de ordenamento típico das sociedades democráticas ocidentais, estruturadas a partir de uma concepção liberal do Estado democrático de direito. Evita-se, por exemplo, pesquisar se a pena de apedrejamento aplicada em algum país muçulmano orientado pela *sharia*, que incorpora dimensões de publicidade e intensidade da pena dificilmente encontradas em qualquer ordenamento jurídico democrático, pode ter mais eficácia sobre a dissuasão de comportamentos desviantes do que as receitas de controle previstas em sociedades como a nossa. O argumento normativo em defesa da exclusão desse tipo de hipótese, talvez baseado na ideia de "não ofertar munição" para argumentos autocráticos ou francamente totalitários contrários ao ordenamento legal vigente, torna-se um tanto quanto vazio na medida em que o debate é suscitado, ainda que de forma indireta e não intencionalmente, por estudiosos dessas instituições extralegais que operam na governança principalmente pela sua possibilidade de exercício da força.

Afinal, a variedade das penas e os tipos de controle exercidos têm tomado uma dimensão que, em muitos casos, não pode mais ser ignorada. Para ficar só no caso brasileiro, já é perfeitamente possível acessar um vídeo no YouTube, por exemplo, filmado por integrantes do PCC, que forçam pessoas condenadas em tribunais extralegais a cavar suas próprias sepulturas, enquanto ouvem todo tipo de gozações e ameaças, numa sucessão de humilhações que culmina em uma execução cruenta.[10] Da mesma forma, no caso do Complexo Penitenciário do Curado, os diversos vídeos de execuções que chegam às redes sociais provavelmente não foram filmados tão somente para deleite dos criminosos. Exercícios de mutilação, espancamento e outras formas de tortura visam à produção de resultados claros. Ameaças, intimidação ou punições que se estendem para familiares de primeiro grau também entram no rol de possibilidades à mão. A literatura acumulada sobre muitas organizações leva a crer que sua eficácia seja real, em uma medida ainda difícil de mensurar. Ou seja, o *terror*, ou *veneração* de que falava Thomas Hobbes no seu *Leviatã* parece permanecer como uma fonte de produção de ordem em inúmeras sociedades, incluindo aquelas pautadas pelo ordenamento liberal e democrático, ainda que vindo de outras fontes que não o Estado, e abrangendo uma parcela limitada de suas populações, mas com efeitos reais inclusive para aqueles estratos que não percebem sua presença sub-reptícia e, o mais das vezes, discreta.[11]

É fácil deduzir que a intervenção violenta produz um efeito particular naqueles criminosos de carreira, ou seja, que não se encaixam como passíveis de "dissuasão".[12] Isso significa que, entre os que não demonstram inclinação a desistir de determinados tipos de comportamento em face do risco de uma punição legal extremamente provável, haverá uma parcela que talvez não apresente o mesmo nível de resiliência no comportamento delinquente diante da possibilidade da tortura, da mutilação, da execução e/ou da ameaça a familiares e amigos próximos. Em um sistema de controles que incorpore esse tipo de possibilidades, os renitentes ou reincidentes, em algum momento, podem realmente receber uma pena de incapacitação definitiva, isto é, morte ou dano físico de natureza tal que os leve ao aleijamento. A exibição e circulação de registros audiovisuais de eventos como os acima citados, por sua vez, funciona como mais um elemento para a dissuasão de comportamentos delitivos. Nesse aspecto, os chaveiros se apresentam como detentores de um poder que é percebido em toda sua extensão pelos demais presos. Apesar de saberem que outras instituições exercem controle sobre eles, o seu potencial punitivo é apreendido enquanto tal, e não raro se manifesta em ato, a depender das circunstâncias e das pessoas envolvidas.

Outro tipo de controle coercitivo diz respeito à coparticipação dos chaveiros nas sanções disciplinares previstas administrativamente. Em uma visita a uma das unidades, encontramos três presos na cela de castigo do Pavilhão Disciplinar que haviam sido levados para lá por um chaveiro de outro pavilhão. O caso provocara certo estranhamento entre os representantes dos presos dos dois locais, visto que o chaveiro do Pavilhão Disciplinar via o fato como invasão de competência, já que achava que se tratava de procedimento administrativo sob encargo exclusivo dos ASPs. Em outras palavras, "gato" trabalha para a polícia, mas não para outro "gato". Levados para uma escuta num local afastado, os presos relutantemente nos informaram que não se tratava de um problema grave. "Foi uma discussão por causa de um chinelo", afirmou um deles, explicando que um membro da equipe do chaveiro havia pisado calçado, sem nenhum cuidado, no colchão em que um deles dormia. O dono do colchão protestou e uma discussão se seguiu, à qual logo se juntaram mais dois amigos do detento em questão. Provavelmente para não ver seu homem desmoralizado, o chaveiro ordenara que os três fossem transferidos para passar uns dois dias no castigo. "Depois disso, está tudo normal; sem bronca", completou um dos detentos, conformado com a situação. Todos os três se recusaram a prestar qualquer tipo de denúncia contra os envolvidos. Possivelmente, o fato de o problema ter sido resolvido sem violência explícita amenizava a tensão que produzira no momento de sua ocorrência, além da promessa de retorno para o pavilhão sem maiores prejuízos ou retaliações.

No caso acima citado, a punição de segregação administrativa foi aplicada de maneira informal pelo chaveiro, sem nenhuma interferência da administração penitenciária. Em outros casos, porém, o chaveiro atua como parte de um mecanismo disciplinar que dificilmente funciona sem a sua presença. Em muitas infrações cometidas pelos detentos, principalmente aquelas que dizem respeito a furtos de bens de companheiros de aprisionamento ou à participação em distúrbios e brigas que ultrapassam a capacidade do exercício normal da coerção, a aplicação de punições físicas precede o devido processo administrativo, no qual o chaveiro toma parte principalmente como porta de entrada. Ou seja, quando um preso é acusado de furto em um pavilhão, por exemplo, é normal que receba uma punição imediata do chaveiro e sua equipe, sendo em seguida encaminhado para uma cela do castigo no Pavilhão Disciplinar ou de Isolamento. Por conseguinte, é provável que o supervisor de segurança ou outro ASP averigue a situação para levantar informações e dar prosseguimento a um processo no Conselho Disciplinar da unidade, caso ache necessário formalizar a medida. A segregação pode ser oficializada formalmente, e estipulado o tempo de cumprimento, e o caso encaminhado para o julgamento do Conselho. Esse procedimento vai depender da decisão do gestor responsável pelo acompanhamento do caso, assunto que será tratado em capítulo posterior. Aqui, basta observar que o processo tem de se pautar principalmente pelo depoimento do chaveiro, tomado como fonte confiável a respeito do ocorrido. Uma parente de detento me alertou a respeito desse tipo de mecanismo, alegando que a versão dos fatos que consta nas acusações dos Conselhos Disciplinares acaba sempre reproduzindo, de uma maneira ou de outra, o depoimento do chaveiro a respeito do acontecimento, ainda que não conste em nenhum processo que a investigação não foi conduzida de maneira estritamente profissional pelos setores responsáveis. "Vai constar lá no processo sempre de maneira anônima. Pode ser que diga que a investigação junto a colegas de pavilhão levou a isso e àquilo outro, mas a gente sabe que ali é a palavra do chaveiro", explicou ela. A probabilidade de que esse protagonismo se verifique na prática, entretanto, reside na própria dificuldade de acesso à informação direta e não intermediada dos agentes penitenciários. Como na maior parte do tempo estes não operam com qualquer nível de observação imediata do cotidiano dos detentos, precisam estabelecer algum critério para a validação dos depoimentos a respeito dos acontecimentos, o que implica estabelecer diferentes níveis de confiabilidade para pessoas distintas. Na ausência de qualquer prova que não a testemunhal, para saber quem começou uma briga, quem roubou de quem, quem está certo e quem está errado, a administração precisa confiar na palavra de alguém. Nesse sentido, é possível dizer que os chaveiros dispõem de algum nível de "presunção de veracidade". Isto é, assim como os policiais, que, como atuam em função da administração pública, têm seus atos tidos como legítimos até que se prove o contrário, e cujo testemunho muitas vezes é tomado como prova válida e suficiente até para uma condenação judicial, a palavra de um chaveiro na prisão também vale mais do que a de um detento comum para os administradores das unidades prisionais na maioria das situações.

Com efeito, o problema enseja todo tipo de queixa dos presos em relação aos chaveiros. Em muitas visitas presenciei reclamações a respeito de desentendimentos pessoais ou calotes em negociações que motivam falsas acusações da parte dessas personagens contra outros detentos. Em um caso citado na primeira parte do livro, um detento acusava o chaveiro do seu pavilhão de ter armado para que pudesse repassar seu barraco para outrem. Enquanto este não estava junto de suas coisas, o chaveiro ordenara que alguém colocasse pertences roubados de outros detentos em meio a elas, armando um flagrante contra a vítima, para justificar sua transferência para o Pavilhão Disciplinar, sem que houvesse espaço para acareações e diligências. Ainda que não se possa presumir a inocência ou a culpa de um ou outro em um caso como esse, a repetição cotidiana desse tipo de relatos e a própria estrutura das relações de poder estabelecidas permitem considerar sua verossimilhança. Afinal, a própria posição do chaveiro enquanto intermediário de informações e com poder de tomada de decisões para a alocação de recursos escassos impõe às autoridades superiores um dilema de informação constitutivo da precariedade estrutural e da falta de recursos humanos na prisão. Os diretores das unidades serão cobrados por eventos de desordem coletiva ou pelo nível excessivo de violência letal nas unidades. Por outro lado, eles não possuem pessoal suficiente para manter os pavilhões sob vigilância constante. Dada a necessidade de delegar funções para que um grupo de presos exerça a governança, os administradores se colocam na posição de reféns a respeito das informações repassadas por seus intermediários. Duvidar do chaveiro em questão e conduzir uma investigação mais cuidadosa a respeito de fatos implica colocar sua autoridade em xeque perante os demais detentos. A simples ideia de que um chaveiro não está em boas contas com a gestão pode ser suficiente para estimular mais denúncias de fraudes, abusos e trapaças, nem sempre verdadeiras. A deterioração progressiva da autoridade, por sua vez, pode resultar numa disseminação maior de conflitos, ou na incapacidade de controlar comportamentos coletivos que são considerados indesejados pela administração, como rebeliões ou fugas coletivas, por exemplo.

Nesse aspecto, o poder do chaveiro reside precisamente na sua capacidade de manipular uma zona de incerteza tanto frente à administração quanto aos demais detentos. Afinal, estes também não possuem informações a respeito dos limites de atuação de um chaveiro, ou de que tipo de intervenção das autoridades constituídas ele pode dispor e em quais momentos, ainda que a prática cotidiana lhes dê alguma dimensão desse poder. Aqui, talvez a melhor metáfora para compreender a capacidade que o chaveiro tem de incitar a obediência seja a do "administrador colonial". A ideia se insere no debate a respeito do "improviso" do poder, um modo de comportamento típico da Renascença, que diz respeito à capacidade de capitalizar no imprevisto e transformar os dados imediatos no seu próprio cenário.[13] No período colonial, era previsível que as grandes metrópoles não contassem com contingente suficiente para administrar ou impor sua autoridade sobre uma vastidão de territórios e de povos distintos. Assim, a imposição de um "administrador colonial", nomeado entre chefes tribais ou autoridades locais, foi um recurso relativamente normal de poder utilizado pelos grandes centros decisórios. Mais do que alguém que contava com recursos diretos da metrópole, o administrador colonial era alguém que poderia exercer poder sob sua sombra. Ainda que nem sempre fosse o líder mais apto ou militarmente mais bem equipado do local, o desafio eventual a sua autoridade seria sempre um desafio à autoridade da metrópole. Se esta não contava com um exército suficientemente grande e bem armado para manter presença constante nos quatro cantos do globo, poderia, sim, deslocar uma grande quantidade de homens para punir rebeldes, insubordinados ou infratores em expedições militares localizadas. Assim, o administrador colonial funcionava como uma salvaguarda da paz nos territórios de colônia. Estabelecer trato com ele não significava necessariamente uma submissão direta ao controle metropolitano. Afinal, não eram os olhos dos colonizadores que estavam literalmente sobre si, mas de um igual, elevado à condição de *primus inter pares* pela ação de uma força exterior. Podia ser, é verdade, que este impusesse um jugo ainda pior do que uma situação de domínio direto. Pois aos impostos, regras, regulamentos e imposições definidos pelos centros decisórios poderiam ser somados ainda outros, pela ação legal de um mandatário instituído ou pela simples discricionariedade de que este dispunha para o exercício da autoridade. Entretanto, a figura em si mesma representava possibilidades de negociação que poderiam não existir com a presença efetiva dos colonizadores. O administrador colonial fazia as vezes de intermediário, filtrando os interesses reais de seus senhores e deixando aquilo que era acessório de lado, para ser utilizado conforme sua própria conveniência. A metrópole impunha uma lei de natureza moral, mas o que a movimentava era o ouro. Repudiava a bruxaria, a bigamia e a corrupção, mas o que colocava suas engrenagens punitivas em movimento era a desobediência explícita e a inadimplência. Essa zona cinzenta aumentava a margem de manobra e se estabelecia como uma estrutura de incentivos para o alinhamento e o acerto. Estar do lado do administrador colonial podia ter seus custos, mas implicava benefícios, já que ele operava como eixo de reordenamento e, posteriormente, sustentação da balança de poder e mesmo da distribuição de recursos na política local.

O GESTOR

A visão do chaveiro como um administrador vai além dessa analogia, com a possibilidade do exercício combinado com as autoridades legítimas para a aplicação de sanções disciplinares formais e informais. Como já se viu neste capítulo, o chaveiro opera como gestor do espaço e da rotina do pavilhão, ainda que seguindo orientações não definidas por ele, mas com uma margem de manobra relativamente grande em que pode exercer sua discricionariedade. Para além disso, os próprios chaveiros se veem e são vistos pelos presos como gestores com funções públicas, isto é, com obrigações, prerrogativas e possibilidades de realização de melhorias que respondem em muito pela sua aceitação junto à população carcerária.

Um caso ocorrido durante uma visita a uma unidade chama a atenção. Por coincidência, durante uma visita, nos deparamos com a chegada de uma comitiva de funcionários da Secretaria de Justiça e Direitos Humanos para uma visita de inspeção. Acompanhando a entrada do grupo em tempo real pelas câmeras de monitoramento na sala do diretor, também pego de surpresa, não pude deixar de notar a tensão real que o movimento suscitara. O supervisor de segurança, que até então conversava conosco, desceu para organizar a escolta da comitiva, enquanto o diretor discutia as solicitações de informações levadas por nós, mas sem tirar os olhos do circuito de vigilância. Após algum tempo de reunião, seguimos para o pavilhão onde a visita já chegava ao final. Logo na entrada, encontramos o funcionário da Secretaria Executiva de Ressocialização responsável pela operação, ao lado do supervisor de segurança da unidade e de dois detentos algemados. Na mão, ele trazia uma pequena balança de precisão e alguns compostos químicos utilizados para a fabricação de drogas, além de uma faca artesanal apreendida na revista. O chaveiro do local, um grandalhão que vou chamar aqui de Cláudio, permanecia sentado num banco de pedra no corredor do pavilhão. De tão humilhado, com as costas encurvadas e o queixo grudado no peito, o homem parecia menor do que de fato era. O semblante de preocupação e acanhamento emprestava ares de infantilidade às feições brutas, o cenho franzido, a testa pequena, com sobrancelhas espessas e queixo protuberante. "Cadeia é assim mesmo, doutor. A gente faz tudo direito, só trabalha por melhoria no pavilhão. Então acontece uma coisa assim e vai tudo por água abaixo", disse-me ele, quando me aproximei para saber do que se tratava. Os dois rapazes que viviam na cela onde foram apreendidas a balança de precisão e a droga faziam parte de sua equipe. Enquanto a comitiva percorria o restante das celas do pavilhão, Cláudio desfilava um rosário de lamentações na enumeração de todos os investimentos que fizera no local, para melhorar a vida de todo mundo, como se procurasse justificar o acontecido. Ao fundo, tocava uma música gospel alta, vinda de uma grande caixa de som instalada no alto do corredor.

— A gente trocou essa cerâmica, ajeitou o lixo que era aquilo atrás. Fizemos uma quadra. Mas parece que nada disso conta! — dizia o representante dos presos, inconsolável. Na parte externa do pavilhão, que funcionava com um grande pátio para o banho de sol, estava a maior parte dos homens de sua equipe, entre vinte e trinta, todos visivelmente desconfiados, distribuídos em pequenos grupos.

Assim que a comitiva se retirou, pedimos autorização para verificar os aposentos destinados à equipe do chaveiro, uma série de quartos na parte externa do pavilhão. Um dos rapazes de sua confiança nos acompanhou. Os cômodos comportavam uma ou duas camas e um banheiro, todos revestidos de cerâmica, tudo limpo, pintado e bem organizado. As reformas eram recentes. O rapaz que nos acompanhava lamentava a bagunça feita durante a revista, além do flagrante, por suposto. Em um dos aposentos, um espelho quebrado, com fundo rasgado.

— Não tinha por que fazer isso. Ele disse que não podia espelho em prisão, por questão de segurança, mas olha ali: deixou o do banheiro — alegou, desconsolado. E, de fato, a coisa toda não deixava de ser cômica, já que os cacos de vidro permaneciam no chão, ou seja, justamente aquilo que poderia ser utilizado como arma pelos detentos.

Em seguida, aproveitamos para vistoriar as demais "melhorias" feitas durante a gestão de Cláudio. Em um dos cantos da área externa, um tanque para a criação de tilápias, com sistema de oxigenação de água, horta japonesa nos canteiros e até um telhado verde por cima, feito com arame e coberto por uma trepadeira. Ao lado dele, um galinheiro onde se viam galos, patos, galinhas e outras aves. Tudo muito limpo e organizado. De fato, um exemplo em termos de eficiência. De alguma forma, era possível dizer que Cláudio tinha razão em se sentir injustiçado. Afinal, como ele mesmo alegava:

— Cadeia é cadeia. Não é possível controlar tudo o que todo mundo faz o tempo inteiro. Eu não vou acabar com o crime, nem a polícia acaba. Mas tenho tentado fazer o meu melhor. — Enquanto desabafava, o chaveiro limpava as lágrimas dos olhos. Não temia tanto pela sua posição quanto pelo que podia acontecer com os dois rapazes que haviam sido levados, um dos quais amigo seu de longa data.

Esse caso é ilustrativo de inúmeros elementos tratados nesta obra. Ele evidencia, por exemplo, a frouxidão das articulações do sistema que compõe a governança da prisão, que pode ocasionalmente resultar em desequilíbrios ou mesmo momentos de ruptura temporária da ordem estabelecida. Afinal, a falta de combinação entre as instâncias superiores da SJDH pode abalar a configuração de poder dentro de um pavilhão, ou mesmo a relação entre o chaveiro deste e o diretor da unidade, já que o segundo pode se ver pressionado a substituir o primeiro, com todos os riscos que tal movimento pode acarretar. Também nos diz muito sobre a centralidade dos chaveiros na regulação dos mercados ilegais na prisão, tema do próximo capítulo, já que os objetos em posse dos membros de sua equipe denotam sua importância na distribuição de drogas dentro do pavilhão, por mais que o chaveiro alegasse não operar com qualquer tipo de compra ou venda de drogas. O mais importante, entretanto, reside na ideia de "melhoria" do pavilhão, ou, mais precisamente, no tipo de relação que se estabelece entre essas personagens e a população e entre elas e a administração penitenciária, quando se colocam como operadores de reformas estruturais nas unidades que visam ao maior conforto dos detentos, ainda que com distribuição desigual dos investimentos. O chaveiro não é só um preso que detém as chaves do pavilhão e a função de "representar" a população penitenciária junto à administração. Tampouco restringe a sua influência à possibilidade do exercício do uso da força de maneira consentida pelas autoridades oficiais ou mesmo em relação de complementaridade com as sanções administrativas previstas nos regulamentos. Nem mesmo a administração da rotina do pavilhão, a distribuição dos presos no espaço e a regulamentação do uso do tempo esgotam sua função. O chaveiro é um "gestor": tem uma "gestão" que é avaliada em termos disso tudo e mais um pouco, já que a quantidade de investimento e trabalho empregada para o "bem comum" é certamente um elemento que contribui para a sua legitimidade junto à massa carcerária e sua aprovação perante as instâncias superiores, operando também como fonte de poder e dominação, no sentido clássico que a palavra tem nas ciências sociais, isto é, a obediência consentida.

A linguagem empregada por esses homens, por aqueles que atuam em sua equipe e pelos demais detentos é sintomática nesse aspecto. "Porque na minha gestão não tem isso de porrada; a gente vai no diálogo, na conversa" — quantas vezes não ouvi isso durante as visitas de monitoramento! Em inúmeras ocasiões, quando o chaveiro e sua equipe não se mostravam ressabiados ou apresentando algum nível de franca hostilidade para com nossa presença, demonstravam grande disposição em apresentar as "melhorias" feitas pela gestão. Esse tour se torna praticamente obrigatório em face de autoridades externas que chegam para conhecer o local, e também aconteceu na primeira vez que visitamos um pavilhão "sob nova direção", isto é, assumido por um chaveiro que até então não conhecíamos. A construção de novos barracos, a troca do piso de concreto por cerâmica em determinado local, a organização da cantina, a construção de banheiros novos, a higiene dos espaços de convivência comum, a instalação de fiação elétrica, a aquisição de uma mesa de sinuca para o lazer dos detentos — tudo é apresentado com ares de orgulho, mas também de prestação de contas do trabalho realizado pelos representantes locais.

Em uma das situações, Pitico, o chaveiro apresentado no início deste livro, narrou com orgulho e aprovação dos demais detentos o dia em que conseguiu, mediante contato com amigos, trazer um famoso jogador de clube local para a unidade num dia de visita.

— Foi uma festa isso aqui. A gente fez um bolo, serviu refrigerante. A criançada endoidou! E, no final, ainda conseguimos que ele [o jogador] doasse o toldo e a mesa de sinuca para o pavilhão. Então, já fica a melhoria — disse-me, visivelmente satisfeito.

O interessante é que esse tipo de linguajar não se restringe só ao representante dos presos e aos integrantes da sua milícia. Detentos comuns (ou "ratos"), na presença de visitantes externos, também incorporam os cacoetes, não só para elogiar, mas também para se queixar do trabalho realizado.

— Aqui essa gestão é dez — costumam dizer, acenando positivamente com o polegar, num sorriso forçado, ao lado do representante dos presos.

— Com fulano é diferente, muita coisa melhorou! — dizem outros, dando tapinhas nas costas do chaveiro. Obviamente, toda essa bajulação se insere como parte de uma estratégia racional para angariar ou reforçar os laços de amizade com a autoridade instituída. O que chama a atenção é que mesmo detentos insatisfeitos incorporam o cacoete, quando não na presença do chaveiro.

— Essa gestão é muita porrada! — queixou-se um deles, certa vez, na ausência de homens da equipe do chaveiro. Obviamente, não foi a única ocasião em que observei esse tipo de fenômeno, que se repete com regularidade monótona durante as visitas à prisão.

Mais ainda, os próprios administradores, particularmente os que estão na função de diretor e supervisor de segurança, certamente as duas personagens com mais contato com os representantes dos presos, também incorporam esse *éthos*.

— Um preso que trabalha com a gente! — disse o diretor da unidade, perplexo diante da tentativa de suicídio de Pitico, narrada no início do livro. Certamente, a reação não seria a mesma se se tratasse de um ato praticado por um detento desconhecido, com o qual tivesse pouco contato e nenhuma relação de confiança.

Ainda que se faça questão de estabelecer a diferença entre agente da lei e preso, o chaveiro visivelmente ocupa uma posição intermediária nesse universo simbólico. Ele é parte da equipe, parte da gestão, e comumente é tratado enquanto tal. Em pelo menos duas ocasiões presenciei diretores das unidades realizando reunião conjunta com os representantes dos pavilhões em suas salas.

— É uma reunião de gestão — me disse um deles certa vez. Infelizmente, nunca fui autorizado a acompanhar nenhum desses eventos do início ao final, mas os chaveiros eram tratados com familiaridade pelos agentes da lei.

A ênfase no diálogo, na comunicação e na prestação de contas está sempre presente nesse ponto. A maneira como a gestão exerce controle sobre os chaveiros vai ser tratada mais adiante, mas vale enfatizar aqui que a visão dessas personagens sobre seu próprio trabalho, bem como a dos presos comuns, se constrói em relação direta com agentes do Estado. Ela faz parte, nesse sentido, de uma linguagem oficial, que perpassa universos simbólicos por vezes aparentemente antagônicos, mas que se encontram, em pontos como esse, em relação de perfeita complementaridade.

Aqui, não posso deixar de invocar dados da minha própria biografia para fazer comparações que me parecem relevantes. Pois a linguagem e mesmo certo *modus operandi* dos chaveiros se tornam constrangedoramente próximos do comportamento de muitas lideranças comunitárias que encontrei durante os anos em que trabalhei na gestão pública, em favelas e na periferia do Rio de Janeiro, Recife e Ipojuca.[14] Tanto os chaveiros como as lideranças comunitárias apresentam o mesmo esforço de legitimação do próprio trabalho, tentando demonstrar a popularidade que têm com os moradores do local, apresentando-se, enfim, como os verdadeiros "representantes" daquele território e daquelas pessoas. Ou seja, há, no mínimo, semelhanças evidentes que dizem respeito ao papel que intermediários desempenham na relação entre o governante e a população. O sucesso e a aprovação de um político junto a determinada comunidade quase sempre depende desses interlocutores, que se apresentam como "guardiões da chave", ou, em outras palavras, do segredo para o estabelecimento de um fluxo entre *inputs* e *outputs*, demanda e oferta, poder e obediência etc., operando, assim, como tradutores e mediadores de recursos e informações.

Em certo sentido, eles apresentam um componente de *estatalidade* na definição de seu *éthos, modus operandi*, identidade, linguagem e mesmo visão de mundo, que se define na relação que estabelecem com o Estado, por metonímia, analogia ou mimetismo.[15] Afinal, a liderança comunitária se estabelece enquanto tal, para si e para os outros, na medida em que consegue, de um lado, operar como intermediária entre agentes do Estado e comunidades, apontando quais são as demandas relevantes para estas e simplificando os processos de coleta de informação e tomada de decisão daqueles, e, de outro, agir como intermediária entre o voto dos eleitores e os políticos que possibilitaram, direta ou indiretamente, a aquisição de determinados benefícios comuns. Administrar corretamente essa lógica lhe confere e confirma o status de *representante* de uma população, tanto frente ao aparato estatal quanto às pessoas que a compõem. Ou seja, o poder e a identidade aqui aparecem como componentes indissociáveis de uma relação entre elementos só aparentemente separados entre si, mas sem a qual nenhum deles possuiria qualquer sentido isolado dos demais, e que tem, entretanto, o Estado como seu grande centro gravitacional. O mesmíssimo mecanismo opera no caso dos chaveiros, que só se tornam algo e exercem poder sobre outras pessoas pela sua posição de intermediários entre os agentes do Estado e a população penitenciária. É exatamente o conjunto de prerrogativas, que inclui a intermediação de informação, o exercício da força, a organização do espaço, a administração do tempo, o controle de acesso a inúmeros bens e serviços, a discricionariedade e força física para aplicação de normas e a procura de realização de melhorias tidas como um bem comum por parcela dessa coletividade, que lhes confere, de um lado e do outro da balança de poder, isto é, entre os administradores oficiais da prisão e os detentos (incluindo-se, nesse grupo, as pequenas gangues, as organizações e as facções que também desempenham a função de instituições de governança extralegal), o papel de autoridade, ou de alguém capaz de produzir ordem.

Nesse ponto, é preciso enfrentar uma questão espinhosa, mas fundamental para se entender o lugar do chaveiro na governança das prisões pernambucanas. A atuação do gestor está também ligada, de uma forma ou de outra, ao processo de seleção de detentos para desempenhar a função de representante dos presos. Nesse ponto, as informações de que disponho são escassas e não raro contraditórias entre si, a depender das fontes em jogo, mas não parece haver um padrão claro para as nomeações. Um agente que trabalhou em uma unidade da região metropolitana do Recife, por exemplo, contou-me que naquele local a escolha do chaveiro passava por um processo de deliberação e aclamação da população do pavilhão em questão. Os chaveiros com quem conversei durante a pesquisa preferem não entrar em detalhes a respeito do seu processo de seleção, para além de um convite da direção ou da supervisão de segurança da unidade, por relações de confiança mais antigas ou pelo histórico de trabalho com a polícia. Porém, vez ou outra relatam (referindo-se sempre a outras personagens, de outras unidades) complicados processos de negociação entre detentos, que adquirem a chave uns dos outros por valores não raro bastante altos (R$ 100 mil ou R$ 40 mil), já que o ocupante da vaga teria prerrogativa de escolha junto à administração penitenciária. Não é impossível que as acusações de corrupção, isto é, de negociação entre agentes públicos e detentos para a nomeação para a função, sejam procedentes em um caso ou outro, em alguma ou algumas das dezenas de unidades do Estado. Afinal, a própria informalidade da função e o tipo de benefício que ela acarreta favorecem o estabelecimento de trocas ilícitas. Já que alguém vai ter que nomear um detento com tamanho poder e centralidade nos mercados informais e ilegais na prisão, não é inverossímil que se deseje fazer disso objeto de negociação. Perdido por um, perdido por mil. Na opinião de alguns agentes que comentaram sobre o tema comigo, algum tipo de troca sempre estará em jogo, nem que só diga respeito à realização de melhorias nas unidades. É sabido que posições como a de cantineiro, por exemplo, passam por esse tipo de relacionamento. Evidentemente, não há qualquer tipo de prova documental de que as reformas realizadas nas unidades, sejam para a construção de barracos ou para a instalação dessas pequenas melhorias, não sejam todas elas executadas pelo Estado. Porém, o simples fato de que a maior parte não obedece a qualquer tipo de regulamentação ou critério oficialmente definido já é um indício de que a informalidade orienta a maior parte desses processos. Nesse jogo, não só o dinheiro de detentos como os chaveiros, como também o arrecadado em serviços legais, mas não regulamentados, como a cantina, serve aos mais variados fins, da manutenção à construção de novos espaços na prisão.

Obviamente, outros critérios também são levados em consideração. Como dito anteriormente, é normal que matadores, justiceiros e integrantes de grupos de extermínio sejam escolhidos para a função. O fato se deve a uma série de razões. Esse personagem possui habilidades específicas que não estão ao alcance de todos os detentos, como a disposição para o exercício eficaz da violência e a organização de rotinas de controle e vigilância do comportamento dos demais. A reputação que ele detém junto aos demais detentos provavelmente opera como efeito dissuasório para alguns daqueles interessados em lhe contestar a autoridade ou infringir as regras da sociedade dos cativos. Ademais, o fato de muitos deles terem atuado, fora das prisões, em organizações responsáveis pela prestação de serviços de proteção privada informal ou ilegal, não raro com anuência ou colaboração direta de agentes da lei, os aproxima mais, em termos de identidade, modo de atuação e visão de mundo, de policiais e outras categorias de profissionais do sistema de justiça criminal. Traficantes também costumam ser selecionados para a função, pela óbvia ascendência que possuem sobre a população carcerária, dada a sua posição de centralidade nos mercados ilegais da periferia e da prisão, o que lhes confere dinheiro, poder de fogo, pessoas em relação de dependência e subordinação direta etc. Estelionatários e ladrões, por sua vez, não costumam ser tomados como personagens confiáveis para esse tipo de atividade, já que a prática da fraude, em si mesma, é razão de desconfiança para uma relação que se estabelece, principalmente, a partir do fluxo de informações, e o roubo não costuma ser tolerado entre detentos, ainda que não seja um ato tido como moralmente condenável quando as vítimas não compartilham do mesmo status de detento.

"Cabeça de área" é a terminologia empregada pelos agentes penitenciários e pelos detentos para definir os presos que detêm alguma capacidade de influência sobre a população penitenciária. Ela geralmente envolve a definição de presos com alguma habilidade de se comunicar e liderar pessoas, mas também com reputação, capacidades e recursos necessários para se fazerem respeitados e temidos pelos demais. Força física, armas, dinheiro e relações pessoais contam bastante, portanto. Certamente, cada um desses elementos é levado em consideração para a escolha de um chaveiro. Isso significa que um detento sem nada disso dificilmente ocupará a posição ou conseguirá mantê-la, já que não dispõe do essencial nem sequer para garantir a própria segurança. É preciso ressaltar que nem sempre o detento que dispõe da maior quantidade desse tipo de capital será escolhido para a posição, já que nem sempre o deseja. Nesse sentido, o chaveiro pode ser um aliado ou mesmo alguém que trabalhe diretamente para si. Afinal, ao mesmo tempo que centraliza muitos recursos e adquire diversas vantagens ao assumir a posição de intermediário, o chaveiro canaliza muito ódio e insatisfação, principalmente entre aqueles que é obrigado a coagir fisicamente.

— Aqui é cadeia; eu não posso controlar o crime — disse Cláudio, o representante citado anteriormente, enquanto conversávamos sobre sua posição. — Eu não quero sair na rua amanhã e estar devendo para alguém. Tenho uma vida fora daqui. É muito difícil isso, porque você tem que dizer "não", mas é preciso fazer as coisas de modo a não arrumar inimigo — complementou.

Esse discurso é parte da retórica comum dos chaveiros, principalmente quando se esforçam para desmentir acusações de uso excessivo ou desmedido da força. E não reflete exagero ou temor injustificável, tendo em vista, por exemplo, o caso do chaveiro Ribamar, retratado no segundo capítulo deste livro, assassinado quando ainda estava no regime semiaberto. Durante a pesquisa, pelo menos outros dois casos de chaveiros assassinados chegaram até nós, sempre que progrediam de regime ou durante o livramento condicional. Não é possível afirmar que todos esses crimes foram motivados por rixas ou desavenças acumuladas durante o exercício da função, mas o receio dos chaveiros quando falam do cuidado para com os excessos não deixa dúvida de que se trata de hipótese minimamente verossímil.

O modo como as informações relevantes são coletadas para garantir um processo eficaz de seleção dos chaveiros será objeto de discussão nos capítulos posteriores. Por enquanto, basta afirmar que a informação é um recurso valioso nesse e em inúmeros aspectos quando se trata de gestão da prisão. Ela é obtida pelos administradores locais por meio de uma complicada rede de informantes, muitas vezes descentralizada entre os diversos agentes que operam na unidade, e também através da colaboração de instâncias especializadas da Seres. Enquanto um preso "de confiança", como se costuma dizer na linguagem dos ASPs, o chaveiro ocupa uma posição central na governança da prisão. Tendo em vista que os agentes não podem exercer controle visual direto sobre a população penitenciária, parte constitutiva da eficiência do sistema diz respeito à capacidade de seleção e controle das pessoas que ocupam essa função. Esse tema será discutido novamente mais adiante. Antes, é preciso entender como o controle social desempenhado pelos chaveiros se articula com outras instituições extralegais de governança e a relação que estabelece com os mercados legais, ilegais e informais na prisão.

6
Feira livre

RESERVA DE MERCADO

O caso de Botinha era inusitado em inúmeros aspectos. Normalmente, as situações envolvendo a comunidade LGBT nas prisões de Pernambuco sempre têm um coeficiente a mais de complicação para se lidar. Trata-se, de forma geral, de população extremamente vulnerável e sujeita a violência nas unidades penitenciárias. Ainda que o sistema pernambucano não seja tão marcado por proibições explícitas de convívio comum com estes presos como acontece, por exemplo, em prisões reguladas pelo Primeiro Comando da Capital em São Paulo e outros estados, a cadeia está longe de ser um espaço seguro para pessoas que não partilham de práticas exclusivamente heterossexuais ou que apresentam algum tipo de disforia de gênero.

Como narrado anteriormente, homossexuais, travestis e transexuais são pessoas para as quais não valem as mesmas regras de convívio na sociedade dos cativos. Além das agressões verbais comuns, podem se tornar vítimas de estupro ou assédio sem que isso resulte necessariamente na perda de reputação ou na punição dos envolvidos. Normalmente, não dispõem de ampla liberdade para relacionamento íntimo com pessoas do mesmo sexo, e terminam estigmatizadas pelo restante da população. Somente em poucas unidades do estado essas pessoas têm acesso a funções comissionadas que não só contribuem para a progressão de penas como também fornecem um auxílio financeiro importante e uma distração para o tédio constante da vida na prisão. O tratamento que lhes é dispensado pelos agentes penitenciários não costuma diferir muito do restante da população penitenciária, permeado de xingamento, preconceito explícito e outras formas de estigmatização.

Por outro lado, é sempre bom lembrar que se trata de pessoas presas ou condenadas por crimes muitas vezes graves. Parcela dessa população que se encontra trancafiada no sistema penitenciário teve ou tem envolvimento com casos de violência. Alguns foram encarcerados pelo assassinato de parceiros, outros, por tentativa de homicídio em situações de luta por pontos de prostituição ou venda de droga. Com aparência efeminada, mas estrutura muscular e compleição óssea de homens adultos, muitos deles demonstram a mesma disposição para a violência que o restante da população carcerária, o que inclui não só capacidade física específica para tanto, como também índices parecidos de baixo autocontrole. O pavio curto de alguns contribui para que os "frangos", como são chamados na prisão, ganhem fama de desaforados ou mesmo temerários. Na medida em que já se encontram publicamente estigmatizados, muitas vezes não se veem na obrigação de respeitar determinadas restrições no trato cotidiano com os demais. Em muitas situações, outros presos se veem em situação de constrangimento ao se envolverem em confusões com eles, sendo esculachados e difamados em público, com acusações, falsas ou verdadeiras, de terem procurado serviços sexuais na ausência de visitas íntimas ou de desejarem secretamente manter intercurso com aqueles que achacam publicamente. Conforme explicado no capítulo 4, xingamentos que põem em xeque a masculinidade dos detentos na prisão facilmente resultam em altercações violentas. Também os agentes penitenciários e administradores por vezes se queixam da disposição que esses personagens apresentam de acusar de "homofobia" qualquer tipo de comportamento que os desagrade, por mais que o tratamento possa ser alegadamente o mesmo dado ao restante dos presos em situações de desacato, desobediência ou envolvimento em atos de violência.

A vulnerabilidade particular a que se encontram sujeitos os presos homossexuais tem levado cada vez mais os administradores prisionais a reservarem um local específico para eles na prisão. Em alguns casos, pode ser uma pequena área de um pavilhão, não raro o mesmo reservado para os presos que trabalham em função concessionada. A separação ou não desse local por cercas ou grades vai depender muito do clima que se estabelece entre essas pessoas e os demais presos na unidade. Já vi instituições em que as celas são perfeitamente integradas ao restante do pavilhão, com os presos vivendo em relativa harmonia, mas também acompanhei situações em que o espaço destinado à população LGBT terminou tendo de ser isolado do restante do pavilhão por uma cerca, como forma de evitar os constantes confrontos. Em pelo menos uma unidade do estado, um espaço inteiramente isolado da prisão foi instituído como pequeno pavilhão especialmente destinado a essas pessoas. Apesar de receber elogios de entidades de proteção aos direitos humanos, a iniciativa não é vista com bons olhos por todas as pessoas LGBT. Afinal, o isolamento do restante da unidade impõe restrições ao convívio que, se por um lado podem representar mais segurança pessoal, por outro podem implicar prejuízos de ordem afetiva e mesmo financeira, dadas as restrições de acesso aos vários mercados instituídos na prisão.

Botinha parecia ser uma vítima desses dois tipos de privação. Tivemos conhecimento de seu caso numa visita ao Pavilhão de Isolamento da unidade. O chaveiro do local, Lula Monstrinho, havia reservado o espaço geralmente destinado ao culto evangélico do pavilhão para que atendêssemos os presos com dificuldades de atendimento de problemas de saúde. Junto com outro homossexual que habitava o local, Botinha esperara até que não restasse mais ninguém na fila de dezenas de presos que se queixavam na demora para o encaminhamento em cirurgias ou de atraso no recebimento de medicações. Ao se sentarem à mesa conosco, os demais presos do lugar se colocaram à distância, observando a cena com desconfiança. Era possível ouvir comentários jocosos e reclamações da parte de alguns deles. Sempre havia ciumeira envolvida com o atendimento à população LGBT. Como havia dias em que passávamos todo o horário de monitoramento na unidade resolvendo alguma situação relacionada com eles, vez ou outra um preso se queixava de que "só queríamos saber dos frangos". Proporcionalmente, de fato, era um público que acabava demandando mais do nosso tempo. Para evitar que isso resultasse em retaliações para os homossexuais, atendimentos na frente dos outros tinham de ser breves.

— O que estão fazendo com a gente é desumano, é uma injustiça! Todo mundo tem direito de namorar aqui, menos a gente? — Os dois rapazes aparentemente se queixavam da mesma coisa. Haviam sido transferidos para o Pavilhão de Isolamento por causa de ameaças de morte. Em ambos os casos, a desavença tinha a ver com dívidas relacionadas ao uso de drogas.

Botinha era um rapaz baixo, de boa aparência, esguio, o rosto com traços delicados. O outro, cujo nome nunca fiquei sabendo, tinha a pele acinzentada, o rosto macilento, o corpo comprido e esguio, com toda a aparência de dependente químico em estágio avançado. Nenhum deles encontrou no pavilhão um ambiente hostil como em outros locais da prisão. Afinal, tratava-se do local para onde eram transferidos todos os outros presos "sem convívio". Isso gerava certa solidariedade, capaz até de dosar um pouco do preconceito habitual da prisão, apesar de não permitir superá-lo por inteiro.

— Lula Monstrinho é maravilhoso com a gente. Não tenho um "ai" para falar dele — disse Botinha. — Eu lavo a minha roupa aqui sossegada. De vez em quando, até recebo uns salgadinhos de casa para vender. É um paraíso! — Porém, havia um problema que não estavam conseguindo contornar, por mais que tentassem. — A gente não pode receber nossa visita íntima aqui, como todo mundo. O pessoal não deixa, diz que aqui não é motel para veado. O meu namorado mora em outro pavilhão. Semana passada fui encontrar ele e quase me mataram de pedrada. Como a gente resolve isso?

Era uma situação complicada. Não me parecia plausível pedir tal nível de flexibilização para os detentos. Na verdade, a coisa podia soar como provocação para os demais, aumentando substantivamente os riscos de agressão aos rapazes e seus eventuais parceiros. Dificilmente os administradores da prisão iriam interferir para resolver um problema dessa espécie, fosse por falta de interesse ou para não tensionar o relacionamento com a população penitenciária. Com certeza alegariam a necessidade de respeitar as condições particulares de segurança que regem o acesso a esse tipo de pavilhão, que mesmo em dia de visitas permanece fechado à circulação dos detentos, ficando o trânsito de pessoas restrito ao pequeno pátio externo, com um forte controle da equipe do chaveiro da entrada e saída do local. Ainda assim, Wilma decidiu arriscar e conversar com o representante dos presos. Lula nunca se mostrou particularmente aberto para dialogar conosco. Não era agressivo ou resistente, mas tampouco demonstrava apreço pela nossa presença. Sujeito baixinho, chegava a ser engraçado vê-lo comandar tantos homens bem mais fortes e maiores sem precisar demonstrar agressividade ou exaltação. Falava sempre calmamente, mas nunca demonstrava insegurança. A postura sempre ereta e o peso simetricamente distribuído entre as pernas denotavam o passado na corporação militar. Nunca descobri se fora policial ou se servira nas Forças Armadas. Do que tive notícia a seu respeito, foi que ganhara fama de "dedo solto" num grupo de extermínio que atuava na região metropolitana do Recife no início dos anos 2000.

Aquele não parecia um dia propício para solicitar esse tipo de demanda. Assim que chegamos ao pavilhão, o auxiliar do chaveiro tratou logo de disponibilizar toda a estrutura para atendimento dos doentes e organizar uma fila, mas sem a presença do chefe. Lula convalescia de chicungunha e repousava naquele momento. Quando terminamos de falar com os dois rapazes, felizmente, fomos avisados de que o chaveiro poderia nos receber. Encontramo-nos com ele na sua cela privativa, deitado na cama, jogando no celular, ainda um pouco abatido da doença. Quando soube do que se tratava, pediu que os assistentes nos deixassem a sós para que pudesse deliberar sem maiores constrangimentos. Assim que a porta se fechou, baixou o celular e olhou para nós, suspirando.

—A demanda parece justa — disse, para nossa surpresa, e continuou: — Mas vocês sabem que não é fácil. Cadeia é complicado. — Sabia que os rapazes corriam risco de vida ao sair do pavilhão e não tinha como mantê-los trancafiados ali o tempo inteiro, principalmente nos dias de visita íntima. Hora ou outra, podiam fazer uma denúncia oficial ou para qualquer outra autoridade responsável. Porém, a construção de um espaço reservado para os rapazes desfrutarem de visita íntima não gerava somente um problema com o restante dos presos devido ao preconceito com esse tipo de comportamento. Era uma questão de mercado. A maior parte dos detentos que dormia em barraco havia pago alguma coisa pelo espaço. Não pareceria justo que dois homossexuais que dormiam na BR recebessem um local privativo só para ter relacionamento sexual com outros presos, de outros pavilhões. E certamente nenhum dos detentos estaria disposto a emprestar seu barraco ou okaida para esse tipo de uso, ainda mais num dia de visita íntima.

— E se o diretor fizer um pedido oficial? — questionou Wilma.

Lula Monstrinho olhou para ela, coçando o queixo como se calculasse alguma coisa. Finalmente, respondeu que, nesse caso, ninguém poderia reclamar e ele teria de cumprir a ordem. Indaguei se o pedido geraria algum tipo de constrangimento a ele perante a população penitenciária. Lula deixou escapar um sorriso de malandro e disse:

— Da minha parte, problema nenhum. Vocês sabem que eu, no fundo, sou um liberal!

Os três rimos com a brincadeira e o clima ficou mais descontraído. Porém, antes que a conversa fosse encerrada, Lula alertou:

— Eu sei que Botinha tem um namorado mesmo; coisa fixa, de outro pavilhão. Já conhecia a história dele. Esse rapaz não perturba ninguém. Mas o outro lá pode vir a dar problema. — Em seguida, explicou que o detento tinha um histórico reiterado de escapar do pavilhão em dia de visita e que já fora pego algumas vezes comercializando crack lá dentro.

— A gente tenta ter um cuidado muito sério aqui no Isolamento com isso. Porque, se alguém ficar devendo, não tem para onde descer. Isso aqui já é o Serasa da prisão. Então, é bom que fique uma coisa bem clara: se o "frango" dele começar a trazer droga para cá, vão ter problema. Aí acabou o amor! E tem mais: vão registrar visita como todo mundo; não quero ninguém fazendo programa aqui...

Concordamos em conversar com os dois rapazes a respeito das demandas. Não dava para saber se a preocupação girava realmente em torno da proibição da comercialização desse tipo de droga no local ou se era somente uma questão de reserva de mercado, e Lula quisesse preservar seu negócio ou de algum protegido seu lá dentro. Porém, não havia muita escolha além de mediar a situação nos termos colocados pelo representante.

Os dois rapazes concordaram sem pestanejar com as condições impostas. Botinha logo se animou com a possibilidade e instou o seu parceiro para que não fizesse nenhuma trapaça que viesse a comprometer o arranjo. Não houve muita dificuldade em combinar com os administradores da unidade para que a demanda fosse repassada oficialmente ao chaveiro e o espaço privativo logo foi disponibilizado. A estrutura perdurou durante bastante tempo sem que houvesse maiores queixas de parte a parte.

Infelizmente, quando voltamos a ter notícias deles, as circunstâncias eram as piores possíveis. Após escapar do pavilhão durante um dia de visita, Botinha retornara de madrugada após sucessivas sessões de uso de crack. Como o responsável pela porta de entrada arrumou problemas para deixá-lo entrar, o rapaz se pusera a gritar e atirar pedras no telhado do pavilhão. Os agentes de plantão foram acionados e o preso foi levado para uma cela da Disciplina, que, naquela unidade do Complexo, ficava afastada do Isolamento. Trancado com mais de 25 homens num espaço apertado, drogado e meio fora de si, Botinha entrara em altercação com os detentos do local poucos minutos depois de chegar, sendo brutalmente espancado pelo grupo e estuprado sucessivamente até perder os sentidos. O caso só chegou ao nosso conhecimento depois que o rapaz foi transferido para outra unidade distante da capital. O outro rapaz, que nunca fiquei sabendo como se chamava, já tinha progredido de pena e estava no semiaberto, aguardando a libertação.

AS PEQUENAS COISAS DA VIDA

A história de Botinha é mais do que mais um relato de violência e sofrimento na prisão. Ela é mais um indicativo da relação entre diversos mercados legais, ilegais e informais existentes nesse espaço, e diz algo das instituições de governança responsáveis pela sua regulação. A associação da prisão com um *locus* particular para o desenvolvimento de diversos tipos de mercado faz parte da tradição da sociologia das prisões desde a segunda metade do século passado, pelo menos. Enquanto instituição pensada para confinar pessoas, ela impõe uma série de outras privações aos presos que vão muito além daquelas delineadas no código penal. Um preso não é senhor da sua rotina, nem administra mais seu próprio tempo. Dorme onde lhe é imposto e circula em um espaço delimitado pela instituição. Não pode dispor da maior parte dos bens de consumo acessíveis para o restante das pessoas, sejam os autorizados por lei ou não. Quando pode exercer atividade sexual ou desfrutar do afeto de seus parentes e amigos íntimos, isso se dá também de forma regulada, num local e durante um período de tempo definido por outrem. Além disso, está sujeito à convivência diária com centenas de outros indivíduos que não conhece, vários deles com péssima reputação ou largo histórico de crimes contra a pessoa e a propriedade alheia. Cada uma dessas privações institui uma demanda difusa, que é condição necessária, mas não suficiente, para o estabelecimento de qualquer mercado em um ambiente social.

Nesta obra, utilizo o conceito de mercado para definir arenas de trocas regulares e voluntárias de bens e serviços por dinheiro e/ou outros bens e serviços, em condições de competição.[1] A legalidade ou não dos mercados, por sua vez, diz respeito ao fato de o Estado proibir o produto em si mesmo ou determinada forma de comercialização. A diferença em relação aos crimes de natureza econômica se estabelece na medida em que ambos os lados envolvidos na troca têm conhecimento de que se trata de uma contravenção legal ou um crime. A ilegalidade de um mercado pode variar no tempo e no espaço, mudando de uma sociedade para outra, e mesmo em distintos ambientes dentro de uma mesma sociedade. Sem dúvida, a prisão é um ótimo exemplo disso, já que no seu interior não são permitidas legalmente a posse e/ou a comercialização de objetos como aparelhos celulares, notebooks, câmeras, gravadores e outros dispositivos eletrônicos para os quais não há qualquer restrição legal na sociedade mais ampla, ainda que a negociação de outros produtos seja autorizada e por vezes operada pela própria instituição. Na medida em que a comercialização ou determinado produto caem na definição de ilegalidade, o Estado não protege mais quaisquer direitos de propriedade nesses mercados, não define nem reforça eventuais controles de qualidade dos produtos e pode mesmo aplicar punições sobre as partes envolvidas nas relações de troca.

Legal ou ilegal, um mercado só se estabelece se existe demanda e oferta para o produto em questão. No caso dos mercados ilegais, porém, algumas condições específicas têm de se apresentar. Do lado da demanda, ou o mercado legal não existe, ou o produto oferecido ilegalmente é bem mais barato do que de maneira autorizada pelo Estado. Do lado da oferta, por sua vez, o estabelecimento de mercados ilegais depende da expectativa de lucro por parte dos fornecedores, que se dá em função dos custos envolvidos na produção e na distribuição, entre eles a possibilidade de sanções legais. Porém, nem mesmo todas essas condições são suficientes, se não existirem consumidores e fornecedores dispostos a encarar os custos morais e os riscos de punição legal envolvidos nesse tipo de transação.

Não interessa muito aqui discutir a literatura especializada a respeito de mercados ilegais.[2] Basta dizer que um mercado pode ser ilegal por diversas razões e em pontos diferentes da cadeia de produção e consumo. Existem mercados ilegais pela própria natureza ilegal dos produtos ou serviços que estão sendo comercializados, como é o caso de substâncias ilícitas como maconha, cocaína, crack, heroína etc. Outros, por sua vez, caem no conceito de ilegalidade pela maneira como se dá o ato da troca do produto, mesmo que em todos os aspectos seja considerado legal, como é o caso da venda de bebidas alcoólicas para menores de 18 anos, proibida no Brasil. Também é possível pensar em mercados ilegais que se estabelecem em torno de produtos roubados ou falsificados na sua produção. Ou naqueles mercados que violam regulamentações legais, como a evasão de divisas ou o descumprimento de normas de proteção ao meio ambiente. Além disso, talvez seja possível pensar também nas zonas cinzentas da economia, formadas por mercados mais propriamente informais do que ilegais, que dizem respeito a atividades que não são objeto direto de regulamentação do Estado, ou cuja regulamentação não tem propriamente um valor legal. Isso significa que mercados ilegais podem se desenvolver em relação de interpenetração com aqueles considerados legais, donde a dificuldade de delimitar a chamada "economia das sombras", ou aquele tipo de atividade econômica que se desenvolve longe do alcance da taxação do Estado e de outras formas de regulação.

Esse debate conceitual é importante para que se entenda que nem sempre uma demanda coletiva se traduz na instituição de um mercado. Dependendo do sistema prisional e do sistema de justiça criminal em jogo, por exemplo, a privação de liberdade dos detentos não necessariamente dá ensejo a um mercado de fugas da prisão, por exemplo. Porém, um controle pouco eficaz dos dispositivos legais que possibilitam a progressão de pena pode, sim, incentivar o estabelecimento de um mercado ilegal de relatórios administrativos ou de documentos falsificados, por mais inusitado que isso possa parecer. No caso das prisões pernambucanas, quase todos os tipos de mercados elencados anteriormente se encontram de maneira mais ou menos disseminada, com um nível maior ou menor de anuência do Estado, regulados pela presença de instituições de governança mais ou menos eficientes, mais ou menos centralizadas, variando de caso a caso.

A existência de qualquer mercado está previamente vinculada à presença de determinadas instituições sociais, enquanto condição de possibilidade para seu estabelecimento e operacionalidade. Elas facilitam que as pessoas envolvidas em um mercado se organizem para competir, cooperar ou realizar determinadas trocas, instituindo direitos de propriedade, estruturas de governança, concepções de controle e regras de comercialização. Direitos de propriedade dizem respeito a quem pode auferir lucros das organizações envolvidas nas trocas do mercado, ou seja, àquilo que torna ou não alguém proprietário de alguma coisa que pode ser trocada por dinheiro ou outra mercadoria. Estruturas de governança podem ser entendidas como aquelas regras gerais numa sociedade que estabelecem as relações de competição, cooperação e as especificações a que as empresas ou firmas devem obedecer para se organizarem. Concepções de controle se referem à criação e manutenção de mundos estáveis dentro e entre as organizações que possibilitam sua sobrevivência. Elas são, ao mesmo tempo, visões de mundo que permitem às pessoas interpretarem as ações umas das outras corretamente e um reflexo de como o mercado é estruturado. Regras de comercialização, por sua vez, definem quem pode e como se podem realizar transações nas arenas de troca regulares e voluntárias que se definem como mercados. Isso significa, portanto, que os mercados se inserem numa ordem mais ampla de valores, ou naquilo que muitos cientistas sociais chamam de "economia moral".[3]

A primeira coisa que pode ser negociada logo na entrada de um detento na prisão, como visto no capítulo anterior, é o espaço. O Complexo do Curado se apresenta como uma estrutura inteiramente improvisada não só na disposição dos pavilhões ou nos arranjos de prédios, outrora destinados a outros fins, para o abrigo de presos. Boa parte dos seus pavilhões não apresenta mais qualquer fidelidade com o projeto original. Paredes foram quebradas, e grades, arrancadas do lugar. Novas divisões foram erguidas, e espaços outrora subaproveitados, transformados em outra coisa. Boa parte dos espaços disponíveis foram utilizados para a construção de barracos, com forma, tamanho e composição variados. Vários barracos não passam de cubículos construídos com folhas de compensado e outros materiais improvisados, onde mal cabem um homem deitado e suas posses mais básicas — um rádio, uma mochila, uma televisão pequena etc. Em outros casos, os barracos são feitos de tijolo e cimento, assumindo a forma de pequenas câmaras na parede que poderiam se confundir com beliches, se no espaço não coubesse mais do que um homem e seu colchonete. Essas estruturas muitas vezes são feitas utilizando-se como escora as paredes limítrofes do pavilhão, mas, em alguns casos, foram erguidas em um espaço outrora vazio, sendo obra inteiramente original. Alguns não apresentam qualquer ventilação além da porta de entrada, geralmente um pano ou uma portinhola de madeira barata, permitindo que o detento utilize um cadeado por fora e/ou por dentro, para sua segurança pessoal enquanto dorme, ou dos seus objetos quando está ausente. Outros são demonstrações impressionantes da criatividade ou da "arquitetura prisional do gueto" saídas da cabeça dos detentos responsáveis pela sua construção, muito dos quais são antigos assistentes de pedreiros, pedreiros ou mestres de obra, logo aproveitados como mão de obra local especializada. Numa das unidades visitadas, vi barracos na forma de beliches de pedra, que contavam com grades de ventilador instaladas em buracos nas paredes para garantir a circulação de ar, mas preservando a privacidade e a segurança do seu ocupante. Em outra unidade, localizada na região metropolitana do Recife, os detentos construíram praticamente sozinhos um pavilhão inteiro no local de uma antiga quadra, empregando uma engenhosa estrutura de beliches de três andares, suficientemente espaçosos para garantir uma ventilação de qualidade. Conforme já relatado, no Complexo Penitenciário do Curado também um pavilhão inteiro foi construído pelos detentos. Nele, os barracos se assemelham a pequenos apartamentos, com espaço para cozinha e banheiro etc. A coisa era tão mais organizada que no restante da prisão que terminou ganhando um apelido, baseado em um conhecido programa habitacional — Minha Cela Minha Vida (ou, simplesmente, MCMV). Em outra unidade visitada, existe uma estrutura semelhante, denominada popularmente de "Fazendinha". Nela, pouquíssimos detentos habitavam uma pequena área construída, formada por quartos de tamanho razoável, com cozinha e banheiros comuns. Esse espaço, imprensado entre dois pavilhões, é separado das áreas externas de convivência e circulação por uma cerca, e conta com um terreno amplo onde se veem galinhas, gansos e perus ciscando no chão quase sempre alagado pelo esgoto que vaza de um dos pavilhões, além de uma área de terra seca, onde foi construída uma pequena piscina ou tanque, com água na altura das canelas de um homem de tamanho mediano.

Obviamente, tudo isso é negociado. Não só porque são presos que muitas vezes investiram dinheiro e trabalho para a construção desses espaços, mas também porque são eles mesmos que administram sua ocupação. Em uma prisão superlotada, onde centenas de detentos precisam dormir no chão dos corredores, enfrentando toda espécie de desconforto e insegurança, a posse de um espaço que garanta um nível maior de privacidade, salubridade, conforto e segurança é algo sobremaneira valorizado. Na medida em que há locais de moradia melhores que outros, algum tipo de critério sempre vai ter que ser estabelecido para a distribuição dos presos. Pode ser por antiguidade, por exemplo, quando detentos que chegam em determinada cela com lotação acima do limite estabelecido precisam dormir no chão até que um dos ocupantes das camas se retire. Nesse modelo descentralizado, os presos exercem algum tipo de governança no espaço de maneira relativamente consensual, a fim de evitar disputas, de forma que o grupo garante a distribuição espacial dos detentos sem grandes conflitos. Nesse caso, oferta e demanda, direitos de propriedade e mecanismos de regulação se dão por meio de instituições descentralizadas de governança. No caso das prisões pernambucanas, a maior parte das unidades conta com a figura do chaveiro como elemento central para a regulação do espaço nos pavilhões. É com ele que um detento precisa se acertar se quiser ocupar um barraco ou entrar na fila para sua aquisição. Aqui, a precificação não serve apenas como estratégia para aferição de lucros, mas também para retirar publicamente do chaveiro o preço da discricionariedade na seleção de quem ocupa determinado espaço ou não, ainda que esta seja exercida de maneira explícita em muitos casos.

Infelizmente, na prisão, informações sobre valores são escassas ou francamente desencontradas. Não só pelo caráter ilegal de muitos desses mercados, que torna o segredo elemento inerente ao seu funcionamento. Afinal, os detentos, como a maior parte das pessoas, não gostam de detalhar publicamente os próprios rendimentos, gastos, lucros etc. Na cadeia, esse tipo de ressalva carrega em si um componente instrumental, que diz respeito à proteção contra a inveja, a disputa, o roubo e outros riscos ao *status quo*. Além disso, informações que por vezes são prestadas em tom de queixa ou com o intuito de denegrir a imagem de outrem podem e costumam vir carregadas nas suas cores. Outro fator que precisa ser levado em conta é a baixa uniformidade nos preços desse tipo de mercado. O alto nível de discricionariedade de que um chaveiro dispõe contribui para uma grande variação no preço dos produtos e na forma como os negócios são conduzidos. Porém, a comparação permite algum tipo de controle e uma interpretação razoável sobre o mercado de espaços na prisão.

Normalmente, um barraco vai custar entre R$ 2 mil e R$ 10 mil, a depender de sua localização, tamanho, conforto ou simplesmente da vontade do chaveiro. Esse valor pode ser pago à vista ou parcelado. E garante, pelo menos hipoteticamente, o usufruto exclusivo do espaço para um detento, enquanto durar o seu tempo de permanência na unidade ou no pavilhão. Alguns chaveiros organizam uma fila para aquisição, outros dão clara preferência para comparsas de facção, parentes, amigos ou para os que estiverem dispostos a pagar além do preço estabelecido. Existem barracos que são negociados em regime de aluguel, com valores que podem ir de R$ 100 a R$ 400 por semana. Em algumas situações, é possível que um detento subloque o seu barraco para dividir com outro, geralmente parente, amigo de longa data ou comparsa do mundo do crime. Barracos também podem ser negociados em regime de diária durante os dias de visita íntima. Como raramente um detento vai passar todo o tempo reservado para esses relacionamentos dentro do seu espaço, pode querer negociar seu usufruto com algum outro, que não tenha local reservado para a prática de relações sexuais ou para o simples exercício da intimidade afetiva. Em pelo menos um caso que acompanhamos de perto, os detentos adquiriram barracos em regime de cotização, que bancou parte de sua construção no pavilhão. A depender do local, um proprietário em boas relações com o chaveiro pode negociar para repassar o barraco para alguém próximo, levando uma parte da comissão na venda. Não se trata, porém, da norma, tendo em vista que as transferências e os alvarás de soltura costumam se dar sem grande antecedência de informação.

Como já foi explicitado anteriormente, o mercado do espaço na prisão é extremamente instável e sujeito a trapaças. Apesar de um detento com um mínimo de recursos poder dispor de informações ocasionais sobre o seu processo sem grandes dificuldades, o dia e a hora certa de sua soltura dificilmente são conhecidos de antemão. Informações de "bondes", isto é, transferências de detentos, costumam só se tornar objeto de conhecimento da parte interessada na hora mesma de sua realização, o que geralmente acarreta perdas de bens e problemas de segurança para o detento, principalmente quando este investiu dinheiro para a aquisição de um espaço privativo. Em mais de uma ocasião tivemos contato com presos que se queixavam de que chaveiros haviam realizado falsas denúncias ou mesmo plantado flagrantes de armas, celulares ou drogas com o intuito de forçar sua transferência para o Pavilhão Disciplinar ou mesmo para outra unidade do sistema penitenciário, de modo que pudessem renegociar o seu barraco com outro preso. O próprio caráter desse tipo de denúncia demonstra, entretanto, que o chaveiro não pode dispor ao seu bel-prazer dos barracos que já foram negociados. Afinal, a renegociação arbitrária e constante poderia tornar o mercado insustentável, haja vista os altos custos envolvidos em transações dessa espécie.

Obviamente, barracos não são o único bem negociável em termos de espaço. Uma vaga numa cela pode ser comprada, principalmente num contexto em que diversos detentos são obrigados a dormir na BR. Dentro dela, a divisão do espaço, quando não se dá sob a distinção entre os que ocupam camas de pedra e os que dormem no chão, também costuma se estabelecer pela delimitação do espaço por meio de barbantes e lençóis que fazem as vezes de cortina. Esse tipo de habitação costuma ser adquirido em regime de posse durante o tempo que perdurar a estada do detento no pavilhão. Em algumas unidades do estado, a diferença entre quem dormia no chão e quem dormia na cama era demarcada por ordem de antiguidade na cadeia, mas se excluía que uma vaga pudesse ser negociada entre os detentos. Tanto a vaga na cama como o espaço reservado no chão de uma cela também podem ser objeto de negociação na forma de diárias durante o dia de visita íntima na unidade.

Outro tipo de espaço que pode ser comprado ou alugado são as chamadas okaidas. Ouvi relatos de okaidas adquiridas por R$ 400 e até por R$ 1 mil. Infelizmente, não consegui descobrir com detalhes o regime que regula o pertencimento desses espaços, já que não se encontram dentro de nenhum pavilhão em particular. É possível que se deem pela lógica da posse para quem ocupou um lugar e o construiu primeiro. Porém, não é improvável que as hierarquias estabelecidas no universo prisional também tenham influência aqui. Afinal, é preciso deter algum tipo de poder para tomar posse de determinados espaços, ainda que façam parte da área de convivência externa e por uma quantidade de tempo limitada. Caso contrário, um detento poderia muito bem reclamar o espaço para si, ou mesmo a própria tenda improvisada, resultando em conflitos e disputas violentas difíceis de serem mediadas.

O mercado de espaço na prisão se relaciona diretamente com o de sexo. Como em outras prisões brasileiras, o Complexo Penitenciário do Curado possui um dia exclusivo reservado para as visitas íntimas. Cada detento pode cadastrar uma única visita junto ao serviço social da unidade, a menos que especialmente autorizado pelo diretor ou pelo chefe de segurança, que podem assinar uma autorização temporária para outra visita que não a cadastrada. Esse tipo de autorização extra não permite que um detento traga duas visitas íntimas no mesmo dia para a prisão, mas tem a função oficial de possibilitar que um preso disponha, em situações extraordinárias, de uma companhia que não esteja cadastrada previamente. É o que acontece, por exemplo, quando um detento terminou recentemente um relacionamento íntimo, mas já iniciou outro, cujo cadastro oficial ainda se encontra em fase de processamento. A rotatividade de parceiras na vida dessas pessoas é bem maior do que um leigo no assunto possa imaginar. Isso acontece, provavelmente, por causa do dia de visitação reservado aos familiares, quando irmãs, mães, primas e amigas de um detento podem conhecer outro, iniciando um contato que às vezes se aprofunda numa relação amorosa. O uso disseminado de aparelhos celulares e das redes sociais também é um elemento que facilita esse tipo de aproximação de companheiras de fora do universo prisional. Além disso, a prisão também é um lugar para a realização de inúmeros fetiches. Um detento famoso numa unidade da região metropolitana do Recife, por exemplo, com reputação de ter realizado mais de cem estupros, costuma sempre contar com uma fila de visitantes interessadas em conhecê-lo, dada sua reputação de virilidade, dominação e violência em relação ao sexo oposto. Também existem aqueles presos que possuem familiares em outros estados, mas contam com amantes regulares para a maior parte dos dias de visita em que não podem receber as esposas legítimas, as quais terminam entrando, vez ou outra, mediante autorização especial, quando conseguem tempo e recursos para realizar uma viagem. Não é raro que um detento que não dispõe de qualquer visita interessada em si utilize-se da possibilidade de cadastramento para trazer prostitutas para a unidade. Nesses casos, a contratação de uma garota de programa pode ser para benefício próprio e/ou agenciamento para demais detentos. Uma mulher pode passar um dia inteiro na unidade fazendo programas com os presos, sem que olhares externos se apercebam da movimentação, que acontece essencialmente dentro dos pavilhões e longe da vista das autoridades responsáveis. Um detento pode, portanto, operar como cafetão, obtendo um percentual do valor de cada um dos programas realizados pela moça em questão. Num regime de negócio parecido, existem os casos em que um detento sem visitas pode "vender" para outro cadastrar uma prostituta ou sua amante, a qual pode receber em regime de revezamento quinzenal ou até no mesmo dia que a esposa.

Infelizmente, não consegui descobrir a maneira como esse tipo de mercado se relaciona com o mercado de prostituição extramuros do estado. Isto é, se são as mesmas garotas de programa que servem às redes criminosas de dentro e de fora do presídio, se esse processo de contato ou aproximação conta sempre com um intermediário de dentro da cadeia ou se a diversificação do mercado de prostituição a partir da internet pode ter contribuído para uma relação mais direta entre oferta e demanda, ainda que algum tipo de mediação se faça absolutamente necessária no caso da prisão, já que o processo de cadastramento da garota de programa tem de ser realizado de alguma forma. Como detalhado antes, existem várias formas de fazer isso burlando a própria fiscalização dos administradores das unidades, já que a lei brasileira não prevê qualquer tipo de exigência documental para a comprovação de relacionamento íntimo entre um detento e uma pessoa de fora da prisão. Esse fato, inclusive, é razão de queixa constante de diretores e supervisores de segurança das unidades, que alegam a necessidade, no mínimo, da exigência de histórico criminal, pelo menos como forma de barrar a entrada de mulheres que poderiam servir de "mulas" para o narcotráfico, utilizando-se do próprio corpo, por meio de inserção vaginal, anal ou oral, para o transporte de substâncias ilícitas para dentro da prisão.

Em determinada situação, ouvimos queixas a respeito de um ASP que teria se envolvido com uma quantidade muito grande de autorizações de visitas extras para os detentos. O dispositivo, que deveria ser utilizado com parcimônia, chegou ao ponto de ser empregado cerca de cem vezes por semana, para uma unidade com menos de 2 mil presos. Ainda que não se pudesse provar nada de legalmente errado nesse caso, a desconfiança em torno da possibilidade de corrupção levou à transferência do funcionário e a uma redução substantiva das emissões de autorizações. Afinal, segundo os próprios agentes da unidade relataram, se alguém estivesse faturando, por exemplo, R$ 100 ou R$ 200 por semana para a concessão de autorizações a garotas de programa, seria possível falar em um esquema capaz de movimentar milhares de reais durante um único ano. Em conversas com parentes de presos em outras unidades do estado, ouvi denúncias de casos de corrupção análogas, onde detentos, agentes da lei e comerciantes ao redor das unidades operavam em conjunto. Em um dos casos, uma dona de comércio, que normalmente alugava um espaço para que as visitas íntimas pudessem trocar de roupa, operaria como intermediária, cobrando R$ 250 para cada prostituta e repassando parte do valor para um agente penitenciário da unidade.

Logicamente, aqui, como em muitas situações, seria leviano dar crédito irrestrito a esse tipo de denúncia, já que elas quase nunca podem ser apontadas como comentários desinteressados, principalmente quando envolvem parentes de presos e organizações de defesa dos direitos humanos. Entretanto, a entrada de prostitutas por meios não necessariamente corruptos é reconhecida por praticamente todos os que trabalham no sistema prisional. E o simples fato de existir uma brecha estrutural para a ocorrência de tais casos deve ser levado em conta na hora em que se investiga a estruturação de mercados ilegais na prisão. É preciso destacar que não se trata de algo que ocorra em todas as unidades do estado, nem que haja uma quantidade considerável de agentes envolvidos. Contudo, a preocupação demonstrada no caso dos ASPs e os boatos advindos dos parentes de detentos indicam que o problema está, pelo menos, no rol de preocupação das instâncias superiores responsáveis pelo controle da prisão.

O sexo também pode ser utilizado como moeda de negociação para a conclusão de transações em outros mercados ilegais da prisão. Em mais de uma situação, ouvi histórias a respeito do relacionamento entre a mãe ou irmã de um detento mais novo e o chaveiro de um pavilhão, o que teria angariado ao rapaz certo nível de proteção e benefícios que ele não conseguiria usufruir com os recursos de que dispunha. Claro que não se pode falar em interesse meramente instrumental em todos os casos dessa natureza. Afinal, como dito anteriormente, a quantidade de relações que a prisão enseja não parece ser irrelevante, possivelmente reforçada pelo estigma que acompanha os familiares próximos de um detento, operando como estrutura de incentivos para o estabelecimento de outras relações de intimidade a partir daí. O interesse instrumental que gravita em torno de posições de poder como a do chaveiro pode facilmente se converter em relações de natureza afetiva, a depender da situação e das personagens envolvidas. Porém, casos em que mulheres prestam serviços sexuais a chaveiros e/ou traficantes para quitar a dívida de maridos, namorados, amantes ou familiares próximos são amplamente conhecidos na prisão. O combate a esse tipo de extorsão costuma ser apontado como prioridade pelas autoridades responsáveis, que procuram levar adiante todo tipo de encaminhamento gerado sob a forma de denúncia nesse sentido. Porém, a sua ocorrência, se não cotidiana, já compõe parte do folclore da prisão. E vez por outra circulam boatos a respeito de negociações espúrias envolvendo relações sexuais como moeda de troca.

A prostituição não se restringe a uma atividade praticada por visitantes nas prisões pernambucanas. Em praticamente todas as unidades masculinas do estado, existe, entre a população de homossexuais, transexuais e travestis, pessoas dispostas a algum tipo de intercurso sexual em troca de dinheiro, embora seja leviano relacionar essa população à prática de prostituição de maneira generalizada. Como dito nos capítulos anteriores, a população LGBT costuma exercer certo monopólio no serviço de lavagem de roupa sob encomenda para os detentos. Claro que muitos deles lavam suas próprias roupas, mas outros preferem enviá-las para os pavilhões ou para as áreas onde residem "os frangos". Os preços cobrados podem chegar a R$ 1 por peça, lavada à mão, já que, no Complexo, não existe lavanderia nem mesmo tanque de roupa. Porém, não se trata de um mercado estável, já que não há intermediários que possam garantir o pagamento dos valores devidos, sendo o calote bastante frequente. Ainda que muitos sejam extremamente violentos ou dispostos a se engajar em luta corporal, os homossexuais, travestis e transgêneros geralmente se encontram em desvantagem numérica num conflito aberto.

Há outros tipos de serviços oferecidos regularmente no Complexo. Existem detentos que trabalham como cabeleireiros, eletricistas, pedreiros e encanadores. Numa prisão em constante reforma para a construção de barracos, puxadinhos e afins, detentos com habilidades específicas de construção civil costumam ser logo aproveitados como mão de obra especializada pela própria administração da unidade, trabalhando no setor de conservação ou de obras, se a unidade tiver um. Porém alguns presos com o mesmo tipo de habilidade não são aproveitados, seja por falta de vagas, seja pela reputação de dependente químico, ladrão, estelionatário, tarado ou simplesmente não confiável aos olhos da administração. Esses presos costumam ser empregados nos pavilhões para pequenos serviços de manutenção ou construção de novos espaços, sendo pagos em espécie ou na forma de favores que angariam junto a chaveiros e outros presos poderosos. A criatividade das soluções encontradas por muitos desses profissionais, não raro em parceria com administradores de prisão que terminam fazendo as vezes de engenheiros e mestres de obras para opinar sobre a construção de um espaço ou outro, deveria ser objeto de uma investigação exclusiva. Não só porque diz respeito à maneira como populações marginalizadas lidam com problemas práticos de utilização de espaço, ventilação e salubridade (esgoto, calor excessivo etc.), mas também porque essa "arquitetura prisional do gueto" se desenvolve na imposição exterior de limites daquilo que deve ou não ser adequado para uma prisão, já que o excesso de luxo e de comodidades pode ser motivo de desavença entre os detentos e de repressão por parte de administradores pouco interessados em lidar com suspeitas de corrupção na negociação desses espaços ou acusações de leniência excessiva. De certa forma, o tema pode dialogar diretamente com a temática da "arquitetura popular" ou de "favela", já que o tipo de improviso e soluções que nascem da informalidade ou ilegalidade não só se assemelham nesses espaços, como a origem social dos detentos com certeza contribui para a transferência de um repertório considerável de soluções tecnológicas que é utilizado ou adaptado ao ambiente prisional.

Praticamente todo pavilhão tem algum cabeleireiro que corta o cabelo dos detentos a preços módicos, entre R$ 3 e R$ 5. Também é possível conseguir serviço de clareamento de cabelo, moda recente entre os jovens de periferia no Brasil. Geralmente, o espaço da barbearia fica na área externa ou reservada ao banho de sol, colada ao muro do pavilhão. Em pelo menos uma unidade da região metropolitana do Recife, encontrei um cômodo especialmente destinado a esse tipo de profissional. A aceitação da falta de controle generalizado da posse de armas brancas logo se vê pela presença desses profissionais, que trabalham com tesouras e giletes que facilmente poderiam ser utilizadas como objetos perfurocortantes, ou contrabandeadas para os demais detentos para servir a este fim. Porém, numa prisão em que a posse de armas brancas se dá de maneira generalizada, não faz muito sentido se preocupar com a presença de uma tesoura de cabelo ou de uma gilete de barbeiro. Existem unidades, inclusive, em que esta última é vendida como item de consumo normal nas cantinas destinadas aos cativos. No caso dos cabeleireiros, não consegui descobrir se o tipo de serviço realizado é regulamentado de alguma maneira pelos chaveiros ou outras personagens que detêm poder na unidade. Isto é, se existe o pagamento de alguma comissão ou a prestação obrigatória de serviços para certas pessoas em troca da autorização para operar livremente com esse tipo de negócio.

O mercado de alimentos, por sua vez, talvez seja um dos mais democratizados da unidade. A Secretaria Executiva de Ressocialização autoriza que todo detento receba até 8 quilos de mantimento por semana, nos dias de visita. Parte dos cativos aproveita essa ocasião para se abastecer de alimentos ou outros bens de consumo que não são fornecidos pela instituição, como bolachas, biscoitos, bolos, doces, salgadinhos, receitas caseiras, lanches variados, maços de cigarro etc. A grande maioria que pode contar com uma doação semanal, entretanto, recebe alimentos que normalmente são preparados nos ranchos da prisão, como arroz, feijão, carne, macarrão, pão, presunto, queijo, salsicha, linguiça, condimentos etc. Isso porque a qualidade da alimentação servida geralmente é considerada muito ruim. Não raro nos deparamos com carnes malpassadas, embutidos malcheirosos, feijão duro e outras amostras de falta de cuidado ou péssima qualidade da matéria-prima destinada à alimentação dos detentos. É normal que essas refeições sejam reaproveitadas ou refeitas pelos próprios presos, utilizando-se dos mantimentos doados nos dias de visita. Em uma cena comum em qualquer pavilhão do Complexo, perto da hora do almoço, três homens sentam ao redor de um "fogão de mola", instrumento feito com um ferro encravado em S num tijolo e ligado na tomada, a fim de temperar novamente a galinha da boia para fritá-la numa frigideira e/ou preparar novos acompanhamentos para substituir ou complementar o que foi servido pela instituição.

Essa grande quantidade de mantimentos introduzidos semanalmente nas unidades não se destina somente ao consumo dos detentos aos quais foram doados. Pode ser utilizada para angariar simpatias e fortalecer laços de fidelidade, como relatado por Mazinho, que gastava grande parte da alimentação trazida para si para preparar receitas e dividi-las com os demais companheiros de pavilhão. Também existem os presos que aproveitam os mantimentos recebidos para comercializar com os demais, fazendo um caixa que pode ser gasto com outros bens. Obviamente, nesses casos, os mantimentos são vendidos por valores bem acima dos praticados no mercado extramuros, com uma inflação que pode chegar de 20 a 50% a depender do produto, mas provavelmente a um preço menor do que o que se encontra disponível nas cantinas das unidades. Para se ter uma ideia do que isso significa, uma garrafa de Coca-Cola de 2 litros pode ser vendida a R$ 12 na cantina da prisão, num estado em que o produto pode ser encontrado facilmente a R$ 7. Uma carteira de cigarros baratos, por sua vez, pode ser revendida a R$ 10 na cantina da unidade. Durante as visitas, encontrei vários presos que revendiam absolutamente tudo o que recebiam a cada semana. Outros, por sua vez, recebem produtos preparados, como coxinhas, salgadinhos e doces, que também são comercializados nas áreas externas e internas das unidades.

A regulamentação desse tipo de comércio, porém, não se restringe ao controle por peso da quantidade de alimentos que adentra na unidade. Em praticamente todas as prisões que visitei, existe certa preocupação em manter alguma reserva de mercado para os alimentos comercializados pela cantina, ainda que sem uma proibição explícita de algum tipo de alimento que não possa ser trazido pelas visitas. Isso significa, por exemplo, que uma visita não vai ser autorizada a entrar com todo o peso em mantimentos permitidos na forma de garrafas de 2 litros de refrigerante, por exemplo, muito menos em incontáveis maços de cigarro. Na verdade, essas cantinas da unidade talvez hoje sejam o maior calo dos administradores da prisão em Pernambuco. Previstas pela Lei de Execução Penal, elas nunca foram objeto de regulamentação posterior, donde o grande nível de discricionariedade que possibilitam aos diretores de unidade. Em mais de uma ocasião, acompanhamos a chegada de mantimentos para o seu abastecimento, com grandes carrinhos abarrotados de garrafas de refrigerante circulando pelos pavilhões das unidades. Todas as unidades dispõem de pelo menos uma cantina na área externa, mas a maior parte dos pavilhões conta com alguma outra, ainda que menor do que a principal. No Complexo, a maior parte dos gestores com quem conversei demonstra grande preocupação de que alimentos de primeira necessidade, ou os servidos regularmente pela própria unidade, não sejam comercializados livremente na cantina — pão, arroz, feijão, carne etc. De fato, em várias visitas de inspeção que realizamos, essa regulamentação vinha sendo cumprida à risca. Parte desse esforço por controle tem a ver com a diminuição do contrabando dos mantimentos da própria unidade pelos presos que trabalham no rancho ou na distribuição dos suprimentos que regularmente chegam da central de abastecimento do estado ou de outros fornecedores privados. Porém, nas cantinas localizadas no pavilhão, era possível encontrar esse tipo de produtos, ainda que houvesse um esforço patente dos detentos para escondê-los de visitantes externos.

Em outras unidades de Pernambuco, a comercialização de alimentos de primeira necessidade se faz de maneira mais aberta nas cantinas oficiais, sem qualquer preocupação explícita dos gestores locais. É possível que isso seja, então, efeito das medidas provisórias decretadas pela Corte IDH, já que se trata de uma preocupação constante das organizações que trabalham com a defesa dos direitos humanos, como o Sempri. Ainda assim, no Complexo, como em qualquer outra unidade do estado, pelo menos um produto de primeira necessidade está entre os mais lucrativos de qualquer cantina: água mineral. Como a água destinada aos presos é a mesma das torneiras e dos chuveiros, parte dos detentos prefere adquirir a que se vende em sacos de plástico, geralmente ao custo de R$ 2 o litro, ou procuram, por vias de negociações internas, adquirir um galão de água, produto geralmente restrito aos cantineiros, que alegam comprar uma unidade por valores que podem chegar a R$ 20 em alguns casos. Considerando que um galão de água custa, em média, R$ 5 na região metropolitana do Recife, a diferença de preço pelo qual a água é revendida não deve ser subestimada, ainda que inúmeros detentos pareçam resignados em consumir a água dos reservatórios da prisão.

Cada uma das cantinas é administrada por um preso, conhecido como "cantineiro". O regime de concessão varia por unidade. A maior parte dos administradores da prisão não gosta muito de falar do assunto, tendo em vista a falta de regulamentação que norteia a existência e operação das cantinas. No passado, chegou a ser realizada uma reunião convocada pelo Ministério Público de Pernambuco para regulamentar a instituição, mas o processo não teve continuidade, e o comércio continua sendo regido pela mais franca informalidade. O excesso de discricionariedade na regulação da cantina significa que o regime de concessão apresenta grande variabilidade, não só entre unidades, mas a depender da direção que assuma a instituição. Em uma unidade, ouvi do diretor que o regime se daria por concessão: o preso pagaria um total de R$ 4 mil mensais e poderia auferir os lucros que conseguisse com a venda dos produtos autorizados pela administração. ASPs chegaram a comentar comigo sobre cantinas cujo faturamento mensal pode chegar a R$ 20 mil em cadeias de "modelo fechado", diferentes do Complexo, onde há muita mobilidade e possibilidade de circulação interna, ou seja, onde o mercado é, por excelência, mais sujeito à ampla concorrência, tendo em vista o número total de cantinas na unidade e a grande quantidade de detentos dispostos a revender os mantimentos que recebem das visitas. Há unidades onde o cantineiro trabalha no mesmo tipo de regime dos demais detentos que detêm alguma função na unidade. Existem aquelas que empregam cantineiros sob regime de concessão somente nas cantinas principais, enquanto a de cada pavilhão é de responsabilidade do chaveiro. Em uma unidade visitada na região metropolitana do Recife, dois chaveiros nos confessaram que as cantinas localizadas nos pavilhões eram de responsabilidade e lucro exclusivos deles, e que a unidade só explorava a compra e venda de água mineral e refrigerante, cujos valores eram repassados semanalmente para a administração penitenciária. A maior parte dos agentes alega que o dinheiro arrecadado na cantina é investido na manutenção ou em pequenas melhorias nas unidades. Não consegui descobrir se a Seres ou a SJDH mantém algum tipo de controle formal sobre notas fiscais ou recibos de compra e venda. Porém, a utilização dos recursos arrecadados na cantina para esse tipo de serviços é sabida e comentada em praticamente todas as unidades do estado. A prática chegou a receber um apelido jocoso das organizações que atuam com monitoramento de prisões e defesa dos direitos humanos no estado: PPP, ou parceria público-penitenciária. Obviamente, o excesso de discricionariedade na administração desse dinheiro impõe uma responsabilidade e uma pressão constante sobre os diretores das unidades, pelo próprio caráter não regulamentado da instituição, que se apresenta publicamente como um incentivo para a corrupção de agentes públicos interessados em auferir lucros na prisão.

Normalmente, cada cantina tem um freezer, mas nem todos os freezers que se encontram num pavilhão são do cantineiro ou do chaveiro responsável. Esse tipo de eletrodoméstico não serve somente para guardar bebidas e alimentos para serem vendidos aos presos, mas também é utilizado para aluguel de espaço para a conservação de alimentos perecíveis trazidos pelas visitas. Ou seja, os presos pagam determinada quantia diária ou semanal ao dono do freezer para guardar carnes, iogurtes e outros tipos de alimento. Um agente penitenciário relatou que a autorização para a entrada de um freezer entra no rol de pedidos que podem ser trocados por melhorias na unidade. Durante sua carreira no sistema penitenciário pernambucano, ele afirmou ter conseguido negociar a reforma de quase cem banheiros em troca de concessões como essa, somando todas as unidades pelas quais passou, sem nunca pedir um real que fosse para o próprio bolso.

Além desses alimentos, há uma série de bens que podem ser negociados vez por outra na unidade, entre os presos ou entre estes e familiares ou mesmo pessoas de fora da unidade. Um ventilador, um colchão ou roupas de cama podem ser alugados para um recém-chegado no pavilhão. Um rádio de pilha pode ser comercializado livremente, sem qualquer interferência de terceiros, assim como um aparelho de televisão. A administração penitenciária tenta manter o controle desse tipo de utensílio para que não ultrapasse a cota de um por detento. É possível que isso não se deva somente ao valor elevado desse tipo de mercadoria, como forma de evitar a instituição de uma verdadeira feira livre, com centenas de ventiladores, rádios, televisores, colchões e roupas de cama entrando toda semana nas unidades. É mais provável que a regulação se dê por razões de segurança. Afinal, são objetos que possuem partes metálicas, que podem facilmente servir de abrigo para armas, drogas ou outras coisas. Já vi listas que servem para controlar quem possui ou não objetos desse tipo, e existe um esforço real de controlar a entrada e saída daqueles que são transportados por familiares para conserto ou troca por novos em caso de dano irreversível. Obviamente, a "cota" de cada preso desse tipo de utensílio pode também ser negociada com outros detentos com maior poder aquisitivo ou em troca de favores de outra natureza. E o próprio acesso à administração para requisitar o recebimento de objeto dessa natureza trazido pela família ou para entregar algo que precisa ser consertado ou substituído vai se tornar fonte de lucro para os intermediários que fazem a ponte entre os agentes penitenciários e a população carcerária.

NEM SÓ DE PÃO VIVE O HOMEM

A intermediação do acesso a serviços públicos e outros benefícios constitui, por si só, um mercado à parte em qualquer prisão de Pernambuco. Todas as vezes que visitamos alguma unidade no estado, precisamos lidar com uma demanda grande de detentos que pediam que checássemos sua situação processual junto ao serviço penal ou à Defensoria Pública. Junto com a grande quantidade de detentos que se encontra há anos sem qualquer condenação em processos que restam em aberto, esse é um indicativo da dificuldade ou da demora no acesso aos serviços jurídicos. É provável que ela se deva à grande quantidade de detentos para um número o mais das vezes insuficiente de funcionários operando na função. Nas unidades do Complexo, por exemplo, há quase sempre um defensor público disponível para o atendimento pelo menos quatro dias por semana, mas não é de se estranhar que não consiga dar conta do serviço quando se trata de se debruçar sobre os processos de quase 2 mil presos em alguns casos, ainda que vários deles contem com advogados particulares e não demandem esse tipo de atendimento por parte do serviço público. As regras que regem o acesso a esse serviço não são muito claras. Um dos diretores entrevistados afirmou que cada um dos defensores que trabalhavam na unidade tinham a obrigação de analisar as pastas de todos os detentos pelo menos uma vez por semestre. A cada semana, pegavam as pastas com final do prontuário 0 e 1, 2 e 3, ou então 0 a 3, em dias alternados. Ainda que exista uma rotina de checagem de processos, a maior parte dos detentos com quem conversamos dizia que relações pessoais ou mesmo dinheiro para subornar determinados intermediários podem facilitar uma aproximação ou alteração da ordem de atendimento. Não se trata de um mercado que envolve diretamente os servidores públicos, mas que se estabelece nos interstícios da presença estatal, isto é, na seleção de quem pode ter um acesso preferencial ou não a um serviço. Por R$ 50, um chaveiro ou membro da equipe deste pode levar um detento para atendimento em alguns dos setores jurídicos da prisão, se houver tempo disponível da parte dos funcionários responsáveis. Nesse sentido, um ASP em função de supervisor de segurança, chefe de plantão ou mesmo o próprio diretor da unidade pode atuar no sentido de facilitar o atendimento do pedido, com o intuito de manter boas relações com o chaveiro ou prestar pequenos favores que podem ser cobrados em troca de informações ou outro tipo de colaboração mais adiante.

Jardel, o ASP citado no capítulo anterior, também conversou comigo sobre esse tema na sua entrevista:

> Entrevistador: E você vê hoje uma hiperinflação no sentido de fila para os serviços da prisão? Fila grande na enfermaria, no jurídico?
>
> Jardel: Vou dizer uma coisa que vais ficar estarrecido. Existem algumas cadeias de regime fechado, como Igarassu e Cotel, onde o preso, o chamado zé-povinho, o sem recursos, sem ninguém, para poder chegar

no setor de serviços, ele tem que pagar alguma liderança criminosa, ou então só passa mediante uma paga. E muitas vezes não chega. Nas cadeias abertas, a subcidadania, a condição desfavorável é tamanha que ele não liga mais. Ele mesmo não liga. Se tiver doente, usa remédio, remédio; só vai quando tiver desmaiado. Já desistiu. A única coisa que ele faz questão é do ato sexual, de ter alguém, é o serviço que ele busca mais assumir. Mas trabalho, saúde, é tudo colocado em segundo plano. Educação, jurídico. Ele tem a visão que o tribunal de justiça, que o juiz, é lento mesmo, ele tem a ciência que o juiz é incompetente, no sentido não de saber, mas no da função e no poder que ele tem de julgar outro ser humano, de não ter a ciência do poder que está julgando outras pessoas. O juiz sabe línguas, sabe leis, mas não sabe o papel que ele tem. O judiciário não sabe. É revoltante. Da mesma forma que eu me revolto com as questões sociais do país, da política, eu tenho mais ojeriza ainda ao Poder Judiciário.

Apesar de não verificar uma demanda muito grande por serviços, o agente reconhece a existência de um mercado que se forma na intermediação do seu acesso. Nesse sentido, o papel do chaveiro e de membros de sua equipe como *broker* se torna uma fonte de poder e de lucro dentro do sistema penitenciário. Ele cresce na medida em que a população penitenciária aumenta exponencialmente e os agentes restringem o espaço de interação com os presos. Na medida em que o atendimento se torna mais e mais precário, os critérios formais para o acesso aos administradores da prisão e mesmo aos serviços públicos se enfraquecem. Daí a necessidade de instituição de personagens que façam esse papel, que desenvolvam elas mesmas um sistema de trocas para intermediar esse contato e estabelecer algum critério de seleção sobre quem pode ou não acessar serviços e informações privilegiadas. Pouco a pouco, a coisa chega ao ponto de excluir permanentemente aqueles detentos que não possuem recursos nem relações pessoais para pagar pelo serviço de intermediação. Ramos, um ASP com largo histórico de atuação na gestão de unidades prisionais do estado, me explicou em entrevista como via esse processo de perda progressiva do controle, que se reflete na capacidade de atendimento às demandas da população penitenciária.

Ramos: Eu posso citar um exemplo da minha própria carreira. Em 2002 eu fui ser gestor de uma unidade, que iniciou com uma capacidade para 426 presos, no entanto, com pouco tempo ela já estava ultrapassada. Mas até então, até a quantidade de setecentos presos, eu conseguia fazer uma entrevista pelo menos uma vez por mês, na minha sala, um a um. Ou seja, eu chegava no pavilhão e chamava a cela 1. Todos eles iam para a minha sala e eu procurava saber qual a demanda, a necessidade, a pendência que queriam resolver. Aí no dia seguinte chamava eles novamente e dava uma resposta. Distribuía todas as solicitações deles para os setores; no mês seguinte, quando eles iam novamente para a entrevista com o diretor, eu já explicava o que foi resolvido, o que não foi e por que não foi. A partir da superlotação, de mais de setecentos presos, quando chegou a mil presos, eu já não tinha esse controle, porque muitas coisas eles solicitavam, mas não tinha como eu atender. A superpopulação cresceu tanto que chegou a um ponto de congestionar os processos administrativos. Então muita coisa ficava pendente, uma coisa que era para resolver com um mês, eu demorava dois, três meses. Para a gente não passar por mentiroso, que ia resolver, a gente atendia, mas só dava resultado daqueles que a gente conseguia ser mais positivo, que chegava a alcançar o sucesso.

Como explicitado nas falas dos agentes, o mercado dos intermediários não se estabelece somente na mediação do acesso a serviços jurídicos. A depender da prisão ou da natureza do problema, um preso pode ter de pagar até mesmo para ter acesso à enfermaria. É claro que um detento muito doente será rapidamente encaminhado para os serviços de saúde da unidade. Afinal, a responsabilidade pela sua integridade recairá sobre o chaveiro do pavilhão, de uma maneira ou de outra. Porém, o acesso a atendimentos eletivos pode ser objeto de negociação, principalmente quando se considera que determinados detentos se utilizam da enfermaria como refúgio para o convívio e o desconforto do pavilhão. Ali também, o preso responsável pela organização do local pode operar como um elo entre detentos e funcionários que sirva como fonte de lucros e distribuição de benefícios. Afinal, num espaço onde a presença dos médicos se faz de maneira intermitente, as informações dos presos responsáveis acerca do estado de saúde ou das necessidades dos admitidos na enfermaria são essenciais para a avaliação da gravidade dos casos. Um ou dois dias a mais desfrutando de um lugar seguro e por vezes mais confortável que o restante da prisão pode ser algo suficientemente valioso para ensejar uma negociação que vai se dar longe dos olhos dos servidores públicos responsáveis.

Em uma ocasião em que a administração de uma das unidades do Complexo impôs um maior controle e restrição ao fluxo diário de detentos para a enfermaria, após um grupo ter feito os funcionários do serviço médico de reféns numa malfadada tentativa de fuga, muitos presos se queixaram de que tudo não passava da imposição de entraves para aumentar o lucro auferido pelo mercado de acesso aos serviços de saúde. O pagamento para que um detento "fure uma fila" para a realização de uma cirurgia — que muitas vezes pode demorar vários meses, não só pelas dificuldades normais de agendamento do Sistema Único de Saúde no estado como também pelas deficiências ocasionais no efetivo das unidades, que muitas vezes não conta com pessoal suficiente para escolta nos dias em que as consultas e cirurgias estão agendadas — faz parte do folclore do sistema prisional do estado. Investigar em que medida esse tipo de informação procede ou não importa pouco aqui. O que ela evidencia, mais do que uma realidade, é o prisma a partir do qual essa população enxerga o acesso a serviços, tendo em vista a existência de um mercado de intermediação que se faz presente em inúmeros contextos.

A preocupação que cada vez mais gestores de unidades prisionais no estado têm demonstrado em retirar detentos concessionados dos serviços jurídicos tem a ver com o reconhecimento da gravidade desse problema. Durante o período de pesquisa de campo, pelo menos uma operação foi deflagrada no sistema penitenciário do estado visando o desmantelamento de uma quadrilha de detentos que agia dentro das prisões com a comercialização de documentos falsificados, que atestavam tempo de trabalho, bom comportamento e outras informações relevantes para a remissão da pena dos presos. Não só documentos falsos ou o acesso aos serviços jurídicos podem ser negociados, como também informações ainda mais relevantes, como as que dizem respeito aos chamados "bondes", ou transferências de detentos que costumam ocorrer de maneira súbita, não raro com o objetivo de provocar desequilíbrios nas balanças de poder da população penitenciária, quando atingem determinados cabeças de área, presos que detêm papel de predominância entre os demais. O adiantamento de uma informação assim pode ser algo muito valioso, já que permite, inclusive, que algumas dessas personagens possam instigar rebeliões, adiantar cobranças ou mesmo planos de fuga, com possibilidades de prejudicar diretamente a posição política dos administradores da prisão frente aos seus superiores. Enquanto o simples acesso a serviços de saúde ou jurídicos pode render R$ 50 para um intermediário que o possibilita, o repasse de uma informação valiosa pode envolver milhares de reais, a depender das personagens envolvidas e do destino para o qual estão sendo enviadas. Afinal, uma transferência para outra unidade do próprio Complexo pode ser uma notícia bem menos desastrosa do que para uma prisão em que um desafeto ocupa um lugar preponderante, como chaveiro ou chefe do crime organizado no local, ou, ainda pior, para uma unidade de Regime Disciplinar Diferenciado (RDD), destino dos mais temidos entre os presos no estado.

Isso significa que a informação, por si só, já se constitui como mercadoria das mais valiosas a ser negociada na prisão. Detentos que têm acesso à área administrativa da unidade costumam fazer uso disso para auferir algum tipo de renda. Até o número de telefone de um promotor público, juiz de execuções penais ou ativista de direitos humanos pode ser negociado, a depender de quem e do quanto se precisa disso. Informação pode ser trocada não só por dinheiro, mas por outros benefícios. Tampouco interessa só aos detentos. Nesse ponto, agentes penitenciários, policiais e outros operadores do sistema de justiça criminal acabam se envolvendo de alguma forma nesse mercado. O tema vai ser tratado mais detidamente nos próximos capítulos, mas o acesso a informações de qualidade se torna algo tão mais valioso quanto mais precária é a estrutura oficial de controle. É normal que detentos sejam beneficiados com concessões, transferências, abrigo em pavilhões específicos, acesso a determinados bens, proteção pessoal e outros benefícios quando mediam um fluxo razoável de informações relevantes para o controle da população penitenciária. Nesse sentido, o uso de informantes, prática disseminada em quase todo o mundo nas atividades de segurança pública, faz parte do coração mesmo do sistema penitenciário pernambucano. Afinal, informação é a matéria-prima da atividade de inteligência policial, nem sempre auferida por meio de recursos tecnológicos de investigação, como escutas telefônicas, verificação de provas documentais etc., mas sim por uma intricada rede de contatos que responde a incentivos diversos. Por isso, trabalhar em determinadas funções, mesmo que sejam aquelas que só permitem uma proximidade maior com os ASPs, por exemplo, pode ser algo muito proveitoso para um detento. Até mesmo uma informação captada em meio a conversas entre agentes pode ter grande valor no mercado, a depender das partes interessadas na negociação e do conteúdo daquilo que está em jogo.

Apesar da grande quantidade de dinheiro que todos esses mercados movimentam, o combustível da economia prisional se encontra em outras atividades mais lucrativas. A maneira como se estabelece a sua governança diz muito sobre a configuração atual das instituições extralegais nas unidades do estado, particularmente as facções prisionais. Compreendê-la é essencial para se ter uma ideia do lugar do sistema penitenciário de Pernambuco e, mais particularmente, do Complexo Penitenciário do Curado, na geopolítica do crime organizado no país. É um esforço que pode levar a um patamar mais elevado de entendimento das prisões brasileiras como um todo, por mais diferenças que elas possam ter em relação umas às outras.

7
O comércio pacifica, mas a concorrência mata

E O QUE EU GANHO COM ISSO?

No dia em que encontramos Ramon, ele estava na enfermaria, recuperando-se de uma facada no olho que quase lhe tirara a vida alguns dias antes. Corpulento, loiro, de meia-idade, ele veio falar conosco numa sala de escuta na enfermaria, para relatar sua versão sobre o acontecimento. Seu olho direito apresentava um grande inchaço de cor arroxeada, mas sem maiores sinais de infecção. A faca penetrara pela diagonal, de trás para a frente da cabeça, rasgando um pedaço do seu rosto e o globo ocular, que ficou permanentemente inutilizado. Apesar da proximidade do acontecimento, ele nos disse que não estava sentindo dor, possivelmente pelo efeito dos analgésicos, anti-inflamatórios e antibióticos que lhe estavam ministrando desde sua chegada do hospital, um dia após a agressão.

— Está bem melhor do que aparenta — disse, ainda um tanto desconfiado. — É tanto remédio que a gente fica meio zonzo.

Ramon alegou que não tinha interesse em encaminhar qualquer denúncia à Corte IDH. Relatou o caso de maneira vaga, evitando citar nomes ou mais detalhes. O agressor era um antigo colega de pavilhão, expulso do local por sua causa.

— Estava extorquindo um garoto, na covardia. Eu não achei aquilo certo e juntei um pessoal para reclamar para o chaveiro — alegou. O extorsionário terminou sendo expulso do local, mas jurara Ramon de morte. Alguns meses se passaram sem que houvesse qualquer confusão. Porém, no final de semana, durante o dia de visita, o desafeto se encaminhara para a frente do pavilhão munido de um facão e passara a xingar o traficante e desafiá-lo para a briga. Ramon perdeu a paciência e saiu para acertar as contas de uma vez por todas. Não iria ficar desmoralizado na frente da rapaziada. — Bora resolver isso é agora!
— O problema é que tinha outros comparsas do agressor escondidos por trás da entrada. Assim que saiu do pavilhão, o grupo se precipitou sobre ele, que reagiu como pôde enquanto seu pessoal não acorria em seu auxílio. Em algum momento, foi empurrado e tropeçou. Assim que conseguiu se levantar, sentiu a facada no olho. As pernas tremeram e a vista escureceu. Só não terminou morto porque seus amigos, junto com o chaveiro do pavilhão, chegaram a tempo de desbaratar os atacantes.

Instado a não procurar vingança, Ramon respondeu com um sorriso irônico:

— É difícil. A gente entra na cadeia inteiro e sai mutilado, não é fácil de esquecer. — Diante da insistência, anuiu que se vingar dentro da prisão só lhe traria mais dores de cabeça. — A gente acerta isso lá fora — disse, finalmente, sem muita convicção. Conforme a conversa se estendia, ele mostrava disposição de contar um pouco sobre suas atividades dentro e fora da cadeia. Fora preso por tráfico, comandava algumas bocas na periferia do Recife. Indagado sobre como o negócio funcionava, explicou que, no total, chegara a administrar junto com o irmão sete pontos de vendas de drogas. Na verdade, eles recebiam o produto de um fornecedor e o distribuíam entre grupos de jovens que se encarregavam da venda no local, ficando com uma parte dos produtos para si como forma de pagamento.

— É o que chamam de Bolsa Crack? — perguntei, a certa altura. O traficante concordou, sorrindo, sinalizando que o termo não lhe era estranho.

Ao contrário do negócio centrado no controle de "bocas de fumo" que tinham um "dono" ou "gerente", isto é, uma pessoa responsável pela comercialização de drogas e defesa do ponto de vendas contra invasores eventuais, típico dos anos 1990 e da primeira década dos anos 2000, aquele homem operava um modelo de negócio mais descentralizado e difuso. Vários rapazes, muitos deles menores de idade, recebiam determinada cota de drogas toda semana para vender num território. Como forma de pagamento, podiam ficar com uma quantidade definida de pedras de crack, para consumo próprio ou venda. Isso tornava o negócio mais descentralizado e difícil de reprimir, já que os verdadeiros responsáveis pela distribuição apareciam relativamente pouco no local.

É provável que o modelo tenha se popularizado em resposta ao aumento da repressão ao tráfico de drogas no estado, principalmente a partir da criação do Pacto pela Vida, em 2007, e também que sua adoção tenha alguma parcela de responsabilidade pelo incremento dos homicídios a partir de 2014, já que estimula a competição não só entre gangues de territórios distintos, como entre jovens em seus próprios bairros, além de empregar mão de obra de dependentes químicos que ocasionalmente não conseguem honrar seus compromissos e se tornam devedores dos traficantes. Em determinado momento da conversa, disparei:

— E por que o PCC não manda aqui?

Não se tratava, de maneira alguma, de uma pergunta desinteressada. Estávamos em 2016, em plena crise no sistema penitenciário nacional. Saber por que as facções nacionais não haviam desencadeado eventos violentos no estado havia se tornado um de meus objetivos de pesquisa. O debate sobre o assunto estava na boca de todo mundo envolvido direta ou indiretamente com as prisões no estado. Cada um tinha uma opinião diferente a respeito do fenômeno, e as visões eram, muitas vezes, contraditórias. Naquele dia, Ramon nos brindou com uma hipótese que se revelou relativamente disseminada entre outros presos e pessoas que trabalhavam no sistema.

— Tem PCC aqui, sim, doutor — respondeu o traficante, prontamente. E complementou, sem demonstrar qualquer receio: — Mas não mandam em nada, não apitam aqui. Pelo menos não nesta prisão.

— Questionado sobre as razões para isso, se teria alguma explicação, rebateu a pergunta com outra: — E o que eu ganho com isso?

Em seguida, enumerou as vantagens de que dispunha, sem necessitar se filiar a uma facção. Naquela prisão ele conseguia drogas, comida, bebida, sexo, dinheiro, armas, amigos, lugar para morar, proteção, celular, fontes alternativas de renda etc., ou seja, tudo de que precisava para não passar o período de cumprimento da pena à míngua. E ainda mantinha contato lá fora com o irmão, que assumira os negócios na sua ausência.

— Uma vez, chegou um preso no pavilhão dizendo que era PCC. Trazendo um estatuto com as regras. A turma pegou aquilo, leu, rasgou e mandou ele ir embora. Por que vou obedecer a um cara lá de São Paulo? — Ramon também explicou que muitos detentos que se diziam do PCC não tinham absolutamente nenhum poder na prisão. Ou não eram integrantes de fato ou não conseguiam nada com isso, e a capacidade de influência da facção, de oferecer proteção, de atuar contra desafetos, era muito baixa no estado. — Nem mesmo a droga é mais barata — completou ele, resumindo a lista dos motivos que explicavam a fraqueza da facção paulista na unidade.

O QUARTO PODER

A resposta de Ramon contém em si mesma um entendimento compacto sobre as razões por trás da criação e disseminação de instituições centralizadas como as facções prisionais, bem como uma interpretação sobre como o tipo de governança em operação numa unidade prisional pode contribuir para seu enfraquecimento, adaptação ou controle hegemônico das relações sociais na sociedade dos cativos. O que está em jogo aqui é o papel desempenhado pela governança formada por um agregado de instituições legais e extralegais, entre as quais se incluem mercados cujo acesso pode se dar de maneira mediada ou relativamente porosa, a depender do tipo de mercadoria, que se apresenta como uma estrutura de custos e benefícios capaz de coordenar a ação de atores que normalmente operariam como antagonistas.

No capítulo anterior, falei sobre a organização de alguns mercados que lidam com as privações características da sociedade dos cativos —

espaço, sexo, alimentos, serviços, informação etc. Espero ter deixado claro como muitas trocas se dão à sombra ou com a intermediação direta dos chaveiros, os quais, por sua vez, são de alguma forma instituídos e controlados pela administração penitenciária. Ainda que seja uma personagem central nesse processo, o representante dos presos não detém poder absoluto ou não procura intervir diretamente em todas as arenas de trocas da prisão, deixando uma grande zona cinzenta onde que atuam indivíduos isolados, presos com função concessionada, facções prisionais e grupos menores, mais ou menos organizados. Nos mercados em que atua, porém, sua presença é parte constitutiva como instância reguladora ou mesmo exercendo uma reserva de mercado.

Como já foi dito, os chaveiros não são a única instituição a operar na governança das trocas.[1] Enquanto eles entre a população carcerária e os administradores da prisão, eles próprios se relacionam com outras instituições (legais e extralegais) ou têm de lidar com elas numa convivência que nem sempre se dá de maneira pacífica. Para entender como essa intricada rede se apresenta no Complexo e em outras prisões de Pernambuco, convém prestar maior atenção a três dos principais mercados em ação na prisão: celulares, armas e drogas. Essa tríade, além de movimentar seguramente a maior quantidade de dinheiro nas prisões não apenas do estado, mas do Brasil e de muitos lugares do mundo, é o eixo estruturador que explica tanto os conflitos que decorrem da competição desregulada nessas arenas de troca como também o surgimento e disseminação de instituições de governança que procuram coordenar as ações de uma grande quantidade de pessoas nesses ambientes.

Apesar de não ser necessariamente o mais lucrativo, o primeiro deles talvez seja o mais importante para entender a organização de outros dois. O comércio intensivo e o uso de aparelhos celulares são parte da realidade de praticamente todas as prisões do estado. Não há revista realizada no Complexo Penitenciário do Curado ou em qualquer outra unidade prisional que não resulte na apreensão de pelo menos uma dezena de aparelhos celulares. Ainda que alguns presos muitas vezes tentassem escondê-los quando das nossas visitas, quase sempre era possível ver alguém conversando ao telefone, digitando nas redes sociais ou utilizando o aparelho para ouvir música ou assistir a vídeos. A qualidade dos dispositivos e os modelos existentes são bastante variados e muitas vezes refletem diretamente a hierarquia interna da sociedade dos cativos. Ou seja, aqueles mais bem posicionados, com mais poder e/ou dinheiro, têm acesso a aparelhos mais caros, mais velozes e com maior capacidade de armazenamento.

Numa ocasião, encontrei um chaveiro digitando num Samsung Galaxy S7, modelo que, no mercado legal, na época, podia custar mais de R$ 2 mil. Outros presos portam celulares mais baratos, do tipo analógico, sem *touch screen*. É claro que é improvável que qualquer um desses aparelhos tenha sido adquirido no mercado regular por qualquer um deles, e não só porque esse tipo de transação seja proibida pela legislação vigente. Nesse aspecto, o mercado ilegal de celulares roubados no estado se mescla diretamente com o comércio deles na prisão, assim como acontece no mercado informal das "feiras do troca", o comércio de rua praticado por ambulantes e camelôs e mesmo o mercado formal de conserto, compra e venda de celulares em Pernambuco.[2] Em vários centros comerciais do estado, como em grande parte do país, é possível encontrar modelos, no mercado informal, até 50% mais baratos do que os vendidos nas lojas autorizadas. Alguns desses aparelhos são fruto de contrabando ou pirataria, mas outros, claramente, têm origem no mercado de produtos roubados, pela ação direta do vendedor, que se dispõe a comprar aparelhos sem nota fiscal ou origem comprovada, atuando como interceptador de roubos e furtos. Estes podem ser praticados por pessoas que desejam revender os aparelhos roubados, utilizá-los para uso próprio ou empregá-los como moeda de troca em bocas de fumo. Também existem os casos em que os traficantes de drogas se utilizam do expediente de maneira sazonal, entregando armas para que subalternos ou dependentes químicos realizem assaltos na rua, como forma de cobrir eventuais prejuízos com apreensão de drogas pela polícia, dívidas não sanadas ou a ação de competidores, sendo que celulares são mercadorias valiosas, pelo alto valor que um aparelho pode ter em comparação com a quantidade de dinheiro vivo que uma pessoa normalmente carrega na carteira. Desse modo, muitas vezes se estabelece um fluxo direto de fornecimento de aparelhos para a prisão, já que os presos que mantêm negócios fora dela integram as mesmas redes e organizações estabelecidas na periferia, diretamente envolvidas com o tráfico de drogas e outros mercados ilegais.

No caso das prisões de Pernambuco, arremessos, ingresso por meio das visitas ou da corrupção de agentes públicos são as maneiras mais frequentemente empregadas para introduzir os aparelhos na unidade. Possivelmente, como acontece com outras mercadorias, a preponderância dos arremessos se destaca no Complexo Penitenciário do Curado. Em qualquer uma dessas transações, haverá custos envolvidos com os intermediários, maiores ou menores, a depender do risco envolvido, do papel que os presos ocupam e da pena à qual estão sujeitos. A Lei n. 11.466, que entrou em vigor no dia 29 de março de 2007, ao acrescentar o inciso VII ao artigo 50 da Lei de Execução Penal, estabeleceu que constitui falta grave no cumprimento de pena privativa de liberdade ter o preso em sua posse, utilizar ou fornecer aparelho telefônico, de rádio ou similar, que permita a comunicação com outros presos ou com o ambiente externo. A introdução de celulares por visitas para dentro das dependências da prisão, porém, só passou a estar sujeita a punição legal a partir de 2009, com a Lei n. 12.012, de 6 de agosto de 2009, que introduziu o art. 349-A no Código Penal brasileiro e passou a punir com detenção, de três meses a um ano, o ingresso, promoção, intermediação, auxílio ou facilitação de entrada de aparelho telefônico de comunicação móvel, de rádio ou similar, sem autorização legal, em estabelecimento prisional. A despeito da criminalização do ato, o fato de esse tipo de atividade ser punido de maneira branda deve contribuir para uma percepção disseminada de custos relativamente baixos envolvidos na transação, difícil de ser reprimida pelos agentes penitenciários, devido à grande quantidade de visitas regulares à prisão e ao baixo contingente das forças policiais nas unidades. Ainda assim, nas instituições em que isso se faz possível, como no Complexo, apostar no arremesso de um aparelho por cima da muralha implica custos ainda menores para todos os envolvidos. Afinal, o risco não é só pela possibilidade de incriminação de uma visita que geralmente faz parte do ciclo de relacionamentos mais íntimos do detento, como também porque pode significar o afastamento da pessoa em questão pelo período de aprisionamento ou por sua exclusão do cadastro de visitas, o que representa prejuízos afetivos e de outras ordens para os detentos.

O acesso relativamente fácil a aparelhos faz com que esse mercado se configure de maneira relativamente descentralizada. É possível encomendar um celular para comparsas de atividade criminosa ou subalternos fora da prisão, os quais não precisam de uma logística muito complexa para adquirir o aparelho e combinar um arremesso com algum jovem disposto a faturar uma grana por uma operação de baixo risco. Ou, a depender da capacidade de articulação e da sorte, conseguir um canal para a entrada por meio de alguma visita que sirva de "mula", seja ela companheira ou familiar de fato de um detento, ou então alguém cadastrado como visita de um outro que, na ausência de familiares interessados nele, pode ter comercializado a vaga de "visita". Também é possível se utilizar de canais de comunicação com agentes do Estado corruptos, sejam eles ASPs ou funcionários de outros setores da prisão, ainda que os outros tipos de canal sejam bem mais acessíveis. É provável que a existência de tantos canais de comercialização contribua para o custo relativamente baixo do produto, já que os modelos mais baratos dificilmente ultrapassam os R$ 300, segundo declaração dos presos com quem conversei sobre o assunto.

Nas prisões, o celular serve aos mais variados fins, mitigando muitas das privações típicas do aprisionamento. No nível mais básico, é um instrumento importante para a manutenção de certos laços afetivos com o mundo exterior. Por meio dos celulares, os presos podem falar com familiares e amigos, conversar com os filhos e até mesmo acompanhar a rotina diária da família sem grandes dificuldades. O advento de tecnologias de videoconferência e os serviços de internet 4G possibilitam um tipo de contato visual bem mais próximo, em tempo real, que facilita a comunicação e mitiga o sofrimento causado pela distância. Pais de família podem conversar ou mesmo ver suas esposas e filhos diariamente. Amantes podem manter uma comunicação frequente em tempo real. Problemas de natureza cotidiana e dúvidas as mais variadas podem ser debatidos e sanados sem grandes esperas. O contato com parentes e amigos que eventualmente não podem comparecer à prisão, ou porque moram muito longe ou porque têm medo do preconceito, pode ser feito sem grandes problemas. Nesse aspecto, a utilidade psicológica e social do aparelho é tão grande para os presos e seus familiares quanto para pessoas comuns que se veem na necessidade de morar longe da família por razão de trabalho, refúgio etc. Enfim, isto é algo facilmente perceptível, em que pese o posicionamento que se possa ter em relação aos perigos que representa em termos de organização do crime e governança da prisão.

Da mesma forma, questões relativas às necessidades dos detentos para os dias de visita podem ser debatidas e solucionadas com o uso do aparelho. É possível comunicar a falta específica de algum bem imediato ou a necessidade de algum dinheiro extra para o final de semana sem grandes dificuldades. A possibilidade de acesso à internet pelos aparelhos mais modernos permite, inclusive, a participação ativa em redes sociais, com muitos presos atualizando perfis de Facebook de dentro da prisão e se mantendo atualizados sobre a vida pessoal de seus contatos. Esse tipo de uso costuma servir como fonte de informação privilegiada para as autoridades policiais, provocando problemas para os detentos mais desavisados. Numa ocasião, conversei com um preso que tinha ido parar no Pavilhão Disciplinar por causa de uma foto sua portando uma arma de fogo postada no Facebook. Interrogado sobre o objeto, ele tentara inutilmente alegar que se tratava de fotografia antiga, retirada antes da prisão e postada nas redes sociais por um parente. Em outra situação, duas presas numa penitenciária feminina do estado se queixavam de que uma foto postada na mesma rede social, tirada na cela durante um dia de visita por uma parente próxima que entrara com um celular na unidade, havia lhes rendido uma injusta punição administrativa, já que o aparelho supostamente não pertencia a nenhuma delas duas, não sendo sequer encontrado pelos ASPs durante a revista na cela. A mesma internet que serve para esses fins também está disponível como meio de acesso a informações e notícias sobre o mundo exterior, não mais tão atreladas à televisão ou às conversas com amigos e parentes em dias de visitação.

Esses dispositivos também dão acesso a outros bens e serviços, que dizem respeito ao tempo de pena do preso, sua segurança pessoal ou mesmo possibilidade de negociação com autoridades. Informações sobre o andamento de processos e outras questões jurídicas podem ser debatidas diretamente, em tempo real, com advogados, sem a necessidade do uso regular dos parlatórios. O acompanhamento do trabalho desse tipo de profissional, geralmente uma parte muito importante para o sucesso de qualquer pleito judicial, pode ser feito diretamente pelo preso, sem a necessidade de intermediários. Ativistas de defesa dos direitos humanos, jornalistas, promotores públicos, juízes corregedores e outras personagens que exercem algum tipo de controle externo sobre a prisão frequentemente são acionados por celulares, ainda que não por fonte claramente identificável. Em inúmeras ocasiões, as visitas de monitoramento resultaram em flagrantes de violação a direitos que haviam sido comunicados com antecedência, por denúncia anônima, via WhatsApp, SMS ou ligação, o que provavelmente dificultava eventuais esforços das autoridades responsáveis para esconder ou mascarar determinadas situações. Um dos pedidos mais frequentes durante as nossas visitas às unidades se referia à disponibilização de algum número de telefone por meio do qual os detentos pudessem fazer denúncias ou tentar algum contato. Aparelhos celulares com recursos tecnológicos avançados também permitem a divulgação na rede mundial de computadores de fotografias e filmagens de casos de abuso de autoridade, privação material e violação de direitos, bem como recados para adversários na forma de ameaças, punições cruentas contra desafetos, devedores e infratores, com a finalidade de servir de exemplo para os demais, ou mesmo vídeos gravados com o simples intuito de exibir poder, ostentar riqueza ou simplesmente fazer troça com as autoridades ou desafetos. Uma simples busca no YouTube permite ter acesso a diversos vídeos dessa natureza, como filmagens de execuções sumárias, duelos de facções entre detentos, recados para facções rivais, presos exibindo dinheiro, armas e drogas, ou mesmo festas com garotas de programa gravadas na prisão.

Por meio de celulares, casos de corrupção envolvendo agentes do Estado também podem ser filmados ou gravados, constituindo verdadeira moeda de troca ou instrumento de chantagem que podem ser utilizados pelos detentos em troca de benefícios ou garantia de proteção. Nesse sentido, a tecnologia pode mesmo operar como inibidora de abusos e outros atos comprometedores para os agentes da lei envolvidos no controle da prisão. Mais ainda, informantes e outros presos podem utilizar os celulares para manter contato com ASPs das unidades ou dos serviços de inteligência da Seres. É possível, inclusive, que chaveiros e outros presos de confiança façam uso regular dos aparelhos para informar as autoridades responsáveis do andamento da rotina na prisão. Vários profissionais envolvidos em atividades policiais na prisão me relataram o tipo de facilidade que o celular institui nesse sentido. Em alguns casos, autoridades policiais podem inclusive apreender aparelhos que serão grampeados e reinseridos nas redes do mercado ilegal da prisão, especialmente direcionados a presos que precisam ser monitorados com mais atenção. Nesse sentido, o celular institui uma possibilidade de monitoramento e investigação que, de outra forma, restaria totalmente concentrada na figura dos informantes, no contexto de uma prisão onde as autoridades oficialmente responsáveis não são capazes de exercer controle visual permanente sobre a vida cotidiana da população carcerária.

Eventualmente, presos utilizam celulares para manter contato com autoridades dos escalões superiores da Seres, que frequentemente se utiliza do expediente para auferir informações de fontes primárias, sem a necessidade da intermediação dos gestores responsáveis por cada unidade ou dos agentes alocados no serviço de inteligência, algo que se torna essencial nos casos em que há conflito de interesses ou desconfiança mútua. Esse assunto será tratado com mais detalhes no capítulo seguinte. Por ora, basta dizer que o comércio ilegal de aparelhos celulares também acaba tendo alguma serventia para as autoridades que deveriam ser oficialmente responsáveis pela sua inibição. É possível que isso seja somente fruto do esforço de adaptação dos profissionais a uma realidade que não tem possibilidade de mudar, considerando o baixo contingente de agentes, a superlotação e todos os problemas relativos ao controle dos detentos no sistema prisional que têm sido apontados até aqui, mas não é de duvidar que tal fato seja levado em consideração pelas autoridades na hora de decidir por políticas de controle mais rigorosas, como a instalação de bloqueadores de celulares, alternativa ainda não implementada em nenhuma unidade do estado, em que pese a disponibilidade de recursos para tanto.

 O mercado ilegal de celulares também está ligado a outras atividades mais pragmáticas. A possibilidade ampla de comunicação que ele enseja faz uma ponte, direta ou indiretamente, a diversos mercados ilegais, dentro e fora da prisão. Existem presos que utilizam o celular para aplicar golpes, por exemplo, prática amplamente disseminada em todo o país. Estes podem se dar na forma de falsos sequestros ou de loterias forjadas, em que a vítima se vê forçada ou induzida a depositar determinada quantia numa conta ou entregá-la em mãos de comparsas que operam fora da prisão. Mas celulares permitem a coordenação de operações bem mais complexas de dentro da prisão, como, por exemplo, a compra, venda e distribuição de entorpecentes e armas para bocas de fumo, ou mesmo para serem introduzidas na prisão. Por meio do celular, um traficante encarcerado pode manter um maior controle sobre a organização ou rede que coordena, já que o aparelho lhe possibilita contatar fornecedores e intermediários envolvidos em inúmeras transações, sem precisar terceirizar a sua parte na cadeia de operações, o que significa uma proteção a mais contra a ação de trapaceiros, na medida em que o centro ou comando das redes de distribuição pode continuar centralizado na sua pessoa, em que pese o relativo isolamento físico que a prisão lhe impõe. A tecnologia também permite a aquisição de entorpecentes e armas que possibilitam o aumento da influência interna, do poder e de outras vantagens para seu possuidor. Ações mais arriscadas, como fugas e mesmo rebeliões coletivas, também podem ser articuladas a partir de ligações ou mensagens trocadas entre aparelhos celulares, que conectam não só os presos com outras pessoas fora da prisão, mas os presos de diversas unidades entre si.

Na verdade, existem indícios muito fortes de que esse tipo de comunicação esteja diretamente associada com a capacidade de articulação das facções prisionais nas últimas décadas, em diversos países do mundo. Celulares permitem que presos numa mesma unidade, separados por pavilhões fisicamente distantes entre si, possam se comunicar sem grandes dificuldades ou sem a necessidade direta de intermediários, bem como a comunicação entre detentos de unidades distintas, de estados a milhares de quilômetros de distância, e uma integração entre a prisão e a sociedade no entorno, coisa impensável em outros contextos. Com eles, é possível superar dilemas de confiança, por meio da continuidade das interações, redução da assimetria de informações, identificação rápida de trapaceiros e estabelecimento de redes de comunicação relativamente seguras. O celular serve para consolidar instituições, operar negócios, fazer política, incitar rebeliões, programar atentados, assaltos a bancos e outros tipos de atividades interessantes para muitos detentos. Com o advento da internet e das redes sociais, e de mensagens criptografadas em aplicativos como WhatsApp, Telegram, Adium etc., tornaram-se instrumentos que não só potencializam a capacidade de organização, como também dificultam a atividade de investigação e repressão das autoridades prisionais e de outras instituições do sistema de justiça criminal.[3]

É difícil imaginar que facções como o Primeiro Comando da Capital, o Comando Vermelho, a Família do Norte e outras de menor porte teriam conseguido se estruturar no seu nível atual de organização sem o uso de complexas tecnologias de telecomunicação, primeiro pela operação de centrais telefônicas e depois por uma complexa rede de videoconferências que se seguiram ao aperfeiçoamento desse tipo de tecnologia. Celulares permitem não só a coordenação e o acompanhamento em tempo real de inúmeras transações, como também o monitoramento da atividade de várias pessoas, em locais diferentes do estado ou mesmo do país, dentro e fora da cadeia. Sem eles, qualquer tipo de articulação estaria sujeito a comunicações bem mais espaçadas e inseguras, envolvendo a utilização de intermediários ou *brokers* que impõem ainda mais dilemas de confiança, dadas as possibilidades de traição, distorção, negociação ou mesmo interpretação errada da informação em algum ponto da rede. Nesse sentido, celulares e aparelhos eletrônicos como notebooks, por exemplo, constituem uma espécie de mercado capaz de instituir externalidades negativas e positivas que alteram a configuração de todos os demais, seja no atacado, seja no varejo.

ARMAS, GERMES E AÇO

É o que acontece com o mercado de armas, por exemplo. A prisão é reconhecidamente um ambiente inseguro para todos os que trabalham ou são forçados a viver nela. Em uma instituição como o Complexo Penitenciário do Curado, os níveis de violência e insegurança chegam a tal ponto que quase ninguém está disposto a confiar no Estado como última garantia contra agressões e outros atos de violência praticados pelos presos. Além disso, transações das mais variadas espécies encontram na possibilidade da violência uma garantia muitas vezes efetiva para o seu cumprimento. Por isso, um dos mercados ilegais mais importantes no sistema penitenciário de Pernambuco é o de armas. Armas brancas são disseminadas em todas as unidades que visitei, mas bem mais visíveis no Complexo. Conforme descrito anteriormente, elas podem variar de tipo e de tamanho. Durante as visitas, presenciei detentos de posse de facas, peixeiras, serras, facões, chuços, marretas, machadinhas, martelos, porretes, estrovengas, foices, espadas artesanais e outras armas de fabricação própria. Existe um verdadeiro arsenal nas unidades do estado, que não parece se reduzir mesmo em face do esforço de administradores e gestores públicos de lutar contra sua proliferação.

Os presos têm acesso a essa categoria de objeto por diversos canais de comercialização. Como outras mercadorias, armas podem ser colocadas em pacotes arremessados por cima dos muros, o que parece ser o mais comum no caso do Complexo. Elas também entram com as visitas, apesar de esta forma de ingresso ser um pouco mais difícil, já que o scanner costuma ser um instrumento eficaz para a detecção de metais. Existem também aquelas que adentram a unidade pelos canais de corrupção de agentes do Estado, sejam eles ASPs, funcionários comuns ou prestadores de serviço. É provável que algumas delas sejam desviadas da cozinha, do rancho ou das oficinas de marcenaria. Em pelo menos duas visitas, tivemos contato com detentos famosos por atuarem como ferreiros, isto é, fabricando armas brancas com pedaços de cama, ferros retirados de construção e outras matérias-primas, atuando também, com igual habilidade, na produção de outros utensílios, como cachimbos para fumar crack feitos com latinhas de alumínio, fogões de mola etc. Relatos de detentos convergem no sentido de que os valores vão de R$ 150 a R$ 200 para a aquisição de uma faca, e algo em torno de R$ 300 a R$ 400 para um facão. Certamente, o preço vai variar conforme a origem e a quantidade de intermediários que tiveram de operar para a entrada do armamento na prisão. Não há dúvida de que os canais de comercialização e os intermediários são em número elevado, o que se reflete em certa democratização desse tipo de armamento nas unidades, cuja posse é quase condição necessária, embora não suficiente, para a sobrevivência dentro do sistema, já que evita, conforme inúmeros presos relataram, ataques de surpresa ou mesmo o início de linchamentos, na medida em que a simples posse de uma arma branca pode exercer efeito dissuasório sobre os demais detentos. Nesse sentido, se tornam ainda mais interessantes os relatos de ASPs e presos acerca do nível de respeito angariado por presos que exerceram anteriormente determinadas profissões, como a do marchante, que geralmente têm habilidade especial para lidar com esse tipo de instrumentos.

É difícil calcular os lucros e custos envolvidos nessas transações, não só pela dificuldade de levantar informações confiáveis, mas também porque parte dos canais de circulação de mercadorias pode envolver diferentes tipos de intermediários, desde pessoas que trabalham na prisão até visitas ou jovens empregados nos arremessos. Provavelmente, um ASP que aceite suborno para deixar passar uma arma branca durante as revistas nos finais de semana ou que se proponha, ele mesmo, a servir como intermediário na transação vai cobrar uma comissão maior do que um menor de idade que se arrisca a atirar um pacote por cima do muro. Um facão pode custar de R$ 30 a R$ 60 em uma loja comum de material de construção na cidade. O preço de uma faca de tamanho médio pode chegar a menos de R$ 15. Ainda que se trate de um mercado de itens de baixa perecibilidade, se comparado, por exemplo, ao de bens de consumo imediato, como comidas ou mesmo substâncias ilícitas, a apreensão ocasional de armas brancas faz parte da rotina das unidades, seja por meio de revistas nos pavilhões, seja pelo flagrante eventual quando de uma incursão ocasional conforme a relatada no capítulo anterior. A essa alta rotatividade se soma a grande quantidade de presos que procuram dispor de instrumentos assim para a defesa pessoal em um ambiente hostil. "Eu mesmo andava com uma faca na cintura, mas para me proteger", relatou Mazinho, em uma das dezenas de conversas que tivemos sobre o período em que cumpriu pena no antigo Presídio Professor Aníbal Bruno.

Armas de fogo, por sua vez, constituem um mercado menos acessível no sistema penitenciário como um todo. Parte disso se deve a um cuidado maior para com o controle da entrada desse tipo de objeto, que ameaça de maneira ainda mais flagrante a vida dos agentes penitenciários e/ou servidores públicos com outras funções na prisão, mesmo a daqueles eventualmente dispostos a se envolverem em transações ilegais com os detentos. Em unidades tidas como "abertas", como o Complexo Penitenciário do Curado, é de se supor que boa parte das armas de fogo existentes também entrem na prisão por via de arremesso. Nesse caso, porém, existe um risco maior de perda e os valores em jogo são bem maiores. O número de armas de fogo é deveras limitado, provavelmente não só por causa dos custos monetários envolvidos nesse tipo de transação, como também pelo que ela representa na balança de poder da sociedade dos cativos. Afinal, um número razoável de detentos ou mesmo um indivíduo isolado de posse de uma arma de fogo pode representar um risco grande para o chaveiro e os integrantes de sua equipe, já que o objeto visivelmente desequilibra a vantagem física que um grande grupo de homens de posse de armas brancas detém sobre os demais. É provável, portanto, que chaveiros e membros de sua equipe tenham mais acesso a esse tipo de equipamento que os demais, e procurem ativamente denunciar a sua posse nas mãos de outrem.

Da mesma forma, agentes que costumam entender como inevitável a circulação e posse de armas brancas na prisão demonstram grande preocupação quando se trata de armas de fogo, pois o efetivo policial na prisão, mesmo quando considerada a presença eventual de destacamentos especiais como a GOS, é sempre bem inferior à quantidade de detentos em qualquer unidade do estado.

Provavelmente pelo valor material e simbólico da mercadoria, armas de fogo nunca são exibidas pelos detentos na frente de visitantes externos. Jamais consegui ver uma delas em nenhuma de nossas visitas. Sempre se fala da sua existência em cochichos e relatos o mais das vezes desencontrados. A sua presença é, entretanto, real, para além de qualquer dúvida. Durante a tentativa de fuga coletiva ocorrida numa das unidades do Complexo, um grupo de dez a quinze detentos avançou sobre a gaiola utilizando-se do pessoal do serviço de saúde como refém, a maior parte portando algum tipo de armamento, entre revólveres, pistolas e espingardas calibre .12. Vez ou outra um assassinato praticado com o uso de armas de fogo costuma ser noticiado pela imprensa local. E não é raro se deparar com a circulação de vídeos nas redes sociais em que detentos se apresentam fortemente armados para mandar recados para facções rivais a respeito do comando do sistema penitenciário. Em um deles, um grupo de quase dez homens se apresentava com camisetas e balaclavas cobrindo os rostos, falando para a câmera enquanto exibiam pistolas em ambas as mãos ou espingardas calibre .12, além de uma granada de mão. "Não tenta invadir aqui, que não tem conversa. O comando é independente! Se invadir, vai ter, ó!", gritava um deles, seguido pelos demais no gesto de apertar o gatilho da arma descarregada, numa cena que adquire certo tom de comicidade quando um dos revólveres realmente dispara para cima quando o gatilho é apertado seguidamente, o que certamente não estava previsto pelos organizadores do vídeo, gravado em local fechado, provavelmente numa cela ou no barraco de algum detento.

Os relatos a respeito do preço de aquisição de uma arma de fogo variam. "A gente tem o que chamamos de *rádio cadeia*, as informações que chegam dos bastidores, mas que não têm comprovação", explica o

ASP Jardel, ao conversar comigo sobre o assunto. "Então você imagina, o salário de um agente penitenciário hoje, na minha graduação, nos meus quase seis anos de atividade, está em torno de R$ 4.200. Vamos colocar mais ou menos nessa faixa. E tem gente que ganha isso só para colocar uma arma para dentro", continua. O valor se aproxima daquele relatado por vários detentos, que falam em custos na faixa dos R$ 5 mil para adquirir um revólver calibre .38 dentro da prisão. Como se trata de um mercado bem mais fechado, não consegui informações a respeito do preço para aquisição de outros tipos de armamento. Em termos comparativos, o valor para a aquisição de um revólver deste calibre, em uma loja autorizada no Recife, fica entre R$ 3.500 e R$ 4 mil, a depender do fabricante. Uma pistola automática, por sua vez, pode chegar facilmente a R$ 5 mil. Claro que a esses valores se somam, no mercado legal, os custos em termos de tempo e dinheiro para a emissão de diversas autorizações para a aquisição de uma arma, cujo porte se encontra restrito a casos especiais, dificilmente autorizados pelos órgãos reguladores, pelo menos até o início de 2019.

Diferentemente do mercado ilegal de armas brancas, certamente os canais de intermediação são mais restritos no caso das armas de fogo. As restrições para a aquisição, porte e posse de armas de fogo impostas pela legislação brasileira dificultam sobremaneira o acesso regulamentado a esse tipo de armamento. Em alguns casos, os valores para a emissão de laudos psicológicos, atestado de proficiência e outras exigências legais podem elevar os custos para a aquisição de um revólver calibre .38, por exemplo, para algo em torno de R$ 7.500, incluindo o preço de compra da arma, além de ser um processo que pode se estender por mais de três meses, bastante sujeito à discricionariedade de policiais ou militares responsáveis pela emissão de autorização de posse ou porte, dependendo do tipo de registro que se procura. Ou seja, o lucro auferido nas transações de armas de fogo ilegais parece estar diretamente relacionado não só com a dificuldade típica de conseguir o objeto, mas às dificuldades e aos altos custos na obtenção de uma arma regulamentada, já que a aquisição acaba saindo mais barata do que no mercado legal, somando todos os custos monetários envolvidos.

Para entender um pouco mais sobre o fluxo desse tipo de mercadoria, foi preciso ampliar minhas fontes de informação para além dos ASPs do sistema penitenciário e do serviço de inteligência da Seres. Tive de recorrer a entrevistas com operadores do sistema de justiça criminal em Pernambuco, Paraíba e São Paulo, com histórico de atuação na repressão a organizações criminosas. Um dos delegados entrevistados, que aqui chamarei de Miruca, explicou-me que as fontes para abastecimento do mercado ilegal da cidade eram variadas. "Já apreendemos armas com um colecionador de Caruaru, era até um médico, que se prestava ao tráfico", disse, exemplificando uma fonte eventual de abastecimento do mercado ilegal. As armas apreendidas de usuários regulamentados, entretanto, são poucas. Na realidade, a maior parte delas parece vir para o estado pelas mesmas redes de abastecimento de drogas ilícitas, como maconha e cocaína. Em Pernambuco, essas drogas, junto com as armas, chegam prioritariamente pela chamada "rota caipira", isto é, estados como Mato Grosso e Mato Grosso do Sul, que fazem fronteira com dois dos maiores produtores de drogas na América do Sul — Paraguai e Bolívia.[4] Nesses territórios, a aquisição de armas legais é bem mais facilitada do que no Brasil, com a possibilidade inclusive de desvios de armamento pesado de membros das forças armadas locais corrompidos pelo crime organizado. O preço também é bem mais atrativo do que os praticados no mercado nacional, com revólveres ao custo de R$ 600 e pistolas a preços abaixo de R$ 2 mil.

Existem traficantes que operam na rota de drogas e armas que vêm da Colômbia, passando pelo Norte do país, mas a maior parte dos operadores de segurança entrevistados concordam que se trata de uma fonte bem menos abundante de abastecimento dos mercados ilegais em Pernambuco do que a rota caipira. Não parece haver qualquer tipo de monopólio ou predominância de distribuidores nesse aspecto, possivelmente devido à grande quantidade de cidades de fronteira e de produtores nos dois países, o que dificulta o estabelecimento de monopólios na distribuição de drogas no país, ainda que algumas rotas ou cidades tenham a presença forte de facções criminosas brasileiras, especialmente o Primeiro Comando da Capital. No caso das armas de fogo, a possibilidade de comprar equipamento legal sem grandes dificuldades nesses países torna sua comercialização possivelmente ainda mais difusa, mesmo que a demanda seja menor em termos de quantidade e regularidade do que a de drogas como cocaína e maconha.

Em 2018, o *Estadão* publicou trechos de um relatório produzido pela Polícia Federal sobre o tema que parecem confirmar o padrão. Enquanto a maior parte dos fuzis apreendidos no país é de origem americana, as armas mais leves são majoritariamente compradas no Paraguai. Além da Tríplice Fronteira entre Brasil, Paraguai e Argentina, nas cidades de Foz do Iguaçu (PR), Ciudad del Este (PAR) e Puerto Iguazú (ARG), as outras principais vias de entrada são as fronteiras de Ponta-Porã (MS) com Pedro Juan Caballero (PAR), Guaíra (PR) com Salto del Guairá (PAR); Corumbá (MS) com Porto Suárez (BO) e Santana do Livramento (RS) com Rivera (URU). Além disso, o relatório fala ainda em uma rota que utiliza também pequenos aviões vindos da Bolívia e do Paraguai, que transportam drogas e armas com destino ao interior de São Paulo e de Minas. A PF ainda cita a fronteira entre Brasil e Bolívia, em Rondônia, a fronteira com a Colômbia, no norte do Amazonas, e a fronteira com o Suriname.[5]

— Vem de fora, de bolo mesmo. São as mesmas redes — explicou-me Miruca numa entrevista sobre o tema. — Basta você pegar o número das apreensões de armas de fogo nos últimos anos. Você vê 5, 6, 7 mil armas apreendidas. Você se questiona se com tanta arma apreendida não para. É porque vem de fora.

Nesse ponto, as formas utilizadas para a realização das transações são as mais variadas. Existem os negociantes solitários, que podem se aventurar a ultrapassar a fronteira em meio aos comboios de "muamba" que vêm do Paraguai para o Brasil toda semana, por exemplo, com algumas armas misturadas à carga de outros tipos de mercadoria, levadas em ônibus ou automóvel particular. O mais comum, porém, parece ser realmente o envio de armas junto com carregamentos de drogas, principalmente maconha e pasta base de cocaína. Esse tipo de comércio costuma operar com a figura de um grande atacadista que atua diretamente com os produtores nos países de origem da mercadoria, em contato direto com facções ou traficantes locais. As drogas podem ser trazidas de avião para o Brasil, seguindo de caminhão ou de carro para diversos destinos do país, ou cruzar direto a fronteira em direção aos compradores por via terrestre. Automóveis são especialmente fabricados para esse fim.

— Existem fundos falsos que o pessoal chama de *mocó*, são uma coisa impressionante. Só abre com o carro ligado, um botão embaixo da direção. A gente apreendeu aqui, no interior de Pernambuco, uma Saveiro que só abria depois que ligasse o farol, rodasse a chave do carro e destravasse ou abrisse a porta da frente, nessa ordem. Então podia apertar num botão e o compartimento do airbag abria. Dava ali uns 5 quilos de droga; dava arma de fogo, tudo.

Não é raro que essas compras sejam feitas por traficantes locais em regime de consórcio, isto é, um grupo de mais de uma comunidade ou mesmo cidade se junta, com a intermediação do atacadista, para a aquisição de um caminhão com determinada quantidade de drogas e de armas que vai ser entregue em pontos da cidade ou mesmo em três estados diferentes. No caso das armas que chegam à prisão, é bem mais provável que sejam provenientes dessas mesmas redes, que passam por facções e organizações criminosas que procuram repassar as armas importadas para dentro da prisão, numa nova transação que certamente contribui para o encarecimento do valor final do produto e limita sua aquisição. Ainda assim, é mais provável que a grande preocupação em torno do seu controle, não só da parte dos ASPs que trabalham na unidade, como dos chaveiros e dos membros de sua equipe, dados os riscos de desequilíbrio na balança de poder do pavilhão, contribua mais para a quantidade limitada de transações nesse mercado do que o preço final do produto, dificultando a entrada de novos atores e aumentando os custos envolvidos em cada transação. Afinal, não parece haver as mesmas dificuldades para a aquisição de uma arma de fogo fora da prisão, como apontam os altos índices de violência no estado e a distribuição bastante generosa por centenas de cidades, bairros, comunidades e favelas de Pernambuco.

O mercado ilegal de entorpecentes, em contraponto, é bem mais exposto e menos restrito na prisão, ainda que igualmente sujeito à governança dos chaveiros e de instituições centralizadas e extralegais como as facções prisionais. Como afirmado anteriormente, no caso do Complexo, grande parte da droga que chega aos pavilhões vem dos arremessos diariamente praticados nos arredores da muralha. Existe certa aceitação a respeito da inevitabilidade da sua comercialização no ambiente prisional, de modo que os agentes penitenciários não parecem muito empenhados na sua repressão. "Eu não vou acabar com o crime" é uma frase comum para justificar esse estado de coisas. Outros, por sua vez, apontam os riscos envolvidos em uma repressão mais ativa desse tipo de comércio. "Eu tenho família", disse certa vez um deles, quando questionado sobre a dificuldade de se controlar a corrupção que muitas vezes enseja a entrada de drogas nas unidades do estado. Isso não significa, por exemplo, que drogas encontradas durante os dias de visita sejam autorizadas sem qualquer intervenção ou que os agentes engajados em revistas ocasionais deixem de fazer ativamente seu trabalho de busca e apreensão. Porém, o indicativo da prioridade para o controle de armas de fogo nas unidades, por exemplo, em contraposição a certa leniência em relação ao tráfico de entorpecentes, ou à aceitação do fenômeno que se encara com ares de fatalidade, é uma realidade patente em todo o sistema penitenciário estadual. Em mais de uma ocasião, em mais de uma unidade, ouvi vários deles afirmando que drogas como a maconha, por exemplo, eram socialmente desejáveis, devido ao efeito calmante que exerciam no comportamento da população prisional. Ainda assim, os conflitos decorrentes de disputas internas pelo controle do tráfico de drogas na prisão, bem como os crimes violentos associados direta ou indiretamente ao comércio de drogas, principalmente quando envolvem crack, são reconhecidos por quase todos os ASPs como problemas no cerne da insegurança e da falta de controle na prisão.

No Complexo e em várias unidades do estado, é possível verificar certo nível de pulverização na entrada e comercialização de drogas na prisão, particularmente nos dias de visita. Esse comércio arraia-miúda acontece principalmente a partir de pequenas quantidades de drogas trazidas pelas visitas, que conseguem passar pela revista sem grandes dificuldades. Como já se disse, a quantidade de visitas nos finais de semana é absolutamente desproporcional ao número de agentes empregados nas atividades de revista. O scanner utilizado não é um bom equipamento para detectar substâncias que podem ser facilmente misturadas aos mantimentos trazidos para os detentos, ou alojadas em partes íntimas do corpo das visitas. É praticamente impossível que um ASP consiga encontrar pequenos papelotes quando não se tem muito tempo para efetuar revistas minuciosas de cada homem, mulher e criança que se apresenta para visitar um parente detido. Dessa forma, um sem-número de pessoas consegue entrar nas unidades todos os fins de semana portando pequenas quantidades de entorpecentes como maconha, crack, barbitúrico e cachaça. Esses produtos podem servir para utilização própria dos detentos junto com suas parceiras num dia de visita íntima, por exemplo, ou ser comercializados nos dias de visitação, pelas pessoas que os trazem, ou pelos detentos para os quais foram entregues. Neste caso, compõem um pequeno estoque para o tráfico interno na unidade, ajudando os detentos interessados em fazer um caixa extra, já que o preço diferenciado, em comparação aos praticados nas bocas de fumo na cidade, garante algum nível de lucratividade nesse comércio, ainda que não se trate de mercadoria comprada a preço de atacado.

    Tudo indica, porém, que o grosso do tráfico de entorpecentes se dê cotidianamente, dentro dos próprios pavilhões. No caso das substâncias ilícitas como maconha, crack e cocaína, as vias de entrada da droga já foram explicitadas nas páginas anteriores. No Complexo, o arremesso parece ser a estratégia preferencial, na forma de pequenos pacotes que podem pesar até 1 quilo ou pouco mais que isso, a depender da força e da habilidade do arremessador. A entrada ocasional pelas visitas também é um fato, tendo em vista as dificuldades de detecção elencadas mais acima. É possível inserir determinadas quantidades de droga em meio aos mantimentos, principalmente aqueles que são mais difíceis para um agente detectar, como embalagens de alimentos orgânicos ou mesmo receitas prontas. O uso de "mulas", isto é, mulheres que se dispõem a transportar drogas nas partes íntimas ou mesmo na barriga, em forma de pacotes que podem ser expelidos por via natural após a entrada, é prática conhecida em todo o sistema penitenciário estadual. Também existem casos relatados pelos próprios ASPs de conivência de agentes públicos, que podem fazer vista grossa nos dias de visita ou na vigilância das muralhas para a entrada de drogas, ou operarem eles mesmos como intermediários nas transações. Comprimidos como barbitúricos e mesmo cachaça, uísque e outras bebidas também podem ser introduzidos na unidade por essas vias. No caso de bebidas alcoólicas, há detentos que as fabricam de maneira caseira, utilizando-se de tecnologias adaptadas para o ambiente prisional. Em algumas prisões, existe um cuidado muito grande com o fornecimento de medicação para a população que necessita fazer uso de remédios controlados como antidepressivos, tranquilizantes, antiepiléticos, barbitúricos, sedativos e hipnóticos, já que parte dos pacientes, ou os intermediários que se prestam a fazer a sua conexão com os serviços de saúde, podem desviar alguns comprimidos, ou mesmo toda a dosagem prescrita, para o tráfico interno. A dependência em relação aos remédios do tipo tarja preta, que se tomados em excesso ou em combinação com outras substâncias químicas podem provocar efeito alucinógeno, parece ser tão difundida entre a população penitenciária como o crack. Tanto esse tipo de droga quanto outras como maconha, crack e cocaína, depois que chegam na prisão, podem ser submetidos a novos processos químicos para a produção de uma quantidade maior de doses consumíveis a partir da matéria-prima original. O caso apresentado anteriormente, dos detentos flagrados com balança de precisão e compostos químicos utilizados nesse processo de refino, é um indicativo da relativa disseminação da prática.

Presos que cumpriram parte da sentença no antigo Presídio Professor Aníbal Bruno relataram a presença de verdadeiros laboratórios para a produção de crack dentro da unidade. Ao que parece, os detentos faziam ali mesmo o processo de refinamento da pasta base da cocaína, que entrava pelos canais usuais do tráfico. Nenhum agente negou que esta era a prática naquele tempo, interrompida desde que o Complexo foi criado. De qualquer forma, os lucros dessa modalidade de comércio são bastante altos. Um grama de crack, que pode ser dividido em mais ou menos quatro pedras de dose única, pode ser vendido a R$ 40 na unidade. Isso significa que o valor final auferido da venda de um único quilograma de crack na prisão pode chegar a R$ 40 mil. Obviamente, parte desse dinheiro fica com os intermediários ou fornecedores diretos da droga. Nos casos em que há corrupção sistemática de agentes da lei, traficantes também têm de desembolsar quantias periódicas para evitar revistas, bondes, transferências ou punições administrativas. Os arremessos e outras formas de entrada de drogas praticados nas prisões do estado costumam ser operados pelas mesmas redes e organizações que as compram de um número limitado de fornecedores, que atuam com o tráfico no atacado. Em termos comparativos, 1 grama de crack pode ser adquirido a R$ 25 ou R$ 30 em bocas de fumo do Recife. Ou seja, o valor dentro da prisão pode ser até 25% maior do que o praticado fora dela. Ainda que traficantes tenham de lidar com um público consumidor potencialmente menor do que o normal, já que se trata de um mercado "fechado", se comparado à operação de uma boca de fumo facilmente acessível para usuários de drogas de diversas camadas sociais e pontos da cidade, o tráfico de entorpecentes na prisão se torna extremamente lucrativo pela proximidade espacial do público consumidor, que não tem outra escolha para procurar outro vendedor, em caso de dívida ou de piora da qualidade da substância oferecida, o que reduz as chances de calote ou trapaça. Obviamente, é possível que a quantidade de intermediários envolvidos nesse tipo de transação, isto é, do fornecedor para a organização e desta para a prisão, incluindo eventuais subornos a agentes do Estado, dependendo da situação, contribua para o encarecimento da mercadoria, não significando, necessariamente, um lucro maior para o traficante.

A ECONOMIA POLÍTICA DA DROGA

A organização do mercado de entorpecentes nos pavilhões, para além do tráfico pulverizado, que não se encontra ao alcance das instituições de governança, se dá de maneira segmentada. Ou seja, o número de traficantes "autorizados" a operar em cada pavilhão é bastante limitado. Em todos eles, o chaveiro ou toma parte direta no negócio ou arrecada uma comissão periódica dos traficantes. Ainda que possa haver algum chaveiro que não angarie lucros com as transações, ele necessariamente vai se envolver de alguma forma no mercado, na medida em que precisa exercer algum tipo de controle sobre a quantidade dos fornecedores atuando em cada pavilhão, tendo em vista a necessidade de regular a concorrência e reduzir os conflitos que se estabelecem como externalidades do funcionamento desse tipo de mercado. O modo como o chaveiro pode exercer controle sobre o número de vendedores num pavilhão não diz respeito somente ao emprego da força e da coação. Na verdade, considerando as organizações que atuam no comércio de drogas, as possibilidades que um chaveiro tem de exercer algum controle nele, quando não integram eles mesmos o esquema, são bastante escassas. Ainda assim, o representante dos presos não raro joga com sua posição junto à administração prisional para eliminar concorrentes eventuais ou desequilibrar a balança de poder nos pavilhões. Conforme relatado pelo ASP Jardel em entrevista:

> Jardel: Essa visão tem menos do representante visto como "gato". Porque ele é muito inteligente, faz o jogo da cadeia, como a gente chama, e o jogo da polícia também. Entrega a parcela mínima que ele tem que entregar, aquele pequeno traficante, como a gente chama. Só que foi uma entrega combinada, porque aquele pequeno traficante, em certa hora, já estava afetando o comércio de alguém. É o que eles chamam de carreira solo. De repente o pequeno traficante queria começar o tráfico ali, onde já tem um grande traficante que se sentiu incomodado. Aí o cara: "Entrega esse cara aqui." Aí chega para a gente e entrega o cara. É um tráfico? É. É um flagrante? É. É o nosso trabalho? É. Mas é o boi de piranha. É uma cabeça que a gente prendeu e o resto está solto. É como faz com a Polícia Federal. O cara quer transportar 1.000 quilos de ecstasy para a Holanda, então bota 2 quilos de pasta base ou de maconha, com uma mula, e comunica à polícia. Enquanto estão os oito ou cinco agentes copiando ela, acompanhando a casa dela, para saber que horas recebe o taxista, encontram ela no aeroporto, do outro lado está passando. Assim, esse criminoso, essa liderança criminosa, ele mesmo faz o jogo da polícia, mas não se considera "gato", porque ele faz o jogo também dos bandidos. Por isso que às vezes quando a gente

pega numa situação de má conduta, por uma falta grave, um preso fora do pavilhão, um preso em cima da laje, um preso com um facão, eles mesmos vêm diante da população e pedem: "Não, meu chefe, esse menino nunca deu trabalho. Esse menino é bom. Deixa ele, meu chefe, bota ele no castigo não!" Aí o chefe de segurança avalia a situação, muitas vezes põe no castigo, outras vezes não. Mas dá para ver que esses caras fazem o jogo duplo, para mostrar para a cadeia que eles também estão do lado deles, do lado chamado "criminoso".

A importância da operação de instituições e mecanismos de regulação em mercados ilegais se funda numa série de razões. Em qualquer situação de mercado, existem sempre duas fontes potenciais de instabilidade: a tendência das organizações de entrarem em guerra de preços para atrair mais compradores e a dificuldade de atuação de cada organização em particular enquanto coalizão política de interesses comuns. De uma maneira ou de outra, a estrutura social dos mercados acaba refletindo a busca pelo controle dessas duas fontes de instabilidade. Afinal, o potencial destrutivo da competição por preços está sempre presente e pode desestabilizar mercados mais cedo ou mais tarde. No mercado de restaurantes, por exemplo, a estabilidade nunca é uma realidade, de modo que os competidores procuram diferenciar os próprios produtos para formar nichos que os protejam dos prejuízos decorrentes da competição. Afinal, no limite, a competição de preços funciona como um "jogo da galinha", no qual os competidores avançam em direção ao menor valor possível até que só um deles triunfe sobre a concorrência ao conseguir o menor preço ao menor custo, atraindo o máximo possível de compradores. Assim, a própria estrutura do mercado faz com que os indivíduos tenham de operar numa zona ampla de incerteza, onde o risco de perda e mesmo de eliminação envolvido em qualquer curso de ação ou processo decisório é sempre muito grande, donde a busca permanente por sobrevivência que constitui o comportamento dominante dos atores envolvidos.

Com efeito, essa interpretação essencialmente política do mercado traz consigo uma valorização explícita do papel do Estado na construção de instituições de mercado. Nas sociedades capitalistas modernas, as instituições, organizações e associações que compreendem o Estado criam e reforçam as regras que governam as relações econômicas num determinado território. Normalmente, empresas e outras organizações operam a partir de um conjunto de regras definidas, cuja governança é parte constitutiva do processo de construção do Estado. É nele que se definem direitos de propriedade, estruturas de governança e regras de comercialização, que estabelecem condições minimamente estáveis e confiáveis a partir das quais é possível competir, cooperar, vender e comprar mercadorias. Cada uma dessas regras e das instituições responsáveis pelo seu cumprimento é fruto de uma disputa política que define vencedores e perdedores, protegidos e desprotegidos. Ao aprovar um Código Civil, por exemplo, o Estado define quais critérios devem legitimar ou não determinada propriedade individual, incluindo os limites para seu usufruto e a forma como ela pode ou não ser comercializada ou o contexto em que essa transação se dá. Da mesma forma, uma legislação municipal estabelece critérios para a definição daqueles comerciantes que serão reconhecidos enquanto tal pelo poder público, mediante o cumprimento de determinados requisitos e o pagamento de taxas e impostos específicos, em oposição àquelas pessoas e organizações que não queiram operar em cumprimento às mesmas regras do jogo, caindo na informalidade ou ilegalidade e se tornando sujeitas às punições legais e administrativas previstas no ordenamento jurídico em vigor. Até mesmo a definição de uma moeda nacional que sirva como mercadoria que pode ser trocada por todas as outras, um denominador comum ou um padrão para que as demais mercadorias expressem seu valor, em exclusão de todas as outras que poderiam servir para esse fim, é também um ato estatal com implicações diretas para toda a organização econômica da sociedade.

Nesse sentido, a própria estrutura de uma organização acaba sendo o resultado da padronização de ações e comportamentos que visam à redução da zona de incerteza, criando um mundo estável no qual é possível se situar e agir com previsibilidade. É por isso que a vida em sociedade é exatamente a antítese da situação de Robinson Crusoé, personagem do famoso romance de Daniel Defoe que se encontra na obrigação de lidar com um ambiente hostil e desconhecido, onde cada ação pode ter implicações mortalmente sérias e não há qualquer parâmetro ou referência a indicar o tipo de comportamento e decisão mais adequados para cada um dos contextos que o personagem vivencia. Instituições servem para fornecer tais referências, sejam elas normas, regras, leis ou organizações a partir das quais as pessoas procuram obter seus meios de sobrevivência.

O problema é que a ilegalidade constitutiva de determinados mercados se associa a externalidades que vão além dos riscos de eliminação que firmas e empresas enfrentam em situações de instabilidade onde vigora a guerra de preços. No caso do tráfico de entorpecentes ilícitos, a ausência de direitos de propriedade formais, da garantia da execução de contratos e de mecanismos de resolução de disputas tem sido apontada pela literatura especializada como fator que influencia diretamente a dinâmica violenta desse tipo de mercado. Organizações e/ou pessoas que se envolvem em transações nessa arena de trocas não podem contar com uma instituição minimamente imparcial a quem possam recorrer para resolver disputas a respeito dos produtos negociados. Regras formais e instituições estatais que impõem sanções para o seu descumprimento não têm qualquer lugar aqui. Na maior parte das vezes, o uso ou a ameaça da violência são os únicos instrumentos à disposição para garantir a realização das transações. Quando estas dão errado por qualquer razão, a eliminação física de pessoas ou expropriação de propriedades garante o cumprimento de contratos entre as partes envolvidas, ou pelo menos reforça a reputação necessária para evitar problemas em transações futuras, além de operar como uma alternativa para reduzir os custos envolvidos na guerra de preços. Por isso, vários autores têm defendido a existência de uma violência sistêmica relacionada a padrões agressivos tradicionais de interação dentro do sistema de uso e distribuição de drogas, os quais decorrem, em última instância, das disfunções desse tipo de mercado.[6]

A verdade, porém, é que um conjunto de evidências tem questionado essa associação quase automática entre mercado de drogas e violência.

Em muitos países, mercados ilegais como o de metanfetaminas, ecstasy e *designer drugs*, prioritariamente voltados para consumidores de classe média, não parecem produzir grandes impactos nas estatísticas de violência. Isso é um forte indicativo de que não é somente o caráter de ilegalidade da mercadoria aquilo que está envolvido na produção de violência. Ou seja, faz-se necessário o entendimento mais refinado dos mecanismos produtores de conflitos que realmente contribuem para sua ocorrência e em quais tipos específicos de mercados ilegais eles se instauram.

Um bom exemplo é o efeito produzido pelo caráter de abertura ou fechamento, cobertura ou não dos mercados ilegais, que influenciam diretamente no seu nível de funcionalidade ou disfuncionalidade.[7] Enquanto estranhos podem interagir em mercados abertos, as transações dos mercados fechados só se realizam entre pessoas que se conhecem. Isso significa que estes são mais seguros que aqueles, na medida em que as transações podem ser operadas em segredo e a desconfiança não grassa entre as partes envolvidas, evitando a interferência de policiais, competidores violentos ou trapaceiros, além de possibilitarem a instituição de um sistema informal de crédito que funciona na base das relações continuadas de confiança entre as partes envolvidas. Não é o que ocorre, porém, nos mercados abertos ilegais, em que os atores não se conhecem, com intercâmbios bastante regulares ocorrendo em uma atmosfera permeada pela desconfiança e pela possibilidade de fraude, dado o risco permanente de interferência de policiais, assaltantes ou competidores e a ausência de instituições oficiais aptas a interferir em casos de calote de compradores ou vendedores. Nos mercados descobertos, as trocas físicas ocorrem de forma pública e visível, num espaço determinado, o que acaba instituindo um ambiente inseguro, sujeito permanentemente à interferência de competidores, assaltantes e policiais. Transações cobertas, por sua vez, ocorrem em arenas de trocas privadas e protegidas ou mesmo em ambientes virtuais, o que reduz os riscos e os custos de proteção envolvidos.

O mercado de drogas ilícitas como o crack, no Brasil, é um bom exemplo de mercado aberto e descoberto. O comércio é feito em bocas de fumo ou cracolândias territorialmente delimitadas, ainda que em localização por vezes cambiante. É comum que os consumidores utilizem a droga no próprio local de compra. A interação entre estes e os traficantes é intensa e repetitiva, mas a alta rotatividade contribui para que não se estabeleçam laços de confiança entre eles. No caso do crack, a porção significativa de usuários que são dependentes, assim como o padrão intensivo de consumo, aumentam a exposição dos pontos de venda e comercialização. Enquanto o atacado, ou a distribuição, geralmente é operado por um número mais limitado de fornecedores, que conhecem uns aos outros e não disputam diretamente territórios específicos, o varejo está permanentemente sujeito à ação de policiais, competidores interessados em tomar pontos de venda por meio de ações violentas, assaltantes, ladrões e todo tipo de trapaceiros.

Esses fatores contribuem para a violência ocasional envolvida nas arenas de compra e venda de crack, que se soma à forma como o crédito e o débito são operados nesses mercados. Isso porque a população consumidora, o mais das vezes, é pobre e o consumo é caro, porque intensivo. Cada sessão de uso envolve a utilização de várias pedras, num ritual que pode se repetir várias vezes por dia. Junto com a alta competividade, isso coloca os traficantes na posição de operar vendas a crédito ou por consignação, o que funciona como uma bomba-relógio. Afinal, a situação de pobreza, que por vezes se agrava com a dependência, coloca muitos usuários na condição de devedores sem expectativa de quitação. Pequenos traficantes não raro terminam tendo de usar parte do próprio negócio para pagar essas dívidas ou solicitar crédito aos fornecedores. Assim, o não pagamento de dívidas, na ponta, ou os prejuízos decorrentes da interferência de competidores ou mesmo da ação policial podem desencadear uma sucessão de cobranças que resultam em violência e mortes.

Não é o que acontece, normalmente, nos mercados ilegais de drogas, fechados e cobertos, voltados para a classe média. Os grandes traficantes buscam o produto fora do estado e em grandes quantidades, mas só o distribuem para um número limitado de intermediários, todos conhecidos. Cada um desses traficantes tem uma rede própria de consumidores que compram para grupos de amigos, onde se realiza a distribuição final das drogas. Transações realizadas em bares são mediadas por conhecidos próximos, que referenciam o comprador em potencial para o vendedor. Essas relações continuadas no tempo, que muitas vezes antecedem o envolvimento no mercado ou mesmo o consumo do produto, reduzem os riscos de trapaça, e também, principalmente, a interferência de terceiros, como policiais ou competidores. O fato de as transações se efetuarem em ambientes fechados e privados também reduz os riscos e os dilemas de confiança envolvidos no trato com estranhos. Nos casos de droga com potência mais alta por volume, como o LSD, o comércio muitas vezes é feito pela internet, por aplicativos de redes sociais ou outras formas mais refinadas de contato.

No caso desse tipo de mercado, o maior risco de interferência externa está justamente no atacado, já que grandes quantidades de drogas precisam ser trazidas de muito longe e armazenadas em local seguro, antes da distribuição. Como os consumidores possuem renda alta, as drogas são geralmente pagas à vista, o que afasta os problemas decorrentes de dívidas não sanadas. O padrão de consumo também é mais recreativo do que cotidiano, o que torna a aquisição do produto facilmente adiável quando não há dinheiro. Tudo isso contribui sobremaneira para a relativa tranquilidade que reina nesses mercados, que parece se dever, também, ao padrão seletivo de atuação das políticas e dos demais operadores do sistema de justiça criminal, que costumam não focar no desmantelamento dessas redes com a mesma intensidade, dada a baixa quantidade de problemas associados publicamente a sua existência, o que não acontece com o mercado ilegal de crack, por exemplo. Assim, a interferência policial relativamente baixa contribui para uma maior previsibilidade nos negócios, o que tem impacto significativo no uso da violência por vendedores ou grandes traficantes para sanar dívidas não saldadas com urgência.

As diferenças entre mercados abertos e fechados, cobertos e descobertos, portanto, demonstram que diferentes concepções de controle e regras de comercialização influenciam a maneira como essas arenas de troca de mercadorias serão governadas, com impacto direto sobre a produção da violência. Não se trata propriamente de uma estratégia previamente definida por uma organização, mas de um conjunto de arranjos que vão se desenvolvendo no processo de estruturação social dos mercados. Se toda economia é sempre uma economia política, toda economia política é resultado de um acúmulo social de soluções colaborativamente eficazes, que implicam, em diferentes graus e com níveis distintos de possibilidades de ação, todas as partes envolvidas nas relações de comercialização. No Complexo Penitenciário do Curado, o palco das trocas que emerge desse processo não raro tem mediação direta de agentes do Estado, já que posições como a do chaveiro se inserem num complicado processo de coleta e seleção de informações relevantes da parte dos gestores diretamente responsáveis pelas unidades, a partir das prioridades definidas em termos de produção de ordem para tomadores de decisão que atuam num contexto de franca escassez de recursos humanos e materiais.

A partir da classificação dos mercados existentes na prisão, é possível perceber que praticamente todos eles possuem algum nível de fechamento, visto que envolvem centenas de pessoas trancafiadas no mesmo espaço. Porém, obviamente, transações realizadas exclusivamente no mesmo pavilhão, ou, dentro deste, envolvendo detentos que confiam minimamente uns nos outros, com um número limitado de compradores e vendedores, estarão sujeitas a níveis diferentes de funcionalidade ou disfuncionalidade. Não dá no mesmo comercializar um produto a partir de uma lista fechada ou para todos os detentos em um pavilhão ou mesmo para todos os presos de uma cadeia. O mesmo pode ser dito para o tipo de mercadoria em jogo, cujo preço, perecibilidade, padrão de consumo e outras características também vão influenciar nos diferentes arranjos e estruturas de governança que dominam cada um destes lugares de troca. Enquanto mercadorias como barracos costumam envolver transações entre um número limitado de pessoas que têm algum contato mais continuado no tempo, já que a fila para a aquisição envolve uma relação de bons termos com o chaveiro e o barraco é um bem que fica de posse do seu comprador enquanto durar sua estada, sendo pequeno o número de unidades disponíveis, a maneira como drogas como o crack, a maconha e outras são comercializadas envolve uma estrutura de mercado diferente.

Para além do comércio difuso de pequenas quantidades de drogas citado anteriormente, cada pavilhão do Complexo normalmente conta com um número limitado de traficantes em operação. É comum que apenas um deles coordene o tráfico nesse espaço. Nem sempre é o chaveiro quem exerce essa função, mas ela só terá alguma estabilidade no tempo se se der em parceria ou com a anuência do representante dos presos. Em muitas situações, chaveiros e traficantes fazem parte das mesmas redes e/ou facções prisionais, mas não necessariamente os primeiros ocupam uma posição hierárquica superior aos segundos nessas instituições de governança extralegal. Em muitos casos, traficantes mais poderosos procuram influenciar diretamente no processo de seleção de chaveiros, para colocar pessoas de sua confiança na posição. Isso pode ser feito pelo reconhecimento público por parte dos responsáveis oficiais pela prisão do poder que determinado detento tem sobre os demais, o que pode implicar dificuldades caso um preso que não seja seu aliado direto ou pelo menos alguém com quem esteja em bons termos seja escolhido para a função. Ou, então, pela própria capacidade de influência do traficante sobre a população do pavilhão, que pode falar em nome de determinado detento, por meio dos canais de informação administrados pelos ASPs ou pela aclamação direta, a depender da unidade, com interferência das facções prisionais que atuam no local. Em alguns casos, um grande traficante pode exercer poder sobre mais de um pavilhão, sendo responsável pelo comércio de varejo nesses espaços, onde conta com um chaveiro que faz parte do seu círculo de influência. Ainda assim, a divisão do mercado se estabelece mediante algum nível de interferência dos administradores da prisão, que raramente deixam que um só detento ou facção estabeleça um domínio completo em uma única unidade prisional. Esse tipo de arranjo, em que um chaveiro é indicado, ou trabalha diretamente para, ou pelo menos não se coloca em oposição ao principal traficante do pavilhão se torna muitas vezes desejável, na medida em que garante uma menor exposição dos detentos mais poderosos, que assim evitam qualquer associação com os agentes da lei que possa lhes prejudicar a influência junto à massa carcerária, sem implicar qualquer prejuízo no seu poder.

A parcela mais intensa do comércio de drogas, então, vai se dar num mercado com características próprias em termos de abertura e fechamento, cobertura ou não. Afinal, as transações são realizadas, do ponto de vista de vendedores e consumidores, de maneira pública e visível, em um espaço limitado. Não é preciso estar inserido numa rede de pessoas em relação de confiança para adquirir a mercadoria. O número de pessoas envolvidas na negociação, porém, do ponto de vista de um pavilhão, é limitado. As informações são mais acessíveis, e as relações, continuadas no tempo. Isso significa que a possibilidade de calotes ou de interferência de terceiros é bem menor. É verdade que, nos dias de visita, ou nas ocasiões em que um preso consegue circular entre pavilhões, o comércio pode se estabelecer entre pessoas com contato menos continuado, mas não é difícil auferir informações a respeito da origem ou procedência de determinada pessoa, o que garante, assim, algum nível de controle sobre os consumidores, a partir de uma quantidade de informações que pode ser administrada com alguma eficiência. O espaço do pavilhão e também da própria unidade torna esse comércio de alguma forma coberto. Ainda que não tenha conseguido descobrir se um regime de crédito e consignação tal como o que vigora nas bocas de fumo do Recife é praticado em todos os pavilhões, ou se ele só se restringe aos habitantes de determinado pavilhão em relação ao traficante do local, isto é, não se estendendo para detentos que eventualmente podem aportar no espaço apenas para aquisição e/ou consumo de drogas, a dinâmica da circulação de pessoas diz muito sobre as possibilidades ao alcance dos vendedores para se proteger do calote.

Isso também parece ter influência direta na forma como se opera o crédito e a consignação dentro da prisão. Afinal, os usuários não têm a opção de desaparecer da vista de traficantes para evitar cobranças, mudando de residência ou de local de consumo. A visita regular de amigos e familiares garante o mais das vezes a presença de alguém que pode arcar financeiramente com as dívidas do detento, ou mesmo ser extorquido em caso de não pagamento. Como as redes e organizações criminosas que os traficantes integram não se limitam ao espaço da prisão, é sempre possível achacar ou atacar diretamente parentes próximos do usuário endividado nas vizinhanças que habitam, para que quitem os débitos do preso. Em alguns casos, há registros de detentos que são literalmente sequestrados nos pavilhões, permanecendo trancados nas celas e/ou sofrendo maus-tratos até que os familiares realizem os pagamentos exigidos pelos credores. Em outros, amplamente conhecidos na prisão, irmãs, esposas e até mães dos presos se veem forçadas a manter relações sexuais com os traficantes, como forma de quitar as dívidas. Os dias de visita, portanto, assim como os de pagamento de concessões, costumam ser marcados por cobranças, extorsões e achaques, não raro violentos. Em muitos relatos que ouvi a respeito de crimes violentos letais intencionais nas unidades, o dia de visita aparecia como data recorrente no registro desse tipo de evento, já que muitas promessas de quitação de dívidas a partir do dinheiro trazido por parentes, amigos e familiares acabavam não sendo cumpridas, precipitando a ocorrência de sinistros tão logo as visitas se retiravam das unidades.

Nesse ponto, é interessante notar que a estrutura de governança do mercado de drogas na prisão, que aqui inclui a atuação dos agentes do Estado, vai influenciar diretamente na dinâmica da violência associada ao seu nível de funcionalidade ou disfuncionalidade. Neste sentido, pelo menos três mecanismos podem ser mencionados, os quais operam de maneira sobreposta e complementar.

O primeiro é a utilização dos pavilhões disciplinares como "seguro" para detentos que possuem dívidas com traficantes e se encontram em situação de ameaça de morte nos pavilhões. Isso pode acontecer por iniciativa do chaveiro, que muitas vezes prefere evitar CVLIs para não sofrer cobranças ou retaliações dos gestores da prisão, principalmente quando não é parte diretamente envolvida no comércio de drogas, mas apenas arrecada contribuições periódicas dos traficantes que operam no local. Também acontece vez ou outra que usuários, por iniciativa própria, procurem algum ASP de confiança e exponham o risco que correm no seu pavilhão, por causa das dívidas que contraíram no tráfico de drogas, apelando por uma transferência de pavilhão ou até de unidade, ou mesmo fujam na direção do Pavilhão Disciplinar no momento em que percebem alguma intenção mais violenta da parte de credores. Em muitos casos, acontece de um preso passar por mais de um pavilhão, contraindo dívidas em cada um dos locais, antes de ser finalmente transferido para o pavilhão destinado aos presos "sem convívio". Nesse aspecto, a interferência dos agentes do Estado, mediada ou não pela figura do chaveiro, constitui um mecanismo importante para evitar mortes violentas por cobrança de dívidas na unidade.

O segundo diz respeito à maneira como a divisão ou loteamento do tráfico de drogas se estabelece e se mantém na prisão. Ainda que o tráfico ilegal de entorpecentes se faça de maneira relativamente autônoma, o arranjo do tráfico a partir da divisão por pavilhões só se torna possível mediante um esforço permanente dos responsáveis oficiais pelo controle das unidades para monitorar as atividades do tráfico de drogas, mediante uma complicada rede de inteligência e informação. Isso não significa que os diretores, supervisores de segurança ou quaisquer agentes estatais definam eles mesmos quais detentos podem ou não operar nesse tipo de mercado e onde devem se estabelecer, mas sim que o funcionamento da rede é acompanhado de perto, ao menos no que concerne ao seu tamanho e potencial de expansão. Esse fato vai ser mais detalhado no capítulo posterior; por enquanto, basta dizer que, em determinadas situações, os agentes penitenciários podem se ver na posição de terem de mediar indiretamente disputas entre traficantes concorrentes, quando percebem que há certa tentativa de expansão da zona de influência e de transações de alguma das partes envolvidas, o que aponta para a possibilidade da instituição de poderes que se tornam difíceis de controlar quando se consolidam, como acontece com as facções prisionais. Isso inclui atuar principalmente a partir de informações localizadas, como as prestadas pelo chaveiro do exemplo na entrevista reproduzida anteriormente, já que eles são constantemente cobrados pelo controle dos pavilhões, não detendo qualquer interesse em mediar ou participar diretamente de disputas por pontos de venda de drogas, quando podem evitar conflitos e garantir reservas de mercado. Mas também pode implicar a repressão ativa de detentos que atuam na área de comércio de outros pavilhões, como forma de evitar conflitos entre traficantes potencialmente concorrentes. Durante todo o tempo da pesquisa, não encontrei uma única unidade do Complexo ou presídio na região metropolitana do Recife cujo tráfico de drogas estivesse sob o comando exclusivo de um único detento em todos os pavilhões, ainda que, em muitas delas, um deles se sobressaísse em termos de poder militar, financeiro ou humano, o que não raro se expressava na grande quantidade de pavilhões onde controlava os chaveiros e o comércio ilegal de drogas, mas nunca chegando a toda a cadeia.

Finalmente, cumpre destacar o papel que a própria disposição arquitetônica da prisão e a separação dos presos no espaço cumpre para garantir essa divisão do mercado a partir dos pavilhões. Nas unidades que compõem o Complexo, os pavilhões estão dispostos no terreno como paralelepípedos de concreto maciço, que só possuem um único acesso para entrada e saída, controlado, em última instância, pelos próprios presos, que detêm as chaves dos cadeados dos portões e das celas. Isso garante certa proteção para os detentos, mesmo na ausência de ASPs, permitindo a organização relativamente eficaz do controle do fluxo de entrada e saída de pessoas, e também a defesa do conjunto, em caso de ataques de grupos armados, que podem ocorrer em momentos de rebelião. Diferentemente de uma boca de fumo, o comércio de drogas ocorre num lugar onde o trânsito de pessoas é mais limitado, possibilitando uma maior proteção exterior para vendedores e consumidores. O uso de vigias na parte externa ou na laje dos pavilhões garante que a aproximação de estranhos, sejam eles agentes penitenciários ou outros presos, possa ser antecipada com algum tempo de folga. Locas para esconderijo de armas e drogas estão dispostas por todo o pavilhão. Armas brancas ou mesmo de fogo estão sempre ao alcance da mão, em caso de necessidade de reação. Raramente um chaveiro ou traficante vai se expor em meio a detentos de outros pavilhões desacompanhado. E um detento que tema por sua vida devido a rixas ou dívidas com presos de outros pavilhões tem sempre a possibilidade de restringir sua mobilidade a uma zona de segurança formada pelo espaço físico do pavilhão onde vive e pela proteção de seus comparsas, cujo número pode frear a ação de eventuais invasores externos, desde que haja limite para a exposição e circulação do preso. Em outras unidades do estado, a separação dos pavilhões está garantida por barreiras físicas ainda mais cerradas, incluindo portões, grades de acesso, gaiolas e outros dispositivos físicos, que impedem a livre circulação de presos mesmo em dias de visita. Essa segregação garante uma proteção eficaz dos traficantes contra a disputa entre competidores comum em mercados abertos e descobertos, como o varejo do tráfico de crack na periferia do Recife, por exemplo. É provável que isso aumente a necessidade da utilização de estratégias de persuasão em vez da intimidação direta dos concorrentes, como forma de expandir os negócios e construir alianças entre traficantes.

Obviamente, nem tudo são flores. Em muitos aspectos, certa disfuncionalidade do mercado ilegal de drogas se manifesta de maneira ainda mais pujante na prisão. É o caso, por exemplo, da proximidade física permanente entre usuários e vendedores, e da grande concentração de dependentes químicos num espaço de circulação e convivência extremamente limitado. Como citado antes, a impossibilidade de afastamento dos usuários faz com que se tornem alvos fáceis para a extorsão, o achaque e a cobrança. Também é provável que ela contribua para um padrão de consumo ainda mais intenso de drogas do que fora da prisão. Acompanhando o projeto experimental de isolar um pavilhão para a função de recuperação, sob coordenação dos presos evangélicos, ouvi inúmeros relatos sobre as dificuldades que os usuários enfrentam em manter o autocontrole em situações nas quais a exposição à droga é permanente. "Ele veio aqui sob a alegação de que queria resolver um problema na cantina, mas ficou balançando um saquinho com papelotes de crack na minha frente, perguntando se eu ia querer", disse-me um dos detentos certa vez, queixando-se do fluxo de pessoas estranhas ao local, onde ainda funcionava uma cantina coordenada pelo chaveiro de outro pavilhão, conhecido traficante na prisão. A presença de dependentes químicos consumindo drogas diária e intensamente ao lado do seu lugar de habitação provavelmente exerce sobre os usuários os mesmos efeitos psicológicos que uma cracolândia, incluindo a pressão do ciclo de convivência mais próximo e dos vendedores para que não haja interrupção no padrão de consumo. Nesse ponto, é importante destacar como os traficantes se mostram ciosos dos dependentes químicos que lhes garantem um lucro permanente e fácil. A tentativa de instalar um pavilhão exclusivo para dependentes químicos que tentavam se livrar do vício provocou desequilíbrios nas relações de poder da unidade, com os traficantes procurando, de diversas maneiras, desestabilizar o projeto. Segundo os funcionários do setor psicossocial com quem conversei, qualquer iniciativa que vise à conscientização, tratamento ou redução de danos pode resultar em ameaças ou riscos de morte para os profissionais e usuários envolvidos, o que, provavelmente, contribui para que praticamente nenhum projeto dessa espécie tenha continuidade, a despeito da dimensão do problema da dependência química nas prisões de Pernambuco.

A concentração de uma grande quantidade de dependentes químicos nos pavilhões está associada a inúmeros eventos violentos que ocorrem na unidade. Aqui, estão em jogo tanto os efeitos derivados da violência farmacológica quanto dos atos violentos praticados pelos usuários de drogas para garantir o consumo. Basta lembrar as dificuldades de sono do detento Mazinho, resultado em grande parte da intensa movimentação e cochicho entre "noiados" durante a noite no pavilhão, público para ele considerado mais perigoso, porque imprevisível, principalmente quando sob o efeito de entorpecentes. Ou dos relatos elencados neste livro sobre os crimes cometidos por usuários para o financiamento do consumo de drogas — um dos quais, inclusive, após uma sessão de uso, quando um homem atacou seu companheiro de cela depois que este se recolhera para dormir, a fim de roubar seus pertences e trocá-los por mais drogas em outro pavilhão.

Por outro lado, ainda que mecanismos reguladores como a possibilidade de identificação e isolamento de detentos endividados e/ou sob ameaça e a segregação especial e o controle do poder das facções e organizações criminosas possam surtir algum efeito para mitigar parcela da chamada "violência sistêmica" do tráfico de drogas, não se pode falar que ela não tenha qualquer importância para a insegurança da prisão. Afinal, mesmo no Pavilhão Disciplinar, é normal que exista algum tipo de tráfico de drogas em operação, o que possibilita novos endividamentos e ameaças de morte dos dependentes químicos. Também é possível que chaveiros e traficantes desses locais trabalhem em cooperação com os dos demais pavilhões, representando um risco real para a vida de alguns presos. Em muitos casos, as unidades são forçadas a improvisar espaços para presos "sem convívio" em absolutamente nenhum local da prisão, que podem ser depósitos improvisados em dormitórios ou celas isoladas, mais próximas da gaiola onde ficam os ASPs de plantão.

De qualquer maneira, nem sempre é possível identificar presos endividados ou sob ameaças antes que estas se concretizem. A depender dos valores ou das personagens envolvidos, chaveiros e membros de sua equipe podem ter pouco interesse ou capacidade de se antecipar a atos violentos, acionando os mecanismos necessários para evitar sua ocorrência. Por outro lado, diversos conflitos na prisão acontecem motivados pela chamada "guerra da rua", isto é, rixas e disputas iniciadas pela competição pelo domínio de pontos de venda nas periferias e comunidades do estado, muitas vezes em momentos imprevisíveis para aqueles responsáveis pelo controle da unidade, que precisam lidar com uma quantidade de informações quase sempre insuficiente ou de baixa qualidade. Também é possível pensar no tipo de violência associada ao tráfico de drogas que ultrapassa as fronteiras da prisão, mas que tem nela o centro para o nascimento de cobranças, rixas e disputas, como as que atingem os familiares e amigos de detentos endividados, ou as que envolvem competição por pontos de venda de drogas, que podem ser desencadeadas a partir de rivalidades surgidas ou intensificadas no ambiente prisional. Isso para não falar daquela violência diretamente associada a rixas e desavenças relativas ao exercício da atividade do chaveiro, que muitas vezes resultam em crimes violentos letais intencionais, conforme vários relatos a respeito do destino dessas personagens quando da entrada no regime semiaberto ou da liberdade provisória.

A análise da estrutura dos mercados ilegais nos remete a uma das perguntas centrais deste livro. Por que uma prisão como o Complexo

Penitenciário do Curado não se tornou inteiramente governada por uma facção prisional, como muitas prisões brasileiras e de outros países do mundo? A essa pergunta se ligam questões análogas relacionadas diretamente com o sistema penitenciário de Pernambuco como um todo. Passam por compreender, portanto, por que um dos sistemas penitenciários estaduais com maior índice de superlotação e menos agentes de custódia por detento, com prisões absolutamente precárias e que servem de arena para a troca de diversas mercadorias lícitas e ilícitas, à revelia das leis e regulamentos previstos no ordenamento jurídico, não se encontra sob o controle de grandes facções prisionais, como acontece em grande parte do país. Acredito que o leitor mais atento já anteviu, na resposta dada pelo traficante Ramon narrada no início deste capítulo, o fio pelo qual se pode percorrer esse labirinto aparentemente sem saída. Para que se conclua esse trajeto, entretanto, faz-se necessária uma explicação mais detalhada sobre a natureza dessas instituições.

8
De quem é o comando?

PLANETA FACÇÃO

O início do debate a respeito das facções prisionais no Brasil remete ao surgimento e atuação de facções prisionais no Rio de Janeiro, especialmente o Comando Vermelho (CV).[1] Nascida nas prisões cariocas do contato entre guerrilheiros condenados pela Lei de Segurança Nacional e detentos comuns, a facção teria sido criada no final dos anos 1970, no Instituto Penal Cândido Mendes (IPCM). Localizada na Ilha Grande, a unidade era famosa pela precariedade na infraestrutura e violência disseminada. Construída para abrigar 540 presos, chegou a ter mais de 1.280 homens sob custódia no despontar da década de 1980. Não apresentava qualquer conforto, comida suficiente para todos ou mesmo armamento para os guardas que trabalhavam no local. Palco cotidiano de estupros, espancamentos, esfaqueamentos, assassinatos e até tráfico de pessoas, a unidade logo ficou conhecida como "Caldeirão do Diabo", numa alusão a um outro presídio famoso pela violência, na Ilha do Diabo, que se tornaria famoso depois que Henri Charrière, o Papillon, denunciou suas atrocidades para o mundo.

Presos que não fizessem parte de nenhuma das "falanges" ou pequenas gangues que disputavam o domínio do local podiam facilmente se tornar vítimas de outros detentos mais fortes e agressivos, podendo inclusive ser transformados em "bonecas de cadeia", isto é, rapazes com função de satisfazer aos desejos sexuais dos criminosos no comando, que podiam ser negociados como moeda de troca em transações escusas. A mais poderosa facção, a Falange Zona Norte ou Falange Jacaré, impunha um regime de terror aos presos da ilha, cobrando pedágio para quem quisesse se deslocar pelas galerias, roubando, estuprando, fazendo acertos com a administração para atuar como "polícia", monopolizando o exercício do trabalho externo e a distribuição de comida, além de assaltar frequentemente os víveres dos detentos mais fracos trazidos por seus familiares. Nesse contexto, filiar-se a alguma dessas associações e se submeter ao domínio de marginais que as governavam com mão de ferro, em permanente estado de tensão com as demais, era praticamente um imperativo para a sobrevivência dos recém-chegados.

Certamente, a distância dos centros urbanos e a dificuldade de acesso foram levadas em consideração pelos mandatários do regime militar na hora de escolher o presídio como destino para os guerrilheiros condenados por assaltos a banco e outros crimes. É possível que a fama do local tenha contribuído para tanto. Talvez se pensasse que colocar rapazes de classe média e alta revoltados com a situação política do país em meio a marginais comuns seria uma ótima estratégia de intimidação e desmobilização da guerrilha armada, por mais que muitos deles tivessem sido treinados pelos serviços secretos de Cuba e da antiga URSS. Essa decisão desastrosa geraria efeitos não intencionais que se refletiriam na própria configuração do mercado criminoso do país.

Pois os presos políticos, em vez de ficarem acuados diante do ambiente hostil, demonstraram capacidade de organização e disposição para o revide, que logo impressionou vários detentos da Ilha Grande. O contato frequente, o exemplo, a troca de informações e experiências serviu para o aprendizado a respeito de técnicas as mais variadas para a execução de assaltos a bancos, fabricação de explosivos, organização de fugas, administração do dinheiro etc. É possível que tentativas de doutrinação da parte dos presos políticos tenham sido levadas a cabo, com o objetivo de angariar novos quadros para as fileiras revolucionárias. Nesse aspecto, porém, o individualismo típico de criminosos de carreira e o senso comum das populações mais pobres, em tudo distante da pregação comunista, parece ter falado mais alto. No entanto, algo do senso de solidariedade, da disposição para se organizar, da capacidade de fazer uso da reivindicação política e da inclinação para lutar contra opressores comuns (inventados ou não) parece ter se impregnado em muitos dos detentos. Essa forma revolucionária, ainda que privada de um conteúdo substantivo em termos ideológicos, com uma visão de mundo muito pouco definida em termos de diagnósticos do sistema vigente e prognóstico para a ação tendo em vista uma mudança mais geral da sociedade, parece ter composto a receita para o surgimento do Comando Vermelho.

Inicialmente denominado Falange LSN (em alusão à Lei de Segurança Nacional, já que os presos enquadrados em artigos do dispositivo eram todos alocados na mesma galeria), fundado por oito presos que rapidamente viriam a se tornar verdadeiras lendas do mundo do crime no Rio de Janeiro, o CV se consolidou como força política dentro do IPCM entre os anos de 1974 e 1979. Organizou a prisão, instituiu regras e criou mecanismos de auxílio mútuo, como uma cantina onde os presos sem recursos podiam comprar fiado alguns víveres básicos, uma farmácia para aquisição de medicamentos, uma biblioteca, um clube de futebol, além de uma caixinha que servia para empréstimos, formada pela contribuição voluntária de muitos presos, mas também de familiares e, posteriormente, integrantes de fora da cadeia. Após massacrar os principais adversários do grupo no presídio, o Comando logo se instituiu como força hegemônica na Ilha Grande, passando a coordenar uma série de fugas e operações de assalto a bancos que serviam aos fins da organização.

Com a consolidação do mercado de drogas nos anos 1980, principalmente a partir da substituição da maconha pela cocaína como droga preferencial da juventude carioca, o Comando Vermelho começou a se consolidar como força política nas favelas do Rio de Janeiro, abastecido pelos cartéis colombianos e bolivianos em pleno processo de expansão. Vale lembrar que estamos falando da década áurea do domínio de grandes narcotraficantes latino-americanos, como o colombiano Pablo

Escobar, que abarrotaram diversos países do mundo com uma quantidade até então inimaginável de drogas e armas, movimentando uma quantidade de dinheiro superior ao PIB de muitas nações do Terceiro Mundo. No caso do Rio de Janeiro, a expansão desse mercado foi capitaneada pelo CV, que tinha inteligência, tecnologia, recursos e pessoal capacitado para tanto. Esse processo foi facilitado pela gestão desastrosa de Leonel Brizola na segurança pública a partir de 1983. Populista, Brizola implementou um legalismo extremo que quase paralisou as forças de segurança pública do estado num momento decisivo. Também foi ele que retirou os antigos postos policiais que ainda impunham alguma ordem em muitas das favelas cariocas. Esse esvaziamento progressivo da capacidade de exercer controle sobre as populações mais pobres foi seguido de um período de disputas entre traficantes e bicheiros, já que estes últimos representaram durante certo tempo uma força capaz de regular as relações sociais de comunidades inteiras, mas viram seu escopo de atuação reduzido pela influência dos novos poderes em ascensão no mundo do crime. O caráter demasiadamente hierarquizado e centralizado da organização, junto com sua rápida expansão, levou a vários rachas na sua estrutura original, facilitado por sucessivas tentativas das forças de segurança de impor divisões internas ao crime organizado, por vezes facilitando o domínio de dissidências em cadeias e comunidades outrora dominadas pelo Comando, dando surgimento a outras facções como o Terceiro Comando (TC), Amigos dos Amigos (ADA) etc. Ainda assim, sob a liderança de personalidades com forte tino comercial e capacidade de articulação, como Fernandinho Beira-Mar, Marcinho VP e Elias Maluco, o CV logo viria a ter ramificações no sistema penitenciário de quase vinte estados do país, adotando um modelo de negócios muito parecido com uma estrutura de filial, em que organizações locais compram armas e drogas de grandes distribuidores do CV e compõem uma rede de solidariedade mútua que pode ser acessada em caso de necessidade.

No caso de São Paulo, o problema das facções prisionais desponta de maneira bem mais súbita para a opinião pública nacional e internacional, se comparado à longa agonia carioca que vem se prolongando desde os anos 1980. Sem que nenhum político, gestor público, operador de segurança ou especialista tivesse antecipado o fato, uma onda de ataques contra forças de segurança e alvos civis paralisou o estado mais importante do país. Ao mesmo tempo, iniciou-se uma série de rebeliões nas prisões paulistas, com manifestações análogas no Espírito Santo, Paraná, Mato Grosso do Sul, Minas Gerais e Bahia. Tudo isso sob a liderança de uma facção até então desconhecida da opinião pública nacional, o Primeiro Comando da Capital. O saldo total de mortes, incluindo aqueles assassinados a mando da facção ou em ações policiais, chegou a 564 em São Paulo entre os dias 12 e 21 de maio de 2006, incluindo 59 agentes públicos e 505 civis. Foram mais de quinhentos ataques a alvos como postos policiais, viaturas, delegacias de polícia, coletivos, pontos de ônibus, terminais rodoviários, comitês políticos, mercados e prédios públicos, como o do Ministério Público de São Paulo e o da Secretaria de Fazenda, além de pelo menos 73 rebeliões em unidades prisionais.

O estopim para a ocorrência dos eventos teria se dado pela transferência de oitocentos presos para a Penitenciária 2 de Presidente Venceslau, incluindo importantes lideranças do PCC.[2] O histórico de conflitos entre a facção e as autoridades governamentais, entretanto, era bem anterior a isso, ainda que se desenrolasse de maneira silenciosa para a opinião pública nacional. Na verdade, desde 1993, a facção vinha se consolidando como força hegemônica nas instituições penais paulistas, protagonizando eventos como a megarrebelião de 2001, na qual presos de 29 presídios de dezenove cidades do estado realizaram uma ação concertada que pegou o governo paulista com as calças nas mãos. Nesse jogo, muitas vitórias foram alcançadas pelos presos, impingindo humilhações para as autoridades constituídas, que tiveram de ceder a reivindicações não raro despropositadas, como o aumento do número de visitantes adultos, o abandono de uniformes de cores chamativas e mesmo a instalação de aparelhos televisores LED em algumas unidades prisionais. Antes dos atentados de 2006, ações de caráter terrorista já tinham sido executadas, como a fuga de inúmeros presos, o sequestro de familiares de funcionários do sistema penitenciário, o assassinato de um juiz e pelo menos dois atentados fracassados em prédios públicos importantes do estado.

Fundado oficialmente em 1993 na Casa de Custódia de Taubaté, então uma das prisões mais duras do sistema carcerário paulista, o PCC nasceu esteado num discurso de enfrentamento contra o Estado, união da massa carcerária em torno de regras de convivência comuns e retaliação "pelas vítimas do massacre do Carandiru", quando 111 presos foram mortos durante uma megarrebelião numa das prisões mais famosas do país. Sua história, porém, remete a processos temporalmente mais extensos, que têm relação direta com a configuração da violência em São Paulo e com a forma como o governo do estado organizou a segurança pública após a redemocratização. Desde o final da década de 1980, o estado vinha amargando a liderança nas estatísticas de violência do país, em um cenário marcado pelo conflito frequente entre gangues de jovens matadores da periferia, cuja natureza não raro envolvia disputas relativas ao tráfico de drogas, organizado de maneira bem mais difusa do que no caso carioca, ainda sem a presença de grandes organizações com amplo poder de fogo e capacidade de impor domínio político sobre comunidades inteiras.

Esse cenário de disputas pulverizadas foi objeto de intervenção das políticas de segurança a partir do governo Mario Covas, no final dos anos 1990 e início do ano 2000, com ênfase na gestão do trabalho policial e visando à diminuição da impunidade pelo aumento da capacidade investigativa e da presença policial em territórios conflagrados. Em vez de apostar só na força bruta, com ações cinematográficas de enfrentamento direto do tipo espanta-barata, às quais se segue o abandono dos territórios, como se tem visto no Rio de Janeiro desde o início dos anos 1990, o governo paulista apostou na resolução de crimes e na prisão como instrumentos de incapacitação de criminosos contumazes e dissuasão de futuros delinquentes. Entre 2000 e 2004, a prisão de homicidas cresceu 770%. O aumento generalizado da população carcerária nas últimas décadas fez com que o estado passasse de pouco mais de 40 mil presos em 1993 para 225 mil no final de 2017, abrigados em 170 unidades prisionais.

Diferentemente do que aconteceu em termos de gestão da atividade policial, a evolução do sistema penitenciário não parece ter acontecido em outro sentido que não o da expansão de sua capacidade, com poucos incentivos para o cumprimento da Lei de Execução Penal no sentido de possibilitar a ressocialização dos detentos. Prisões como o Carandiru ganharam notoriedade pela superlotação, insalubridade e insegurança, mesmo antes do massacre de 1992. Na Casa de Custódia de Taubaté, conhecida como "Piranhão", por se alimentar "do sangue dos presos", a situação era tão precária que o botão de descarga da latrina das celas ficava do lado de fora, só sendo apertado sob solicitação e pela boa vontade dos guardas.

O PCC nasceu nesse sistema superlotado, marcado pela violência e precariedade de serviços. Assim como o CV, apresentou para a população carcerária um projeto de imposição de regras de convívio, com um estatuto próprio e uma hierarquia de posições que definiam os presos responsáveis pela condução da vida social nas prisões e pela aplicação da disciplina em cada pavilhão. A partir de 2001, a facção, formada inicialmente por ladrões de bancos, começou a se apropriar cada vez mais do tráfico de drogas, ganhando as periferias da cidade num processo de expansão silencioso. Transformações no seu estatuto interno levaram a um modelo institucional bem mais difuso e menos centralizado que o da congênere carioca, com a facção operando, para alguns estudiosos, como uma espécie de "maçonaria do crime" em muitas situações, para além da atuação de caráter militar e empresarial, sendo responsável pelo reforço e cumprimento de regras mínimas de convívio social e padrões informais de relação contratual, impondo governança sobre o mercado de drogas das periferias, ainda que o mais das vezes não exercesse ela própria a venda no atacado. O PCC se expandiu por diversos estados da federação, chegando a se fazer presente em praticamente todas as regiões do país.

Aparentemente, a história da faccionalização dos sistemas penitenciários de outros estados do país parece ter se dado de certo modo a reboque do histórico dessas duas organizações. Em alguns casos, PCC e CV foram responsáveis diretos pela organização dos presos locais, quando da transferência ou prisão de membros filiados nos sistemas penitenciários de cada estado. Foi o que aconteceu, por exemplo, com a transferência para o Paraná, em 1997, de Geleião, um dos fundadores do PCC, que "batizou" cerca de 150 detentos durante o pouco tempo em que esteve no estado. O mesmo aconteceu quando foi levado para o Mato Grosso.

Em muitos desses estados, os presos terminavam criando facções independentes ou mesmo rivais às matrizes originais, por discordâncias relacionadas às regras impostas ou pelo simples desejo de poder e expansão. Em outros casos, detentos transferidos para os presídios federais entravam em contato com lideranças das grandes facções e logo estabeleciam as próprias redes assim que retornavam a seus estados de origem. O exemplo da Okaida, facção paraibana que disputa com sua rival, os Estados Unidos, o domínio das cadeias do estado, parece ser representativo de processos como esse. É provável também que a ideia de facção como uma instituição capaz de exercer a governança no sistema penitenciário, que em si mesmo concentra um potencial para o lucro financeiro e o exercício de poder sem precedentes, tenha influenciado no processo de formação de outras facções, como pode ter acontecido com a Guardiões do Estado, no Ceará, ou algumas organizações de vida breve em Pernambuco, sobre as quais pouco se sabe, como Os Cachorros e A Corrente.

Certamente, existem facções regionais que operam como prepostos de gigantes como o PCC e o CV, como forma de despistar as autoridades e diminuir a pressão que muitas vezes se segue à descoberta de eventual aumento de influência de uma delas em algum estado. Hoje, o Ministério da Justiça estima que existam em torno de setenta organizações desse tipo em todo o Brasil, mas nunca divulgou uma lista oficial. O Anuário do Fórum Brasileiro de Segurança Pública sobre o tema (por mais reservas que eu tenha em relação à precisão do documento quando se trata do mapeamento de alguns estados, já que um levantamento de tal monta exigiria uma pesquisa bem mais demorada e rigorosa) fala em 37 facções. De fato, não parece haver estado da federação que não registre atuação desse tipo de associação, ainda que sob formatos e com níveis diferentes de poder e capilaridade, principalmente em relação a sua presença direta nas periferias do estado.

Em outros locais do mundo, as gangues prisionais também já se tornaram componente da paisagem dos sistemas prisionais e das periferias das grandes cidades, com forte influência na configuração local do crime e da violência. Na América Central, o problema atingiu dimensões preocupantes a partir da segunda metade do século XX, reconfigurando a dinâmica de criminalidade e da violência de sociedades inteiras. Em países como El Salvador, Guatemala e Honduras, grupamentos nascidos nos Estados Unidos da América, inicialmente formados por jovens imigrantes ou filhos de imigrantes de ascendência hispânica que se organizavam em pequenas "pandillas", com uma margem de operação restrita ao bairro ou colônia, logo se expandiram em verdadeiras confederações, a partir da intensa onda migratória gerada na América Central, devastada por guerras civis e revoluções fracassadas nos anos 1980. São os casos das famosas Mara Salvatrucha e da Barrio 18. Já na década seguinte, o processo de pacificação que tomou corpo em muitos países do continente, aliado a uma política de imigração mais dura nos EUA, levou a uma emigração abrupta e desordenada de milhares de jovens de volta para seus países de origem, incluindo muitos integrantes dessas organizações. O afluxo de gente, aliado ao processo de desmilitarização acelerada de muitos desses Estados, raramente acompanhado de investimento ou organização adequada das forças policiais em moldes civis, contribuiu para a expansão do mercado de drogas e de armas, facilitando a rápida consolidação das gangues, que encontraram terreno fértil em sistemas prisionais deteriorados, com pouco ou nenhum controle estatal, num processo de transnacionalização que afetou diretamente essas sociedades, elevando substantivamente os índices de violência e de criminalidade, com fortes impactos sobre as economias locais.

No México, no Equador e na Venezuela, processos de formação de gangues prisionais se encontram hoje relativamente consolidados. Nos EUA, a expansão acelerada da população penitenciária do país nas últimas décadas, aliada a um forte componente de conflito racial, levou ao surgimento de organizações criminosas fortemente assentadas nas prisões, que pouco a pouco foram ocupando posição de centralidade no mercado ilegal de drogas do país. Gangues como La Eme, Aryan Brotherhood, Conservative Vice Lords, Nuestra Familia, United Blood Nations, Dead Man Incorporated e muitas outras já se tornaram presença constante em muitas prisões norte-americanas. No Leste Europeu, particularmente afetados pela deterioração acelerada da capacidade coercitiva dos Estados após o fim da antiga União Soviética, a formação de um forte mercado negro de armas e drogas que remontava aos tempos da estatização da economia no regime socialista encontrou no espólio do Exército Vermelho uma grande fonte de lucro. Naquela região, a presença de gangues prisionais também tem impacto direto sobre os índices de violência local, como exemplificam os casos mais famosos da Grypsera, na Polônia, ou da Vor v zakone, na Rússia.

Para além do histórico particular de cada um dos grupos, a análise desses fenômenos naquilo que têm de "típicos" é muito útil para compreender o problema enquanto fenômeno sociológico propriamente dito. Isso significa encontrar os pontos em comum que unem os casos particulares e que permitem pensar em determinados mecanismos causais envolvidos na produção e reprodução desse tipo de associação, o que pode nos levar, inclusive, ao entendimento daquilo que é necessário para sua interrupção, enfraquecimento ou eliminação.

FACULDADE DO CRIME

Parcela da literatura especializada dedicada ao estudo de organizações criminosas oferece modelos explicativos interessantes da associação entre esses grupos e empresas voltadas para o lucro ilícito.[3] Para além do componente meramente financeiro envolvido nesse tipo de associação, do ponto de vista da economia política, é previsível que indivíduos racionais procurem estabelecer instituições capazes de reduzir os custos e riscos envolvidos em guerras de preço, quebras de contrato e fraudes diversas. Não raro, organizações criminosas se estabelecem como forma de exercer algum tipo de regulação sobre mercados ilegais, que não podem contar com o Estado para garantir o cumprimento dos contratos, nem para fornecer algum nível de garantia e previsibilidade nas relações. Basta pensar no tipo de risco que está envolvido num processo de compra e venda de drogas, por exemplo, em termos de possibilidade de delação para a polícia, falsificação de mercadoria ou simples roubo ou fraude durante o processo de troca. Ou, então, no que representa para um usuário de substância ilegal a possibilidade de adquirir a mesma droga sempre nos mesmos locais, com risco mínimo de interferência policial e proteção contra ladrões ou caloteiros. Nesse sentido, organizações criminosas não surgem somente para auferir lucros da comercialização de determinados bens, mas para garantir as condições necessárias para as transações, não raro utilizando a força como forma de estabelecer uma reputação, mas também ocupando determinados territórios e impondo regras e monitoramento sobre o comportamento de delinquentes que possam eventualmente atrapalhar o desenrolar das transações.

Prisões costumam ser locais particularmente propícios para a atuação dessas instituições, na medida em que impõem sobre os apenados uma série de privações que por vezes ensejam o estabelecimento de arenas de troca e de competição por bens e serviços. O próprio fato de os agentes de custódia não facilitarem a atividade econômica dos detentos, principalmente a que envolve o acesso a bens proibidos ou francamente ilegais, como álcool e outras drogas, estimula o estabelecimento de instituições capazes de proteger o contrabando, assegurar transações e regular conflitos. Afinal, junto com a troca, obviamente, vem a competição, que pode gerar disputas em torno de recursos escassos, aumentando a violência.

Logicamente, a forma como os detentos vão lidar com a realidade do aprisionamento vai depender da capacidade das instituições legais de exercer governança na prisão e também da disponibilidade de recursos, tecnologias, capacidades e pessoas interessadas. Ela pode se apresentar como regras de convivência reforçadas de maneira difusa, por influência da reputação, da fofoca e do ostracismo. O crescimento exponencial da população carcerária e o consequente aumento da sua heterogeneidade podem levar ao enfraquecimento desses mecanismos centralizados. Na natureza, ambientes superpopulosos tendem a favorecer a emergência de indivíduos com personalidade agressiva dominante, dada a escassez de recursos e a luta permanente pela sobrevivência. Experimentos com ratos já provaram que a superlotação e a baixa quantidade de alimentos e distrações levam a uma preponderância de espécimes mais violentos, com comportamentos antissociais.[4] Na prisão, um contexto de privações de diversas naturezas, aliado à competição desregrada, pode dar ensejo a um ambiente análogo, marcado pela violência generalizada entre indivíduos e pequenos grupos que disputam o acesso ou controle da circulação de determinados bens e serviços. Em situações assim, presos com capacidades, informações, tecnologias e recursos disponíveis podem se organizar para exercer algum tipo de governo sobre as relações sociais. Assim, para além de refletir fenômenos identitários, essas organizações desempenham papel essencialmente regulador, impondo a ordem social como forma de garantir, principalmente, a viabilidade dos negócios em arenas de troca as mais distintas e lucrativas.

A literatura especializada articula cinco hipóteses interdependentes para explicar o fenômeno:[5]

- Detentos se tornam provedores de governança extralegal quando a governança ofertada pelos mecanismos oficiais não atende às demandas por governança na sociedade dos cativos;
- A governança extralegal será descentralizada se a população de detentos for pequena o suficiente para permitir a transmissão de informações e o reforço das regras estabelecidas tiver um baixo custo;
- A heterogeneidade étnica não afeta a governança extralegal descentralizada em populações pequenas, mas se torna um problema em grandes contingentes populacionais;
- Para que os detentos criem instituições de governança extralegal, precisam ter as informações e incentivos necessários para seu estabelecimento;

- Grupos de detentos que funcionam como um sistema de responsabilização comunitária só vão operar em comunidades que não podem confiar na governança descentralizada. Eles desenvolverão meios para delimitar filiação, monitorar os próprios membros e identificar filiação grupal.

Instituições de governança regulam mercados, definem e reforçam direitos de propriedade, promovem negócios e auxiliam na produção de bens coletivos e de natureza pública. Na sociologia econômica, mercados se referem a situações nas quais determinados bens são vendidos para pessoas interessadas no seu consumo. Direitos de propriedade, por sua vez, dizem respeito a quem pode ter acesso ao lucro auferido dessas relações de troca, o que significa, necessariamente, aquelas relações regidas por leis e regulamentações escritas e sancionadas pelo Estado. Estruturas ou instituições de governança, portanto, dizem respeito às regras gerais e às organizações que definem relações de competição, cooperação e organização dos grupamentos humanos engajados em relações de troca. A diferença entre instituições legais ou extralegais se estabelece, essencialmente, pela chancela de uma entidade superior, chamada Estado, por meio do ordenamento jurídico estabelecido.

Nas prisões, a governança extralegal vai surgir em contextos de recursos escassos e ineficácia da administração penitenciária, ou seja, quando as instituições oficiais de governança não atendem às demandas da coletividade. Esse vácuo é condição necessária, mas não suficiente, para o surgimento de instituições extralegais centralizadas. Caso a coletividade possa confiar em mecanismos mais descentralizados, como regras morais, códigos de conduta e hierarquias informais para resolver os problemas coletivos, não haverá lugar para qualquer tipo de centralização. Afinal, esse é um processo que implica custos. Disponibilizar bens coletivos como proteção e garantia de cumprimento de contratos exige investimentos e riscos da parte de quem se aventura nesse papel. Além disso, transferir as responsabilidades de decisões individuais para terceiros implica sempre algum tipo de prejuízo. Centralizar as resoluções de disputas nas mãos de uma única instituição tende a reduzir as possibilidades de negociação e aumentar os custos das partes preteridas em cada contenda. Ainda assim, situações de anarquia só são desejáveis se os custos para a criação de mecanismos de governança forem tão substantivos que não compensem sua criação, ou então quando há pouco espaço para atividades de mercado que possam fornecer lucros. Ou seja, só se espera que uma coletividade invista em criar mais regras e mais centralização se os benefícios marginais ultrapassarem visivelmente os custos envolvidos nessa operação.

Como afirmado anteriormente, entre os diversos mecanismos descentralizados de governança, destacam-se os sistemas de regulação baseados na reputação e no ostracismo. Eles costumam ser muito mais eficientes em sociedades menores e menos complexas, onde o acesso à reputação alheia se faz sem maiores dificuldades. Normalmente, um homem expulso de uma pequena comunidade religiosa isolada de toda a civilização não necessita de outras instituições que não o ostracismo grupal para regular sua ação por meio da imposição de constrangimentos mortalmente sérios. Esse tipo de boicote tende a falhar na medida em que se torna muito custoso ou impossível acessar a reputação de desconhecidos, o que se torna mais comum à medida que a coletividade se expande e as redes de relacionamento não se conectam mais de maneira tão imediata. É por isso que em mercados mais amplos e profundamente dependentes da confiança, onde produtores e consumidores não têm acesso às mesmas informações como, por exemplo, a da compra e venda de produtos orgânicos, agências certificadoras tendem a ganhar importância. Da mesma forma, em comunidades com redes de relacionamento mais frouxas, o ostracismo se torna um mecanismo restrito a determinados grupos menores, possibilitando que indivíduos fujam do alcance dos custos resultantes de suas ações pela simples mudança de ambiente e pela adoção de novos grupos de referência.

Isso também tem a ver diretamente com o nível de homogeneidade e com o tamanho dos grupamentos humanos. Onde há comunhão de valores, crenças, religião e linguagem, a aceitação comum do tipo de comportamento considerado adequado possibilita a operação mais tranquila de mecanismos descentralizados de governança. A produção de bens comuns e o reforço às regras estabelecidas se dão de maneira consensual, na medida em que a própria ideia de obter benefícios às expensas da coletividade se apresenta para os indivíduos permeada de custos altíssimos que podem comprometer até sua sobrevivência, profundamente dependente da comunidade mais imediata. Conforme aumenta o tamanho e/ou a heterogeneidade da população, as dificuldades para resolver problemas decorrentes da falta de acordos sobre valores e direitos de propriedade que regulam as transações e a distribuição de bens em determinada coletividade tendem a se intensificar, exigindo a centralização de recursos, informações e capacidades em instituições capazes de substituir os antigos mecanismos de governança descentralizados.

Logicamente, isso tudo é condição necessária, mas não suficiente, para a centralização. É também necessário que se possuam as informações, os recursos, as capacidades e os incentivos para empreender mudanças nesse sentido. Os bens gerados pela atividade de governança geram externalidades positivas para todas as pessoas envolvidas na coletividade, contribuam elas ou não para o seu estabelecimento e operacionalização. Por isso, é normal que atividades extralegais de governança, tais como as exercidas por organizações especializadas em proteção privada (como máfias, vigilantes, milícias ou grupos de extermínio) se confundam com a simples extorsão daqueles que não desejam pagar pelos benefícios públicos do serviço. Em contextos assim, os custos envolvidos na repressão de pessoas que não estejam dispostas a colaborar, seja pelo interesse na predação dos recursos coletivos, seja pela simples disposição de usufruir dos benefícios da governança sem pagar pelos seus custos, podem ser mais substantivos do que os recursos à disposição para a criação e operação de instituições centralizadas. Ou, então, pode ser que atores bem posicionados se decidam simplesmente pelo estabelecimento de organizações voltadas para o aumento do seu bem-estar pessoal em detrimento da coletividade. Nesse caso, instituições centralizadas de governança não prosperam ou nem mesmo chegam a ser estabelecidas.

Existem pelo menos duas maneiras pelas quais detentos em grandes populações prisionais são capazes de agrupar benefícios públicos e ganhos privados. Na primeira, os presos possuem incentivos para criar instituições centralizadas de governança na medida em que são beneficiários residuais de ativos que resultam de uma melhor governança das relações sociais locais. Nesse caso, a propriedade de bens duráveis é uma vantagem que pode aumentar com o horizonte temporal. Por exemplo, numa prisão onde a posse de uma televisão seja algo relevante para lidar com o tédio, gerar diversão ou diminuir a alienação em relação ao mundo exterior, certa estabilidade nas relações sociais é algo extremamente desejável, seja porque, em um ambiente anárquico, esse bem facilmente se torna objeto da cobiça de predadores eventuais, seja porque ele é passível de dano em momentos de desordem coletiva. A governança tende a contribuir para o incremento de preços de ativos como estes, que passam a ter seu valor alterado pelos custos da própria atividade que garante sua comercialização, donde o interesse dos proprietários no seu estabelecimento. Esse "mecanismo requerente residual" (*residual claimant mechanism*) estabelece incentivos para a produção de bens públicos, mas é limitado na medida em que não opera como incentivo para os detentos que não possuem qualquer tipo de bem.

Um segundo mecanismo que leva ao estabelecimento de instituições centralizadas de governança é quando estas criam um subsídio transversal que aumenta os benefícios privados da atividade econômica. É normal que a atividade de governança, que inclui, por exemplo, proteção extralegal contra eventuais trapaceiros nas transações comerciais, afete diretamente a possibilidade do estabelecimento de inúmeros mercados que não poderiam operar sem isso. Gangues ou facções prisionais instituem mecanismos de regulação no mercado de drogas dentro da prisão, garantindo, por exemplo, a possibilidade de contar com um fluxo contínuo de mercadorias a preços relativamente estáveis com uma qualidade diretamente proporcional à reputação da organização em questão. Nesse jogo, participar da organização e contribuir para o seu funcionamento pode figurar como exigência para adquirir o direito de comercializar substâncias ilícitas, porém são custos pequenos demais em face do que se ganha em termos de segurança e de estabilidade. Ao mesmo tempo, pessoas interessadas em participar na transação de bens como aparelhos celulares, televisores, comida e artigos de recreação tendem a usufruir do mesmo tipo de vantagem. É o benefício da atividade de mercado como um todo, mais do que o preço de um ativo em particular, que incentiva a produção de bens públicos nesse "mecanismo de subsídio transversal" (*cross-subsidy mechanism*). Dessa forma, mesmo os detentos que não tenham interesse direto em participar na economia extralegal da prisão serão afetados pelas atividades de governança, não raro usufruindo de suas benesses.

Entre os diversos tipos de instituições centralizadas de governança, figuram os "sistemas de responsabilização comunitária", conceito que serve bem para explicar as gangues ou facções prisionais. Essas instituições se fundamentam na ideia de que cada membro do grupo é responsável pelas ações dos demais, o que cria um incentivo para o autopoliciamento necessário para preservar a coesão grupal e facilitar as relações interpessoais. A eficácia do grupo se mediria pela sua capacidade de delinear claramente a filiação dos membros, monitorar o comportamento de seus integrantes e deixar claro para as pessoas de fora os sinais de pertencimento de cada um. O funcionamento adequado de sistemas de responsabilização comunitária dependeria de algumas técnicas, como a imposição de limites para comportamentos oportunistas, o que implicaria a exclusão de pessoas que dificultassem o processo de responsabilização comunitária, ou a definição da filiação como algo permanente, reduzindo a incerteza sobre a responsabilidade dos grupos com relação aos seus membros.

Dessa forma, grupos como CV, PCC, Guardiões do Estado, Nuestra Família, La Eme ou Mara Salvatrucha podem ser definidos como instituições que funcionam como sistemas de responsabilização comunitária, operando a governança de maneira centralizada em unidades prisionais de governança legal fraca, ineficiente ou restrita. Essas organizações impõem restrições ao acesso e à circulação de mercadorias, regulamentando direitos de propriedade e eliminando os conflitos decorrentes da competição em mercados ilegais, que tendem a gerar mais violência conforme se aproximam de situações de concorrência perfeita. A possibilidade de identificação de membros, as regras explícitas para o estabelecimento de transações e as hierarquias estabelecidas permitem o desenvolvimento de relações de troca pautadas por menos incerteza, em que a informação a respeito da aquisição, procedência ou qualidade do produto deixa de ser um problema tão pujante. Com capacidade organizada de exercício do uso da força, as facções operam como reguladores das relações sociais na prisão, reforçando as regras de cooperação e estabelecendo limites para a competição. Pouco a pouco, à medida que os criminosos percebem que terão de lidar com essas organizações em algum momento de sua carreira, em passagens breves ou longas pelo sistema prisional, elas adquirem centralidade em diversos mercados ilegais, aumentando seu poder de influência e raio de ação para além dos muros das prisões. Desse modo, acabam se tornando instituições centrais para o entendimento das dinâmicas da violência em diversas cidades do mundo.

É claro que essa perspectiva carece da integração com outros pontos de vista que não enfoquem tanto no papel desempenhado pelas facções ou gangues prisionais para a produção de ordem na cadeia. Teorias que só enfatizam a organização dos detentos e não se aventuram a explorar o papel das instituições legais nesse processo contribuem muito pouco, no frigir dos ovos, para que se entenda o fenômeno em toda sua complexidade. Faz-se necessário, portanto, integrar uma economia política do crime organizado com uma sociologia das instituições penais, que considere o papel dos arranjos legais, da política de segurança pública, dos mecanismos disciplinares, da arquitetura prisional, da estrutura de incentivos e punições, dos processos de gerenciamento da unidade, da circulação de informação e de pessoas e da atuação do *staff* prisional.

Se não se pode negar a preponderância dessas organizações na vida social de inúmeras prisões do Brasil e do mundo, é preciso ter em conta que o Estado permanece, sim, como uma força presente na governança dessas instituições, em praticamente qualquer cenário conhecido. Afinal, até mesmo em penitenciárias que não contam com a presença de qualquer agente de custódia engajado em tarefas de controle da população carcerária, essa mesma população não detém plena liberdade de ir e vir para além dos muros da prisão. No Presídio de La

Paz, em Honduras, como no Complexo Penitenciário do Curado ou em qualquer prisão de segurança máxima do Primeiro Mundo, a maior parte dos detentos permanece em situação de privação de liberdade contra sua vontade. Isso significa que qualquer conceito que lide com a ideia de governança para explicar o tipo de atividade exercida por qualquer tipo de associação criminosa dentro e fora da prisão tem de partir da ideia de autonomia como um conceito-limite, que serve para explicar a apropriação de alguns elementos da vida social que normalmente são de responsabilidade do Estado moderno por instituições de cunho privado e atuação extralegal, mas que nunca constituem propriamente um poder "fora do Estado", ao menos em contextos em que não se pode falar de completa falência ou debacle institucional. Ou seja, tendo o monopólio da violência de um lado e o autogoverno do outro como "tipos ideais puros", para usar de um termo clássico da sociologia, é possível pensar num *continuum* no que diz respeito ao papel que instituições extralegais podem desempenhar na governança das relações sociais de determinadas parcelas da população, mas nunca de maneira exclusiva ou monopolística, sem algum nível mínimo de consentimento do Estado.

O estudo da economia política do crime organizado parte do pressuposto comum de que organizações criminosas se desenvolvem num vácuo de poder do Estado, que pode emergir por diferentes razões. É possível pensar na simples incapacidade que as instituições podem apresentar no exercício direto do controle em áreas geograficamente distantes ou remotas, como florestas, montanhas, desertos ou outros territórios, que podem acabar se tornando palco de rebeliões, guerrilhas e movimentos separatistas. Ou no vácuo criado por grandes transformações políticas, como revoluções, guerras e secessões territoriais, quando as antigas instituições e autoridades políticas não mais oferecem a mínima proteção para os indivíduos, intensificando a insegurança e a incerteza decorrentes da ausência de garantias para o cumprimento dos contratos, e um novo ordenamento não opera ainda com a eficácia necessária. Também existem os casos em que um Estado pode se mostrar ineficiente na prática na oferta de proteção para determinadas populações etnicamente segregadas no seu território, dando vazão ao surgimento de instituições privadas que procuram suprir esse déficit.

A partir da segunda metade do século XX, entretanto, esse tipo de situação parece estar mais comumente associado à proibição legal da produção e distribuição de certos bens e serviços. Drogas como maconha, cocaína e crack figuram entre os exemplos mais conhecidos, mas o álcool, o jogo e a prostituição também são importantes arenas de trocas de serviços e mercadorias ocasionalmente dominadas por gangues ou máfias. Afinal, quando existe uma demanda razoável para a venda de um produto ou serviço proibido pelo Estado, surge uma série de problemas para a aplicação de regras e garantia do cumprimento dos contratos ao longo da cadeia de produção, distribuição, financiamento e consumo que precisam ser resolvidos sem a possibilidade de interferência das polícias, dos tribunais ou de outras instituições que desempenham funções de controle no sistema financeiro (como serviços de proteção ao crédito, por exemplo). É nesse vácuo de poder que se desenvolvem organizações que atuam como "garantidoras de última instância", ou um poder hegemônico ao menos em algumas partes substantivas da cadeia de produção e distribuição de mercadorias, por razões muito parecidas com as que levam o Estado a desempenhar o papel (ao menos ideal) de monopólio da força nos seus territórios. Na medida em que o tráfico de drogas e outras atividades ilícitas jamais vão existir sem a provisão de proteção e outros mecanismos de governança que garantam o cumprimento de contratos, esse tipo de mercado está sempre ligado à formação de instituições capazes de cumprir essa tarefa, que muitas vezes se confundem (mas nem sempre) com uma das partes envolvidas na produção, distribuição e financiamento das transações.

Ainda assim, um mesmo contexto de vácuo de poder pode dar ensejo a diferentes arranjos institucionais, com impactos distintos no ordenamento social mais amplo. Isso significa que o vácuo de poder é condição necessária, mas não suficiente, para o estabelecimento de determinados arranjos político-econômicos. O tamanho das zonas cinzentas onde o Estado não consegue operar vai variar muito, a depender do ordenamento, do modelo administrativo etc. Compreender con isso se dá é bem importante. Não basta perguntar de quem é o Comando de uma unidade prisional. É necessário saber quem governa que tipo de relação, até onde isso se dá e como se dá, definindo os limites de atuação, as relações de antagonismo e de complementaridade de cada uma das instituições envolvidas na produção de ordem nesses sistemas, que podem atingir um grau altíssimo de complexidade.

O COMANDO É AUTÔNOMO?

As prisões pernambucanas, e mais especificamente o Complexo Penitenciário do Curado, apresentam inúmeras das características que se fazem necessárias para o domínio hegemônico de instituições extralegais centralizadas. Trata-se de um ambiente superlotado, com alta rotatividade de pessoas, marcado por inúmeras privações, com pouquíssimos agentes de custódia e mecanismos legais de controle absolutamente deficientes. Entretanto, os dados oficiais e as informações coletadas na pesquisa indicam que facções grandes e centralizadas não são a regra nas prisões pernambucanas. Não se trata, porém, de um sistema livre de sua presença. Facções de atuação nacional como o PCC e o CV estão presentes com maior ou menor grau de capilaridade, a depender da unidade em questão. Grupos com sede na Paraíba, como a Okaida, bem como outros formados localmente, como Os Cachorros, Liga da Justiça e A Corrente, sobre os quais ainda pouco se sabe, também têm alguma presença difusa nas prisões de Pernambuco. Há notícias de que alguns deles têm predominância mesmo em unidades prisionais inteiras, dado o esforço dos gestores públicos para evitar conflitos entre seus integrantes nos últimos anos, o que tem levado a uma maior concentração de filiados em algumas unidades, em detrimento de outras. Porém, o cenário mais normal parece ser o de prisões divididas entre grupos distintos, de forma pulverizada e dinâmica, que não necessariamente correspondem a facções prisionais de alcance nacional. Em muitos aspectos, trata-se de associações ou redes criminosas com atuação restrita, ligadas a fatias específicas dos territórios das periferias e favelas, muitas vezes em correspondência à divisão característica do tráfico de drogas do estado.

Nesse sentido, o depoimento de Erb, um dos egressos do antigo Presídio Professor Aníbal Bruno que entrevistei durante a pesquisa, é bastante expressivo dessa realidade. Preso pela primeira vez aos 17 anos após ter matado, durante uma briga de bar, um soldado da PM que havia assediado sua mãe, o rapaz passou toda a juventude atrás das grades, ainda que nem sempre por sua própria culpa, segundo alegava. "Assim que eu saí do socioeducativo, não demoraram duas semanas para me prender de novo. O juiz da cidade armou para mim. Ele tinha um grupo de extermínio; o soldado que matei fazia parte. Então, dois assaltantes presos por roubo de uma moto disseram que eu estava com eles nesse e mais outros tantos roubos. Tive que assinar B.O. até da época em que não estava em liberdade." Condenado inicialmente a oito anos de prisão, Erb passou por pelo menos três unidades prisionais do estado. Numa delas, envolveu-se numa altercação com outro preso que terminou com um esfaqueamento. "Todo mundo andava armado lá dentro, eu não ia ser o diferente. Não sou otário. Era uma faca até pequena, mas me salvou a vida." Após o incidente, foi se aproximando de outros presos e acabou ingressando numa "facção", mas não no sentido em que a expressão costuma ser usada pela opinião pública. Nas suas palavras, "facção era um grupo", uma associação de amigos que se juntava na prisão para colaborar uns com os outros, tendo em vista, principalmente, a proteção mútua. "Eu tinha facção porque não queria morrer", disse ele, explicando as razões envolvidas não só no seu comportamento, mas no de inúmeros detentos que adotam esse tipo de atitude. "Mas não era PCC, CV, nada disso. Era um grupo mesmo lá de dentro. Não tinha mais que vinte pessoas."

É normal que um preso fale da "minha facção", da "facção do chaveiro" ou da "facção de fulano", indicando, com isso, um grupo que pode chegar a mais de quarenta pessoas em um pavilhão, mas que não tem as dimensões, nem os mesmos objetivos, das facções nacionais. Nesse sentido, o termo reflete uma equivalência, na linguagem da prisão e talvez das periferias e comunidades do estado, a "gangs" ou "pandillas", denominações utilizadas por grupos de jovens de periferia nos Estados Unidos e em países da América Latina para designar pequenas organizações não raro envolvidas em atividades criminosas, com ligação territorial comum, identidade compartilhada, vínculos de lealdade e outras características semelhantes.

A adoção, durante décadas, do termo restrito a subculturas delinquentes do Sudeste do país deveu-se possivelmente ao fluxo de trocas a que a prisão dá ensejo pelas dinâmicas próprias do mundo do crime. Presos pertencentes a facções de atuação nacional, como o Primeiro Comando da Capital e o Comando Vermelho, começaram a ser apreendidos em Pernambuco já no final dos anos 1990. Alguns deles atuavam em assaltos a bancos, caixas eletrônicos e carros-fortes, aproveitando-se de uma *expertise* própria que fazia toda a diferença em cidades do interior com baixo efetivo de policiamento e num contexto em que as forças policiais não estavam preparadas para lidar com esse tipo de situação. Outros estavam no estado coordenando operações de tráfico de drogas e de armas, atuando no atacado em relação aos grupos menores que disputavam territórios nas periferias e favelas do estado. É provável que sua prisão tenha contribuído não só para o aumento do número de filiados, como também para a disseminação da subcultura que lhe é própria por todo o sistema. O expediente da transferência de presos das unidades do estado para penitenciárias de Regime Disciplinar Diferenciado, iniciado com alguma regularidade a partir de 2008, também pode ter contribuído não só para a troca de experiências, a incorporação de novas tecnologias e o estabelecimento de redes de contatos mais amplas, como também para o processo de adesão de muitos desses detentos. Não é difícil também que parcela da popularidade em torno da ideia de "facção" se deva à crescente influência dos meios de comunicação, que tem emprestado cada vez mais importância a essas organizações, estimulando o desejo de mimetização por parte da subcultura delinquente local, no esforço para alcançar reconhecimento, contrapor-se a grupos rivais e impor respeito a competidores e adversários.

O fato de uma mesma palavra servir para designar instituições centralizadas e pequenas associações pode gerar inúmeros inconvenientes para observadores externos. Nesse caso, ela pode expressar a existência de grupos nacionais, regionais ou locais, grandes ou pequenos, fortemente articulados ou com níveis mínimos de integração. Até mesmo nas unidades do Complexo, onde é possível identificar um traficante mais poderoso que os demais, o poder que ele detém praticamente nunca se estende para todos os pavilhões de maneira uniforme. Pode ser que haja traficantes e chaveiros operando sob seu comando em mais de um pavilhão da mesma prisão, até mesmo comparsas ou subordinados em outra unidade prisional do estado, mas é muito difícil que ele consiga acumular poder, dinheiro, armas, pessoal e influência suficientes para exercer controle sobre todo um presídio. Não raro, um mesmo pavilhão pode possuir integrantes de mais de uma facção, no sentido menos rigoroso da expressão, ainda que a do chaveiro filiado, ou do líder máximo de uma delas, tenha clara preponderância no local.

Os agentes penitenciários costumam fazer um esforço para delinear a diferença entre uma coisa e outra, possivelmente porque as estratégias de controle se distinguem a depender do tipo de associação com que se está lidando. Para isso, eles costumam definir as associações a partir de seus líderes, denominados cabeças de área, detentos com reconhecido poder de influência sobre a massa carcerária. Essa pequena elite compõe um grupo seleto, a partir do qual os representantes dos presos costumam ser escolhidos pela administração penitenciária, sendo acompanhado de perto pelos agentes e gestores mais experientes, muitas vezes em diálogo direto, para que se mantenha um nível adequado de controle sobre a sociedade dos cativos. Nas palavras de um dos agentes entrevistados:

> É uma pequena gangue. É um cara que rouba banco há muito tempo, mas já está preso há dez, então já existem outros grupos que roubam banco mais do que ele e estão aí fora. Esses caras estão liderando porque têm o dinheiro, têm armas fora, têm quatro ou cinco colegas presos em outras cadeias, e desses colegas em outras cadeias, um é diretor de pavilhão, é chaveiro do outro. E o cara que está ali, que é mais forte do que ele, porque ele está, no momento, com um grupo de tráfico no Curado ganhando mais dinheiro que ele, mas sabe que não é interessante estar se chocando com esse grupo, porque ele está ganhando dinheiro no Curado com o tráfico, o outro está roubando banco, o

outro já tem um grupo de extermínio. E os três se juntam, e tomam uma cachaça, e tomam um uísque, conseguem botar uma rapariga pra dentro, fazem uma suruba. E se organizam entre eles.

Nesse caso, "facção" permanece sendo expressão utilizada para designar um grupo mais articulado, com ramificações para além dos muros da prisão, com centralidade no mercado ilegal de drogas e armas, capaz de impor controle sobre diversas unidades, apresentando símbolos, estatutos, regras e hierarquia muito bem definidas. Nesse sentido, nem mesmo facções locais de presos como Os Cachorros ou A Corrente, que iniciaram um processo de estruturação nos últimos cinco anos, mas logo foram desmembradas pela ação das forças de segurança do Estado, costumam ter reconhecimento das autoridades locais. Grupos nacionais como PCC e CV são tratados com o devido cuidado, inclusive com a atenção das autoridades no sentido de evitar que grupos rivais se encontrem nas mesmas prisões, mas não são tidos como grande ameaça.

— Tem muito detento que diz que é PCC, Cachorro, mas não é nada. Ou não tem importância nenhuma na hierarquia da organização e está aqui esquecido, ou nem mesmo é filiado de verdade — disse um agente em conversa comigo durante uma visita. — Eu gosto de dizer que preso aqui em Pernambuco é autônomo — completou, quando conversávamos sobre o status mais desorganizado do sistema prisional do estado, se comparado inclusive ao de estados vizinhos ou próximos, como Paraíba, Rio Grande do Norte e Ceará.

De fato, a designação do agente não está muito longe da própria forma como os detentos locais se enxergam. Num dos vídeos produzidos pelos presos em 2017, que circulou amplamente pelos celulares de operadores de segurança pública e pessoas envolvidas no universo do sistema prisional, um grupo de homens armados com pistolas, revólveres e espingardas calibre .12, de camiseta na cabeça para evitar a identificação, gritavam palavras de ordem destinadas às lideranças de facções nacionais. "Aqui não tem CV, nem PCC. Aqui o comando é independente!", bradava o porta-voz do grupo, ameaçando com retaliação qualquer tentativa de expansão ou tomada de território. O vídeo, produzido pelos detentos de uma das unidades do Complexo, cuja população carcerária na época se encontrava dividida pela influência de dois grandes traficantes, não deixa de ser representativo do tipo de sentimento que grassa em boa parte dos presos do estado. Nesse quesito, a distribuição difusa dos detentos nas prisões do estado entre grupos locais cuja centralidade das operações gira em torno do tráfico de drogas, além daqueles presos que integram grupos de extermínio cujo escopo de atuação cada vez mais se confunde com o mercado ilegal de entorpecentes, parece bastante com o cenário externo das periferias e comunidades locais, onde grupos criminosos relativamente desorganizados, sem grandes vínculos identitários, com hierarquia piramidal e pouco complexa, raramente capazes de dominar mais de um território contíguo, constantemente se enfrentam em disputas por pontos de venda de crack e outras drogas, sem que um grupo consiga clara predominância sobre os demais, numa série de conflitos diretamente associada com os altos índices de homicídio no estado. É difícil, porém, acreditar que essa autonomia local seja fruto de uma identidade específica das subculturas delinquentes de Pernambuco. Nesse aspecto, faz mais sentido falar em efeito consorciado, a partir de uma série de hipóteses que precisam ser levadas em consideração, servindo não só para compreender a particularidade do caso pernambucano, como também para o refinamento de um modelo explicativo mais adequado sobre os processos de faccionalização do crime organizado nas prisões.

É preciso levar em conta os efeitos possíveis do esforço ativo de controle do crescimento e expansão de facções desenvolvido pelos gestores governamentais, mais especificamente a Secretaria Executiva de Ressocialização. O capítulo seguinte apresenta uma análise detalhada do *modus operandi* da secretaria, que se reflete no tratamento que diretores, supervisores de segurança e agentes do serviço de inteligência dão à questão. Por ora, basta dizer que uma rede de informantes formada por presos com posições distintas dentro do sistema, mais o trabalho de monitoramento dos cabeças de área e o uso dos chaveiros como instrumentos de governança compõem um intricado sistema que possibilita o acompanhamento e controle das facções com relativo grau de eficácia.

Medidas administrativas como as transferências de presos para outras unidades, os chamados "bondes", costumam ser utilizadas como forma de desmobilizar e desmembrar organizações locais em franco processo de expansão, ou que apresentam algum tipo de ameaça em termos de ordenamento e controle da prisão. Na verdade, elas não se diferenciam muito de políticas de controle análogas às utilizadas por outros sistemas penitenciários estaduais, entre as quais se incluem a transferência de lideranças prisionais ou detentos particularmente problemáticos para unidades de Regime Disciplinar Diferenciado (RDD), não raro fora do estado de origem do detento. A ideia em jogo aqui é que o isolamento físico e um regime penitenciário mais rigoroso teriam efeito deletério sobre a influência e o poder de lideranças do crime organizado, servindo, além de tudo, como exemplo para dissuadir comportamentos análogos por parte de outros detentos.

O problema é que iniciativas assim não têm apresentado níveis relevantes de eficácia em termos de desmantelamento das facções prisionais ou mesmo do enfraquecimento de suas lideranças. Na verdade, essas mesmas lideranças parecem continuar operando as redes e organizações que integram sem grandes dificuldades. E não raro o próprio RDD pode funcionar como espaço de troca, aprendizado social e construção de alianças e parcerias comerciais entre grupos distintos. Em parte, isso se deve ao fato de que o RDD não constitui um regime de pleno isolamento, já que o direito à privacidade durante visitas de advogados, por exemplo, permanece assegurado pelo ordenamento constitucional do país. Além disso, o período de estada no RDD tem prazo delimitado por lei, ainda que, em muitos casos, seja desrespeitado por malabarismos jurídicos de toda sorte de determinadas autoridades do sistema de justiça criminal.[6]

Ainda assim, não se pode dizer que esse tipo de ação não produza resultados relevantes no sistema penitenciário de Pernambuco, particularmente pelo tipo de bens e posições que um detento pode perder por ocasião de um "bonde" para outra unidade distante, em que não tenha grande poder de influência ou não possa dispor do mesmo tipo de regime disciplinar de antes. Esse tipo de transferência pode provocar perdas reais para os negócios que são conduzidos numa unidade, ainda que, não raro, um detento consiga deixar pessoas influentes no seu lugar, que prestam contas periodicamente da operação dos esquemas. Quando a transferência é acompanhada do favorecimento de lideranças rivais com a nomeação de seus integrantes para posições importantes, como a de chaveiro, de fato é provável que haja reconfigurações na balança de poder das unidades, com ascensão de novas personalidades e perda de importância de antigas. No seu novo destino, existe a possibilidade de que o detento transferido se depare com uma configuração social inteiramente distinta, na qual muitas vezes antigos desafetos ocupem posição de destaque. Ou então os cabeças de área do local podem não ver com bons olhos a chegada de uma nova liderança, opondo resistência direta a sua consolidação. De qualquer modo, a possibilidade de que esse tipo de política dê resultados se associa com outro fator, que também deve ser levado em conta para o entendimento do nível de organização dos detentos: a estrutura de incentivos locais e sua governança como fator de dissuasão para a constituição de um modelo de crime organizado mais centralizado.

O tema nos remete ao relato do início do capítulo passado. A opinião do traficante Ramon a respeito das razões que levam um detento poderoso numa prisão como o Complexo a não se filiar a uma grande facção criminosa não expressa uma decisão inteiramente subjetiva, mas uma racionalidade "típica", compartilhada por inúmeros atores envolvidos direta e indiretamente no sistema penitenciário estadual. Ao que tudo indica, inúmeros detentos de Pernambuco e particularmente do Complexo Penitenciário do Curado não parecem encontrar incentivos suficientes para se filiar a uma grande facção. Acredito que isso tenha relação direta com a possibilidade de acesso aos diversos tipos de mercado elencados nos capítulos anteriores, seja como vendedor, seja como consumidor dos mais variados bens e serviços passíveis de negociação nos mercados das prisões do estado. É o que se depreende, por exemplo, da fala de Ramos, um dos agentes penitenciários que aceitaram conceder entrevista para a pesquisa:

Entrevistador: Deixa eu perguntar uma coisa sobre isso, que tem a ver com o que conversamos da outra vez. Comparando o trabalho que vocês fazem aqui com outros estados, uma coisa a gente nota, até no contexto dessa crise do sistema penitenciário: aqui dentro não tem o mesmo nível de organização de presos, até mesmo no Nordeste, como na Paraíba, em que há facção formada, que domina cadeias. Por que isso acontece?

Ramos: Porque aqui a cadeia é frouxa. Frouxa no sentido de que aqui o estado, ele não é muito rígido. As coisas circulam mais. Enquanto que nos outros estados é mais livre. Aqui se vende cigarro, se vende Coca-Cola, entra droga, enquanto que tem estado que não se vende uma Coca-Cola, que não entra nem cigarro; o banho de sol é duas horas só. Então é mais rígido, e aí eles têm que se organizar mais. Enquanto que aqui tem tudo. Como aqui tem uma população muito maior. Quanto é a população carcerária da Paraíba, 4 mil presos? Aqui temos 30 mil. E a superlotação atinge todas as unidades prisionais. E eles já podiam se rebelar por isso. No Rio Grande do Sul, dez anos atrás, os presos se rebelavam por superlotação. A capacidade da unidade de quatrocentos presos, tinha setecentos presos. Aqui, nem se compara. Igarassu tem 426 vagas e 3.300 presos, e os caras não se rebelam. Por quê? Porque aqui é mais frouxo. Você não vai apertar a coisa. Eu mesmo não tenho como apertar muito. Tenho uma população carcerária imensa. Não dá para apertar demais. Eu tento controlar, aquele jogo de cintura, um pouco maleável. Não fazendo coisa errada, mas... A gente sabe que não dá para brigar; por enquanto, não dá, não. [...] A ideia do diretor vale. "O diretor é bom, o diretor ajuda a gente, o diretor trata a família bem, o diretor trata a gente bem, o diretor está fazendo isso, o diretor está trazendo isso para cá, está trazendo curso, tem um diálogo, conversa." A gente está com um setor jurídico aqui trabalhando bem, toda semana vai gente pro semiaberto, eles veem isso, a quantidade de preso que sai, comenta isso comigo. "Não, o senhor é um cara que analisa os processos; eu mesmo já fui chamado duas vezes esse ano, a doutora me chamou, pra falar dos meus processos." Porque é onde acalma, é onde tem um respeito. Eles veem que você tem um respeito por eles, que você não está ali para ser inimigo. Apesar de eles terem se envolvido no crime e a gente ser guardador e fiscalizador, não precisa ser inimigo.

Nessa visão sobre o trabalho de controle realizado pela administração das unidades, duas observações se sobressaem de maneira complementar. A primeira é a de que o acesso a vários tipos de benefícios, mediado pela administração penitenciária de maneira direta, sobre as mais variadas concessões, mas também indireta, pela ação dos chaveiros como elementos centrais para a regulação de mercados lícitos e ilícitos na prisão, contribui para que os detentos não tenham incentivos explícitos para integrar grandes facções. Afinal, obedecer a um estatuto ou a ordens advindas de lideranças prisionais muitas vezes distantes da unidade pode significar a imposição de restrições com impacto direto para a qualidade de vida e principalmente os ganhos financeiros de um detento. Ainda que muitos especialistas ressaltem o papel hegemônico de facções como PCC, CV, FDN ou Sindicato do Crime em diversas unidades prisionais do país, as políticas de enfrentamento ocasional conduzidas pela facção costumam resultar em prejuízos individuais para muitos detentos que ocupam posição de liderança, os quais muitas vezes se veem obrigados a lidar com transferências para unidades de Regime Disciplinar Diferenciado, distantes do seu estado natal.

Além disso, em unidades dominadas por algumas facções, como acontece com aquelas onde a ação do PCC se faz mais presente, a representação em torno da ideia de que um preso não pode oprimir o outro ou extorquir um companheiro é amplamente disseminada, compondo parte das regras de convivência da organização. Esse tipo de posicionamento aparentemente se apresenta de todo contrário a posições como a dos chaveiros, que arrecadam contribuições dos detentos, algumas das quais têm impacto direto sobre a integridade física e segurança pessoal dos que se recusam a colaborar. Ainda que se tenha notícias de chaveiros que integram o PCC e outras facções, tendo em vista a capacidade de adaptação das personagens a ambientes diferentes daqueles de origem, a posição em si mesma opera no sentido de deslegitimar discursos de união da massa carcerária, particularmente aqueles que definem o Estado como um inimigo comum.

Exigências como contribuições periódicas para a facção ou a obediência a um monopólio de distribuição de armas e drogas no nível do atacado podem não ser bem recebidas por presos que operem em contato com um mercado de concorrência mais ampla entre intermediários, lidando com a possibilidade de conseguir mercadorias a preços mais baratos e cujas transações não são monitoradas por uma organização que sempre vai exigir uma parte maior do butim, a depender das necessidades do momento. Isso para não falar no tipo de mudança organizacional à qual muitos traficantes precisam se submeter quando passam a operar dentro dessas instituições, ou seguindo regras impostas por elas, como a administração diferenciada do crédito, com restrições à quantidade de dívidas que um usuário pode contrair sem ser impedido de realizar mais compras, um mecanismo utilizado por facções como o PCC como forma de reduzir a necessidade de uso da violência envolvida nas transações do tráfico de crack e outras drogas, ou mesmo a proibição de comercialização de drogas como o crack dentro da cadeia. Da mesma forma, as restrições ao uso da violência como forma de resolver disputas, transferindo para tribunais paralelos e outras instâncias informais decisões a respeito da vida e morte de devedores e desafetos, certamente é algo que pode ferir os brios de autonomia de muitos criminosos de carreira.

A outra observação presente no discurso do agente penitenciário é a de que esse mesmo sistema de incentivos é utilizado de maneira consciente pelas autoridades locais como forma de mediar as relações com os detentos no sistema penitenciário, o que inclui, também, o controle da formação e/ou expansão das facções. Ou seja, uma aplicação irrestrita do Código Penitenciário, nesse contexto, seria não só materialmente impossível, como indesejável do ponto de vista estratégico da governança das relações sociais e da produção de ordem. Atrapalhar de maneira ativa os negócios dos detentos significa atrapalhar o equilíbrio de forças que mantém a prisão minimamente sob controle. Dispositivos disciplinares e medidas administrativas como bondes, revistas, isolamento e outras espécies de "punição" adquirem outro valor num contexto assim, no sentido em que representam perdas materiais e simbólicas bem mais pesadas do que num contexto de uma instituição sem acesso a diversos tipos de bens e serviços fornecidos no mercado ilegal. "As coisas circulam mais", disse o agente citado anteriormente, numa alusão clara ao fluxo de bens e serviços acessíveis a qualquer preso que concorde em operar sem causar grandes prejuízos para a administração penitenciária. Ainda que um sistema de incentivos assim dificilmente tenha sido pensado enquanto projeto político, resultando muito mais num agregado de improvisos institucionais destinados a dar resposta a uma população penitenciária sempre crescente num contexto de recursos públicos escassos, a maior parte dos agentes penitenciários envolvidos diretamente nas atividades de controle parece ter compreendido seu sentido para a governança das unidades no estado. Nas palavras de Jardel, ASP citado anteriormente neste livro:

> Entrevistador: Na tua opinião, como quem já trabalhou em setores como segurança e outros, a gente sabe que tem conflito lá dentro, de vez em quando um preso fura o outro, de vez em quando tem uma briga, mas por que não tem mais? A gente sabe que o Estado está aqui, na área administrativa, principalmente, e que ele entra de vez em quando, com vocês armados ou via polícia, a GOS etc. Agora, por que os caras lá dentro não estão se matando sempre por qualquer besteira então?
>
> Jardel: Na minha opinião, eu até estava debatendo com o chefe de segurança sobre isso, sobre a situação do Rio Grande do Norte, que tem algo lá muito parecido com o Sul, que é o crime organizado de verdade, Sindicato do Crime, PCC, Comando Vermelho etc. Em Pernambuco é um fenômeno, não existe isso, mas temos alguns indícios do porquê. Aqui é muita concessão. Por exemplo, um preso chega para o líder criminoso, como a gente chama, a liderança dele, e diz que está sem televisão. Aí o cara vai e cobra R$ 50,00 a ele para descer com ele e falar com o chefe de segurança, o chefe de plantão. Ele pede R$ 50,00 pro preso, como pedágio, a travessia. Aí chega lá e diz que esse preso está sem ventilador. Explica que tal, um menino bom, está sem visita. Aí a gente, beleza, libera o ventilador, distensiona. Aí o cara lá dentro diz que conseguiu o ventilador. Aí depois de um tempo o cara está sem um cadastro da visita. Faz seis meses que ela está tentando e o cara não conseguiu a emissão da carteira da identidade dela, não tem foto para isso ou para aquilo, o

CPF está travado na Receita Federal etc. Então a gente vai e pergunta o que é. Vê o que falta e pede para ajudar esse aqui, porque ele é "bebê" de fulano. Na linguagem criminal, "bebê" é uma cria de algum líder. E aí vai ser bom. A gente vê se a pessoa tem cadastro criminal, se vai fazer programa, dá aquela prensa para que não traga droga, não seja mula, aquela que transporta droga barato. Não é nada. Então o diretor libera, o chefe da segurança diz que fulano faça, então fulano, no caso eu, encarregado do setor, digo que libere, mediante pedido da segurança, ou da inteligência daqui, que pede pela pessoa, porque a pessoa vai trazer uma informação para mim, ou o marido dela vai ser meu olheiro. Então um favor paga o outro. Na minha concepção, como aqui existem várias lideranças criminosas, de modo que a gente não tem nem como mapear isso, e acho que nem a inteligência da SDS consegue mapear, é tanta divisão que os grupos ficam fracos.

Entrevistador: E ao mesmo tempo não têm um motivo para se organizar.

Jardel: Porque pensa só: tu és um Thundercat, esse grupo organizado de Jardim São Paulo, o outro é dos Abelhas, o outro é não sei o quê, o outro é da turma de Santo Aleixo, de Santo Amaro, então quando você olhar dentro de Pernambuco, são tantos grupos, os presos são tão divididos entre eles, que não têm força o suficiente nem para se enfrentar, quanto mais para enfrentar o Estado, que já é desorganizado. Então o que é que eles fazem? Deixa fulano lá, deixa sicrano cá, a guerra deles é na rua. Do jeito que eu consegui uma televisão pro meu pavilhão lá, o meu inimigo do Pavilhão B também conseguiu. Todo mundo ganha, todo mundo se organiza, todo mundo tensiona e distensiona. Então é um equilíbrio que a gente estava conversando hoje, eu, o diretor e o chefe de segurança, na hora do almoço. Mais ou menos essa visão nossa, sobre a sua pergunta, por que não se matam, por que não tem um crime organizado, por que não tem uma liderança única, por que não tem um Marcola em Pernambuco. Por causa disso. Essa cultura de divididos. Meio que empírico, claro que não foi orquestrado. Não foi nada planejado, nunca houve uma administração penitenciária, nem vai ter, que pense assim, de maneira maquiavélica. Mas, na prática, é isso o que acontece.

Acredito que a coincidência de opiniões entre agentes e detentos não pode ser fruto da construção de uma simples representação coletiva sem qualquer respaldo na realidade. É importante lembrar que, entre os benefícios aos quais os cativos têm amplo acesso nas prisões pernambucanas, a proteção figura talvez como o mais importante. Ela se materializa, como vimos, na escolha de um detento com poder e influência entre a população carcerária para o exercício de uma função informal, a de chaveiro, cujas prerrogativas, estabelecidas pela direção da unidade, lhe conferem poder direto de regulação de inúmeros aspectos da vida dos detentos, indiscutivelmente centralizando a governança de vários mercados ilegais. Já vimos que o chaveiro, por exemplo, exerce um poder direto de coerção de comportamentos desviantes que usurpam os direitos de propriedades estabelecidos na sociedade dos cativos. A violência gratuita, a extorsão e mesmo agressões e/ou assassinatos decorrentes de dívidas para com traficantes podem e costumam ser mediados por sua ação. A importância de uma figura assim num ambiente em que as trocas se estabelecem em contextos de alta desconfiança e sem a presença direta de agentes do Estado para garantir o cumprimento dos contratos não pode ser subestimada.

É em busca dessa mesma proteção que as organizações criminosas se formam e se fortalecem. Não é diferente no caso das facções prisionais. No Brasil, por exemplo, grupos como o CV e o PCC têm uma história diretamente ligada à governança da violência nas prisões, principalmente mediante a coação da extorsão e o estupro, prática comum nas instituições fluminenses e paulistas nas quais essas organizações nasceram e se consolidaram. Inscrições comuns em bandeiras, bem como os motes dessas organizações, incluem ideias como "paz nas cadeias", "paz entre os irmãos" etc. Não raro ambiguamente utilizadas em rebeliões e outras ações coletivas, que costumam resultar em mortes de desafetos ou membros de organizações rivais, sua simbologia expressa um desejo real a ser alcançado mediante o domínio de um único grupo sobre os demais e sobre toda a massa carcerária.

Entre esse cenário e uma guerra de todos contra todos, é possível pensar em soluções intermediárias. Em diversos contextos internacionais, a busca por proteção se inicia em torno da necessidade de defesa de um grupo etnicamente excluído. Foi o que aconteceu, por exemplo, no caso da penitenciária de Statesville, nos Estados Unidos, já nos anos 1970, com a formação de gangues prisionais por detentos de origem muçulmana, alvo preferencial das políticas de repressão da instituição, dado o contexto de ativismo religioso típico daquela década.[7] Em contextos assim, o exemplo dado por um grupo logo passa a servir de modelo para os demais, que podem se ver na necessidade de se organizar, nem que seja em resposta à criação de instituições centralizadas de grupos rivais, que podem representar uma ameaça real para integrantes de outras etnias. Nesses casos, é normal que a segregação racial ou étnica funcione como freio para a expansão ilimitada dessas organizações e mesmo como critério para delimitação de reservas de mercado a partir do tamanho do público sujeito a sua influência.

Também é possível pensar em contextos em que as instituições oficiais de governança operam de maneira mais eficaz, sem deixar grandes espaços para o nascimento e propagação de grandes organizações, a partir de um controle mais rigoroso da população penitenciária, associado ou não com uma distribuição de benefícios que apaziguem as dores do aprisionamento, reduzindo de certa forma a importância ou a dimensão dos mercados ilegais e, consequentemente, a demanda para o estabelecimento de instituições centralizadas. É o que parece acontecer nas prisões de alguns países como a França, que seguem recomendações da União Europeia para que a administração penitenciária tenha o cuidado de regular os mínimos detalhes da convivência interna entre presos na mesma cela, o que muitas vezes constitui uma verdadeira dor de cabeça para os agentes encarregados, com pedidos diários de transferência estimulados por pequenas altercações, diferenças no horário de sono, rivalidades étnicas etc.[8]

No caso dos chaveiros, é vital a compreensão do papel que desempenham na governança de instituições penais, operando como um elo entre os agentes do Estado e os detentos, fato que contribui para o enfraquecimento ou mesmo, em alguns casos, para a inexistência de uma governança extralegal inteiramente centralizada, já que tanto o acesso a incentivos como o controle de determinados comportamentos resulta de um processo complexo de mediação. A atuação desse tipo de intermediário já se encontra nas obras pioneiras da sociologia das prisões nos EUA, que demonstram como lideranças prisionais se estabelecem a partir da proximidade com os agentes do Estado, mediando o acesso a diversos benefícios que não raro depende de redes de corrupção.[9] Em casos mais famosos, como o da Penitenciária Estadual do Novo México nos anos 1980 ou nas prisões governadas pelo chamado *building tender system*, que vigorou nas prisões do Texas até mais ou menos a mesma década, as lideranças prisionais operavam como mediadores sancionados pelo Estado para a regulação de inúmeros conflitos, seja por meio de uma complexa rede de informações, seja pela coação direta exercida sobre a população penitenciária e sancionada pelos agentes de custódia. Em praticamente todos esses exemplos, mudanças bruscas na governança das unidades, com a retirada parcial ou completa dos intermediários das posições de poder, acarretaram longos períodos de instabilidade, com o aumento de rebeliões, fugas, agressões e homicídios, seguidos não raro da consolidação de gangues prisionais bem maiores e poderosas do que no período anterior.

É claro que também é preciso analisar o aspecto propriamente cultural dessas organizações, incluindo o entendimento mais complexo sobre os processos por meio dos quais os presos tomam determinado domínio como legítimo, bem como os aspectos identitários do fenômeno. Desconsiderar a importância de elementos como crenças, hábitos e símbolos das gangues, máfias, facções prisionais e outras organizações equivaleria a tratar aquilo que não se refere exclusivamente ao campo da racionalidade instrumental como penduricalho ou francamente acessório, o que não explicaria sua ampla disseminação no universo das subculturas delinquentes no sistema prisional. Existe certa utilidade de analisar as ações humanas levando em conta os custos e incentivos envolvidos nas suas decisões individuais, mas esquecer que assim se opera com um modelo reducionista seria virar as costas para a estrutura mesma da realidade. Obviamente, há bem mais fatores envolvidos nas decisões humanas que não estão sendo de todo considerados aqui.[10]

Porém, o enfoque no aspecto da estrutura de incentivos que dá ensejo ao surgimento, consolidação ou expansão das facções me parece um elemento de fundamental importância para a compreensão dessa questão, já que diz respeito à racionalidade dos atores envolvidos. Afinal, a adesão a uma facção prisional é o mais das vezes um ato interessado, que envolve custos, mas sobretudo benefícios de diversas ordens para os detentos. É difícil acreditar na existência de organizações que não tragam vantagens passíveis de cálculo e racionalização para seus membros. Ao contrário dos fatores simbólicos, cuja variação compreende um universo dificilmente abarcável de subculturas delinquentes distintas, pensar em termos dos incentivos e custos facilita o estabelecimento de tipos ideais, ou padrões que sirvam, a partir da análise de um caso específico, como parâmetro de análise para os demais.[11]

Outros elementos externos ao sistema prisional precisam ser considerados para a consolidação de uma hipótese de efeito consorciado para explicar o nível de pulverização das facções nas prisões pernambucanas, ainda que sem grandes perspectivas de uma mensuração exata. Uma possibilidade a ser levada em conta por operadores de segurança pública entrevistados diz respeito ao aumento da produtividade policial na repressão e desmantelamento de organizações criminosas ligadas ao tráfico de drogas a partir do Pacto pela Vida, tendo em 2012 o seu auge em termos de intensidade, com uma centralidade significativa, no campo do policiamento investigativo, do Departamento Estadual de Prevenção e Repressão ao Narcotráfico e do Departamento de Homicídios e Proteção à Pessoa. É fato reconhecido por vários agentes da Polícia Civil de Pernambuco que houve uma atuação mais incisiva sobre grandes distribuidores de drogas no estado durante o período, o que teve impacto direto no valor da droga entregue nas bocas de fumo locais. Existem registros de inquéritos policiais que revelam debates entre operadores do atacado do tráfico de drogas e traficantes locais em que aparece o tema do preço maior cobrado para a entrega de carregamentos no estado, se comparado às encomendas de cidades vizinhas na Paraíba ou Alagoas, dados os altos riscos envolvidos nas transações. Nesse mesmo período, os operadores de segurança pública entrevistados alegam uma atuação mais intensa na apreensão e desmantelamento de grupos de fora do estado que procuravam se fixar localmente, o que pode ter levado, inclusive, à consolidação de bases em estados vizinhos, onde as operações comportariam menores riscos para as partes envolvidas. Logicamente, esse tipo de hipótese demanda um levantamento mais detalhado a respeito da produtividade policial em outros estados da região Nordeste que enfrentaram processos de faccionalização, a fim de mensurar se existe realmente a possibilidade de considerar uma relação dessa natureza como relevante. Neste livro, levanto a possibilidade mais para balizar estudos mais aprofundados no futuro do que para provar realmente um ponto que foge ao objeto específico pesquisado.

Da mesma forma, certas práticas coercitivas localizadas principalmente em determinados grupos da Polícia Militar de Pernambuco (PMPE) também podem ter surtido algum efeito na dissuasão ou enfraquecimento de facções prisionais de abrangência nacional no estado. A hipótese de que detentos suspeitos de integrar grandes facções se tornaram alvo preferencial de execuções por determinados grupos das corporações policiais foi apontada por mais de um agente da lei, em mais de uma região do estado. "Se a gente não fizer isso, eles se criam aqui. E não estamos prontos para lidar com um problema desse tamanho", disse-me um policial supostamente envolvido nesse tipo de prática. No seu entender, tratava-se de um entendimento tácito nas corporações, ainda que não direcionado por nenhuma fonte claramente identificável nos escalões superiores. Grandes traficantes e ladrões de banco advindos de outros estados, quando alvos de operações policiais em circunstâncias favoráveis para esse tipo de intervenção, sequer entravam no sistema penitenciário estadual. "Em situações assim, a gente não faz prisioneiro, porque não adianta", complementou o policial. É claro que, na ausência de qualquer tipo de dado mais consolidado, a influência de um fator como esse permanece no nível da mera hipótese. Não se pode cair na leviandade de considerar o extermínio localizado prática profundamente disseminada em qualquer corporação policial do estado, principalmente no contexto em que a redução do número de CVLIs aparece como prioridade da gestão estadual. Porém, a prática comum a grupos de extermínio no estado, não raro integrados por policiais, de eliminar determinados delinquentes como forma de exercício de controle social em algumas localidades, ainda que tenha sido objeto de repressão constante do aparato do sistema de justiça criminal do estado nos últimos anos, ainda permanece em muitos locais, conforme reconhecem os policiais envolvidos nesse tipo de investigação. Considerando o caráter desinteressado das fontes que contribuíram para o levantamento dessa hipótese, não é de todo improvável que ela tenha alguma relevância na atual configuração de forças do crime organizado nas prisões do estado, já que a ação direta de facções de abrangência nacional costuma ser um elemento importante para a consolidação desses processos, dada a quantidade de recursos, tecnologias e capacidades que essas organizações costumam ter à disposição. Com efeito, o aprofundamento dessa linha de investigação demandaria uma análise mais cuidadosa do perfil das vítimas de CVLIs em Pernambuco, incluindo seu estado de origem e histórico criminal. Além, é claro, de um levantamento análogo em outros estados vizinhos para que pudesse haver alguma medida factível de comparação.

Finalmente, há que se levar em conta uma hipótese contrária, que pode explicar algum nível de miopia tanto dos operadores do sistema de justiça criminal envolvidos no controle dessas organizações quanto de pesquisadores que costumam se debruçar sobre os problemas das prisões de Pernambuco. Ela diz respeito, essencialmente, aos processos de adaptação pelos quais essas facções passam a depender do tipo de ambiente com o qual têm de lidar. Nesse sentido, denominações como PCC e CV teriam se deparado com barreiras e dificuldades diretamente associadas ao nome das siglas, universalmente reconhecidas por autoridades públicas como fonte imediata de problemas e passíveis de um controle mais rigoroso da parte do governo do estado. Desse modo, assim como as disputas entre facções de abrangência nacional pelo controle de inúmeras prisões levou a uma flexibilização dos critérios de adesão em muitas delas, é possível que esses grupos tenham optado por atuar na forma de convênios ou utilizando organizações locais como "fachada" para suas atividades nas prisões do estado. Dessa forma, grupos com abrangência mais restrita integrariam, ainda que de maneira mais frouxa, o *corpus* dessas organizações, que tenderiam a operar mais como uma rede de troca de mercadorias, proteção e apoio mútuo do que como facções capazes de impor determinado modelo de governança específico às prisões onde atuam como poder hegemônico frente à população carcerária.

Ainda que seja uma hipótese que considero fraca, principalmente em face dos elementos mais relevantes que apontei neste capítulo como passíveis de composição de um efeito consorciado capaz de explicar o caráter ainda bastante difuso das organizações de detentos no estado, ela não pode ser deixada de fora das considerações sobre o tema. Afinal, quando se trata de lidar com processos que o mais das vezes se esteiam no segredo, é sempre importante ter em conta que aquilo que não se sabe ao certo e a respeito do qual se dispõe de pouca informação pode ser realmente aquilo que importa para se entender a verdadeira natureza de um problema. A dinamicidade envolvida, o improviso, a falta de padrões claros e o caráter transitório da configuração social do sistema penitenciário pernambucano, em face das mudanças que se verificam em grande parte do país, tampouco podem ser desconsiderados. O processo de faccionalização de alguns territórios de periferias na capital do estado e mesmo na produção de maconha nas terras do Polígono da Maconha já é algo debatido internamente nas corporações policiais desde 2018, pelo menos, ainda que nenhuma investigação na imprensa ou na academia tenha sido publicada sobre o tema. Em todos os aspectos, Pernambuco parece ser uma terra em transe, num processo de transformação que aproxima o estado progressivamente de contextos como o do Ceará, com grandes facções adentrando cada vez mais o sistema penitenciário e disputando espaços ou estabelecendo parcerias com grupos locais nas periferias. Esse é um indício de que o sistema centrado na figura dos chaveiros pode estar enfraquecendo ou, simplesmente, passando por um processo de readaptação em que a facção começa a ganhar mais centralidade. Para entender perfeitamente como esse sistema tem operado até agora, é preciso ter um olhar atento para a organização das instituições legais de governança, levando em consideração fatores comumente ignorados nos estudos sobre prisão realizados no Brasil. Afinal, em assuntos como esse, o diabo sempre mora nos detalhes.

9
Na letra que mata

RECUPERAÇÃO

A tentativa de destinar um pavilhão reservado para a recuperação de dependentes tem sido uma constante dor de cabeça para muita gente. "O projeto", como é apelidado por detentos, agentes penitenciários, gestores públicos e defensores de direitos humanos, foi concebido desde o início de uma forma bastante improvisada, a partir da reforma e expansão de um dos pavilhões da unidade, que deu ensejo a um novo arranjo. A visita de inspeção do Serviço Ecumênico de Militância nas Prisões detectou que um pavilhão que acabara de ser desativado estava sendo usado como Disciplina de maneira francamente improvisada. As péssimas condições a que os detentos estavam submetidos no local, ainda em reforma após a transferência de seus antigos ocupantes, levou a uma conversa com os gestores da unidade sobre a possibilidade de dar uma destinação mais útil ao espaço. Foi assim que surgiu a ideia de implementar o projeto-piloto de, utilizando os recursos próprios da unidade em termos de pessoal, destinar um local reservado para os presos dependentes químicos que manifestassem o desejo de se afastar do uso compulsivo de crack e outras drogas.

Na falta de investimento específico para a iniciativa, houve certo consenso de que ela poderia operar em moldes parecidos com o de uma comunidade terapêutica, mas sem a obrigatoriedade de filiação a uma congregação ou frequência ao serviço religioso. Nando, pastor de uma das congregações neopentecostais da unidade, assumiu o encargo de operar como representante dos presos no local, atuando como administrador informal da iniciativa, dada a *expertise* que havia adquirido em sua rede de contatos dentro da igreja. Combinou-se que os presos que quisessem aderir ao "tratamento" deveriam se inscrever e ter o nome aprovado pelo pastor e sua equipe. O "serviço" oferecido consistia em um espaço seguro, onde não poderia haver comércio ou consumo de entorpecentes, e onde seria possível usufruir de alguns confortos. Comparado aos demais pavilhões da unidade, o projeto comportava uma quantidade bem menor de detentos, de modo que as celas, que não contavam com barracos propriamente ditos, mas apenas com uma divisão por cortinas dos espaços individuais, eram bem mais arejadas e agradáveis que as dos demais pavilhões. Armas também eram proibidas. Presos que fossem pegos vendendo drogas ou consumindo-as poderiam ser expulsos. Os serviços religiosos funcionavam de maneira regular num espaço especialmente destinado ao culto, exclusivo do pavilhão. Não havia obrigatoriedade de frequência para os detentos que não fossem evangélicos. Oficinas de música chegaram a ser oferecidas, contando com instrumentos doados pela sociedade civil organizada e pelos funcionários que trabalhavam na prisão.

A história, ainda em aberto, da iniciativa comporta muitos elementos próprios do serviço público brasileiro e outros específicos das dificuldades em torno da governança nas prisões pernambucanas. A resistência que se enfrentou para o funcionamento do projeto veio de inúmeras frentes, a primeira delas de ordem financeira. Fruto de uma iniciativa local, a ação não recebeu qualquer aporte financeiro da Secretaria Executiva de Ressocialização ou de qualquer outra instância governamental. Assim, apesar de breves tentativas de articulação do trabalho dos profissionais de saúde e de atendimento psicossocial que deveriam se envolver na iniciativa, a falta de orçamento contribuiu para o avanço lento e as dificuldades de percurso.

Internamente, vários meses se passaram até que uma psicóloga da unidade se dispusesse a se envolver mais de perto com o projeto, mesmo que as instâncias superiores da Seres tivessem demonstrado apoio formal desde a sua concepção. Conversas com operadoras do serviço registram queixas da grande quantidade de trabalho acumulado, apresentada como razão para o não envolvimento. "A gente não tem pé para fazer atendimentos individualizados", disse-me uma das funcionárias em determinada ocasião, apresentando a grande quantidade de fichas para preenchimento de cadastro de visitas e outros trabalhos burocráticos que consumiriam quase todo o tempo das profissionais responsáveis. Durante meses, sequer foi realizado um cadastro pormenorizado de todos os detentos atendidos pelo projeto. A tensão que a resistência do setor psicossocial apresentava em relação ao projeto deixou claras não só as dificuldades envolvidas com quaisquer inovações ou mudanças de rotina de trabalho no serviço público, mas o tipo de conflito e sobreposição de competências dos diversos setores na mesma unidade, que se revelava de fato como um sistema frouxamente articulado, resistente a mudanças e com uma cultura de atuação limitada a procedimentos burocráticos padronizados fortemente arraigada no seu corpo técnico.

Desde o início o Sempri se posicionou como observador externo do projeto, mas também como mediador para facilitar a comunicação necessária para sua operacionalização. Apesar das resistências internas em operar com iniciativas de cunho religioso, o reconhecimento de certa competência das denominações religiosas evangélicas para lidar com o tema da dependência química, junto com o comprometimento de atendimento para um público mais amplo do que os fiéis da congregação, levou ao envolvimento da organização, a partir da provocação dos próprios gestores da unidade. Isso resultou em um contato direto com vários problemas que têm impedido o avanço do projeto e podem levá-lo ao fim, entre os quais a governança do mercado ilegal de drogas na prisão parece ser o mais difícil de contornar.

A própria reconfiguração do antigo pavilhão foi motivo de tensionamento entre os detentos e a gestão da unidade. Quando um movimento desses ocorre, há consequências diretas para o equilíbrio de poder na sociedade dos cativos. Não só um chaveiro e sua equipe perdem a posição de proeminência que ocupavam, como a reformulação implica prejuízos reais, tanto para aqueles detentos que investiram na aquisição de barracos e outras facilidades que o dinheiro pode comprar na prisão quanto para traficantes de entorpecentes que perderam parte de seu público cativo. No caso do projeto do pavilhão de recuperação, a reforma teve consequências ainda mais gravosas. Afinal, uma grande quantidade de detentos que ocupava espaços pelos quais haviam pago, além de tantos outros que dormiam na BR, foram realocados em outros pavilhões da unidade, todos já superlotados, em troca do remanejamento de pouco mais de uma centena de pessoas. Ou seja, pavilhões já superlotados se tornaram ainda mais cheios, e recursos escassos provavelmente sofreram algum tipo de inflacionamento, com os detentos que já possuíam barracos temendo perder o seu espaço para os recém-chegados com mais recursos, que buscavam realizar aquisições. Nas semanas anteriores à reforma, a tensão provocada pelos boatos a respeito do processo era palpável. Em uma única visita, chegamos a receber pedidos até mesmo de detentos evangélicos, que ocupavam um espaço reservado no pavilhão que supostamente seria desalojado, para que procurássemos dissuadir os gestores da prisão a esse respeito, ainda que, àquela altura, não tivéssemos qualquer ideia sobre a iniciativa, nem mesmo alguma fonte segura que desse conta da veracidade da informação.

As maiores dificuldades, entretanto, pareciam advir do desequilíbrio que o projeto imporia nas relações até bem estabelecidas no mercado ilegal de drogas na prisão. Nas várias vezes em que fomos convocados pelos gestores da unidade para auxiliar na mediação de conflitos envolvendo o projeto, recebemos queixas a respeito da pressão com que os detentos responsáveis pela iniciativa estavam tendo que lidar. Não raro, os presos que procuravam ser aceitos no projeto se utilizavam do expediente para ter um lugar melhor para dormir. Como muitos utilizavam crack e outras drogas com menos frequência do que os usuários mais adictos, com sessões reservadas aos finais de semana, quando da entrada de visitas, costumavam escapulir para os pavilhões exteriores para fazer uso de entorpecentes e só retornavam para o projeto no final do dia ou mesmo no início da semana. Outras situações envolviam a entrada de visitas com pequenas quantidades de drogas que eram rapidamente consumidas nas celas, antes que o chaveiro ou algum membro de sua equipe pudesse interferir. Esses fatos geravam tensionamentos e não raro acontecia de detentos da equipe do representante do pavilhão quererem realizar revistas nas visitas, procedimentos que eram completamente desautorizado pelos chaveiros e, principalmente, pelos agentes penitenciários responsáveis pela unidade. Os próprios membros da equipe, por sua vez, eram também dependentes químicos, o que gerava dificuldades internas e conflitos. Um deles, particularmente rude no trato com os demais, e constantemente apontado por se envolver na repressão ao uso de drogas no pavilhão, foi flagrado fazendo uso das mesmas substâncias. O maior problema, porém, dizia respeito ao tráfico de drogas que advinha sobretudo do pavilhão que chamaremos de W, que ficava ao lado do de recuperação.

Acontece que os dois espaços, separados por uma parede contígua, no passado tinham corredores que conectavam as duas áreas, de modo que a cantina do W atendia ao público de ambos os pavilhões. Com a reforma, o ponto de comercialização permanecera no espaço do novo pavilhão de recuperação, que passou a contar com uma entrada independente, separada do Pavilhão W por uma cerca. O chaveiro e os membros da equipe tinham livre acesso ao local, que atendia não somente o público do W e do próprio pavilhão de recuperação, como também possuía uma janela voltada para a área externa, que permitia a comercialização de produtos com o público dos pavilhões interiores, nos horários de banho de sol e dias de visita. Obviamente, esse ponto de passagem privilegiado também permitia a comercialização de entorpecentes e outras mercadorias ilegais com o público de outros pavilhões. Não demorou até que o espaço se tornasse razão para inúmeros conflitos entre os representantes de ambos os pavilhões. Nando, chaveiro do pavilhão do projeto, queixava-se particularmente do chaveiro do B12, que insistia em vender drogas para os detentos que trabalhavam com ele, como forma de desestabilizar sua gestão.

— Com essa cantina não vai dar, meu chefe — dizia o pastor, exasperado, numa das reuniões que presenciei junto com agentes responsáveis pela unidade. — Tem gente dele lá a todo instante. E não é só por causa da cantina. Essa semana mesmo, foi aquele Elinaldo, com o menino que trabalha comigo. Quando estava pegando uns mantimentos, mostrou para ele um saquinho de crack e ficou balançando de um lado para o outro, perguntando se não queria. O senhor sabe que ele é "bebê" de Macaé.

O diretor e o supervisor de segurança da unidade procuravam alguma forma de mediar a situação. Sabiam que o fluxo de drogas para o pavilhão de recuperação tinha de ser reduzido, ainda que fosse praticamente impossível fazê-lo nos dias de visita, quando a circulação de detentos pelos pavilhões da unidade se dava sem qualquer tipo de controle. A cantina, entretanto, servia a outros pavilhões também. Caso todo o acesso para a área exterior fosse selado, ela se tornaria exclusiva do projeto, tendo de ser realocada, enquanto cantina da unidade, para outro espaço, o que era um problema na prisão. Era fácil também supor que Nando poderia estar interessado em administrar um espaço reservado para os detentos do seu pavilhão, de onde pudesse auferir lucros. Àquela altura, não tínhamos qualquer notícia sobre comércio de espaço no pavilhão de recuperação, mas não era difícil prever que o tema logo pudesse aparecer, dado o baixo índice de lotação e a relativa tranquilidade de convivência que o local oferecia. O pastor com certeza arrecadava donativos dos fiéis no culto, como acontece em qualquer igreja neopentecostal. Mas não era inverossímil que estivesse interessado em aumentar as oportunidades de lucro, mesmo gerenciando o projeto conforme os princípios que achava mais corretos.

— Eu vou falar com ele de novo — disse, por fim, um dos agentes na reunião. Irritado, Nando ressaltou que conversa não resolveria, porque Macaé era traficante, todo mundo sabia, e já tinha recebido aviso. — Todo dia eu pego gente com droga ali dentro, que sei que é ele quem coloca. Dessa vez, olhe, foi com Flávio. Trouxe até aqui para o senhor ver! — exclamou, retirando do bolso um papelote pequeno, que continha uma pedra de crack e dois comprimidos. Os agentes se entreolharam, sorrindo. Um deles balançou a cabeça, de olhos postos no chão. Outro, pegando o envelope, adotou um tom admoestador para explicar que ele não deveria fazer esse tipo de trabalho. — Você não é polícia. Não vai acabar com o tráfico de drogas dentro da unidade. Está se arriscando com isso — replicou. Em seguida, prometeu pensar a respeito da cantina. Iria ter mais uma conversa com Macaé antes, para ver se um novo alerta funcionaria. Caso contrário, tomaria medidas mais drásticas.

Poucas semanas depois, um detento foi atacado no Pavilhão W, escapando por pouco de um linchamento. Na confusão, porém, seu barraco foi invadido e saqueado por um grupo de presos. Segundo o depoimento dos envolvidos, o evento teria sido estimulado pela descoberta de que a vítima estava trabalhando como bebê de Cléber, isto é, como subordinado de outro grande traficante da unidade que estaria procurando aumentar sua área de incidência no território de um grupo rival. Como havia muitos outros bebês desse chefão no pavilhão de isolamento, o grupo teve de ser realocado de improviso no pavilhão de recuperação, para evitar que a confusão tomasse a dimensão de uma verdadeira guerra interna. Para piorar a situação, os bebês de Macaé envolvidos na confusão estavam furiosos com o chaveiro, pois alegavam que este não fizera nada para protegê-los das acusações de participação no ataque, tendo até deposto contra alguns deles junto aos agentes. O problema se estenderia ainda por meses e levaria ao estabelecimento de mais um grupo rival na prisão. Essa descaracterização do pavilhão de recuperação se somaria a várias outras no decorrer dos meses seguintes, até que o pastor Nando fosse definitivamente substituído por outro chaveiro, que também terminou perdendo a posição em poucos meses. Ainda que uma psicóloga da unidade tivesse finalmente abraçado a proposta, e o projeto passasse a contar com a assistência regular de um profissional do Atitude, programa de enfrentamento ao crack do governo do estado, a pressão dos grupos rivais que disputam de maneira velada o tráfico de drogas na unidade continuam a provocar constantes desentendimentos entre os presos, causando constantes dores de cabeça para os gestores responsáveis.

GOVERNO PRESENTE

A perspectiva teórica adotada neste livro procura abordar a prisão como um sistema, uma rede frouxamente articulada de relações entre instituições legais, extralegais e aparentemente externas ao seu funcionamento, que contribuem para a governança das relações sociais nesse espaço. Isso equivale a dizer que até mesmo o poder exercido por facções prisionais e outras organizações criminosas tem de ser compreendido à luz das relações que estabelece com as instituições estatais, que exercem um papel preponderante nesse arranjo, a despeito dos discursos públicos a respeito do suposto "domínio do crime" ou "controle do crime organizado" nas prisões. No caso da prisão estudada, o Estado atua não só no encarceramento de determinados indivíduos acusados ou condenados pela infração a determinadas leis, mas também como um poder que se manifesta em atos legais e outros nem tanto. Nos capítulos anteriores, fica claro como o monitoramento dos cabeças de área, a escolha e o controle dos chaveiros, a "gestão" do crescimento e a expansão das facções e outros mecanismos de governança passam direta ou indiretamente por agentes do Estado, ainda que parte deles não esteja prevista como estratégia em qualquer regulamento oficial.

No caso das instituições penais pernambucanas, a forma como o Estado desempenha funções de governança na sociedade dos cativos vai se dar a partir de uma combinação de: (a) regulamentações oficiais impostas em forma de lei ou portarias administrativas; (b) práticas cotidianas dos agentes prisionais e dos serviços de inteligência para o controle de determinados comportamentos, incluindo aquelas legalmente orientadas e outras pautadas pela discricionariedade; e (c) a utilização de mecanismos francamente informais de controle da população penitenciária, como a gestão dos chaveiros e a regulação direta ou indireta de determinados mercados dentro da prisão. A ordem de exposição deste livro, ao contrário de muitos trabalhos que tratam do tema da gestão das prisões, iniciou pelo último conjunto de mecanismos, sem muita atenção aos demais aspectos, principalmente às orientações legais e normativas que dizem respeito ao governo da prisão. Essa opção resultou diretamente de um esforço de explicação dos diversos mecanismos envolvidos na produção de ordem, considerando, primeiramente, aqueles com mais reflexos na vida cotidiana dos presos ou que incidem de maneira mais imediata sobre o seu comportamento. Isso não quer dizer, entretanto, que os demais mecanismos não devam ser levados em conta. Afinal, num sistema que se orienta por uma governança nodal, cada instituição que o compõe opera como um nódulo de uma complexa rede de relações. Em alguns casos, como o das leis que regem o funcionamento do sistema penitenciário, esses nódulos ocupam uma função superestrutural, uma vez que incidem diretamente sobre a organização de grande parte dos demais e impõem limites e/ou disponibilizam os recursos de que agentes do Estado podem lançar mão para o exercício do controle da população carcerária, definindo também as margens a partir das quais opera a discricionariedade dos atores envolvidos, a informalidade ou a franca ilegalidade das ações. Entender os pontos em que cada um deles se articula para a formação de um sistema complexo não é tarefa fácil, mas é essencial para fixar os limites e as potencialidades de atuação tanto das instituições legais como extralegais de governança.

Do ponto de vista normativo, o sistema penitenciário pernambucano se orienta por uma série de regulamentações, na forma de legislações (nacional e estadual), decisões jurisprudenciais, decretos governamentais e portarias administrativas. Algumas delas, como a Lei n. 7.210, de 11 de julho de 1984, ou Lei de Execução Penal (LEP), ocupam uma função vital na configuração do sistema, definindo o que se entende, no plano normativo do Estado brasileiro, por pena privativa de liberdade, ou os direitos e deveres dos presos, os tipos de privações, regras, sanções disciplinares, benefícios, rotina diária e limites de atuação das instituições penais e seus agentes sobre os custodiados, tudo isso, obviamente, dentro do ordenamento institucional imposto pela Constituição Federal de 1988. No caso pernambucano, a Lei n. 15.755, que instituiu o Código Penitenciário do Estado de Pernambuco, abrange um conjunto de regras que visam à regulamentação local de inúmeros dispositivos previstos na LEP e à inclusão de outros a respeito dos quais a legislação geral não tratou. O funcionamento cotidiano das prisões e a atuação dos agentes penitenciários, por sua vez, encontram-se regidos também por um conjunto de portarias administrativas, entre as quais a mais importante, editada pela Seres, é popularmente conhecida como POP, ou Procedimento Operacional Padrão, que tem a função de orientar o servidor penitenciário de Pernambuco para atuar de acordo com as previsões legais, seguindo normas e procedimentos de atuação que reduzem o espaço para a discricionariedade e o improviso na gestão das prisões.

Não pretendo fazer uma análise detalhada de nenhum desses documentos neste livro. Para os fins a que me proponho, basta considerar o tipo de dispositivo disciplinar e/ou os mecanismos que eles instituem para o controle da população carcerária e a produção de ordem na prisão. Ou seja, aqui só faz sentido considerar aquilo que de fato tem efeito prático no cotidiano dessas instituições, ainda que os limites entre o efeito produzido pelo arranjo normativo e aquele que resulta de mecanismos de outra ordem não possa ser estabelecido de maneira empírica, mas só analiticamente. Isso significa considerar a forma como esse arranjo normativo incide na governança das unidades, impondo limites, sentidos, custos e benefícios para determinados cursos de ação dos apenados, mas também dos ASPs e de outros atores diretamente imbricados na rede de instituições responsáveis pela produção de ordem na prisão.

Unidades como o Complexo Penitenciário do Curado instituem limites reais de circulação para os detentos, ao mesmo tempo que lhes impõem uma rotina específica. Todos os presos que o habitam estão sujeitos ao confinamento entre as muralhas da prisão, vigiadas em tempo integral por uma quantidade variável de policiais militares armados que trabalham nas guaritas e que impedem, com relativa eficácia, a evasão de detentos e, com menos sucesso, a entrada de objetos para dentro das unidades. A única entrada disponível se dá por uma série de portões que compõem a chamada Permanência, setor cujo centro é uma espécie de gaiola protegida, onde a maior parte dos agentes de plantão permanece de prontidão, todos armados com pistola, alguns com submetralhadoras, com fácil acesso aos armários onde ficam guardados os demais armamentos da unidade.

É na Permanência que se faz o controle da entrada e saída de pessoas, iniciado na portaria, onde um agente penitenciário fica encarregado de receber os visitantes, pedir identificação, receber autorização da supervisão de segurança para a entrada ou saída das pessoas estranhas etc. Normalmente, os procedimentos de identificação e revista seguem as normas estabelecidas pelo POP, com mais ou menos flexibilidade, a depender da unidade, da presença ou não do diretor e do supervisor de segurança, do chefe de plantão encarregado, mas, principalmente, da identidade dos visitantes. Isso significa que presos concessionados ou de confiança, bem como advogados conhecidos, policiais, promotores e juízes, autoridades governamentais, representantes de entidades religiosas e defensores dos direitos humanos têm maior liberdade de circulação e menos rigor nos procedimentos de controle do que pessoas comuns. Chaveiros e outros presos concessionados só precisam acenar para o agente encarregado de controlar o portão eletrônico de acesso da gaiola para a área dos pavilhões, enquanto detentos comuns podem ser recebidos com desconfiança ou franca animosidade. O nível de rigor com que éramos recepcionados dependia do ASP encarregado dos procedimentos, podendo ir de uma rápida identificação e revista a um processo mais demorado, envolvendo a autorização do diretor, do supervisor de segurança, do chefe de plantão encarregado ou de um telefonema deste para as instâncias superiores da Seres, o que podia demorar bastante.

A entrada e saída dos detentos na unidade passa diretamente pela Permanência e é conduzida pelos agentes responsáveis. Normalmente, a chegada de um detento se dá por meio de veículos da própria Secretaria Executiva de Ressocialização. Os mais utilizados são os automóveis adaptados, com um compartimento fechado, extremamente quente, conhecidos popularmente como *xadrez*, onde os detentos ficam sentados e algemados. O processo de transferência de um detento do Cotel ou de outra prisão para alguma das unidades do Complexo é regulamentado pelo POP. O agente responsável pela escolta deve apresentar uma série de documentos, que dependem das circunstâncias de entrada dos detentos na unidade. Normalmente, os presos são encaminhados diretamente da unidade de triagem mais próxima (no caso, o Cotel), mas também podem vir das delegacias, em caso de presos fugitivos apreendidos pela polícia, por exemplo. A checagem da documentação normalmente não costuma demorar, mas há casos em que os detentos precisam esperar por longas horas no *xadrez*, muitas vezes expostos a intenso calor. Agentes penitenciários podem usar a delonga da espera propositalmente como forma de minar a vontade de determinados presos ou como uma punição adicional contra aqueles transferidos de unidades por fuga, rebelião, agressão contra chaveiros, agentes ou policiais. O mais comum, porém, é que esse processo se dê de maneira rápida, sendo o recém-chegado enviado para o pavilhão de triagem, onde pode permanecer por até dez dias até que se arrume um local definitivo para sua estada na unidade.

Os detentos passam a maior parte do dia confinados dentro dos pavilhões, num regime regido pela regulamentação legal, pela discricionariedade dos gestores responsáveis pela unidade e pela liberdade relativa de atuação dos chaveiros. A regulamentação prevista na LEP reza que os custodiados devem ter pelo menos duas horas diárias de banho de sol (art. 52 — IV). Normalmente, nas unidades do Complexo, este se dá por um tempo mais prolongado, que pode chegar a quatro horas ininterruptas, mas não diariamente. De manhã até o início da noite, os pavilhões são abertos e fechados em regime de revezamento, o que significa que dificilmente todos os detentos têm acesso ao banho de sol diário. A lógica que parece reger esse regime é a preocupação em torno da segurança, tendo em vista a ausência de barreiras físicas que separem os pavilhões uns dos outros, e o baixo contingente de agentes de custódia, o que impossibilita o acompanhamento efetivo dos detentos durante esses momentos. Como visto anteriormente, essa movimentação é possibilitada pela ação dos chaveiros e suas equipes, que se encarregam da abertura e fechamento dos portões dos pavilhões, bem como da condução para fora e para dentro da população carcerária. Nesse aspecto, a depender da unidade, o cumprimento da rotina prevista costuma ser fiscalizado pelos mensageiros, isto é, presos encarregados pela administração de informar aos responsáveis pelo pavilhão sobre a hora de início e término do banho de sol, reportando ao supervisor de segurança ou chefe do plantão encarregado qualquer ocorrência ou descumprimento do horário estabelecido. É importante frisar que o regime ou não de tranca, muitas vezes, depende da estrutura do pavilhão. Afinal, existem espaços improvisados que nem mesmo contam com celas, enquanto em outros as grades foram arrancadas para dar espaço a barracos ou outros arranjos. Isso significa que a liberdade de circulação interna é maior em alguns locais e menor em outros. Nos pavilhões reformados ou nos que preservaram sua estrutura original, assim como nos chamados Disciplina ou Isolamento, a tranca efetivamente se dá com os detentos confinados dentro de suas celas, sem liberdade de circulação interna até as horas do banho de sol e das visitas. A exceção a esse tipo de regime, como visto, depende do chaveiro, que goza de relativa liberdade em algumas unidades para manter homens de sua confiança na área externa do pavilhão. Em outras, tanto os chaveiros como os membros de sua equipe só são autorizados a sair do pavilhão na hora do banho de sol, ou em circunstâncias especiais, como a condução de presos para a Permanência ou Enfermaria, ou mediante convocação da direção, da supervisão de segurança ou da chefia de plantão. Em última análise, a determinação de quem pode ou não ficar fora do pavilhão diz respeito ao nível de liberalidade dos ASPs responsáveis pela administração, já que nem sempre é desejável ou mesmo possível empregar presos concessionados ou agentes penitenciários para fiscalizar se efetivamente todos os detentos de um pavilhão se encontram devidamente trancafiados, quer façam parte da equipe do chaveiro ou não. A depender da política institucional a respeito dos representantes dos presos, pode ser bastante útil fazer vista grossa a sua discricionariedade nesse aspecto, tendo em vista que a liberdade de circulação é um bem que pode servir como moeda de troca para a constituição de uma relação de confiança entre o chaveiro e os gestores da unidade.

IMPÉRIO DA LEI

A possibilidade de funcionamento normal dessa rotina definida pelo Estado reside numa série de dispositivos de controle, alguns previstos pelo ordenamento jurídico e administrativo vigente, outros constituídos como arranjos ou improvisos que envolvem, direta ou indiretamente, as instituições extraoficiais de governança. No caso destas últimas, a forma como os chaveiros desempenham a importante função de controle dos detentos, a regulação dos diversos mercados da prisão e o exercício mais ou menos regulado de poder das facções e organizações criminosas foram abordados de maneira detalhada nos capítulos anteriores. É importante compreender, entretanto, que esses arranjos eminentemente informais se dão em relação de complementaridade com outros dispositivos oficiais, constituindo, assim, um intricado aparato de mecanismos de produção de ordem na prisão.

Considerados no seu conjunto, esses elementos estruturam um sistema de recompensas e punições voltados para a manutenção da ordem e da segurança nas unidades. O entendimento de como essa estrutura é administrada e do peso da eficácia de cada tipo de incentivo ou recompensa para a governança das prisões constitui objeto de frequente discussão na literatura especializada. A diferença da abordagem elencada neste livro consiste em tentar compreender os intricados mecanismos de relacionamento entre instituições legais e extralegais, por meio de uma análise detalhada dos elementos envolvidos, sejam eles formais ou não, legais ou extralegais, na composição de mecanismos complexos de produção de ordem.

Para além do controle sobre a entrada e saída e a circulação interna nas unidades, os guardas exercem um poder real pela sua simples presença física no ambiente da prisão. Afinal, os agentes do Estado dispõem não só de armamento (letal e não letal), como também da autorização legal para o uso da força, com a possibilidade de apelar para reforços externos como os grupamentos especializados (da Seres ou da PMPE), com poder de fogo e capacidade de intervenção tática bem maior do que a que os detentos possuem normalmente. No Complexo

Penitenciário do Curado, o baixo efetivo de agentes faz com que esse recurso só seja utilizado em casos bastante específicos da rotina na prisão. Nas áreas externas, os ASPs quase sempre entram em número de dois ou mais, com pelo menos um deles portando submetralhadora ou fuzil. Essas incursões costumam acontecer de maneira cirúrgica, ou para acompanhar a "boia", ou para fazer a escolta de algum detento para fora do pavilhão, para consulta médica e/ou cirurgia, audiência em tribunal, transferência ou investigação interna. Não é raro que esses momentos comportem certa tensão, dado o número reduzido de agentes em comparação ao grande contingente populacional dos pavilhões. O mais comum é que eles sejam precedidos de aviso prévio de mensageiros para que os chaveiros tranquem os pavilhões. Afinal, a presença de detentos portando armas de fogo é fato sabido, e as possibilidades de tentativas de agressão motivada por vingança, roubo de armamento ou tomada de reféns são patentes nesses momentos. Em muitas dessas ocasiões, principalmente quando se trata de um "bonde", ou transferências de detentos que podem opor alguma resistência, é normal que um grupamento da GOS seja acionado para acompanhar a operação. Em situações assim, o conflito de informações ou o nível de influência do(s) detento(s) em questão sobre a população carcerária pode facilmente descambar para eventos de resistência coletiva, como motins e rebeliões.

Ocorrências deste tipo são relatadas pelos agentes como resultados indesejáveis, ainda que não improváveis, de uma série de problemas típicos da gestão das unidades prisionais em Pernambuco. Na rebelião narrada no capítulo 4 por um agente, a variável interveniente para o escalonamento de eventos violentos que desembocaram no motim dizia respeito a uma lacuna de informações entre agentes penitenciários e detentos, agravada pela falta de confiança constitutiva das relações entre essas pessoas. Provavelmente, a desconfiança endêmica nesse caso específico se relacionava com as concepções em torno de uma prática comum no sistema penitenciário, que é a de dar *bondes*, ou realizar transferências, sem aviso prévio para os detentos. A falta de tato dos gestores diante das informações levantadas pelos agentes diretamente envolvidos na situação operou como catalisador das tensões envolvidas na interação. É possível que interesses de traficantes ou de outros presos em criar oportunidades a para resolução de disputas e cobranças violentas de dívidas também estivessem envolvidos. Isso, claro, sem levar em conta todos os fatores que já comprometem permanentemente a segurança da unidade, como a disposição arquitetônica dos pavilhões, a baixa quantidade de barreiras físicas, o grande contingente populacional, a presença permanente de armas e entorpecentes etc. A realização da ação num dia de visita, quando todos os pavilhões estão abertos, a circulação de detentos é ampla e a população da unidade se multiplica consideravelmente, deu ensejo à combinação trágica de todos esses elementos. Num dia normal, um grupo de três agentes armados, por exemplo, facilmente conseguiria impor sua autoridade sobre um detento isolado, sobretudo se pudesse contar com o chaveiro e sua equipe. No máximo, uma resistência localizada da população do pavilhão poderia ser facilmente rompida pela interferência da GOS, já que não haveria canais de comunicação estabelecidos para que o motim se espalhasse pelos outros pavilhões da unidade, trancados na maior parte da semana. Em todo caso, não só a segurança pessoal dos ASPs envolvidos em intervenções situacionais nos pavilhões como a possibilidade de cumprimento ou não da ordem estão diretamente relacionadas com o quantitativo do efetivo armado. Isso vale para a escolha de presos, mas também para a realização de revistas, contagem da totalidade dos presos etc.

O uso da força em qualquer uma dessas situações se encontra regulamentado pelo Procedimento Operacional Padrão (POP), tendo em vista a legislação brasileira pertinente à questão, particularmente o art. 23 do Código Penal e os artigos 284 e 293 do Código Processual Penal. A previsão para seu emprego se dá de maneira escalonada, indo desde a chamada "presença física", na qual a autoridade do agente é "entendida legitimamente como presença da autoridade do Estado" (POP, p. 15), até o uso da força letal, por meio da arma de fogo. O POP prevê uma série de perguntas que o agente deve se fazer para avaliar a legalidade, necessidade e proporcionalidade do emprego da força, a depender da situação existente, mas o nível de discricionariedade previsto é grande, tendo em vista que não há qualquer detalhe ou exemplo que ilustre o tipo de situações existentes e o grau de intervenção a ser empregado pelo agente público em cada uma delas. Nas prisões de Pernambuco, esse emprego parece estar relacionado a fatores como a quantidade de detentos próximos, o risco de retaliações ou ataques espontâneos aos ASPs, mas também ao perfil pessoal do agente em questão. O emprego da agressão verbal e da violência física costuma ser responsável, inclusive, pela construção da reputação do ASP não só na sua corporação, mas entre os detentos. Esse fator pode contribuir diretamente para sua exposição a atos violentos ou retaliação em situações de rebelião ou motim, quando da tomada de reféns, por exemplo. Não são poucos os agentes que costumam ter isso em conta na sua profissão, dado o alto grau de exposição a que se encontram sujeitos em unidades como o Complexo, onde sua integridade física encontra-se permanentemente ameaçada.

É importante ressaltar que a violência física é um recurso disponível também nos casos não previstos pela regulamentação oficial. Na prisão, ela muitas vezes serve como forma de resposta a determinados comportamentos que desafiam ou parecem desafiar a autoridade dos agentes de custódia.

— Um agente muito bonzinho não se cria aqui — disse-me um ASP com quem conversei algumas vezes sobre o assunto, que aqui chamarei de Ivan. Tendo ingressado na carreira de agente penitenciário sem muita ideia da natureza do trabalho, seu primeiro contato com a violência aconteceu na sala do diretor, no antigo Presídio Professor Aníbal Bruno.

— Eu estava checando uns processos na mesa quando chegaram três dos caras com um doido algemado. Na hora que fecharam a porta, um deu o primeiro soco e o resto caiu em cima. — Sem reação, o novato assistiu ao espancamento, que se prolongou até que o detento ficou desacordado. — O cara se cagou todo — complementou, explicando, em seguida, que a agressão se devera a uma ameaça que o preso fizera a um dos colegas presentes. Em situação análoga, um detento com o olho roxo me relatou que os policiais envolvidos na sua escolta o teriam espancado na escadaria do Fórum. Na saída da audiência, em resposta às piadas dos agentes sobre sua condenação, o preso teria dito que "quem ri por último, ri melhor". O grupo tomara a afirmação como uma ameaça e, aproveitando um ponto cego das câmeras de vigilância, espancaram-no ali mesmo. Casos parecidos constam em algumas denúncias realizadas pelo Sempri e também por outras pessoas e entidades envolvidas com a defesa dos direitos humanos.

Ao que tudo indica, a violência voltada para a afirmação da autoridade tem cedido espaço a uma outra, exercida cada vez mais pelos chaveiros e suas equipes, não raro a pedido de agentes, como forma de coerção e intimidação de detentos considerados problemáticos, ou de retaliação a determinados comportamentos desviantes. Essa tendência é demonstrada pela regularidade nas denúncias encaminhadas à Corte IDH, por exemplo, em que a participação direta de ASPs em episódios violentos parece ter-se reduzido, enquanto se registra um crescimento da participação dos chaveiros e de membros da sua equipe. Logicamente, é muito difícil coletar evidências concretas da participação de agentes do Estado nesse tipo de ação, de forma que o *modus operandi* tem sido conhecido nos meios de defesa dos direitos humanos como *política de Pilatos*. Isto é, ainda que os agentes possam não ter participação direta nas ocorrências, o simples fato de não haver retaliações da gestão das unidades contra os responsáveis é sinal de que esse tipo de violência cumpre função de governança.

É possível que essa "transferência de prerrogativas" tenha resultado de um processo mais intenso de monitoramento e controle externo. Afinal, a prática de agressões e violência por parte dos agentes penitenciários implica riscos bem maiores para sua carreira do que uma simples declaração sobre a impossibilidade de controlar efetivamente atos dessa natureza. Chama atenção o fato de que, nos últimos meses, a mesma prática parece estar sendo adotada também pelos chaveiros, que preferem delegar para os membros de sua equipe a responsabilidade dos atos violentos, já que sua posição é mais visada pelas organizações de controle e sua substituição implica não só prejuízos pessoais, como também desequilíbrios profundos na configuração de forças do pavilhão. Quanto aos integrantes de sua equipe, podem ser afastados a qualquer momento ou mesmo incriminados por atitudes que seriam de responsabilidade direta dos representantes dos presos.

Outra modalidade do uso da força é a utilização de armamento não letal, como spray de pimenta, bombas de efeito moral e tiros de balas de borracha. Esse tipo de armamento costuma ser empregado quando do confronto de um número reduzido de agentes com um grande contingente de detentos. Este uso está classificado como o penúltimo nível de emprego do uso da força no POP, logo antes do uso da força letal por meio de armas de fogo. Aqui, também, a realidade nem sempre parece refletir as orientações previstas pelas normas e regulamentos. É comum que haja denúncias de presos sobre o uso desse tipo de armamentos em situações que poderiam ser resolvidas com uma simples ordem, bem como queixas de disparos em locais considerados humilhantes, como as nádegas, como forma de retaliação e castigo. Obviamente, seria leviano atribuir mais credibilidade aos reclamos dos presos do que aos relatos dos agentes envolvidos, que, o mais das vezes, diferem do que foi relatado, ainda que os ferimentos e as agressões tenham realmente ocorrido. O importante é ressaltar que o fato está dentro do rol das possibilidades, principalmente considerando o excesso de discricionariedade exigido dos agentes e a baixa quantidade de recursos legítimos à disposição para dissuadir presos e induzir à obediência sem a necessidade da coação direta.

O uso da força está diretamente associado a um dispositivo bastante comum na gestão das prisões: a revista. Esse tipo de procedimento envolve a mobilização de determinada quantidade de agentes para a realização de um "pente fino" em determinadas celas ou pavilhões, uma busca mais cuidadosa que tem a função oficial de apreender objetos ou materiais ilícitos, assim como detectar túneis, passagens ou outras irregularidades. O procedimento está previsto no POP, com uma série de observações que dizem respeito à segurança dos agentes envolvidos. Trata-se de medida relativamente rotineira, que não raro envolve a mobilização do aparato da GOS, pelo menos nas unidades do Complexo. Ao comando do supervisor de segurança ou do agente responsável pela operação, os presos saem um a um dos pavilhões, sem camiseta ou mesmo só de cueca, a depender da situação, enquanto uma equipe de ASPs, não raro com os rostos escondidos por balaclavas e bem armados, adentra o pavilhão para uma revista minuciosa nas celas. Durante esse tipo de procedimento, é bem comum que várias armas brancas sejam apreendidas, além de aparelhos celulares, carregadores e pequenas quantidades de drogas. Raramente acontece a apreensão de armas de fogo. A disposição arquitetônica dos pavilhões e o prolongado processo de favelização ao qual foram sujeitos possibilitam a construção de locas e esconderijos bastante eficientes para esse tipo de mercadoria e outros bens mais valiosos. Tijolos falsos, fundos falsos, buracos na parede ou cavados no piso e todo tipo de truques, de preferência de fácil acesso, costumam ser empregados pelos detentos, dado o pouco tempo de que costumam dispor quando da ocorrência das revistas.

Apesar de o procedimento estar previsto como medida de segurança, muitas vezes é empregado como forma de mascarar operações de inteligência, busca e apreensão, com o objetivo de atingir determinados detentos ou organizações criminosas. Toinho, um ASP que já participou deste tipo de operação em inúmeras ocasiões, comentou comigo a respeito de um caso ocorrido em uma unidade prisional do estado.

— Nessa unidade tinha um chaveiro que estava dando dor de cabeça para todo mundo. Extorquia os presos e os familiares, montava barraca para venda de droga, a porra toda! Só que parece que tinha algum esquema com alguém graúdo da unidade, porque ninguém conseguia dar um flagrante nele. Toda vez que tinha revista, o sujeito estava limpo. Tivemos que montar uma operação de guerra para conseguir um motivo para enviá-lo para o RDD. Parecia coisa da Swat.

Após uma longa investigação envolvendo um informante do próprio pavilhão, os agentes, em parceria com a polícia, realizaram uma intervenção sem aviso prévio para o supervisor de segurança ou o diretor, chegando na unidade com um grande destacamento com ordens para conduzir um detento de outro pavilhão. Durante a revista, trataram de fazer uma limpa no barraco do informante, para afastar quaisquer suspeitas. Depois que boa parte dos barracos foi revirada, chegaram finalmente ao local onde a droga estava escondida, num tijolo falso na cela do chaveiro. Com o flagrante, o preso foi rapidamente transferido de unidade. Revistas como essa, que muitos detentos chamam de "encomendadas", fazem parte dos dispositivos ao alcance dos gestores, assim como aquelas realizadas em caráter rotineiro, com o intuito de exercer algum controle sobre a quantidade de drogas e armas na unidade e/ou de demonstrar poder frente aos detentos.

Outro modo de orientar a aplicação do dispositivo da revista diz respeito à administração de sanções coletivas que se seguem a determinados tipos de comportamento, como instrumento de natureza essencialmente política. Apesar de o dispositivo ser expressamente proibido pela LEP, em conformidade com os tratados internacionais de direitos humanos, ainda assim costuma ser um recurso utilizado pela gestão prisional para dissuadir certos comportamentos, mesmo que sob a escusa de medida estritamente voltada para a manutenção da segurança das unidades. Fato é que o processo de revista costuma provocar prejuízos materiais para os detentos que vão além da apreensão de mercadorias ilegais. É comum que os agentes revirem os objetos pessoais dos detentos ou mesmo quebrem gavetas, caixas, cadeados etc. Em momentos assim, pequenos objetos ou quantidades de dinheiro podem ser perdidos em meio à desorganização geral. Até mesmo televisores, rádios e outros pertences podem ser quebrados pelo uso excessivo da força ou falta de cuidado dos agentes envolvidos na revista. Somando esse tipo de prejuízo àquele que inevitavelmente decorre de perdas materiais de armas brancas, armas de fogo, celulares e entorpecentes, a revista não raro serve de recado para os habitantes de um pavilhão, mas principalmente para os cabeças de área e os chaveiros, que exercem controle mais direto sobre o comportamento da população, a respeito de atitudes que não serão toleradas em nenhuma hipótese.

NA PRÁTICA, A TEORIA É OUTRA

Outros dispositivos de controle dizem respeito a sanções previstas no ordenamento jurídico, e que têm impacto direto na vida dos apenados, impondo uma série de prejuízos, danos físicos e morais como forma de dissuadir futuras infrações. Faltas leves e médias podem ser punidas com suspensão de visitas por até vinte dias. É importante lembrar que a LEP define como falta leve atitudes como "comunicar-se com visitantes sem autorização" e "provocar perturbações, com ruídos, vozerios ou vaias" (LEP, 2015, p. 104). O Código Penitenciário de Pernambuco não incorpora esse tipo de comportamento na categoria de "falta leve", possivelmente considerando as particularidades da realidade local, onde a manutenção do silêncio, por exemplo, em unidades superlotadas e sem grandes barreiras fixas para a comunicação, constitui uma orientação normativa de difícil ou impossível realização prática. Entretanto, mantém, na categoria de falta média, comportamentos como "comprar ou vender, sem autorização, a outra pessoa privada de liberdade, pacientes ou funcionários" (Código Penitenciário, 2017, p. 34). Ainda que o Código tenha traduzido de maneira mais razoável a exigência correspondente da LEP, que assume a forma de proibição expressa para a prática de "comércio de qualquer natureza", não deixa de ser interessante observar a prescrição, em que pesem a existência, a importância e a abrangência de arenas de troca de bens e serviços de diversas naturezas, conforme exposto no capítulo anterior. A manutenção de comportamentos amplamente generalizados e não coibidos em regulamentações legais ou administrativas pode ter o sentido de "uma ideia fora do lugar", isto é, uma legislação que não é adequada à realidade em questão, ou uma norma cuja caducidade não foi ainda objeto de correção pelo legislador ou pelo gestor público responsável. Porém, em contextos como o das prisões pernambucanas, esse tipo de dispositivo opera como uma fonte de poder permanente para a autoridade, visto que, se é possível imputar algum tipo de falta (leve ou média) a praticamente todo detento de uma unidade, o fato de alguém ser punido ou não vai depender unicamente da boa vontade das autoridades responsáveis. Na prática cotidiana, entretanto, este não é um recurso que costuma ser utilizado.

Aparentemente, a maior parte das infrações leves costuma ser repreendida de maneira verbal. "Atitudes de acinte ou desconsideração perante funcionários e visitantes" ou "emprego de linguagem desrespeitosa" (Código Penitenciário, p. 32) mais facilmente podem render um empurrão ou tapa do que uma sanção administrativa, visto que denotam um desrespeito à autoridade constituída que flerta com a ofensa da honra e da masculinidade características de profissões policiais. A proibição de visitas costuma ser mais empregada para detentos que cometeram faltas médias ou graves e se encontram no "castigo". Ainda assim, a simples existência de um recurso sempre à mão para justificar o exercício de uma sanção como essa, à qual praticamente todos os detentos estão potencialmente sujeitos, é um indício forte do tipo e da extensão da autoridade dos agentes perante a população carcerária.

Para o caso de sanções classificadas como "suspensão de regalias", previstas no Código Penitenciário de Pernambuco como medidas aplicáveis ao detento que incidir em faltas disciplinares de natureza média (art. 137, p. 37), sua aplicabilidade é praticamente nula em prisões como o Complexo Penitenciário do Curado. Afinal, a própria LEP prevê, no seu art. 56, que "a legislação local e os regulamentos estabelecerão a natureza e a forma de concessão de regalias" (2015, p. 35), mas não há qualquer menção no Código ao que se entende por "regalia" no sistema penitenciário pernambucano. Isso significa, mais uma vez, que o fato passa a ser objeto da discricionariedade dos agentes públicos envolvidos. A perda de regalias pode ser vista, por exemplo, como a perda de uma concessão de trabalho ou, considerando o que normalmente se entende pelo tema, a privação do direito e da posse de objetos que são meramente tolerados pela administração, como televisores, aparelhos de rádio, livros etc., mas que não foram incorporados a qualquer direito previsto no ordenamento jurídico. Ainda assim, a falta de controle efetivo sobre a vida cotidiana dos detentos, em unidades onde sequer existe a possibilidade de coibir de maneira eficiente a circulação de armas brancas, torna a perda de regalias uma medida sem qualquer valor prático. Talvez por isso o tema sequer tenha sido objeto de atenção do legislador quando da elaboração do Código.

Na verdade, a medida administrativa mais comumente aplicada como forma de sanção é o "isolamento disciplinar". Esse tipo de medida tem sido utilizado como um meio para afetar o comportamento de presos desde a invenção das primeiras prisões modernas. Trata-se da resposta mais frequente às dificuldades de gerenciar os detentos, assim como a prisão tem sido apresentada como uma solução para os problemas sociais provocados por criminosos. Comumente, a prática é descrita na literatura especializada como o isolamento de detentos em celas fechadas, por 22 a 24 horas por dia, em períodos que podem se estender de alguns dias a até mesmo anos, a depender do regime penitenciário em questão. O movimento dos apenados é fortemente restrito durante esse período e o contato pessoal é mínimo, até mesmo com os agentes de custódia. Nas penitenciárias onde esse tipo de regime se estende para todos os detentos, como é o caso das chamadas *supermax*, nos Estados Unidos, ou das penitenciárias de Regime Disciplinar Diferenciado, no Brasil, é comum que seja permitida aos detentos a visitação de membros da família, o que geralmente se dá com a interposição de uma barreira física entre o preso e a visita. Tipicamente, detentos submetidos a esse tipo de regime ou sanção disciplinar não têm acesso a atividades educacionais, recreativas ou qualquer outra fonte de estimulação mental.

Existe um entendimento relativamente comum entre legisladores e operadores de segurança pública de que o isolamento disciplinar é uma estratégia eficiente para tornar prisões mais seguras, ao impor severas restrições às estimulações visuais, auditivas e sinestésicas dos detentos. A prática tem sido objeto de críticas de muitos especialistas e militantes nas áreas de direitos humanos, que argumentam que se trata de uma violação dos direitos dos detentos, contribuindo diretamente para a incidência de problemas psicológicos que potencializariam os fatores criminógenos, com altos custos financeiros para as instituições. Narrativas populares costumam associar a experiência do isolamento disciplinar a algo infernal, uma prática que se equaliza à da tortura. Os estudos realizados para provar os efeitos da devastação psíquica produzidas pela medida, como geração de raiva, ansiedade, deficiências cognitivas, depressão, psicose ou alienação social, entretanto, apresentam as limitações típicas de abordagens eminentemente qualitativas, com distorções provocadas pela ausência de grupos de controle, seleção de amostras, inexistência de comparação, medidas objetivas etc.[1] Ironicamente, a crença nos efeitos eminentemente perversos do isolamento disciplinar tem se disseminado, em que pesem as evidências em contrário, produzidas por estudos empíricos de base quantitativa e comparando diferentes contextos e perfis de detentos, que demonstram pouco efeito da medida e uma tendência regressiva da sintomatologia para a maior parte dos detentos submetidos ao isolamento disciplinar. Poucos estudos foram realizados a respeito dos efeitos do isolamento no que se refere ao comportamento dos detentos dentro do sistema prisional, considerando a sua eficácia em termos de efeito dissuasório. Porém, as análises existentes apontam para um efeito fraco ou mesmo nulo em termos de redução da violência daqueles submetidos a esse tratamento dentro das instituições, a reincidência parecendo estar associada a outras variáveis, individuais e institucionais.

Em Pernambuco, o isolamento é previsto no Código Penitenciário como punição para as chamadas "faltas graves", mas também pode ser aplicado em caráter preventivo, tendo em vista a segurança dos cativos. O tempo de submissão à medida não pode ultrapassar os dez dias corridos. Nas unidades do Complexo, a punição ocorre com a transferência dos detentos que incidiram em falta grave para alguma cela dos chamados Pavilhão Disciplinar. Em pelo menos duas unidades, esse tipo de pavilhão é amplamente utilizado para o abrigo dos presos "sem convívio" no restante da unidade, de modo que o isolamento acaba sendo relativo e francamente marcado pelo improviso. Em uma das duas unidades onde o Pavilhão Disciplinar serve para esse fim, existe uma cela conhecida como "castigo", um espaço apertado reservado para acomodar os detentos durante o período de isolamento. Na prática, como vimos, um detento pode ser enviado para lá pelos ASPs ou pelos chaveiros de outros pavilhões, com posterior comunicação ao supervisor de segurança ou ao chefe de plantão, a depender da hora da ocorrência. Em mais de uma ocasião presenciei que a prática era registrada de alguma forma pela administração da unidade, seja em livro de ocorrência, seja em planilha específica destinada a esse tipo de controle, acessível ao supervisor de segurança e ao diretor da unidade. Em conversas reservadas, porém, ouvi relatos de ASPs de que a medida nem sempre era registrada oficialmente, dependendo dos agentes envolvidos e do tipo de infração cometida pelo detento.

É importante ter isso em vista porque o efeito esperado do isolamento disciplinar resta, ao menos hipoteticamente, prejudicado numa situação como essa. Afinal, a imagem clássica do sofrimento da "solitária", com sua ausência quase completa de contato humano, sem acesso a qualquer tipo de entretenimento, com liberdade de locomoção estritamente limitada e nenhuma visão do espaço circundante para além das quatro paredes da cela, não parece encontrar correspondência numa situação como essa, em que detentos compartilham o mesmo cômodo, não raro com a grade voltada para um pavilhão onde convivem diversos outros presos além daqueles punidos pelo castigo. Outros custos, porém, fazem do isolamento algo pouco desejado pela maioria dos detentos. Como demonstrado no capítulo posterior, o envio de alguém para o isolamento disciplinar pode significar a perda do seu "barraco" ou mesmo de objetos pessoais, a depender da relação que mantenha com o chaveiro do seu pavilhão ou com detentos mais poderosos do local. Às vezes, a disseminação de uma falsa informação sobre um preso em isolamento disciplinar de que teria saído transferido para outro pavilhão pode ser utilizada como forma de dar ensejo a esse tipo de prejuízo para algum indivíduo.

As celas de isolamento tampouco são confortáveis em qualquer aspecto. Em muitas unidades do estado, são ambientes escuros, com quase nenhuma iluminação exterior. A maior parte delas é extremamente suja, com acesso contíguo a latrinas que exalam um odor fétido a maior parte do tempo. Em pelo menos uma das unidades do Complexo, assim como em outras unidades do estado, o calor parece ser uma das piores formas de punição envolvidas nesse tipo de medida. Numa cela visitada, um espaço de aproximadamente 20 metros quadrados, cerrado por uma porta de ferro chapado que contava somente com uma pequena viseira e uma fileira estreita de buracos para a fraca circulação de ar, abrigava mais de trinta homens. Nesse ambiente, os ventiladores pendurados pelas paredes aumentavam ainda mais a sensação de abafamento, espalhando o ar viciado em lufadas de ar quente, ora em uma parte, ora em outra da cela. Quase todos os presos permaneciam sentados ou deitados, sem camiseta, durante as horas mais quentes do dia. Enquanto colhíamos depoimentos, pedimos para que o chaveiro responsável pela administração das celas nos trancasse do lado de dentro, junto com todos os que ali estavam, para que pudéssemos ter uma medida do clima do lugar. Na falta de um termômetro que pudesse auferir a temperatura correta, arrisco dizer que a sensação térmica chegava próximo dos 50 graus centígrados. Em pouco mais de quinze minutos eu estava encharcado de suor e com a sensação de que poderia desmaiar a qualquer instante.

A maior parte dos homens ali estava cumprindo castigo disciplinar com prazo de dez dias. Vários eram acusados de serem "ratos de cela" ou "noiados" responsáveis pelo furto de objetos nos seus pavilhões originais. Outros haviam sido pegos pelos ASPs em rondas ocasionais transitando de um pavilhão a outro portando drogas, celulares ou armas brancas. Chamou-me a atenção um detento que deveria ter em torno de sessenta anos, apontado por muitos como um ferreiro experiente na prisão, capaz de fazer armas caseiras com ferros de construção, pedaços de panela e outros utensílios, além de ser famoso pela confecção de cachimbos para fumar crack com latas de refrigerante. Dada a natureza de suas atividades e a reputação de que gozava na prisão, tratava-se de um cliente regular no isolamento disciplinar. Também havia dois ou três punidos por "fugar" do pavilhão onde viviam ou por terem sido flagrados em tentativas de escapar por cima dos muros da unidade. Numa das situações mais chocantes, um detento que não tinha convívio em nenhuma das unidades e em nenhum dos pavilhões do Complexo nos implorou, desesperado, que arrumasse uma transferência para ele, já que estava naquele inferno havia três meses.

Assim como no caso das longas esperas no *xadrez*, o calor ali funcionava como instrumento de punição e dispositivo de controle, voltado para minar a força de vontade dos detentos, abalar sua psique e produzir medo de futuras punições. Não deixa de ser estranho que nem as instituições de controle do sistema de justiça criminal nem os organismos internacionais considerem esse tipo de tratamento uma forma deliberada de tortura. Ainda que parte do debate sobre a prisão inclua o isolamento disciplinar nessa categoria, dado o sofrimento psicológico que impõe aos detentos, parece-me que o sofrimento físico é parte constitutiva desse tipo de medida administrativa nas prisões de Pernambuco. A construção de espaços deliberadamente planejados para ter o mínimo de circulação de ar e abertura para o exterior não me parece se dever apenas a preocupações estritamente técnicas e de segurança, dada a displicência e o improviso que regem a arquitetura de praticamente todos os pavilhões do Complexo. É possível que o calor tenha sido pensado como forma componente da punição do isolamento disciplinar, considerando não só a concepção dos agentes em torno do tipo de público a que essa medida costuma ser destinada ("presos problemáticos", "maloqueiros", "noiados", "ratos de cela") como também o reconhecimento de que o isolamento total, em si mesmo, parece medida impossível de ser adotada nas unidades, tendo em vista a grande quantidade de detentos e as limitações de espaço. Deste modo, outros componentes pareceram necessários para que a punição, ao menos hipoteticamente, tivesse alguma "serventia", em termos do efeito dissuasório que porventura pudesse produzir nos detentos, auxiliando na manutenção da ordem na prisão.

Nesse aspecto, existe certo reconhecimento entre os agentes a respeito da ineficácia da medida em termos agregados, pelo menos quando se considera aquela fatia do público tomada como mais problemática para a manutenção da ordem cotidiana na prisão, que tem pouco a perder com esse tipo de sanção. Afinal, o mais normal é que os "noiados", os "ratos de cela" ou os "robôs" já façam parte daquilo que se considera escória da população penitenciária, usufruindo de pouquíssimos benefícios em termos de conforto e acesso a outros bens e serviços. Na medida em que muitos deles são dependentes químicos em estágio avançado, dormem na BR dos pavilhões, possuem muito tempo de pena para cumprir sem a possibilidade de remissão e/ou já não desfrutam de "convívio" na maior parte dos pavilhões, a medida nesse caso parece realmente ter efeito dissuasório nulo. No que se refere aos detentos com maior nível de integração na população carcerária, com acesso a barracos, proteção e outros benefícios adquiridos nos mercados legais e extralegais existentes, muitos ASPs acreditam no potencial dissuasório do isolamento disciplinar, principalmente considerando o nível de desconforto, a possibilidade sempre presente de uma transferência permanente de pavilhão como acréscimo à sanção administrativa e os riscos de perda de benefícios no seu lugar de origem quando de cumprimento da medida. Nas palavras de Matias, um dos agentes de custódia entrevistados:

> A gente vê relação. Porque, de certa forma, a estrutura, nesse quesito, beneficia a gente. Pois você tem Pavilhão Disciplinar que o cara prefere ir para todo canto, mas não ir para ali. A partir do momento que ele vai cumprir uma punição ali, muitos daqueles não querem voltar para aquele lugar. Então a estrutura, em si, já amedronta eles para não serem reincidentes naquela falta. Isso eu falo daquele com quem ainda se tem um diálogo. Porque aquele que é viciado em drogas, você sabe, já deve ter conversado com pessoas que são irrecuperáveis, principalmente por causa da droga. O que eu vejo aqui é que o detento drogado, o noiado, como se fala, ele não respeita nem a mãe dele, quiçá um agente público. Muitas vezes é necessário o uso progressivo da força, mas nem todas as unidades dispõem de equipamentos adequados para isso. Ou, se possuem, se encontram em situação precária. Esse é um problema com que a gente esbarra além do efetivo.

É possível que esses estereótipos orientem a decisão sobre quem deve ou não ser punido com isolamento administrativo, para além das prescrições estabelecidas pelo Código Penitenciário. Na literatura especializada, o processo de tomada de decisão para a consideração da culpa de um detento em relação a determinada infração e para a aplicação de isolamento disciplinar como resposta ao ato costuma ser associado a uma série de fatores. Assim como juízes em tribunais de corte, gestores de prisão administram punições relativas à violação de regras tendo em vista o controle do comportamento dos detentos e a produção de ordem e da segurança nas unidades. Na maior parte das prisões, entretanto, infrações costumam ocorrer exatamente nos chamados "pontos cegos" da administração, isto é, longe da vista dos agentes responsáveis pela custódia ou das câmeras de vigilância. Isso faz com que a identificação de culpados e a imputação de sanções comumente sejam permeadas por informações limitadas a respeito da autoria de determinadas infrações. Dessa forma, é comum que os agentes envolvidos desenvolvam padrões de resposta ou reflexos condicionados baseados em imagens preconcebidas associadas a determinados detentos ou características tidas como comuns a determinados tipos de caso, como forma de reduzir a incerteza em processos de tomada de decisão. Assim como acontece em decisões judiciais, fatores como a probabilidade maior ou menor de culpa do acusado, o interesse na proteção da comunidade imediata e as consequências práticas da decisão para os indivíduos envolvidos e/ou o sistema de justiça também podem influenciar as decisões dos agentes.[2]

Nesse sentido, uma série de fatores legais e extralegais costuma influenciar a aplicação de medidas de isolamento. Detentos com histórico de má conduta tendem a ser mais punidos do que os que comumente apresentam melhor comportamento, já que são considerados mais propensos ao cometimento de futuras infrações. Presos com penas mais longas e reincidentes são vistos como particularmente problemáticos e mais suscetíveis de punição, seja porque apresentam realmente maior tendência de infração às regras estabelecidas ou porque não se encontram sujeitos à progressão de regime, e as avaliações de bom ou mau comportamento não têm mais tanta importância. A maior incidência de punições para detentos jovens, por sua vez, pode ser explicada pela sua maior propensão para o cometimento de infrações, tendo em vista seus baixos índices de autocontrole e as taxas maiores de desconto racional nos processos de tomada de decisão de indivíduos com idade até meados dos 30 anos, ou porque não se encontram devidamente socializados pelo ambiente prisional, seja por meio de sua inserção nas hierarquias estabelecidas, seja pela ação de facções prisionais ou outras instituições extralegais de governança.

A não adesão dos detentos a atividades laborais também é um fator que parece influenciar na aplicação de penas de isolamento, a despeito da quantidade absolutamente insuficiente de vagas disponíveis para o labor e da discrepância entre oferta e demanda no sistema como um todo, com uma grande quantidade de homens dispostos ao trabalho e pouquíssimas oportunidades disponíveis. Geralmente cativos que ocupam função de concessionado são tomados como mais responsáveis pela administração, ou "de confiança" por alguns agentes de custódia. O risco de perder os benefícios associados a um trabalho legalizado, que vão da remissão de pena a um tratamento mais humanizado por parte dos gestores e operadores da prisão, por sua vez, pode operar como um fator a mais para a dissuasão de comportamentos desviantes. Também há que se levar em conta os próprios riscos para o funcionamento de algumas operações na instituição que dependem diretamente desse público, a depender do modelo de gestão adotado pelas unidades e da quantidade de tarefas delegadas para detentos que dizem respeito ao seu funcionamento. Da mesma forma, aqueles que contam com maior constância de visitas tendem a ser menos punidos do que aqueles que não possuem qualquer visitação. Isso pode ter relação com a percepção dos agentes de custódia e gestores da prisão a respeito dos impactos envolvidos na suspensão de visitas para os detentos, mas também com a possibilidade de que familiares atuem de maneira mais eficaz como instrumentos de apelo judicial ou na realização de denúncias junto às instituições de controle externo contra punições consideradas injustas, aquilo que chamei anteriormente de "eficácia coletiva", ou com a própria percepção a respeito dos riscos de perda de visitação envolvidos com o mau comportamento.

No Complexo Penitenciário do Curado, assim como em outras prisões de Pernambuco, a imputação de culpa e a punição por isolamento parecem estar associadas também a outras variáveis locais. Como são os chaveiros que exercem o controle mais imediato do comportamento dos apenados, a quantidade de "pontos cegos" dos poucos agentes penitenciários responsáveis pelo controle da prisão, alocados quase em tempo integral na área administrativa das unidades, é bem maior do que em outras prisões. Afinal, somente os delitos praticados na presença dos agentes ou das câmeras de vigilância podem ter sua autoria identificável sem a mediação de terceiros. Por isso, na maior parte das situações, o principal critério para a imputação de culpa e punição de um detento com isolamento parece estar associado à palavra do chaveiro e/ou de membros de sua equipe. Não se trata só de um problema de "fé pública" dessas personagens, tomadas pelos gestores das unidades como "presos de confiança", com prerrogativas informais de controle sobre o comportamento dos demais presos. Não dar crédito a acusações feitas pelos chaveiros pode gerar problemas sérios na unidade, já que dará azo à contestação de sua autoridade por parte da população carcerária. Ainda assim, o cuidado que boa parte dos ASPs têm em auferir informações de diferentes fontes, que não exclusivamente os chaveiros e membros de sua equipe, demonstra preocupação com as relações sociais no pavilhão. Afinal, a maioria deles tem consciência de que a colaboração dos chaveiros se dá de maneira limitada, não raro orientada para seus próprios interesses econômicos e políticos, que por vezes refletem objetivos discrepantes aos estabelecidos pela instituição.

De qualquer maneira, é difícil dissociar o processo de julgamento e punição de infrações quando se trata de avaliação da reputação dos detentos com base em estereótipos muito sólidos na percepção dos operadores de segurança na prisão. No capítulo sobre os chaveiros, descrevi como agentes penitenciários compartilham com chaveiros e outros detentos os mesmos estereótipos a respeito do apenado "noiado", do "rato de cela", do "robô". Em grande parte, essas pessoas correspondem ao perfil traçado pela literatura especializada, o que termina influenciando a tomada de decisões dos gestores de prisão em contexto de baixa confiança. Trata-se de detentos em sua grande maioria jovens, com largo histórico de infração disciplinar na prisão e, não raro, reincidentes criminais. Grande parte deles apresenta algum tipo de dependência química, comumente associada à falta de controle responsável pela infração das regras de convivência na sociedade prisional. É comum que não contem com visitas de familiares, que muitas vezes desistiram dos laços afetivos após o desgaste de uma convivência complicada. A bem da verdade, em grande parte das vezes que conversei com presos enviados para o castigo, muitos dos quais réus confessos, não só o estereótipo parecia orientar a decisão dos ASPs, como também aparentava ter alguma correspondência com a realidade. Em muitos casos, porém, dependentes químicos são estimulados ao delito pelos traficantes e/ou chaveiros responsáveis pelo pavilhão, para os quais eles constituem, ao mesmo tempo, uma massa de manobra a ser empregada contra outros presos em caso de conflitos ou fonte de lucro para cobrir dívidas ou despesas mais imediatas. Eles são utilizados para furtar objetos de detentos que serão revendidos para outros, podendo também serem usados como bodes expiatórios tão logo não sirvam mais para os fins almejados, ou sejam pegos em flagrante delito. Quanto mais se conforma a reputação de preso "sem convívio", mais essas pessoas tendem a ser enxergadas pelos próprios ASPs como culpadas de quaisquer acusações até que se prove o contrário.

Nesse ponto, vale destacar os casos de detentos com histórico de fugas pregressas, particularmente sujeitos à punição do isolamento. Junto com os identificados como agressores de agentes penitenciários, talvez essa seja a categoria de presos cuja reputação mais acarreta diferença de tratamento, não só na prisão, como em outras instituições do sistema de justiça criminal. Em uma ocasião, durante uma visita numa unidade do interior do estado, ouvimos o relato particularmente chocante de um detento que praticamente vivia numa área destinada ao isolamento disciplinar. A medida, segundo ele, fazia parte de uma punição prolongada devido a uma fuga que empreendera em outra unidade.

— É tudo por causa de Neno. Eu era preso de confiança e fuguei — dizia ele, referindo-se ao diretor do local. — Não fiz por mal, mas porque o pessoal no pavilhão estava me ameaçando, dizendo que eu trabalhava para a polícia, que iam me matar. Então eu aproveitei e escapei na hora em que estavam entrando umas mercadorias. Passei dois anos fugado. Eles me pegaram quando vim visitar minha filha. E Neno falou para mim que ia acabar com minha saúde. — Visivelmente aterrorizado, ele alegava que tinha apanhado muito de outros presos na unidade, provavelmente por encomenda dos agentes, que queriam se vingar porque sua fuga havia prejudicado um de seus colegas. Afirmava ter convívio nos pavilhões do local, mas era mantido numa cela de isolamento sem qualquer explicação. Quando indagados sobre o caso, os agentes de custódia relataram que o detento teria tido problemas com roubos de aparelhos celulares no seu pavilhão de origem.

O caso, apesar das evidências, não rendeu uma denúncia junto aos organismos internacionais, já que o detento não aceitou oficializar uma denúncia, com medo dos riscos que poderia acarretar para si. Os próprios defensores dos direitos humanos reconheciam a dificuldade de interferir na situação dos presos com reputação de "fugados". Independentemente da veracidade ou não do relato do detento, que, obviamente, podia estar procurando uma forma de retornar ao seu pavilhão, ainda que correndo risco de morte, chama atenção que a reputação de "fugado" pareça influenciar o tratamento em outros casos. Numa situação um pouco diferente, encontramos um preso que terminara aleijado por disparos de policiais durante uma tentativa de fuga, habitando a enfermaria da unidade há mais de um ano. Todos os pedidos para a concessão de liberdade junto à Justiça haviam sido negados ou eram francamente protelados pelos juízes responsáveis. Na maior parte das vezes, a alegação para a negativa girava em torno do risco que o detento supostamente oferecia à sociedade, dado seu histórico criminal e a má conduta dentro da prisão. Considerando que se tratava de um homem prostrado numa cama, paraplégico, com as pernas atrofiadas e a coluna irreparavelmente comprometida, é verossímil acreditar que o tratamento recebido na Justiça se devia a algum tipo de retaliação ao seu comportamento pregresso.

— Eles me deixaram só o trapo, mas não largam o osso — queixava-se, durante a nossa visita, enquanto descrevia sua via-crúcis desde a tentativa frustrada de fuga. — Não bastou só me aleijar; querem que eu morra aqui dentro, nesse inferno. — No seu entender, a situação em que se encontrava era uma espécie de castigo prolongado, pelo tipo de comportamento que apresentara.

Nos dois casos relatados, perpetrar uma fuga, agredir ou matar um ASP são atitudes que mancham definitivamente a reputação de um detento, que provavelmente vai amargar as piores privações durante todo o tempo de cumprimento de pena. É lógico que a estrutura precária de segurança das unidades pode muito bem justificar a manutenção de determinados detentos sob regime mais estrito de controle, mas não se pode excluir que o corporativismo dos agentes tenha seu peso. Além disso, a punição serve de aviso público para os demais detentos no sentido de dissuadir comportamentos semelhantes.

Finalmente, as transferências de unidade, ou os chamados "bondes", constituem um dos principais dispositivos de controle empregados no sistema penitenciário pernambucano. Elas compõem parte do repertório da política penitenciária de vários estados da federação, particularmente na última década, tendo em vista o crescimento exponencial das facções criminosas. Enquanto medida voltada para a segurança das unidades, baseia-se no pressuposto de que a transferência pode contribuir para a desmobilização de redes e organizações criminosas, principalmente quando implica isolamento das lideranças e interrupção dos fluxos de informação e de recursos. No caso da preservação da integridade de determinados presos, a transferência administrativa tem por objetivo afastar aqueles em situação de perigo do convívio e do ambiente que representa risco para sua vida. Em Pernambuco, a figura do "bonde" é temida pela maior parte dos cativos. Afinal, as transferências, por razões de segurança, costumam se dar sem qualquer tipo de aviso prévio, não raro implicando prejuízos materiais para os envolvidos. Um preso transferido de unidade perde bens adquiridos nos mercados legais e ilegais da prisão, como barraco, televisor, colchão, celulares, armas e outros pertences pessoais etc. Se o local de destino for distante, a transferência acarreta outros tipos de perdas materiais, que muitas vezes atingem diretamente seus familiares, que podem não dispor de recursos ou tempo para arcar com longas viagens nos dias destinados à visitação. No caso daqueles que ocupam lugar de centralidade em organizações criminosas ou em mercados ilegais na unidade, ser transferido pode significar a perda imediata de fontes de recursos e redes de proteção privada, ainda que raramente sejam as únicas de que dispõe. Em muitas situações, concorrentes podem não ser bem recebidos por presos poderosos, ciosos de suas posições, na nova unidade.

É importante lembrar que a transferência ou o "bonde" como sanção disciplinar não está prevista no Código Penitenciário, a não ser nos casos previstos para cumprimento de tempo em Regime Disciplinar Diferenciado. No entanto, os administradores detêm ampla liberdade para a classificação de presos a partir do "risco" que eventualmente representem para a segurança da unidade, o que inclui rixas entre detentos ou filiações a facções prisionais que representem algum tipo de ameaça ao ordenamento da prisão. A transferência também costuma ser um recurso utilizado para proteger aqueles em situação de vulnerabilidade. É bastante comum, durante visitas de monitoramento, encontrar presos que desejam um "bonde" para outras prisões onde tenham "convívio", principalmente quando não há mais possibilidades de estabelecer relações pacíficas nem mesmo nos pavilhões de isolamento. Frequentemente, presos lançam mão do argumento da vulnerabilidade para conseguir transferências para unidades onde habitam seus "comparsas", amigos de longa data ou antigos companheiros de atividade criminal. Em parte por causa disso, os agentes afirmam que sempre é necessária uma investigação sobre cada caso, principalmente por intermédio de informantes que deem um aval sobre a situação real de ameaça a um detento, mas também considerando o interesse dos administradores do local de destino, que vai depender da reputação do preso e do tipo de impacto que ele pode provocar no equilíbrio da população carcerária. Essa rotatividade de detentos parece ser algo bastante comum em praticamente todas as prisões visitadas durante a pesquisa.

No caso das transferências para unidades de Regime Disciplinar Diferenciado, o dispositivo já foi utilizado no passado com mais frequência pelo governo. A medida tem sido aplicada principalmente como represália a detentos acusados de envolvimento em facções prisionais, mas principalmente por ocasião de grandes rebeliões, que não acontecem no estado desde 2015. O envio de presos para prisões de Regime Disciplinar Diferenciado como Catanduvas (PR) ou Mossoró (RN) faz parte das estratégias de controle empregadas pelo sistema penitenciário estadual, repetindo experiência de diversos outros sistemas penitenciários da federação. Contudo, os próprios agentes penitenciários reconhecem as limitações das medidas, que desempenharam papel importante no histórico de estruturação das facções.

— Ali, quando o sujeito não volta meio doido, volta mil vezes pior — explicou um diretor numa conversa sobre o tema. — Fora que o negócio parece que traz algum respeito entre eles. Existe uma lenda em torno da turma que chegou de Catanduvas, porque os caras estiveram junto dos chefões lá, do PCC, CV. Pode não querer dizer nada, mas a reputação do cara aumenta. Então, a dor de cabeça vai embora durante um tempo, mas pode voltar mil vezes pior.

Ainda assim, não se pode dizer que o dispositivo não exerce importante efeito incapacitante e até mesmo dissuasor, ainda que temporário, sobre determinados detentos que atuam no estado, já que se trata de uma ameaça que os presos costumam levar a sério. O apelido que os próprios detentos costumam dar a celas de castigo e isolamento, sempre com referência às prisões de RDD, é exemplo de como o tema já se fixou no imaginário dos detentos. O encarceramento nesse tipo de regime não tem consequências apenas no que diz respeito ao cotidiano mais controlado e marcado pela escassez, com possibilidades muito restritas de socialização e praticamente nenhum acesso a bens de que os detentos costumam dispor nas unidades prisionais, mas também no que se refere ao distanciamento forçado das redes de relacionamento e afeto.

É importante enfatizar que, tanto no caso dos bondes como no das revistas, já presenciamos sua utilização apenas com a finalidade de aplicar sanções coletivas aos detentos, ainda que esse tipo de sanção não encontre respaldo no ordenamento jurídico vigente. Particularmente em situações de motins ou rebeliões, é normal que vários presos sejam transferidos para outras unidades, sem que isso decorra, necessariamente, de um processo de investigação que identifique os verdadeiros "culpados" ou "responsáveis" por esses eventos de natureza coletiva. Nessas ocasiões, os cabeças de área e os detentos que ocupam posições de controle, como os chaveiros e integrantes de sua equipe, podem ser particularmente visados pela gestão das unidades. É normal também que elas deem ensejo para transferências longamente almejadas pelos gestores locais, mas não autorizadas pelas instâncias superiores da Seres, como uma forma de se livrar de "presos problemáticos".

Não raro, a sanção coletiva pode ser aplicada por uma razão bem menos pragmática. Numa situação que acompanhamos de perto, mais de duzentos detentos foram transferidos de uma unidade da região metropolitana do Recife para diversas outras unidades do estado, em resposta a um ato de desobediência ocorrido durante uma revista. Depois de várias horas no sol, de cueca, enquanto tinham seu pavilhão revistado, os detentos foram encaminhados de volta para suas celas quando já passava da hora do almoço. Irritado, um deles pegou uma arma de fogo e disparou vários tiros para cima. A equipe responsável pela revista, que ainda não tinha se dispersado, alvoroçou-se com o ocorrido e se pôs em formação defensiva. O agrupamento, composto por homens da GOS, do Batalhão de Choque da PMPE e dos agentes da unidade, trocou tiros durante certo tempo com os detentos, que logo se renderam. Então, foi dada a ordem para que saíssem do pavilhão, um por um, sendo agrupados no pátio, nus e sentados em fila. Ato contínuo, o grupo de policiais avançou sobre o pavilhão, invadindo as celas à procura das armas, deixando um rastro de destruição pelo caminho. Sem qualquer investigação que provasse seu envolvimento direto no caso, mais de duzentos detentos foram selecionados a esmo e encaminhados para diversas unidades do estado, muitos dos quais sendo recebidos no seu local de destino com novas sanções na forma de permanência prolongada nas celas de isolamento. O caso chegou a nosso conhecimento e foi posteriormente encaminhado ao Ministério Público de Pernambuco, tornando-se objeto de um litígio jurídico que se prolonga até o momento em que escrevo estas páginas.

Apesar da dimensão incomum desse tipo de sanção, dada a quantidade de presos atingidos, o emprego desse tipo de resposta em retaliação a determinados eventos de natureza coletiva na prisão não constitui exceção. É possível que parte disso se deva à impossibilidade de dispor de instrumentos de controle e vigilância que permitam identificar a autoria ou o nível de participação de cada um dos detentos envolvidos em acontecimentos dessa natureza. No caso em questão, a ação veio como retaliação dos agentes a uma evidente tentativa de desmoralização da autoridade instituída, uma vez que esta havia acabado de fazer uma revista no local, mas não conseguira encontrar a arma de fogo utilizada pelo detento logo em seguida. Como em outras situações análogas, também se trata de um recado para os demais presos acerca dos limites de tolerância da gestão para com determinados comportamentos.

Nem todos os dispositivos de controle citados, porém, estão sujeitos à simples decisão de gestores das unidades. É importante ressaltar que sua aplicação muitas vezes depende da disponibilidade de recursos, ou dos processos de tomada de decisão de instâncias superiores, que nem sempre dispõem das mesmas informações a respeito do que acontece no nível local, nem as interpretam da mesma forma. Revistas, o mais das vezes, vão exigir o deslocamento da GOS para uma unidade, a depender da quantidade de agentes de plantão disponíveis. O grande número de unidades prisionais no estado em comparação ao tamanho reduzido desse destacamento de agentes de elite impõe sérias restrições ao seu emprego em operações de rotina. Transferências entre unidades, por exemplo, estão sujeitas ao crivo da Superintendência de Segurança Prisional e não dependem única e exclusivamente da vontade do diretor. Cálculos complexos a respeito da disposição de detentos e da política interna de cada unidade entram em operação aqui, assim como o nível de relacionamento do gestor que pede e daquele que recebe com as instâncias superiores. Juízes e promotores públicos podem intervir nesse processo, retardando ou opondo franco impedimento a determinadas medidas. Aqui, o nível frouxo de articulação entre a própria Secretaria Executiva de Ressocialização e as diversas instituições que compõem o sistema de justiça criminal enfraquece a eficácia desse tipo de medida. Nesse contexto, a capacidade de negociação e as tecnologias empregadas para coleta de informações e redução das incertezas aparecem como dois nódulos essenciais para a governança das unidades, que se ligam organicamente com outras instituições e mecanismos de governança, fazendo com que muitos dos dispositivos de controle previstos no ordenamento jurídico-administrativo do Estado se articulem a partir dessa rede complexa para a produção de ordem nas prisões.

10
Quem vigia os vigias

O ESTADO BABÁ

Descobrir se um detento era "irmão" do Primeiro Comando da Capital sempre foi tarefa quase impossível durante a pesquisa. Não sei se concordo inteiramente com a ideia de alguns estudiosos que classificam a facção como uma "sociedade secreta" ou uma "maçonaria" do crime, porém é fato que o segredo faz parte do seu *éthos* em qualquer lugar do país onde esteja presente. As razões para isso são óbvias e não merecem uma discussão mais aprofundada. Ser associado publicamente a um grupo com a reputação do PCC implica riscos sérios para a integridade física ou mesmo isonomia de tratamento no sistema de justiça criminal. Suponho que ter acesso a este tipo de informação seja ainda mais difícil em prisões que não fazem parte do sistema carcerário de São Paulo, onde a facção é uma força hegemônica. Afinal, a revelação pode resultar não só na exposição a facções rivais, como também em retaliações por parte de agentes da lei, a depender da política de segurança local no tratamento desse tipo de problema. Por causa disso, a maior parte das informações sobre filiação que chegaram até mim não podia ser confirmada a não ser em casos amplamente conhecidos na unidade, quando lideranças da facção eram tratadas como tal por praticamente todo mundo, ainda que negassem o fato de pés juntos.

Até hoje não sei se esse era o caso de Disco, um dos traficantes poderosos do Complexo. Na unidade onde desempenhava a função de chaveiro havia dois anos, havia vários cabeças de área, mas, certamente, ele e Lobo, um traficante de Casa Amarela que tinha influência sobre mais de um pavilhão, eram os mais poderosos do lugar. Ao contrário do seu rival não declarado, Disco não possuía o perfil de um preso comumente visto como importante pela massa carcerária.

— Eu odeio arma — sempre dizia quando o assunto era a resolução de algum conflito pendente na unidade. — Gosto de levar na conversa. O meu negócio não é tráfico, como todo mundo pensa. Sou ladrão de banco, de caixa eletrônico. Mas não boto arma na cara de trabalhador, eu burlo os sistemas de segurança. Essa é minha especialidade. Ou pelo menos era. — E o *éthos* corporal do rapaz parecia não deixá-lo mentir: branquelo, de cavanhaque, cara de assustado e postura permanentemente relaxada, nunca foi visto levantando a voz ou altercando com os demais. Quem olhasse de longe, jamais pensaria num criminoso de carreira ou em alguém capaz de impor controle sobre uma maçaroca de homens violentos.

Tivemos poucas oportunidades de conversar mais detidamente com ele, que sempre se mostrava reservado quando das nossas visitas. Certa vez, porém, nos encontramos num momento de descontração, em meio a uma discussão sobre reformas que seriam empreendidas no pavilhão que comandava, o Y. Diante de altercações que estavam se repetindo entre os rapazes que habitavam o local e os moradores do Pavilhão U, comandado por um preso subordinado a Lobo, o pessoal responsável pela segurança do local decidira fazer uma reforma para mudar o local do portão de acesso, o que levaria os presos a transitarem em áreas opostas nos momentos de banho de sol e nos dias de visita. O caráter improvisado do pavilhão de Disco permitia esse tipo de reforma, à qual ele não se opunha. Esperava, contudo, conseguir autorização para empreender outras melhorias em meio ao projeto, principalmente em relação a uma caixa-d'água que precisava de reformas, já que a água estava minando perigosamente de uma das paredes.

— Eu acho que o pessoal vai ver a reforma com bom gosto, apesar de ficarmos mais distantes do campo de futebol assim. Evita confusão. Mas tem que resolver o lance da caixa, aquela parede pode acabar caindo — explicou.

Foi uma das raras reuniões entre os agentes e um chaveiro que fomos autorizados a acompanhar. E isso só aconteceu porque, antes da entrada do chaveiro, estávamos justamente discutindo hipóteses para explicar a capilaridade relativamente baixa do PCC nas cadeias do estado. Por causa disso, depois que o assunto da reforma estava relativamente encaminhado, um dos agentes presentes, que aqui chamarei de Fernando, aproveitou a ocasião para interpelar o preso diretamente sobre o que ele achava da questão. Surpreendido com a pergunta, Disco não conseguiu disfarçar o desconforto.

— O senhor sabe que não sou do PCC — disse ele, com os olhos postos no chão. O agente tranquilizou o detento, explicando que não queria informações privilegiadas, pois não se tratava de uma investigação. Disco olhou para nós, balançou a cabeça e disse: — Vocês me desculpem, mas eles sabem como já sofri aqui em Pernambuco no passado por causa disso. Tinha um tempo em que você ser paulista era atestado de filiação ao PCC. Já tive de passar um ano morando num pavilhão onde só tinha psicopata por causa disso. Era uma matança sem fim. — Fernando, porém, reiterou que ele não precisava se justificar, porque ninguém o estava acusando ou investigando. Era uma pergunta científica, por assim dizer. E queriam ouvir a opinião de um detento. Finalmente mais tranquilo, ou fazendo um esforço para afetar tranquilidade, o preso fez um comentário interessante sobre o tema, mais um que reforçava as hipóteses deste livro: — Como eu disse, eu não sou do PCC, nunca fui. Mas isso aqui é a Suíça. O pessoal não quer dor de cabeça. Dá para levar a coisa sem guerra, na conversa. Por que a gente vai perturbar o ambiente?

Na hora em que Disco já estava de saída, Fernando o chamou mais uma vez.

— Olha, hoje de manhã pegamos dois "bebês" teus lá na área de Lobo. Vem aqui dizer que não quer guerra? Quem não quer sou eu! Cuidado, viu?

Desconfiado, fingindo que não entendia do que se tratava o aviso, o chaveiro se retirou de cabeça baixa. O agente, com um sorriso estampado no rosto, apontou para a porta e comentou:

— Esse aí é mais sonso que o papa. Nunca diz o que quer dizer. Vocês viram os dois rapazes na chegada, indo para a delegacia. Pegamos com uma pochete cheia de crack, queriam vender na frente de outro pavilhão. — Em seguida, explicou que não era a primeira vez que o chaveiro lhe arrumava problemas. — Ele vive dizendo que não quer confusão, mas cada dia arruma uma nova para a gente. Ontem mesmo, foi aquele rapaz com a cabeça arrebentada. Não adianta me olhar com cara de surpresa. Está na enfermaria, vocês vieram aqui por causa dele também. Ou não? — Segundo nos explicou, a agressão teria sido obra de um "bebê" de Disco, poucas horas depois de a vítima ter dado entrada na unidade. Questionado, o chaveiro alegou que a culpa não era dele, já que nenhum dos detentos alegara qualquer problema em relação ao outro. — Guerra da rua, vocês sabem — explicou o agente. Provavelmente, os dois esperavam o melhor momento para acertar as contas, antes que alguém pudesse fazer qualquer coisa. Assim que o recém-chegado deu um vacilo, o "bebê" do chaveiro o atacou com um barrote, ferindo-o na cabeça. — Ontem foi a segunda revista que fiz no Y. Disco veio com uma conversinha mole. "Doutor, assim o senhor atrasa a nossa vida." Eu disse a ele que não atrasasse a minha, que não atrasaria a de ninguém. Não quero nem saber o motivo. Eles que deem um jeito de se resolver. A cadeia tem comando. Não sou babá de preso.

É TUDO NOSSO

Os dispositivos de controle discutidos no capítulo anterior teriam pouca ou nenhuma serventia em unidades como o Complexo Penitenciário do Curado se não se relacionassem com a governança da prisão na sua totalidade. Medidas administrativas como os "bondes" ou as "revistas" interferem na economia política da prisão, influenciando diretamente no comportamento dos detentos. Dispositivos dessa espécie, o mais das vezes, acabam sendo influenciados pela ação de mediadores cuja nomeação e mesmo o exercício cotidiano do poder acaba também sendo afetado pelo trabalho dos agentes penitenciários.

Afinal, a obediência que um chaveiro e sua equipe são capazes de impor não se deve só ao seu poder de fogo ou capacidade de coerção direta. Tampouco é função exclusiva da centralidade que ocupam na regulação das mais diversas arenas de troca num pavilhão. Na verdade, nada disso se faria possível se essas personagens não desfrutassem de determinado nível de "fé pública", que lhes confere a possibilidade de mediar a aplicação de determinadas sanções administrativas. Como o que acontece num pavilhão quase sempre ocorre longe da vista dos agentes penitenciários, os chaveiros aparecem como alternativas eficazes para a redução da incerteza envolvida em qualquer tipo de processo decisório. Em princípio, é a versão de um chaveiro sobre os fatos que vai contar para a resolução de disputas que envolvam a necessidade de intervenção direta dos agentes. Tudo isso, junto com o potencial de acionar poderes coercitivos de natureza superior, nos momentos em que sua autoridade for posta em xeque pelos demais detentos, compõe o intricado sistema de custos e benefícios que auxilia na coordenação da ação dos presos num pavilhão.

Nesse processo, os cabeças de área, presos que detêm influência sobre os demais pela posição proeminente que ocupam em facções, pequenos grupos ou redes mais ou menos organizadas com forte atuação nos mercados ilegais, particularmente o de drogas ilícitas, também atuam como intermediários essenciais para a regulação das relações sociais na prisão. Isso acontece em parte pela atuação dos mecanismos descritos anteriormente, que se relacionam com o papel de instituições extralegais de governança em contextos como a prisão. Porém, também tem a ver com a própria capacidade dos agentes de impor limites para essa atuação. A situação descrita na sessão anterior apresenta alguns dos mecanismos utilizados nesse processo. Trata-se de algo bastante parecido com aquilo que a literatura especializada denomina *rede de proteção patrocinada pelo Estado* (em inglês, *state-sponsored protection racket*).[1] O conceito se refere a instituições informais por meio das quais operadores de segurança pública se privam de aplicar a lei ou, alternativamente, aplicam-na de maneira seletiva, contra os rivais de uma organização criminosa, em troca de uma divisão dos lucros gerados pelo negócio. Lucros podem se dar no sentido pecuniário do termo, o que implica algum nível de corrupção, ou simplesmente como resultados desejáveis para a política de segurança, como a redução dos crimes violentos em determinado território, sem que isso envolva, necessariamente, relações conspícuas entre criminosos e agentes públicos. Aqui, o papel central desempenhado por agentes do Estado é um diferencial em relação a esquemas privados de proteção, como os que se instituem por máfias, gangues prisionais e grupos de extermínio. Além de dividir lucros, organizações criminosas que se aliam a redes de proteção patrocinadas pelo Estado geralmente precisam contribuir com informações sobre a atuação de rivais e se conformar a determinados padrões de comportamento, como abstenção da violência quando os interesses dos tomadores de decisão nas instituições públicas estão em jogo ou mesmo o exercício do controle ativo de problemas como criminosos comuns e consumidores de drogas ou opositores políticos.

Esse tipo de instituição só pode vir a se estabelecer quando o Estado apresenta alguma ameaça perceptível para o bom andamento dos negócios de determinada organização. Sua existência vai depender diretamente do nível de poder das organizações envolvidas nessa relação, já que aquelas muito poderosas não têm qualquer necessidade de estabelecer negociações com Estados fracos ou falidos. Da mesma forma, organizações pouco centralizadas, indisciplinadas ou pouco lucrativas não podem compor esse tipo de arranjo, já que não demonstram capacidade de dividir lucros ou se conformar aos comportamentos que são do interesse dos tomadores de decisão nas instituições coercitivas. Trata-se de uma proteção de mão dupla, operando, ao mesmo tempo, como uma proteção contra a ação das instituições coercitivas oficiais e contra competidores. Assim, a ocorrência ou não de violência em determinado mercado passa a se relacionar muito mais com o tipo de rede de proteção patrocinada pelo Estado que se estabelece do que com a ilegalidade dos mercados. Do ponto de vista das instituições oficiais, a eficiência do arranjo vai depender da durabilidade das relações no tempo, ou da estabilidade dos tomadores de decisão envolvidos, já que relações de longo prazo ou mecanismos de sucessão controlados de cima possibilitam o estabelecimento da reciprocidade e da credibilidade das relações, tendo em vista a possibilidade de superar dilemas de confiança pela repetição das interações no tempo.

O tamanho do território de atuação das organizações criminosas e a quantidade e organização das jurisdições das instituições coercitivas também vão influenciar diretamente na possibilidade de estabelecimento e na eficácia das redes de proteção patrocinadas pelo Estado. No Complexo Penitenciário do Curado, assim como em outras prisões de Pernambuco, o que parece estar em jogo é uma submodalidade do arranjo definido pela literatura especializada como "um protetor; uma organização por jurisdição", no qual uma instituição central divide a provisão de proteção por jurisdições, ofertando proteção diferente para cada organização, desde que os limites de atuação sejam respeitados e os atores envolvidos sejam capazes de se adequar a determinados comportamentos. Ao menos no plano ideal, a disposição de um chaveiro para atuar no controle de cada pavilhão, com capacidade de atuar diretamente no exercício ou em parceria com algum traficante mais poderoso, junto com tentativas mais ou menos eficazes de expansão do poder de organizações criminosas, permite pensar em aproximações com esse tipo de rede de proteção estatal patrocinada pelo Estado. Logicamente, conforme exposto anteriormente, não há um padrão muito bem definido, já que, em muitas unidades, organizações criminosas lideradas por um traficante exercem poder sobre mais de um pavilhão. De qualquer maneira, o esforço visível dos agentes de desestabilizarem processos de ampliação e formação de facções criminosas diz muito sobre a tentativa de manter o sistema em equilíbrio, ainda que precário. É o que parece estar em jogo no caso relatado no início deste capítulo, em que os agentes tentavam manter certo equilíbrio nas relações entre grandes traficantes na unidade, tendo em vista a necessidade de evitar mortes violentas e conflitos que poderiam desestabilizar a governança.

É claro que isso não significa que tais arranjos tenham de se estabelecer por meio da cooperação ativa, das negociações explícitas ou de acordos que envolvem distribuição de lucros e corrupção dos agentes do Estado. Ainda que a existência de corrupção não possa ser descartada nas prisões pernambucanas, nem em qualquer outra instituição do sistema de justiça criminal, isto não é essencial para que a rede de proteção funcione. É importante ressaltar um ponto já discutido anteriormente: a imagem de agentes públicos fazendo acordos com traficantes em troca de pacificação das relações sociais não me parece adequada. Afinal, os agentes não detêm recursos para o monitoramento e a repressão constante dos mercados ilegais. A disposição arquitetônica dos pavilhões, a deficiência de efetivo e a superpopulação com que é necessário lidar tornam a consistência e a continuidade no tempo desse tipo de atuação praticamente impossível. Até mesmo a utilização constante da força, de revistas periódicas, isolamento disciplinar e transferências para a coação de infrações disciplinares e crimes não raro exerce efeito inverso sobre a produção de ordem, que, nos casos em questão, está diretamente associada ao papel desempenhado pelos intermediários (especialmente os chaveiros) e ao acesso mais ou menos generalizado a diversos bens e serviços, desde que não se ameacem as prioridades dos gestores em termos de redução da violência interpessoal, fugas, motins e rebeliões. Ainda que os agentes aleguem a falta de recursos e, principalmente, oportunidades para o desmantelamento de organizações criminosas ou redes de trocas de mercadorias ilegais, o simples conhecimento de sua disseminação dentro do sistema penitenciário acaba impondo uma agenda de prioridades que se estabelece a partir de alguns parâmetros. Estes têm a ver com avaliações políticas em torno dos riscos representados pela consolidação de facções criminosas dentro do sistema penitenciário, compartilhadas pelos gestores e operadores de segurança pública do estado, mas também com provocações exteriores, que podem vir de outras instituições do sistema de justiça criminal, da imprensa, da sociedade civil organizada ou mesmo de parentes de detentos incomodados com o poder excessivo exercido por esta ou aquela organização, que muitas vezes se manifesta na forma de extorsão para com os detentos, ou operações de maior porte no tráfico de drogas comandadas de dentro da prisão.

O estabelecimento de arranjos como esse só se torna possível mediante a operação de complicados processos de negociação e da administração relativamente difusa de uma ampla rede de informantes que contribui para o exercício ativo do controle da população penitenciária. Aqui, o relacionamento com os chamados cabeças de área é apontado pela maior parte dos agentes como elemento essencial para a governança da unidade. Ter em vista o tipo de ação que desagrada ou não essas personagens, ou a busca pela manutenção do equilíbrio precário entre eles, parece uma preocupação constante dos agentes penitenciários. Daí que a ideia de "diálogo", algo aparentemente tão incomum no contexto de uma instituição como a prisão, apareça como elemento presente na fala de mais de um ASP entrevistado. É o caso, por exemplo, da interpretação de Matias a respeito da produção de ordem na unidade:

> Entrevistador: Matias, eu conversei com algumas pessoas que me falaram a respeito, e queria saber a sua opinião, já que você trabalha mais de frente com isso. A gente tem um problema de efetivo, como você bem colocou: poucos homens para controlar uma população tão grande que tem de gente em recuperação a gente sem perspectiva nenhuma. Então, o que é feito para que esses caras não estejam se matando?
>
> Matias: Diálogo. Com o cabeça de área, como se diz na gíria da cadeia, o próprio representante do pavilhão, o chamado chaveiro. É um cara que tem moral. Geralmente o chaveiro é quem? Nem sempre é quem tem poder, mas o cara que vem tirando sua pena há muitos anos. Ou seja, os outros detentos respeitam ele. Nem sempre é o cara que o poder dele é porque ele é matador, ele é forte, ele é rico, isso e aquilo. Geralmente, nas outras unidades, é assim, mas aqui, individualmente falando, hoje, os representantes são aqueles que têm uma história no dia a dia da unidade, que os outros detentos respeitam. Quando eu digo a você que faz um tempo que um cara aqui não desce furado, isso é fruto de conversa. A gente se reúne aqui, com os representantes, chama, quando vai haver algum evento, é sempre essa troca. Infelizmente, tem que ser assim. No sistema pernambucano, do jeito que está, se você acochar demais, explode. A gente não pode fazer como é no sistema

> paraibano, fechado, onde o agente não tem quase contato com o preso. Lá, preso é preso, agente é agente. Por isso que há o embate. Eu costumo dizer que esse modelo de gestão pernambucano, de certa forma mais desorganizado, ele costuma ser mais ressocializador do que alguns que tem por aí, com mais estrutura. Por quê? Aqui, eu vejo a cara do preso o dia todinho, eu converso com o preso. Eu falo nas minhas reuniões com ele: é o seguinte, estou aqui no papel de agente do Estado e vocês de detentos, mas não é por isso que vou faltar o respeito com vocês. Agora, a forma que eu vou respeitar vocês vai depender da forma que vocês me respeitam. É uma via de mão dupla. Esse é o meu discurso quase diário com os detentos. Tem que haver respeito mútuo.

Aqui, a palavra "diálogo" comporta vários sentidos possíveis. Infelizmente, é algo comum a certa tradição de pesquisa sobre instituições prisionais que não se analise de maneira pormenorizada o que realmente fazem os agentes de custódia. Esses profissionais tendem a ser retratados como a "encarnação do poder punitivo" na sua essência, encontrando-se em relação de franco antagonismo com os detentos submetidos aos regulamentos e práticas draconianas de uma "instituição total", um mecanismo ou burocracia perfeitamente racional capaz de governar cada aspecto da vida dos sujeitos.[2] O problema é que estas interpretações raramente se esteiam no estudo empírico da mentalidade, das capacidades, dos incentivos e constrangimentos institucionais, bem como dos recursos de que esses indivíduos dispõem na sua prática cotidiana. Na verdade, há muitas evidências de que a distância que separa esses profissionais e os detentos seja bem menos estreita do que aparenta, visto que os dois grupos se encontram ligados muitas vezes por interesses, valores, privações e experiências comuns. Ao contrário de policiais, por exemplo, agentes de custódia experimentam relacionamentos prolongados com detentos, que influenciam diretamente a sua concepção de mundo, a formação de estereótipos, a conformação de respostas a determinados padrões de comportamento e a maneira de fazer uso de sanções disciplinares previstas no regulamento ou daquelas francamente informais. Isso muitas vezes pode ter reflexo direto no nível de exposição que tais profissionais sofrem em relação à corrupção ou mesmo à simples acomodação em relação a determinadas atitudes dos presos. Nas unidades onde essa proximidade se estabelece como parte da cultura institucional, tendo em vista a filosofia da administração, as disposições do regulamento ou as necessidades materiais em termos de quantidade insuficiente de pessoal e recursos à disposição, é comum que agentes façam mais uso da palavra, de técnicas de convencimento e do diálogo como forma de induzir os presos à colaboração.

Esse parece ser o caso do Complexo Penitenciário do Curado. Afinal, é sempre bom ter em mente que a administração de sanções formais ou informais demanda investimento de recursos em termos de energia pessoal, mobilização de efetivo e alteração da rotina da unidade. Realizar uma revista é um procedimento complexo, que envolve riscos reais para a integridade física dos envolvidos. E fazer uso da força física é sempre algo que demanda esforço pessoal, com consequências nem sempre previsíveis. Além disso, os agentes penitenciários têm pleno conhecimento de que habitam nas mesmas cidades ou mesmos bairros de periferias dos detentos com quem convivem por tempo prolongado. "Eu não vou acabar com o crime" ou "eu também tenho família" são frases comumente empregadas para justificar certo grau de leniência que muitos acreditam ser importante para a manutenção da ordem nas unidades. Um trecho de uma entrevista com um dos ASPs do Complexo, que aqui chamarei de Jardel, é muito significativo nesse sentido:

> Entrevistador: Então como tem um regime que dá para todo mundo ganhar, não tem para que brigar?
>
> Jardel: Exatamente. É uma divisão, um loteamento, uma troca de favores onde todo mundo consegue as coisas. Então se todo mundo consegue as coisas minimamente, por que criar uma raiva? Ah, o chaveiro tem uma televisão, que a secretaria autorizou, que o diretor autorizou, que a inteligência autorizou. O Zé Culé, o preso que não tem nada, mas a mãe conseguiu comprar uma televisão, e a esposa veio pedir ao diretor, ficou enchendo o saco semanas e semanas, o diretor

autorizou para ela também. Então se o chefe líder do pavilhão tem uma televisão, um ventiladorzinho, e o que mora num cubículo lá também tem, o que é? Porque eles sabem que, se um pavilhão virar, aí muda tudo. Vai entrar um batalhão de choque, vai entrar os grupos especializados do sistema penitenciário, vai quebrar a televisão, vai fazer uma revista minuciosa. Aquele cara que está morando há seis meses, sete meses, tranquilo, no lugarzinho dele, no barraquinho dele, como chamam uma subdivisão da cela, já vai ser transferido. Aí perde o que tem ali, sai de cueca, às vezes sai devendo dinheiro porque comprou uma televisão a outro preso de lá mesmo, comprou uma televisão em dez pagamentos, pagou a primeira, o cara não vai querer perder. Então é um comércio e uma troca de tantas coisas que eles colocam isso na balança.

Entrevistador: Então é como se a economia interna deles regulasse o crime?

Jardel: Exatamente.

Entrevistador: É interessante você colocar isso, porque, quando a gente para pra pensar nesses grupos, nas facções, o lugar que teve a facção mais forte do Brasil, o PCC, era onde o sistema penitenciário pegava mais pesado com os presos.

Jardel: Isso o que tu falaste foi o que o diretor, que tem vinte anos de experiência, e o chefe de segurança me disseram. Se a gente tivesse um sistema feito o americano, onde cada cela fosse um preso, onde o preso sequer tivesse uma visita íntima, onde não tivesse uma televisão, um acesso a um livro, uma revista, ou até mesmo via os desvios de conduta de alguns colegas ou via os arremessos, não tivesse um celular, não tivesse como ver o filho e a filha quinzenalmente, onde o preso não tivesse, infelizmente, até mesmo a droga, para desopilar. Por isso foi o que te falei do começo, do caos se gera a ordem. E às vezes, da ordem demais, se gera o caos. Agente penitenciário de Pernambuco anda na praia, mora em favela, na periferia, coisa que é inadmissível em outros sistemas. Você imagina um cara que mora no Rio de Janeiro ou em São Paulo... se agente penitenciário ir morar na favela, em Jardim Ângelo, e sair fardado de preto, feito a gente sai, e todo mundo na rua e os vizinhos saberem que o cara é agente penitenciário, e na rua detrás, ou até mesmo na mesma rua, ter três quatro famílias que frequentam a cadeia onde ele trabalha, e na outra rua detrás ter uma boca de fumo, de um traficante, que já teve preso, e conhece você, e baixa a cabeça quando você passa, e você com uma pistolinha, um revólver, enquanto o cara tem um fuzil?

Entrevistador: Tem que ter tido uma relação de respeito antes.

Jardel: E de saber que perde-se muito com as extremidades. É inexplicável.

Entrevistador: Então mesmo do ponto de vista dos presos que desempenham alguma função interna, os benefícios que ele tem não são muito superiores ao que o outro pode conseguir por outras vias?

Jardel: Exatamente. Porque, de repente, se ele consegue uma autorização do chefe de segurança para que entre dois quilos de carne numa festa de época feito São João para ele fazer um churrasquinho, o outro, o Zé Culézinho, também vai entrar, porque a mãe dele conhece o agente X, que vai estar no plantão Y, e ela vai pedir a ele e ele vai revistar no Raixo X para deixar entrar. Então ele vai ter também uma charque que entra e o outro lá tem autorização, mas não vai ter muita diferença.

Além do trato cotidiano com os detentos, os termos "diálogo" e "negociação" têm a ver com outros tipos de práticas de governança. Dizem respeito, por exemplo, a decisões administrativas passíveis de implementação e que servem para reduzir a tensão nas unidades. É o que acontece, por exemplo, com o andamento de processos no setor penal, que pode afetar diretamente a superlotação, a qualidade da comida ou o fluxo de acesso ao serviço de saúde, por exemplo, que podem ser objeto de discussão e negociação com os cabeças de área. Outros fatores, porém, parecem ter mais importância, como no caso da transferência de detentos ou de seu isolamento administrativo, que pode se dever a problemas cotidianos relacionados a furto de pertences ou problemas de convivência provocados por dependentes químicos ou detentos com menor capacidade de autocontrole. Porém, as situações que dizem respeito ao equilíbrio das relações nos mercados ilegais, que, em última instância, revelam concepções de controle e distribuição informal dos direitos de propriedade, parecem igualmente importantes para a governança das relações sociais na prisão. Relembrando a fala do ASP Jardel, no capítulo 4, sobre a capacidade dos chaveiros de operarem como representantes de dois mundos nas unidades, o representante "faz o jogo da cadeia, como a gente chama, e o jogo da polícia também. Entrega a parcela mínima que ele tem que entregar, aquele pequeno traficante, como a gente chama. Só que foi uma entrega combinada, porque aquele pequeno traficante, em certa hora, já estava afetando o comércio de alguém. É o que eles chamam de carreira solo".

Ou seja, do ponto de vista da governança da unidade, para que a rede de proteção patrocinada pelo Estado funcione, não é nem mesmo necessário falar em corrupção de agentes públicos. Na falta de informações confiáveis a respeito dos detentos, dada a baixa presença de agentes do Estado, o simples ato de delegar funções de controle pela nomeação de determinados detentos coloca os agentes de custódia, principalmente os que detêm funções de confiança, como diretores e supervisores de segurança, na posição de instrumentos para a manutenção do equilíbrio nas relações sociais e na diminuição de conflitos. "Oportunidade" é uma palavra comumente utilizada pelos ASPs para justificar a ação ou não de repressão a determinados tipos de comportamento. Na medida em que um chaveiro fornece informações específicas a respeito de detentos que estão negociando mercadorias ilegais, incluindo o local onde drogas e armamentos estão escondidos, ações coercitivas contra essas personagens decorrem quase que de maneira natural, principalmente se, na avaliação da balança de poder da sociedade dos cativos, a interferência não comportar algum risco imediato para a governança da unidade. Como existem vantagens em desarticular esquemas e organizações criminosas na prisão, que podem render boa avaliação junto aos superiores, e também notícias positivas na imprensa, esse tipo de ação tem mais efeitos benéficos que negativos para os gestores envolvidos. Dessa forma, interferências seletivas, ao contrário de medidas administrativas que visem a uma repressão contínua e irrestrita, apontadas pela maioria dos agentes como indesejáveis ou de realização materialmente impossível, produzem efeitos positivos para a estabilidade do sistema como um todo, desde que não sejam feitas de forma continuada, o que pode gerar uma instabilidade perigosa na sociedade dos cativos.

ARGOS

Nesse jogo, a informação é um bem essencial para a produção de ordem na prisão. Ela tem a ver com redução da incerteza, objetivo precípuo de qualquer instituição, mas também com algo próprio do trabalho de operadores de segurança pública. Aquisição e administração de informações se tornam fundamentais quando não se tem a possibilidade de vigiar de perto as ações de determinados sujeitos ou de utilizar tecnologias avançadas de investigação para a descoberta da autoria de delitos e infrações. Isso coloca o informante como peça-chave para o funcionamento de muitas instituições do sistema de justiça criminal, com particular importância no caso da prisão.

Em muitos casos, a palavra do informante é a única pista ou evidência que um investigador tem em relação a determinado fato ou crime. Normalmente, essas personagens fornecem informações a respeito de eventos ou pessoas específicas em troca de pequenos benefícios, que podem dizer respeito à leniência no tratamento de crimes de menor potencial ofensivo ou mesmo benefícios explícitos de redução de pena e proteção pessoal. A forma como essas relações são administradas depende do nível de discricionariedade envolvido nas atividades dos agentes públicos. Nas prisões, trata-se de instrumento que pode estar previsto em regulamentos e portarias administrativas ou simplesmente compor parte do repertório de práticas informais da administração penitenciária. Em sistemas penitenciários como o do Texas e o do Novo México, até os anos 1980, a utilização de informantes como instrumento de controle da prisão, para denunciar processos de formação de gangues, planos de fuga e/ou rebelião, bem como detentos que incidiam em práticas que podiam trazer instabilidade para as relações cotidianas (roubo, extorsão, estupro, agressão etc.), era parte imprescindível do aparato de controle estabelecido, e sua substituição por outros tipos de instrumentos oficiais levou a uma rápida desestabilização do sistema, que culminou com a disseminação de distúrbios coletivos e casos de violência interpessoal.

No Brasil, o marco normativo e institucional que rege a utilização de informantes ainda se encontra em fase de relativa consolidação e adaptação. Entretanto, desde a última década, o país já conta com regulamentação própria especial a respeito do tema, como é o caso da Resolução n. 1 da Secretaria Nacional de Segurança Pública, de 15 de julho de 2009, e o Decreto n. 3.695, de 21 de dezembro de 2000. Além disso, a literatura especializada já elenca outros avanços, como o aumento da integração entre os órgãos, o aperfeiçoamento de técnicas de obtenção e análise de dados e a capacitação do segmento em diversas forças de segurança pública. Em 2013, o governo federal criou a Doutrina Nacional de Inteligência Penitenciária, classificada com grau de sigilo reservado, principalmente tendo em vista a otimização das ações de combate às organizações criminais oriundas de dentro dos presídios. Infelizmente, o documento ainda não teve o seu sigilo quebrado, e poucas informações sobre seu conteúdo se encontram disponíveis na imprensa. Ao que se sabe, a Doutrina lista uma série de "ações de busca" que podem ser executadas tendo em vista a manutenção da segurança nas unidades prisionais, interceptação postal de correspondências, interceptação de sinais e dados, desinformação e infiltração de agentes. Não deixa de ser irônico que o documento não faça alusão explícita ao uso de informantes entre as técnicas previstas, ainda que o recurso seja amplamente reconhecido pelos operadores e estudiosos de inteligência no sistema, o que só aponta para a defasagem do marco normativo em face das experiências localizadas nos âmbitos estaduais.[3]

Em Pernambuco, o estado possui em seu organograma estrutural uma Gerência de Inteligência e Segurança Orgânica (Giso), ligada diretamente ao gabinete do titular da Secretaria Executiva de Ressocialização. Sua criação remete ao ano de 2004, como resposta à preocupação crescente de controle no sistema, dado o crescimento exponencial do número de detentos, nunca acompanhado de maneira proporcional pelo aumento adequado do efetivo dos agentes de custódia. Inicialmente, a gerência era voltada para o monitoramento de infraestrutura e segurança interna, com a missão de verificar se as unidades atendiam aos padrões de funcionamento estabelecidos pela secretaria em termos de plantão, vestimenta do pessoal interno, distribuição de refeições, respeito aos horários de banho de sol etc. Com a instituição da gerência nos formatos atuais, ela pretende auxiliar na coleta e levantamento de informações pertinentes ao controle do sistema penitenciário e à defesa interna e externa da Seres. Atualmente, a agência faz parte do Sistema Estadual de Inteligência de Segurança Pública de Pernambuco, criado em 2007 pelo governo do estado (Lei n. 13.241), que envolve os subsistemas de inteligência da Polícia Civil, Polícia Militar, Corpo de Bombeiros, Casa Militar e sistema prisional.

As poucas informações internas que pude coletar a respeito do seu funcionamento apontam que, atualmente, pelo menos um ASP em cada unidade integra o corpo de operadores da Giso, respondendo diretamente ao gerente responsável. Cada um desses agentes tem a função de coletar informações relevantes para a segurança da unidade e do sistema penitenciário como um todo, e que se referem, essencialmente, ao controle da população penitenciária, visando à prevenção de eventos como fugas, rebeliões, entrada de armas nas unidades, processos de faccionalização e outros tipos de crimes que possam ter relação direta ou indireta com a instabilidade das relações sociais na prisão. Inclui também o andamento correto do trabalho dos agentes responsáveis pelas unidades, monitorando casos de abuso de autoridade, má administração e corrupção. Por isso, no seu início, a Giso encontrou resistência por parte de alguns diretores e agentes em função comissionada, que viam sua presença mais como uma fiscalização direta das instâncias superiores do que como um auxílio efetivo para a governança das unidades. Com o tempo, o compartilhamento de informações e sua utilidade cada vez mais relevante para o controle da população carcerária levaram a um aparente processo de pacificação do tema, com cooperação mais eficaz entre as partes.

Grosso modo, o trabalho da Giso se organiza a partir daquilo que seus operadores denominam "pesca de arrasto" e "pesca profunda". A primeira diz respeito à coleta de informação que chega por fontes variadas, como, por exemplo, a mídia, como quando uma reportagem denuncia que determinado suspeito de assalto a banco tem relações com indivíduos condenados pelo mesmo crime em outros estados. Esse tipo de pista pode levar a um estudo mais aprofundado sobre o caso, que pode servir de orientação sobre o destino futuro do suspeito dentro do sistema prisional, para que não seja alocado em prisões onde se concentra grande número de presos de facções rivais, ou para que seja cirurgicamente alocado numa unidade cuja configuração de poder local possa anular sua capacidade de articulação. Isso pode chegar, por suposto, ao nível do pavilhão de destino, considerando a possibilidade de que um maior número de detentos possa mantê-lo sob vigilância, a depender da quantidade de informantes no local. A segunda, por sua vez, refere-se ao aprofundamento de investigações a partir de informações coletadas junto a fontes de dentro do próprio sistema prisional, especialmente detentos que operam nesse tipo de função, seja em contato direto com os agentes da Giso, seja pela via de terceiros, como parte da rede dos gestores da unidade ou de outros funcionários que atuam no sistema. Pode ser o caso, por exemplo, de um detento que informa a respeito de um boato sobre certo grupo de outro estado que pretende explodir a muralha de uma unidade em determinada data. A partir disso, os agentes podem começar a levantar quais presos têm contatos específicos naquele estado, procurando mais informações que deem conta da veracidade ou não do plano em questão, para depois tomar as medidas de segurança cabíveis, conforme a situação e os detentos envolvidos, que podem resultar na simples realocação dos comparsas do grupo em outro pavilhão, na transferência de unidade ou na mudança de regime disciplinar.

É claro que esse sistema não é a única fonte de coleta e disseminação de informação entre os agentes nas unidades e os gestores da Seres. Diretores de unidade, supervisores de segurança, chefes de plantão e mesmo sem função comissionada eventualmente se dedicam à construção de uma rede deste tipo, por meio da troca dos mais variados favores, envolvendo um grande número de detentos com perfis e posições diferentes. Os próprios chaveiros não são a única fonte de que dispõem os gestores para acompanhar e interferir no equilíbrio de poder dentro das unidades prisionais. Afinal, os ASPs reconhecem que a posição desses colaboradores é essencialmente ambígua, comportando uma série de interesses pessoais que muitas vezes se mesclam com os de organizações criminosas e facções prisionais mais amplas. Saber se aquilo que um chaveiro diz ou por que ele repassa determinado tipo de informação é parte das tarefas de inteligência dos gestores da unidade. Outros detentos que exercem funções comissionadas podem auxiliar nesse processo, mas também existem aqueles com quem se mantêm relações insuspeitas, marcadas o mais das vezes pela discrição, já que a possibilidade de acesso a determinados segredos está diretamente relacionada à distância que um detento aparenta ter para os demais em relação à polícia. Para usar a gíria da prisão, nem todo "gato" parece "gato".

Aqui, é preciso ter em mente certo nível de imbricação entre os mercados ilegais citados no capítulo anterior e as negociações a respeito da informação. Afinal, também entre detentos, informações são moedas valiosas que podem ser negociadas com agentes em troca de inúmeros favores. Na prática, o recebimento de uma função comissionada, a transferência de pavilhão para um local mais protegido, a permissão da entrada de uma televisão, a facilitação com a documentação de uma visita íntima e mesmo uma transferência de unidade podem ser utilizadas nessas negociações, dependendo, principalmente, daquilo que se oferece, a respeito de quem se informa e para quem. Dessa forma, gestores na posição de direção e, principalmente, supervisão de segurança costumam ter mais recursos disponíveis para sustentar uma rede de informantes, mas também aqueles em posição superior na Seres. Em 2016, o próprio responsável pela secretaria assumiu que mantinha diálogos com os detentos por meio de um aparelho celular, possivelmente se referindo àqueles presos que se prestam ao papel de informantes, atuando como *brokers* dos fluxos tradicionais de informação que passam dos gestores das unidades e/ou agentes de inteligência para as instâncias superiores do governo.[4] Assim como ele, tomadores de decisão localizados em posições importantes no sistema também aparentam administrar uma rede própria de informantes. E no andar de baixo a coisa também não é diferente. Afinal, um ASP pode coletar informações até mesmo de maneira acidental, numa conversa com um detento em algum momento, por exemplo, e pequenos favores sempre podem ser concedidos sem grandes problemas em unidades prisionais pouco rigorosas com o cumprimento do regulamento. A eficiência na coleta e no repasse de informações pode ser um bom critério para ganhar confiança de superiores, assim como uma tática de sobrevivência num sistema penitenciário permanentemente sujeito a eventos como fugas, rebeliões e motins, que não raro resultam em ameaças e danos para a integridade física dos que trabalham na prisão. Vale a pena conferir na íntegra os depoimentos de Matias, um dos ASPs entrevistados a esse respeito.

> Entrevistador: Você considera que [informação] é uma parte essencial para manter o controle da prisão?
>
> Matias: Sem dúvida. Com base nas informações, a gente evita muitos conflitos. Desde assassinato a rebeliões, tudo. Inclusive presos que vêm de outras unidades, a gente já traça o perfil do cara, já vê da área que ele é, se ele tem algum conflito aqui, quem seria o conflito dele aqui, já para não trazer o cara para cá, para o primeiro vacilo que der, a turma matar ele. Então existe também isso, apesar das nossas deficiências de estrutura, investimento, pessoal, a gente tenta fazer esse trabalho.
>
> Entrevistador: Você se lembra de alguma situação clara em que se evitou uma fuga ou algo pior por causa desse sistema? O que vocês fazem nesses casos?
>
> Matias: Vamos lançar um exemplo. Quando a gente tem um informe de que vão colocar explosivos na muralha, a gente faz todo um estudo em cima disso, através de testemunhas, através do X-9, do informante. Faz

todo um estudo e vê qual é a veracidade daquilo ali, é tipo um quebra-cabeça, você vai montando um quebra-cabeça, até o limiar que você chegar a 80% de certeza daquilo ali, para você atuar. Como muitas vezes a gente avisou no Cotel, não deram a devida atenção, não transferiram, e aconteceu. Esse caso mesmo, da explosão numa das unidades do Complexo, foi previamente avisado. Muitas vezes a gente esbarra na parte burocrática da coisa, com relação à transferência de presos aqui que eram para estar, com certeza, em presídios federais, devido a uma articulação que possuem tanto dentro do presídio quanto fora.

E também o diálogo um pouco mais longo que mantive com o ASP Jardel, que expressa muito da importância da rede difusa de coleta de informações, inclusive da parte de posições inferiores na hierarquia do sistema penitenciário:

Entrevistador: E seu contato com a população prisional, nas posições em que você trabalhou, é mais via lideranças prisionais ou não tem um padrão?

Jardel: Tem um padrão de trabalho. É o contato 24 horas com as lideranças. Inclusive com a revolução tecnológica, essa história de mídias eletrônicas... Infelizmente muitos deles têm, quase que a maioria ou a totalidade tem aparelhos, inclusive com internet, Facebook, tudo. Alguns deles a gente até permite, por questões de segurança — a própria secretaria sabe disso, e os órgãos de inteligência que copiam a gente, mapeiam a gente —, mantêm contato com esse pessoal. Por exemplo, eu sou o encarregado de [...], aí eu tenho de estar com o chefe do rancho na linha, para qualquer problema. Então eu largo e ele passa uma mensagem: "Chefe, vieram agora três elementos e roubaram o fermento. Então amanhã não tem fermento pra bolo." Aí eu já vou, no dia seguinte, e me antecipo, falo com o diretor, trago o fermento, reponho, procuro saber quem vendeu, pra quem vendeu, posso colocar no castigo. Então tem uma informação e uma contrainformação ocorrendo.

Entrevistador: Então vocês têm que elaborar uma rede de informação? Da unidade ou particular também?

Jardel: Temos que ter. Tanto pelo andamento do trabalho, quanto das investigações criminais. Quem faz isso fortíssimo é a inteligência do sistema penitenciário, a Giso, a Gerência de Inteligência.

Entrevistador: Sempre ligado à ideia de controlar a prisão, no sentido de reduzir a violência e ocasiões de fuga, rebelião etc.

Jardel: E de manter a normalidade da cadeia. Tu imaginas uma cadeia dessas, com 1.700 homens, faltar pão? De repente, de meia-noite, a correia da máquina que faz o pão quebra, ou o forno fica sem gás. O diretor mesmo, todos os diretores das unidades praticamente não dormem, pois têm o contato direto com esse pessoal também, que são, na grande maioria, lideranças criminosas [...] Agora, 90% do nosso contato, os supervisores de área, são esses que trabalham; 10% são aqueles que estão infiltrados no pavilhão, e os outros sequer sabem que têm contato com a gente. Têm aqueles que você já conhecia de outras cadeias, que quando chegam aqui, de pronto a gente já arruma um pavilhão bom pra eles, tudinho. Aí o telefone deles já chega pra gente. Aí eu fico mantendo o contato. E eles, do lado de lá, ficam entre Deus e diabo. Eles não podem dizer o esquema, para não vazar; se lá tem uma fábrica de cachaça, um tráfico de drogas, eles ficam acuados para dizer. Mas de repente eu quero uma informação se tem armas. Aí eles mesmo dizem: "Não, meu chefe, tem uma arma, em tal cela, só que ninguém sabe onde está." E aí a gente fica na busca. Porque, pra eles mesmos, uma arma na cadeia é um risco altíssimo. Porque é um superpoder, um desequilíbrio de forças entre eles mesmos. Imagina, um pavilhão tem uma arma de fogo, outro pavilhão não tem.

Acredito que essa preocupação a respeito do controle de informações, de resto típica de qualquer organização, tenha algo a nos dizer sobre a própria natureza da autoridade no contexto de instituições penais. Afinal, a transição da aplicação de regras formais para a ação, ou o modo como os agentes de custódia vão lidar com determinados comportamentos dos detentos, diz respeito a um exercício de interpretação, em que a situação particular é confrontada pela norma geral. A todo instante, os agentes precisam escolher entre diferentes tipificações das situações que envolvem as pessoas sob custódia. O julgamento a respeito da gravidade, intencionalidade e/ou racionalidade de determinado ato, gesto, palavra ou mesmo postura corporal vai se orientar por uma série de fatores, que incluem o perfil do agente em questão, o clima da instituição, o risco percebido a respeito da situação ou do ato em julgamento, as pressões externas e os estereótipos a respeito de comportamentos associados a determinado "tipo" de detento — o noiado, o robô, o cabeça de área, o chaveiro, o matador, o traficante, o preso de confiança etc. Porém, tudo isso vai ser diretamente afetado pela quantidade e qualidade das informações disponíveis para os agentes a respeito de determinada situação. Sabe-se mais sobre um detento a respeito do qual se conhece a história pregressa na prisão do que sobre um recém-chegado. Decide-se com mais justeza um dilema ou resolve-se com mais facilidade um problema sobre o qual se disponha de informação de várias fontes do que nas situações em que só se pode contar com uma única testemunha interessada, por exemplo. Consequentemente, a eficácia na aplicação de medidas coercitivas ou na distribuição de incentivos vai estar diretamente ligada à qualidade e quantidade de informação disponível, bem como à capacidade do tomador de decisão em interpretar os dados da realidade de maneira correta.

A literatura especializada faz referência a pelo menos seis bases diferentes de poder dos agentes numa instituição prisional:[5]

- Coerção — uso da força, segregação administrativa, transferências etc.
- Recompensa — distribuição de privilégios, empregos, relatórios favoráveis etc.
- Legitimidade — autoridade formal porque reconhecida pela lei.
- Troca — sistema de recompensas informais, leniência etc.
- Expertise — resolução de problemas, conhecimento da área.
- Personalidade — respeito, habilidades de liderança, reputação, forma de tratamento.

Detentos podem apresentar maior inclinação à obediência ou responder a uma dessas bases em detrimento das outras. Dependendo do histórico criminal da população penitenciária, do regime disciplinar, do clima da instituição e do tipo de infração em jogo, recompensas podem trazer mais resultados do que coerção, por exemplo. Obviamente, a separação aqui é analítica, já que não se pode ter em conta a eficácia da distribuição de incentivos, por exemplo, caso não se tenha em mente a ameaça ao menos potencial do exercício ativo da coerção. A mudança do enfoque de uma base de poder para outra pode depender de mudanças na filosofia ou na orientação da política pública, mas também como forma de adaptação a determinados contextos de privação de recursos e capacidades. Esse último caso pode explicar de maneira bastante clara o processo de concentração de prerrogativas em personagens como os chaveiros, por exemplo. De qualquer forma, não me parece de todo exagerado falar em uma *sétima* base de poder nas instituições penais, que diz respeito, justamente, à *informação*. Afinal, esse é um elemento que não só possibilita o exercício ativo das outras formas, como também produz, por si mesmo, obediência, na medida em que o conhecimento a respeito daquilo que os detentos estão fazendo aparece como um dos pilares sobre os quais se assenta o poder dos ASPs, principalmente em contextos de deficiência de agentes de custódia e impossibilidade de contato visual frequente, como é o caso do Complexo do Curado e outras prisões de Pernambuco. Em um sistema como esse, o domínio e o controle do fluxo de informações é essencial para a produção de ordem, que também passa pela obediência dos detentos, passíveis de um maior nível de conformidade na medida em que se apercebem do nível de informação dos gestores a seu respeito.

É claro que se trata de um processo imperfeito. O fato de os agentes recorrerem a diferentes fontes de informação não quer dizer que qualquer processo de tomada de decisão possa ser ponderado a partir do recurso a fontes sempre variadas. Uma análise completa de todas as alternativas envolvidas que expliquem determinado evento ou fenômeno, fornecendo o curso de ação com maior probabilidade de sucesso, é algo que consome tempo, exigindo adiamentos potencialmente longos para identificação, exame e mapeamento das alternativas disponíveis. É bem difícil acreditar que agentes em cargos de gestão em unidades prisionais como as de Pernambuco, onde é preciso lidar quase sempre com a necessidade de improviso e a contenção de crises em tempo hábil, tenham sido selecionados pela sua demora em tomar decisões importantes, entravando o bom andamento das instituições. Além disso, uma avaliação comparativa meticulosa de várias opções é sempre algo difícil e cansativo. Para cargos que já lidam com uma grande quantidade de problemas cotidianos e um nível elevado de tensão, isto significa aumentar as fontes de tensão, e por vezes a incerteza, em vez de diminuí-las. A falta de paciência ou mesmo de recursos disponíveis contribui para que a maior parte dos tomadores de decisão, em situações assim, selecionem a opção mais fácil ou verossímil, como forma de diminuir os custos envolvidos no processo de tomada de decisão, numa tendência descrita na economia como *satisficing*, termo que engloba as palavras inglesas *satisfy* (satisfazer) e *suffice* (ser suficiente). Trata-se, portanto, de tomar uma decisão suficientemente boa e de maneira ágil. É por isso que personagens importantes para a governança da prisão, como os chaveiros, detêm tanto poder diante dos ASPs e dos demais presos. Em contextos de incerteza, eles são detentos selecionados, entre outras funções, para operar como simplificadores do processo de tomada de decisão, a partir de informações privilegiadas que, o mais das vezes, são processadas como verossímeis pelos tomadores de decisão, a não ser nos casos em que envolvam interesses contraditórios ou flagrantes evidências em contrário.

    Informação é um elemento-chave para que gestores e agentes possam conduzir o andamento da prisão mediante práticas cotidianas que só apelam para dispositivos diretos de controle, como uso da força, isolamento, revistas ou bondes, em situações de exceção. Afinal, ela diz respeito ao controle da incerteza, objetivo precípuo de qualquer organização, guardando relação direta com a previsibilidade e a segurança dos ASPs envolvidos. Sem informação, dificilmente seria possível a instituição daquela série de acomodações a pequenos delitos e comportamentos que constitui o andamento normal de grande parte das prisões no mundo. Nesse jogo, regras e relacionamentos operam como recursos à disposição, dos quais se vai fazer uso quase sempre de maneira seletiva, por meio do julgamento pessoal de agentes muito mais preocupados com a manutenção da ordem nas unidades do que com a estrita aplicação dos regulamentos formais.

É importante ressaltar que até mesmo as novas filosofias gerenciais da prisão no século XXI reconhecem a importância daqueles procedimentos e condutas dos guardas que escapam ao estrito regulamento formal. Nenhum agente de custódia pode confiar inteiramente no uso da força para controlar os presos, em qualquer prisão que seja. Quase sempre, prisões implicam exercício do poder como uma relação que exige certa dose de complacência entre os dois lados envolvidos. Uma ordem que é percebida como justa ou legítima tende a ser mais bem recebida e gerar menos fricções. De certa forma, isso significa que o reforço universal e indiscriminado das regras pode ser contraproducente. Existe, portanto, certa tendência para que a prática cotidiana dos agentes de custódia se afaste um pouco dos procedimentos formais e se aproximem do aspecto cultural envolvido na boa governança das relações na prisão. É um trabalho que envolve determinado nível de discrição, isto é, a habilidade de avaliação dos contextos e das regras envolvidas durante o procedimento de tomada de decisão.

Não é raro que determinados contextos criem situações dissimilares que vão requerer julgamentos caso a caso dos agentes envolvidos, o que pode demandar certa flexibilidade para com a aplicação de regras, tendo em vista a produção de resultados eficazes. Logicamente, isso cria desconforto e abre brechas para inúmeros problemas. Do ponto de vista da burocracia moderna, procedimentos de agentes públicos considerados legítimos são aqueles previstos, regulamentados e reforçados por um conjunto de regras formais estabelecidas. A bibliografia sobre prisões é muito clara a respeito da importância desse tipo de procedimento formal para a criação de ambientes minimamente seguros, que possibilitem a reinserção social dos detentos. Além disso, o manejo demasiado flexível de regras abre sempre espaço para que os próprios agentes sejam alvos de reprimendas legais, legitimamente justificadas. É por isso que alguns autores vão enfatizar a necessidade da formalização mesmo desses desvios possíveis nas regras formais. Pode parecer ambíguo, mas é possível pensar em um código que oriente os limites para o eventual descumprimento de um outro código dentro da administração pública. Isso porque o próprio nível de desvio permitido na conduta de um agente público tem de ser previsto para sua proteção e a do público com que lida. É o que acontece, por exemplo, com procedimentos operacionais de inteligência, ou que orientam a conduta que um policial pode ter para com um informante, a qual pode envolver, em determinada circunstância, algum tipo de negociação ou mesmo suborno que não poderia ser aceito normalmente.[6]

Quando isso não acontece, a informalidade ou a ilegalidade dos atos pessoais abre espaço para dilemas reais com os quais os agentes públicos precisam lidar cotidianamente, nem sempre com sucesso. Com efeito, há infrações de regras que não deveriam ser permitidas sob nenhuma circunstância, impossíveis de se tornarem objeto de negociação para a maior parte das pessoas — o assassinato ou a tortura de um detento, por exemplo. Além disso, na ausência de procedimentos formais para esse tipo de atuação, os agentes podem se ver envolvidos em punições administrativas ou mesmo processos legais, caso a informação a respeito de determinados atos não seja julgada da mesma forma pelas instâncias superiores ou de fiscalização. Enquanto um diretor ou supervisor de segurança pode ver como normal o ato de nomear um preso para exercer funções de controle como a dos chaveiros, por exemplo, com os quais, muitas vezes, pode manter comunicação por aparelho celular, um promotor público ou delegado de polícia pode interpretar o ato do ponto de vista da pura ilegalidade envolvida no fato material. O simples ato de gerenciar uma cantina não regulamentada, por exemplo, lidando com dinheiro que informalmente deve servir para pagar despesas e melhorias das unidades, que não podem ser contabilizadas oficialmente, dadas as prescrições de contratação na administração pública, abre espaço para punições administrativas e sanções legais que não raro precisam ser negociadas com outros agentes públicos de outras esferas, os quais, por sua vez, precisam também agir com discrição e flexibilidade não previstas formalmente, o que os coloca em posição de fragilidade em face de outras instâncias superiores ou fiscalizadoras, e por aí vai. Isso coloca o agente em questão não só numa posição sujeita a punições formais, como ao tipo de negociação política que por vezes se estabelece quando partes interessadas se colocam de posse de informações comprometedoras, o que pode incluir chantagem, intimidação etc.

Em outras palavras, um sistema como esse acaba se assentando num nível formidável de discricionariedade dos agentes públicos envolvidos na sua governança. O próprio fato de os gestores tomarem para si a responsabilidade de nomeação, de reforço da autoridade e de administração dos chaveiros, presos essenciais para a produção de ordem, mas sem qualquer respaldo jurídico para o exercício de sua atividade, coloca os gestores e agentes numa permanente corda bamba. Nesse sistema, aquele elemento relativamente normal, que separa a regra formal da situação particular, mediada pelo julgamento, tão comum ao trabalho de qualquer operador de segurança pública, chega ao paroxismo, produzindo um nível de tensão permanente para esses profissionais e todos aqueles envolvidos diretamente na governança da prisão, além de outros efeitos não intencionados.

Assim, a ausência de regras formais cria uma cadeia quase infindável de negociações que se estabelecem pelo processo contínuo de relacionamento entre atores e instituições. Esse fluxo pode ser bruscamente interrompido pela entrada de novos atores não previstos inicialmente — um defensor dos direitos humanos que ofereça alguma denúncia de irregularidade, a entrada de um novo grupo político no comando do governo do estado, mudanças internas nas instituições de fiscalização e controle —, acarretando prejuízos para as partes envolvidas, mas não raro também um desequilíbrio momentâneo das relações que pode implicar momentos de ruptura ou conflitos abertos na prisão. Nessa *rede de comprometimentos mútuos*, a franca ilegalidade, com fins outros que não a simples governança das relações sociais, pode acabar também permeando negociações escusas, que visam o lucro puro e simples ou a aquisição de benefícios variados pelo exercício político do poder, a depender dos atores envolvidos e do nível de informação que possuam sobre os demais.

Com efeito, a manutenção da ordem se beneficia da maleabilidade, mas não raro paga o preço do abuso. O relacionamento informal e não fiscalizado entre detentos e agentes penitenciários pode facilmente degringolar para a relação de corrupção pura e simples. O fato de que um agente penitenciário saiba e aceite que não está sob seu poder coibir o fluxo de drogas dentro da prisão ou que este deve ser tratado com certa condescendência tendo em vista a necessidade de controle dos pavilhões, que podem ter seu equilíbrio abalado pela ação de detentos insatisfeitos com o rigor excessivo da fiscalização, torna o ato de compor ou não com as redes e grupos que controlam esse mercado uma decisão moral de caráter pessoal, na medida em que o reforço dos custos institucionais aparece também como inserido numa cadeia de negociações. Perdido por um, perdido por mil, diz o ditado popular. O caminho entre a condescendência e a cooperação pode ser longo, mas também curto. A relação entre efeito dissuasório do comportamento humano e certeza da punição ganha aqui contornos relevantes. A negociação que se estabelece com instâncias superiores para a flexibilidade com determinados procedimentos e cursos de ação enfraquece a percepção dos riscos envolvidos na apreensão seguida do processo legal. O espectro daquilo que pode ser negociável sempre pode ser expandido, a depender da posição, dos recursos e das informações dos atores envolvidos.

Em um sistema frouxamente articulado como a prisão, em que as partes que o constituem muitas vezes não possuem qualquer ligação formal, as relações de discrição e flexibilidade implicam determinado nível de segredo. A administração de uma unidade pode não achar necessário ou desejável que instâncias governamentais superiores saibam com detalhes tudo o que se negocia ali. Essas instâncias, por sua vez, podem ter motivos de sobra para não compartilhar a totalidade das informações da gestão penitenciária com instituições responsáveis pelo controle externo da prisão. Até mesmo dentro de uma unidade, pode não ser desejável que os ASPs saibam das ações de um diretor ou chefe de segurança e vice-versa. E, obviamente, a relação entre detentos e agentes de custódia jamais se pautará pelo critério da transparência e da confiança absoluta, dada a disparidade de interesses em jogo, ainda que se trate de detentos concessionados ou informantes de longa data. Afinal, o desequilíbrio de informações implica sempre desequilíbrio de poder.

O segredo, porém, é uma faca de dois gumes. Não raro descamba em ruídos de comunicação que geram consequências não intencionadas por nenhum dos atores envolvidos. A literatura especializada já detectou que problemas de comunicação podem levar a rebeliões e outros eventos desastrosos no cotidiano das prisões. O caso da rebelião narrada anteriormente, em que um preso recebe aviso que vai para uma audiência, mas julga que se trata de uma transferência "mascarada", instigando a população penitenciária a reagir contra aquilo que é lido como um "abuso" naquele momento, é só um exemplo do tipo de risco envolvido num sistema assim. E não é preciso que esteja em jogo algo sempre tão precário em termos de relações de confiança como a comunicação entre detentos e agentes de custódia. A simples desconfiança mútua entre um diretor ou supervisor de segurança ou a interpretação diferente de uma mesma situação pode provocar eventos desastrosos como esse. Da mesma forma, é possível que ordens de substituição de determinado agente ou mesmo chaveiro de um pavilhão vindas de instâncias superiores acarretem graves desequilíbrios nas relações sociais de uma unidade. Mais de uma vez presenciei discussões em que defensores dos direitos humanos confrontavam superiores da Secretaria Executiva de Ressocialização a respeito da intenção precipitada de retirar determinado agente de uma posição de gestão na sua unidade. Frequentemente, tais decisões eram tomadas tendo em vista canais particulares de coleta de informação que nem sempre desempenhavam seu papel de maneira isenta. Dizer algo é quase sempre uma ação interessada. Na prisão, costuma ser um ato extremamente calculado. Um dos desafios do trabalho de monitoramento é justamente o de filtrar as informações que são fornecidas tendo em vista o jogo de interesses por trás delas. Não creio que sempre se consiga, dada a quantidade de atores e variáveis envolvidos. Na verdade, é próprio de um sistema marcado pelo segredo que nenhum dos atores envolvidos possua todas as informações necessárias para agir de maneira adequada. Daí o nível de imprevisibilidade existente nas relações do Complexo Penitenciário do Curado. Em inúmeros aspectos, a governança nodal é quase sempre precária. E os atores aparentemente externos à prisão atuam ora como nódulos que se articulam para a assunção de resultados coletivos, ora como elementos de desagregação, a depender dos interesses, dos incentivos, dos constrangimentos e das situações em questão.

11
A família estendida da prisão

DÁ CÁ UM ABRAÇO

Demorou alguns meses até que eu entendesse algo das complexas relações de poder envolvidas na nossa segurança pessoal, dentro e fora da prisão. Não é só que os estereótipos acerca do nível de periculosidade dos detentos fossem se dissipando com o tempo. Afinal, várias das pessoas com que me deparei nas unidades visitadas demonstraram ser bastante razoáveis e sem qualquer disposição de atacar um visitante sem razão ou provocação imediata. Porém, a possibilidade de ser alvo de uma tentativa de tomada de refém, em uma eventual rebelião ou tentativa de fuga, é, sim, um risco para qualquer visitante externo, principalmente em contexto de pouca presença de efetivo policial, como é o caso das prisões em Pernambuco. É preciso bem mais do que a capacidade de diálogo para se manter seguro em espaços assim, principalmente na ausência de guardas armados. No caso da minha posição como acompanhante de uma defensora de direitos humanos, minha segurança passava por relações complexas de natureza política, mas também pela reputação dos envolvidos, cálculos instrumentais, sentimentos de gratidão e outros fatores.

Talvez o evento mais representativo do tipo de relações envolvidas na preservação da nossa segurança pessoal tenha ocorrido durante uma visita a uma das unidades do estado que não faz parte do Complexo. Durante um longo dia de inspeção nas celas de castigo e nos pavilhões da unidade, fomos surpreendidos com uma conversa que se desenrolava na supervisão de segurança, que desembocou numa revelação inesperada. No local estavam dois detentos e três agentes, um dos quais aproveitou nossa entrada para pedir que servíssemos de testemunhas quanto ao tratamento que estavam dando ao caso. "O problema é com esse rapaz aqui", disse um deles, pegando com cuidado no braço de um homem alto e careca, de braços fortes, que aqui chamarei de Levir. Em poucas palavras, o ASP, codinome Gena, resumiu o imbróglio em que o rapaz havia se metido nas últimas semanas. Traficante conhecido na prisão, ele teria acertado uma transação de venda de drogas com um criminoso de outro pavilhão, que deveria ser concretizada numa favela da periferia da capital. O problema é que, ao mesmo tempo, Levir se articulara com um grupo de policiais corruptos, com quem já tinha relações anteriores, para combinar o flagrante e a apreensão da droga, de modo que ficaria com o dinheiro da transação, além de mais uma parcela do carregamento que seria liberado pelos policiais em troca da informação. O problema é que os policiais o traíram e aproveitaram a ocasião para apreender o dinheiro, a droga e todos os envolvidos, informando de quebra aos comparsas do outro traficante que a operação havia sido "dada" por Levir. Enfurecido, o criminoso traído, que não podia investir logo de saída contra o seu novo inimigo, já que os dois habitavam em pavilhões diferentes, encomendou o assassinato da esposa do sujeito, num atentado que deveria ocorrer nas imediações da prisão, depois de um dia de visita. Acontece que a moça não comparecera e os pistoleiros quase executaram uma outra mulher, que estava de saída da unidade mas não tinha nada a ver com o assunto, e que escapou na última hora porque um dos pistoleiros achou por bem averiguar se o seu rosto batia com o de uma fotografia que trazia no celular. A notícia se espalhou e Levir descobriu que havia conquistado um inimigo poderoso na prisão. Agora, o agente procurava um jeito de dar proteção ao detento e evitar mortes.

— Você garante ele lá, Flávio? — perguntou o ASP ao outro detento, um rapaz que vestia camiseta do Sport, de olhar tranquilo e corte de cabelo estilo moicano, que ouvia a tudo com os braços postos atrás das costas, em postura quase militar.

O chaveiro respondeu que não havia qualquer problema da parte dele, pois Levir era seu amigo e ninguém mexeria com ele no pavilhão.

— O problema é fora daqui, com a família. Nesse ponto, eu não posso fazer nada. — Gena então decidiu que o detento não receberia qualquer visita no próximo mês, para preservar a vida das pessoas, até que os ânimos se acalmassem. — Dê um jeito de avisar ao seu pessoal que não venha. Fique suave, na sua — alertou, ele, completando: — E vê se não se envolve nesse tipo de situação depois. Onde já se viu um negócio desses? Envolver-se com policial corrupto...

O detento, que até então permanecera na negativa, instado a dar uma opinião sobre o caso, acabou confessando sua parcela de culpa na situação, ainda que de maneira discreta:

— Tudo bem, eu sei que foi errado. Mas é que maloqueiro não devia se envolver nesse tipo de coisa. Eu não sou moleque. Maloqueiro tem mais é que se ferrar mesmo!

Sorrindo, o agente alertou o chaveiro para que não caíssem em nenhum truque do traficante rival.

— Você não dê ouvidos a nenhuma ordem mal-assombrada de transferência de pavilhão ou de unidade. Só deixem tirar esse rapaz do lugar se for comigo ali. Ninguém fala em meu nome nesse caso, absolutamente ninguém.

Ato contínuo, o detento foi escoltado até seu pavilhão. Assim que ficamos sós com Gena e o chaveiro, este último se virou para Wilma e perguntou:

— A senhora é dona Wilma, dos direitos humanos, não é? Pois antes de tudo deixa eu dar um abraço na senhora e agradecer! — Não era o tipo de coisa que esperávamos àquela altura, mas eu já tinha visto cenas de afeto parecidas durante outras visitas, em outras unidades. — A senhora não está se lembrando de mim, não é?

Enquanto Flávio relatava sua história, era possível ver que Wilma ia se lembrando do caso aos poucos. O destino dos dois havia se cruzado pela primeira vez fazia vários anos, quando da primeira passagem do rapaz pelo sistema penitenciário. Assim que chegara à unidade para a qual tinha sido encaminhado para o cumprimento de sentença, alguma coisa dera errado na administração da segurança do local, porque ele terminara sendo alocado exatamente no pavilhão onde o detento que ocupava a posição de chaveiro havia tido um irmão assassinado por ele, em guerra da rua. Flávio sequer tivera tempo de entender o que estava se passando e logo foi atacado por um grupo da milícia do chaveiro. Espancado severamente, foi atirado na cela de castigo do pavilhão, sob ameaça de que morreria nos próximos dias, depois de sofrer ainda mais pelo crime que cometera. Para sua sorte, durante a noite, um antigo comparsa seu, que também habitava o pavilhão, mas tinha decidido permanecer incógnito, conseguiu lhe repassar um celular, com um papelzinho onde havia um número escrito. "Se você quer ficar vivo, liga para essa mulher e conta sua história. Só ela pode lhe ajudar." O telefone era o de Wilma, que, informada do acontecimento, no dia seguinte aparecera na unidade, para uma visita-surpresa. Após inspecionar várias partes da prisão que não diziam respeito ao caso, pediu para entrar na cela de castigo do pavilhão e deu com Flávio, bastante machucado e amedrontado. Imediatamente, acionou a direção da unidade e ameaçou denunciar o caso à Justiça e levar ao conhecimento da imprensa, caso o detento não fosse transferido logo para a enfermaria e mantido sob estrita vigilância, até que conseguissem uma transferência para outra unidade onde não sofreria risco de morte. Em poucos meses, Flávio já estava em outra cadeia, em segurança, mas nunca tivera oportunidade de agradecer pessoalmente o que ela tinha feito por ele.

— O que a senhora precisar, no dia que precisar, não hesite de vir falar comigo — disse o chaveiro. Aquela era a primeira vez que eu via uma manifestação tão explícita de agradecimento e simpatia vindo de um detento nessa posição, já que, o mais das vezes, os chaveiros costumavam nos recepcionar com desconfiança ou mesmo resistência explícita. Durante uma das visitas que fiz à prisão, um detento me relatou calmamente como ele e outros haviam impedido uma tentativa de assassinato contra Wilma, arquitetada por um chaveiro que havia combinado com um pistoleiro para executar a ativista assim que ela saísse da unidade. Em outra situação já relatada aqui, vários detentos se apressaram em denunciar um plano de assassinato que aparentemente envolvia um agente corrupto do Estado. Perdi as contas das vezes em que vi detentos chamarem-na de "mãe", abraçando-a calorosamente, ou ouvirem aconselhamentos ou verdadeiros pitos num tom que nenhum daqueles homens estaria normalmente disposto a aceitar de ninguém.

No meu entender, esses fatos explicam não só a nossa segurança pessoal nas unidades, como também fora dela. As obrigações que o trabalho ativo de monitoramento das prisões e proteção aos direitos humanos acabam gerando praticamente independem da vontade dos ativistas e de modo algum estão sob seu controle. Como um público tradicionalmente preterido pelas redes estatais de assistência e proteção de direitos, os detentos demonstram muita consciência da importância da preservação da integridade física das pessoas envolvidas nesse tipo de trabalho e mantêm relações cordiais com elas. Afinal, as posições se invertem muito facilmente na prisão; quase todo preso sabe que amanhã pode estar do lado mais fraco da balança. Situações como as relatadas também dizem muito sobre a eficácia do trabalho de controle externo na prisão e como ele opera como parte da rede de governança nas unidades.

FRONTEIRAS SEM LIMITES

Falar na eficácia de determinados tipos de controles externos não significa dizer que o sistema penitenciário funcione a contento ou dentro dos limites previstos na legislação. Não significa nem mesmo dizer que as instituições oficialmente responsáveis por ele conseguem realizar plenamente essa tarefa. Aqui, os resultados, em termos de governança, são essencialmente limitados. E talvez não estivessem previstos nas intenções iniciais de qualquer uma das partes envolvidas nessa rede.

Interpretar a prisão como um sistema frouxamente articulado, mas capaz de coordenar resultados por meio de uma rede de nódulos que abrange instituições legais e extralegais, estatais ou não, significa operar com um nível de complexidade bastante elevado. O paradigma, entretanto, serve para ampliar concepções a respeito do escopo, *modus operandi* e limites de atuação de diversas instituições, que nem sempre são aquilo que aparentam ou mesmo que acreditam ser, quando consideradas no seu aspecto relacional. Analisadas como uma rede, as instituições governamentais não se apresentam como monólitos de interesse, ou agregados coerentes de partes que sempre colaboram para a produção de resultados coordenados. Numa mesma unidade prisional do estado, diretores, supervisores de segurança e outros agentes penitenciários com cargos de gestão nomeados pela Secretaria Executiva de Ressocialização têm de enfrentar cotidianamente dificuldades de relacionamento com os demais agentes penitenciários, que não dispõem dos mesmos incentivos para executar suas funções a contento. Além disso, precisam lidar com profissionais que sequer fazem parte da mesma corporação, com diferentes especializações ou regimes trabalhistas, o que inclui médicos, enfermeiros, assistentes de enfermagem, psicólogos, psiquiatras, professores, assistentes sociais e defensores públicos. Alguns deles não fazem parte oficialmente do corpo de funcionários da Secretaria de Justiça e Direitos Humanos, sendo oriundos da Secretaria Estadual de Saúde, da Secretaria de Educação ou mesmo de órgãos que não fazem parte do Executivo estadual, como é o caso da Defensoria Pública. É normal que divergências a respeito da forma como o trabalho de cada um deve ser executado, incluindo procedimentos de segurança e tratamento com detentos, surjam durante esse processo, devendo ser contornadas pelos gestores e demais envolvidos. A escolha da solução muitas vezes contribui para a ocorrência de conflitos que atrapalham o andamento administrativo da unidade.

Em mais de uma ocasião, agentes penitenciários que usavam de excessiva violência para com detentos foram tema de discussão com diretores e supervisores de segurança. No sistema penitenciário estadual, alguns deles são considerados difíceis de lidar ou manter sob controle, de modo que constantemente são deslocados de unidade, sempre que causam algum tipo de dificuldade ao relacionamento entre gestores e detentos. Em outros casos, cargos importantes nas instituições, como o de diretor e supervisor de segurança, eram preenchidos por indicações políticas de origem distinta, de modo que as relações de subordinação por vezes se faziam permeadas de conflitos e disputas sub-reptícias. Nesses dois anos, acompanhei de perto relacionamentos conflituosos entre gestores, que resultaram em afastamento ou transferência de um deles ao final de longos períodos conturbados, com reflexos, inclusive, na deterioração do relacionamento com presos de confiança, impactando diretamente o ordenamento da vida social na unidade. Por trás desses eventos estavam atos de franca desobediência, problemas de comunicação, conflitos de posição, disputas de ego e até acusações mútuas de corrupção. No exemplo citado no início do capítulo, a desconfiança do agente (que obviamente ocupava um cargo de gestão) em relação aos demais colegas de unidade com relação à segurança de um detento numa situação envolvendo pessoas poderosas no mundo do crime expôs fraturas internas na hierarquia e nas cadeias de comando naquela instituição. No caso do projeto ainda incipiente de um pavilhão de recuperação para dependentes químicos, uma das grandes dificuldades da administração estava em envolver no trabalho o setor de assistência social, já que ele estava demasiadamente voltado para tarefas burocráticas de produção de carteirinhas de visitação e outros tipos de serviço que excluíam a possibilidade de atendimento individualizado.

Do ponto de vista das secretarias responsáveis, o relacionamento com gestores por vezes é marcado pela desconfiança mútua, ruídos de comunicação, assimetrias de poder e de informação. A presença de uma gerência responsável pelo serviço de inteligência, que mantém um agente em canal de comunicação direta com as instâncias superiores da burocracia governamental em cada unidade, é um indício de que existe um esforço por disputar informações a respeito do que acontece nas unidades, para além da relação entre burocracia e cargos de confiança na ponta. A rede difusa de coleta de informações analisada no capítulo anterior é sinal de que os canais de controle e monitoramento interno se dão por inúmeras vias e redes de comunicação. Exercícios frequentes de fiscalização costumam ser realizados sem comunicação prévia aos responsáveis pela pasta pela Superintendência de Segurança Prisional, à qual estão submetidos os gestores das unidades, segundo o organograma da Secretaria Executiva de Ressocialização. É comum que visitas sejam igualmente realizadas pelos titulares das pastas. Além disso, a Secretaria de Justiça e Direitos Humanos conta com uma ouvidoria de Direitos Humanos e diversos dispositivos, como o Comitê Estadual de Prevenção e Combate à Tortura e o Mecanismo Estadual de Prevenção e Combate à Tortura, que operam, ainda que com frequência irregular, como instâncias de controle interno ligadas ao topo de burocracia governamental, provavelmente como mais uma fonte para obtenção de informação e exercício de poder sobre a ponta da cadeia hierárquica do sistema penitenciário estadual. Não é possível ainda compreender se o caráter de articulação fraca dessa rede se deve ao seu funcionamento intrínseco como burocracia governamental ou se fatores como indicações partidárias e de natureza política influenciam nas dificuldades de associação. Afinal, não só o partido do titular da SJDH não é o mesmo que governa o estado, constituindo um grupo político à parte, ainda que integrado por interesses convergentes, como é sabido que existem indicações para diversos cargos que surgem de outras pontas da política, no âmbito Legislativo ou Executivo, envolvendo outros grupos de interesse, o que muitas vezes contribui para blindagens institucionais que quebram a cadeia de comando e dificultam a coordenação das ações.

Outras instâncias governamentais que contribuem para a governança da prisão devem ser levadas em conta. Há alguns anos a Seres organiza anualmente uma caravana que percorre todas as unidades do estado, levando o pessoal especializado das mais diversas áreas (engenharia, assistência social, educação, saúde, segurança, inteligência) para visitas que se estendem durante os três primeiros meses do ano. Esse corpo de burocratas e especialistas tem a função de preparar diagnósticos e discutir possibilidades de melhorias com os gestores responsáveis. Todas as informações coletadas são agregadas em planos individualizados de trabalho, que passam a ser acompanhados em reuniões semanais realizadas no Presídio Juiz Antônio Luiz Lins de Barros (uma reunião para cada unidade), com a presença dos respectivos diretores de instâncias superiores da Seres e da SJDH. É interessante observar que, em espaços assim, temas relacionados ao uso do dinheiro arrecadado na cantina acabam se tornando objeto de discussão entre operadores do sistema, já que se trata de uma verba não regulamentada, mas disponível para execução de pequenas obras, aquisições ou melhorias, que de outro modo seriam bem mais custosas e demoradas, dadas as dificuldades e os custos envolvidos nos procedimentos licitatórios normais do Estado brasileiro.

Esse espaço também conta com a participação de profissionais da Secretaria de Planejamento e Gestão (Seplag), que aproveitam a ocasião para discutir com os gestores das unidades problemas relativos aos indicadores acompanhados pela secretaria. Nesse ponto, vale uma palavra sobre a forma como o sistema penitenciário estadual é acompanhado pelas instâncias responsáveis pela gestão do Pacto pela Vida, política de segurança implementada pelo governo do estado a partir de 2007. No coração do seu funcionamento está o chamado Comitê Gestor, mecanismo de monitoramento que passou a funcionar de modo regular a partir de 2008, com a coordenação política do governador do estado e coordenação técnica da Seplag, de modo processual e dinâmico, com modificações, aperfeiçoamentos e retrocessos ao longo dos mais de dez anos de funcionamento.

A localização da Seplag na coordenação técnica do PPV é reflexo da centralidade que a secretaria assumiu na condução das políticas estaduais desde 2007, contando com profissionais concursados e treinados especialmente para o planejamento, implementação e monitoramento de indicadores e planos de gestão nas mais diversas áreas. Nesse modelo de gestão, parte considerável do trabalho realizado pelas demais secretarias é monitorado de perto, de modo a fornecer um instrumento eficiente para o governador do estado em termos de governança da política pública. Atualmente, o Comitê Gestor do PPV se reúne uma vez por semana, para o acompanhamento de indicadores territoriais e setoriais que dizem respeito, principalmente, ao trabalho das polícias, mas também englobam o sistema penitenciário e áreas específicas da prevenção à violência, como o enfrentamento ao crack e outras drogas e a violência contra a mulher. Na primeira reunião de cada mês, a presença do governador do estado opera, ao menos formalmente, como garantia de coordenação política, funcionando como reforço para o cumprimento dos compromissos estabelecidos por cada um dos responsáveis a respeito dos indicadores específicos que podem influenciar na meta de redução anual de 12% dos crimes violentos letais intencionais, estabelecida quando do lançamento da política em 2007. Entre os operadores de segurança pública que participam da reunião do Comitê há um assento reservado não só para os responsáveis pela Seres, como para os diretores das unidades que compõem o Complexo Penitenciário do Curado, donde a sua importância, no mínimo, em seu sentido político, para a política de segurança do estado.

No que se refere ao sistema penitenciário, em complementaridade com a instância central de monitoramento do PPV, o trabalho da Seplag se divide em pelo menos dois grupos responsáveis pelo monitoramento de projetos e planos de ação. O primeiro acompanha de perto o andamento de licitações e obras, realização de concursos e implementação de outras iniciativas definidas logo no início de cada governo e em permanente processo de atuação, assim como o realizado em relação às mais diversas secretarias coordenadas tecnicamente pela Seplag. O segundo tem a função de coordenação da Câmara Técnica de Administração Prisional, que conta com a participação permanente de integrantes da Seres e dos diretores das unidades que compõem o Complexo, figurando como uma das quatros câmaras técnicas que se reúnem periodicamente, nos intervalos do trabalho do Comitê. A instância foi projetada para se reunir pelo menos uma vez por semana para acompanhamento e discussão dos indicadores relativos ao sistema, que incluem, entre outros, CVLIs, ocorrência de fugas e rebeliões, apreensão de armas brancas, armas de fogo e drogas, taxa de ocupação, entrada e saída de presos do sistema, progressão de regime, incidência de tuberculose, HIV e outras doenças, matrículas em programas de educação etc. Na prática, entretanto, a regularidade das reuniões da Câmara só se consolidou a partir de 2017. Um dos gestores públicos nesse nível de articulação entrevistado por mim explicou que não se trata de uma secretaria de fácil acesso para a Seplag.

— Antes disso, o sistema penitenciário era tema mais de debate na Câmara de Articulação com o Poder Judiciário, Ministério Público e Defensoria. Porém, ainda assim, não é possível falar que se trata de uma prioridade — desabafou ele, ao tratar das dificuldades em torno do monitoramento desse tipo de instituição, complementando: — Nas reuniões do Pacto, o governador, quando muito, só se mostra realmente preocupado com a quantidade de CVLIs nas unidades, já que eles afetam, de uma maneira ou de outra, o cômputo geral. Temas como fugas, rebeliões e apreensões de armas também costumam chamar a atenção, mas o resto, geralmente, passa batido.

Ou seja, ainda que haja um esforço real de sistematizar algum tipo de gestão em relação ao sistema penitenciário estadual, ela só se reflete em movimentos de interferência política direta na gestão das unidades em aspectos muito limitados. Porém, é possível supor que esse tipo de preocupação seja mais do que suficiente para auxiliar na composição de parte dos arranjos citados nos capítulos anteriores, na medida em que constrange os indivíduos a agir de determinada maneira, compondo um mecanismo no qual há *outputs* em resposta a determinados *inputs* em pontos diferentes da rede de governança. Nesse ponto, é preciso ter em mente que o que se entende por sistema se conecta com inúmeros outros, para uma rede de relações bem mais complexas que incluem a própria configuração político-partidária que compõe o governo do estado, mas também instituições do Estado brasileiro que não têm conexão direta com o Executivo estadual.

CONTROLES QUE NÃO CONTROLAM

Legalmente, o sistema penitenciário de Pernambuco está sujeito a uma série de controles institucionais previstos no ordenamento jurídico. Os limites de atuação estatal estão previstos pela Constituição Federal de 1988, mas também pela Lei de Execução Penal, pelo Código Penal, pelo Código Penitenciário e outros dispositivos que constrangem a ação de gestores e agentes penitenciários, na medida em que impõem riscos e custos para determinados comportamentos. É claro que se sua aplicação só estivesse sujeita à vontade dos atores diretamente envolvidos na gestão das unidades e nas suas operações cotidianas, seria um convite à violação das regras estabelecidas. Afinal, agentes públicos encontram-se sujeitos às leis que regem a eficácia dos mecanismos de controle em termos de efeito dissuasório, entre os quais se incluem a importância maior da certeza do que da intensidade da punição. Isso se torna um problema ainda mais premente no caso de instituições como a prisão, normalmente fechadas para olhares externos e voltadas para um público que dispõe de baixa reputação e credibilidade para se queixar de eventuais abusos. O funcionamento de mercados ilegais os mais variados, conforme explicitado anteriormente, pode dar uma medida do tipo de incentivo à disposição para a infração das regras nessas instituições. O alto poder de discricionariedade dos tomadores de decisão é outro elemento que também pode contribuir para infrações sistemáticas. A falta de recursos humanos disponíveis e a precariedade da estrutura material das unidades tampouco contribuem para um funcionamento normal dentro dos limites e rotinas previstos no regulamento.

Ao menos em tese, duas instituições detêm o protagonismo sobre a fiscalização da aplicação da lei e o funcionamento das unidades prisionais do estado, segundo o ordenamento jurídico existente: o Ministério Público de Pernambuco (MPPE) e o Poder Judiciário, representados, respectivamente, pelas promotorias e varas de execuções penais. Nos seus artigos 67 e 68, a Lei de Execução Penal define o Ministério Público como fiscal da pena e da medida de segurança, detendo também as funções de fiscalizar a regularidade formal das guias de recolhimento e de internamento; requerer todas as providências necessárias ao desenvolvimento do processo executivo, a instauração dos incidentes de excesso ou desvio de execução, a aplicação e revogação da medida de segurança, a conversão de penas, a progressão ou regressão nos regimes, a revogação da suspensão condicional da pena e do livramento condicional, a internação, a desinternação e o restabelecimento da situação anterior; e, por fim, interpor recursos de decisões proferidas pela autoridade judiciária, durante a execução. Mais ainda, cabe ao promotor de execuções penais a função de visitador das unidades, incumbência também atribuída aos Conselhos Penitenciários e da Comunidade, aos juízes de execuções penais e, mais recentemente, à Defensoria Pública.

Isso significa que a instituição pode influenciar de diversas maneiras na governança da prisão. Em primeiro lugar, porque uma atuação mais ativa do Ministério Público pode ter efeito sobre a quantidade de pessoas encarceradas, tanto na porta de entrada da prisão, na medida em que a instituição detém certo poder sobre o resultado de investigações policiais e decisões judiciais, quanto na de saída, já que uma atuação consistente pode contribuir para uma progressão mais ou menos acelerada de regime de uma quantidade alta de detentos, visto que parte desse processo depende, exclusivamente, da celeridade, da atenção e da intensidade do trabalho conduzido pela promotoria. Tudo isso influencia diretamente não só na quantidade de pessoas presas em cada unidade, como também no nível de satisfação ou insatisfação dessa população, diretamente interessada na celeridade e transparência dos processos judiciais.

Em segundo lugar, o Ministério Público é um fiscal direto das unidades prisionais. Esse tipo de atribuição extraprocessual, por assim dizer, teoricamente se materializa na inspeção mensal aos estabelecimentos prisionais, destinada à prevenção do abuso de autoridade, tortura e outras eventuais formas de maus-tratos. Entre suas incumbências, figuram o dever de se informar a respeito da população carcerária, da capacidade do estabelecimento, das condições gerais das instalações, da qualidade e regularidade da alimentação e demais assistências devidas pelo Estado. Em face dessas informações, a instituição dispõe de uma série de dispositivos que podem ser executados para garantir o cumprimento da Lei ou proteger o direito dos detentos. No âmbito extrajudicial, o MPPE pode convocar os atores envolvidos para a assinatura de um Termo de Ajustamento de Conduta (TAC), por exemplo, que funciona como uma espécie de instrumento de mediação para forçar os agentes do Estado a tomar determinadas medidas a respeito de irregularidades, definindo responsabilidades, prazos etc. No âmbito judicial, está ao alcance do Ministério Público, além da denúncia formal contra agentes do Estado eventualmente imbricados em abusos de autoridade ou outros atos que violam diretamente as leis, a proposição de Ação Civil Pública, que pode ter como objeto, por exemplo, a interdição ou fechamento definitivo de uma unidade prisional.

Desde 2010, as inspeções mensais realizadas pelos ministérios públicos estaduais foram uniformizadas a partir da Resolução n. 56, do Conselho Nacional do Ministério Público (CNMP). A resolução prevê que as instituições sigam uma mesma metodologia, a partir de instrumentos padronizados: Os relatórios de inspeção de estabelecimento prisional, que devem orientar o trabalho dos promotores estaduais. Cada promotor preenche um formulário de inspeção para cada unidade todos os meses, os quais servirão para preenchimento do formulário anual em março, e dos formulários trimestrais em junho, agosto e setembro, que serão inseridos no Sistema de Inspeção Prisional do Ministério Público (SIP-MP), abrigado no portal do CNMP.

— Esse sistema facilitou nosso trabalho, mas gerou uma segmentação que trouxe problemas — disse-me um promotor numa entrevista a respeito das atividades de controle externo do sistema penitenciário desenvolvido pelo MP. — As informações geradas por essa metodologia acabam sendo distribuídas para cada um dos promotores responsáveis pela fiscalização de quesitos como saúde, educação, cidadania etc. No final, a gente fica sem ter uma visão do todo, mas principalmente sem acompanhar os eventuais encaminhamentos a respeito dos problemas encontrados pela entidade, que mereceriam uma maior atenção.

Em Pernambuco, as atividades relativas à execução penal, assim como de fiscalização das unidades, são conduzidas no âmbito de cinco promotorias de execução penal, cada uma com um promotor responsável. Quando questionado sobre a realização das visitas, o profissional entrevistado enfatizou a sua constância mensal, ainda que tivesse abandonado a função há alguns anos, assumindo outra promotoria. No seu entender, dois grandes problemas operavam como um empecilho para uma fiscalização mais efetiva. O primeiro se devia a certa naturalização da situação das unidades.

— O promotor acaba se acostumando com os abusos. Pergunta quem bateu no detento, a vítima não quer falar, não há testemunhas:

caso encerrado. É sempre assim. — As exceções costumam ser levadas ao Judiciário, onde reside o outro problema. — A gente precisaria de uma atuação mais incisiva, que forçasse o Estado a tomar providências reais — completou.

De fato, no final do ano de 2014, o MPPE entrou com uma Ação Civil Pública para a interdição do Complexo Penitenciário do Curado, devido à absoluta falta de condições das unidades para abrigar detentos sem implicar sérias violações de direito. O Ministério Público Federal (MPF), por meio de seu 4º Ofício da Tutela Coletiva da Procuradoria da República em Pernambuco, passou a acompanhar o cumprimento das medidas cautelares e provisórias outorgadas pela Corte IDH, referentes à situação das pessoas privadas de liberdade e de todas as que trabalham ou circulam pelo Complexo do Curado, por meio do Inquérito Civil n. 1.26.000.002034/2011-38, que também deu ensejo a um fórum com reuniões periódicas em que medidas são debatidas para sanar as demandas referentes ao processo no âmbito internacional, junto aos gestores responsáveis e representantes dos peticionários das medidas provisórias. Entretanto, nenhuma dessas ações, até hoje, obteve qualquer resultado substantivo junto à Justiça.

As instituições responsáveis por decisões judiciais nesse nível são as varas de execuções penais, que totalizam cinco em todo o estado. Estas detêm, entre outras funções, a de realizar inspeções periódicas nas unidades do estado, com poder para decretar interdição de determinadas unidades que não apresentem condição de abrigar os detentos segundo as normas previstas na legislação vigente. É uma atribuição que deveria operar em parceria com os Conselhos da Comunidade, órgãos previstos na Lei de Execução Penal que também acumulam função de fiscalização e denúncia de irregularidades. A partir de 2009, esse trabalho idealmente deveria passar a ser orientado pelo Departamento de Monitoramento e Fiscalização do Sistema Carcerário e do Sistema de Execução de Medidas Socioeducativas (DMF), criado pela Lei n. 12.106/2009. Em 2011, por meio da Portaria n. 46/2011, o Conselho Nacional de Justiça instituiu os Grupos de Trabalho de Juízes de Varas de Penas e Medidas Alternativas (GMFs). Entre as funções dos GMFs, destacam-se:

IX — fiscalizar e monitorar a condição de cumprimento de pena e de prisão provisória, recomendando providências necessárias para assegurar que o número de presos não exceda a capacidade de ocupação dos estabelecimentos penais; [...]
XI — incentivar e monitorar a realização de inspeções periódicas das unidades prisionais e de internação, sistematizando os relatórios mensais e assegurando sua padronização, garantida a alimentação de banco de dados de inspeções nacional e local, caso este exista, para acompanhar, discutir e propor soluções em face das irregularidades encontradas; [...]
XIII — receber, processar e encaminhar as irregularidades formuladas em detrimento do sistema de justiça criminal e do sistema de justiça juvenil, estabelecendo rotina interna de processamento e resolução, principalmente aquelas relacionadas às informações de práticas de tortura, maus-tratos ou tratamentos cruéis, desumanos ou degradantes; [...]
XV — representar providências à Presidência ou à Corregedoria do Tribunal de Justiça ou Tribunal Federal local, pela normalização de rotinas processuais, em razão de eventuais irregularidades encontradas; [...]
XVI — representar ao DMF pela uniformização de procedimentos relativos ao sistema carcerário e ao sistema de execução de medidas socioeducativas; [...]
XVII — acompanhar e emitir parecer nos expedientes de interdições parciais ou totais de unidades prisionais ou de internação, caso solicitado pela autoridade competente; [...]

Ainda que haja um GMF legalmente instituído em Pernambuco, é importante ressaltar que sua atuação tem sido apontada por muitos operadores do sistema de justiça criminal e representantes da sociedade civil entrevistados como exclusivamente restrita a esparsos mutirões jurídicos para verificar o andamento dos processos dos detentos no estado. Talvez o indício mais forte de que as prerrogativas institucionais em torno da fiscalização e, se necessário, interdição das unidades não estejam sendo realizadas a contento resida exatamente na ausência de andamento ou conclusão de qualquer processo no estado de Pernambuco. As centenas de registros de irregularidades nas prisões do estado, facilmente encontradas na imprensa, nos documentos produzidos pela sociedade civil, em denúncias do Ministério Público ou mesmo nas páginas deste livro, são forte indicativo de que isso poderia ter sido feito em algum momento, em cumprimento das exigências normativas do ordenamento legal do Estado brasileiro. No estado, houve uma breve experiência de Conselho da Comunidade com forte atuação no início da década passada, mas que logo foi abandonada por falta de iniciativa do Poder Judiciário em coordenar a iniciativa, conforme estabelecido em lei.

É possível especular a respeito das razões por trás dessa inoperância a partir de dados extraídos durante as atividades de campo. De fato, a maior parte dos gestores com quem conversei foram unânimes em afirmar que não há visitas regulares de promotores públicos, nem mesmo de juízes de execuções penais às unidades. O supracitado relatório, nas palavras literais do agente de uma unidade com quem conversei mais detidamente sobre o assunto, "é preenchido por nós mesmos. Eles me enviam por e-mail todo mês". Considerando que, entre os itens do relatório, figuram questões relativas ao devido cumprimento da legislação vigente e, também, a respeito de violação de direitos, que terminariam, de uma maneira ou de outra, recaindo sobre a responsabilidade dos gestores na ponta, para os casos em que se justificasse uma investigação mais detalhada e, quiçá, denúncia na Justiça, a afirmação não deixa de ser engraçada.

Quando o mesmo agente foi questionado sobre visitas de inspeção eventualmente realizadas pelo Poder Judiciário na unidade, sua resposta foi seca:

— Nunca teve. Até hoje, não. E já tem mais de dois anos que estou aqui. — Na hora em que o tema foi o trabalho de fiscalização realizado pelos promotores do MP, a réplica veio acompanhada de um sorriso:

— Passou aqui uma vez no ano passado, salvo engano. Mas foi só para me dar um abraço e jogar conversa fora. — Em nenhuma conversa com gestor ou ASP das unidades visitadas captei qualquer indício de que a rotina de fiscalização pudesse ser diferente, mesmo com qualquer mudança nos membros da Promotoria ou da Vara de Execuções Penais. É óbvio que não tive acesso a todas as unidades do estado e não realizei um trabalho especialmente voltado para confrontar as informações dissonantes fornecidas por promotores públicos, agentes penitenciários e gestores públicos. A ausência, porém, de outras inciativas mais contundentes das instâncias fiscalizadoras a respeito das condições das unidades prisionais do estado é um indício forte de que esses controles, realmente, não controlam.

É possível que essa falta de comprometimento das instituições penais se deva a compromissos políticos ou particulares de longa data, que precisariam ser estudados com mais cuidado. Os problemas envolvidos em processos de tomada de decisão que envolvem intromissão direta do Poder Legislativo e do Ministério Público sobre o Executivo estadual também não podem ser desconsiderados. A decisão de realizar uma denúncia ou mesmo de acatar uma ação que proponha a interdição de uma unidade prisional ou decisões mais radicais, que imponham barreiras para a entrada de novos detentos enquanto o Estado não constrói novas unidades, como aconteceu em países como os EUA em décadas passadas, envolve a assunção de riscos profissionais e de natureza pessoal que não podem ser ignorados. A soltura de detentos acusados ou condenados sem o devido cumprimento da pena implica, sim, o risco de reincidência, o que certamente é levado em conta por promotores e magistrados que se colocam em face desse tipo de dilema. Assumir tal responsabilidade num contexto em que o Estado pode alegar dificuldades estruturais ou impossibilidades temporárias não é algo fácil. É verdade que isso já foi feito em outros estados no Brasil, mas certamente não sem conflitos de natureza política e profissional que implicaram constrangimentos para os magistrados envolvidos.[1] Certamente, esse tipo de cálculo figura nos processos de tomada de decisão dos órgãos do Estado responsáveis pela fiscalização do sistema penitenciário pernambucano. Investigar em que medida cada um desses elementos tem mais peso que outro no cenário político, histórico e institucional local é, certamente, um dos temas para futuras agendas de pesquisa que este livro suscita. O que importa, aqui, é ressaltar que há controles que não controlam, ou que precisam, também eles, da provocação de terceiros para operar com mais eficácia.

PARENTES DISTANTES E OUTROS NEM TANTO

A imprensa talvez seja a instituição externa ao sistema penitenciário mais conhecida pela influência que exerce na governança das unidades prisionais. Tradicionalmente, jornalistas e grandes veículos de comunicação costumam gerar pressão sobre políticos, burocratas e gestores de unidades, principalmente nos casos de fuga e rebeliões que afetam diretamente a sensação de segurança da população.

— Cobertura do sistema é sempre um negócio complicado — explicou-me um profissional que atuou com o tema durante muitos anos, em importantes jornais da imprensa pernambucana. — As unidades são instituições fechadas. Pouca gente conseguiu fazer matéria lá dentro, eu sou uma delas. A melhor entrada para conseguir informação, para gerar notícias, é com os agentes penitenciários, que também têm seus interesses, por vezes divergentes da gestão. Tem sempre um ou outro querendo prejudicar um secretário ou derrubar um diretor. Parentes de presos e mesmo um e outro preso que consegue nosso contato lá dentro também são excelentes fontes. — Nesse aspecto, chama a atenção que a ocorrência de CVLIs pareça importar menos do ponto de vista do impacto da opinião pública do que outros eventos. — Ela importa, sim, mas não como aquilo que acontece aqui fora — explicou o jornalista. — Afinal, a coisa envolve a responsabilidade de um funcionário público. Porém, a gente sabe que, para boa parte das pessoas, quanto mais aquele pessoal estiver se matando, melhor. — Nesse aspecto, é importante ressaltar que tanto os detentos quanto os seus parentes costumam estabelecer contato com jornalistas especializados nesse tipo de cobertura, muitas vezes como forma de encaminhar denúncias ou gerar constrangimentos para determinados gestores ou o próprio secretário responsável pela pasta. É bem provável que a disseminação da tecnologia digital e o avanço das telecomunicações tenha não só facilitado esse contato, com a comunicação rápida por meio de celulares, como também a veiculação direta de vídeos e informações nas redes sociais ou sites como YouTube por parte dos detentos, sem precisar passar pelo crivo analítico de jornalistas que, o mais das vezes, procuram fazer algum tipo de contrabalanceamento de informações vindas de fontes distintas, como forma de evitar injustiças ou associar seu nome a notícias falsas.

É claro que outra fonte importante para uma cobertura substantiva da imprensa sobre o tema inclui o trabalho das organizações que atuam na proteção de direitos humanos. Estas, por sua vez, possuem uma importância no nível de governança das unidades prisionais raramente levada em consideração nos estudos sobre o tema. Entender como se dá esse processo significa jogar luz sobre a atuação de instituições geralmente vistas sob a ótica de um franco antagonismo em relação ao Estado. Não se trata propriamente de debater em que medida tais entidades foram progressivamente incorporadas à estrutura governamental, diminuindo seu grau de autonomia, mas de compreender como, em algumas situações, o ativismo se incorpora a uma lógica sistêmica de governança, influenciando na produção de resultados coletivos, ora em regime de cooperação, ora atuando como um vetor de pressão política sobre gestores públicos e agentes penitenciários que auxilia na organização de arranjos e respostas muitas vezes não previstas como resultados intencionais de nenhuma das partes envolvidas inicialmente.

No Brasil, a história do ativismo em defesa dos direitos humanos na prisão remonta ao final dos anos 1980 e início dos anos 1970, com a progressiva autonomização de uma pauta até então ligada à luta pela recuperação dos direitos políticos conduzida principalmente por setores progressistas da Igreja Católica. É nesse período que começam a surgir reivindicações específicas para as mais diversas áreas, como a violência policial, o saneamento básico, as creches, a orientação trabalhista e a organização de grupos de saúde. O debate esteve na crista da onda do processo de redemocratização do Estado brasileiro, com a luta para a incorporação de direitos na nova Constituição Federal, o que influenciou, inclusive, a institucionalização de grande parte dessa militância, progressivamente integrada na esfera governamental da Nova República dos anos 1990 em diante. Porém, só a partir de 1996, com o lançamento do I Plano Nacional de Direitos Humanos (PNDH), e do ano seguinte, com a criação da Secretaria Nacional de Direitos Humanos no Ministério da Justiça, o tema se tornou propriamente "assunto de Estado", incluindo ações como a transferência do julgamento de crimes dolosos cometidos por policiais militares para o âmbito da justiça comum e a tipificação do crime de tortura.[2]

Em Pernambuco, esse histórico envolve a consolidação de uma rede de pessoas e instituições num processo político que poderia ser tema por si mesmo de um estudo mais aprofundado sobre o assunto. Grosso modo, entidades locais como a Pastoral Carcerária e o Gabinete de Assessoria Jurídica às Organizações Populares, ligadas diretamente a redes e organizações mais amplas, como a Igreja Católica e o Movimento Nacional de Direito Humanos, foram as pioneiras nesse processo, que também contou com personalidades locais importantes no Ministério Público e no Poder Judiciário para seu estabelecimento. Acordos com partidos políticos de esquerda, desde antes da redemocratização, também aparecem como elemento constitutivo da articulação de muitas das entidades que compõem essa rede.

Nesse aspecto, o surgimento do Serviço Ecumênico de Militância nas Prisões destaca-se principalmente pelo caráter de organicidade da entidade em relação ao sistema prisional. Fundado por um grupo de ativistas em 1997, o Sempri é o resultado de um longo histórico de ativismo em relação ao sistema penitenciário que se iniciou com a luta de Wilma Melo, como parente de preso nos anos 1980, e que evoluiu para a progressiva conscientização da importância de uma articulação mais ampla, que foi se estruturando ano após ano até a consolidação de uma rede de atuação que contempla familiares de presos capacitados pela organização, entidades da sociedade civil organizada, setores progressistas da imprensa local e atores importantes dos Poderes Executivo, Judiciário e Legislativo do estado, além de parcela dos agentes penitenciários e outros funcionários que trabalham na prisão.

Conquistando progressivamente o protagonismo nas atividades de monitoramento de prisões e defesa dos direitos humanos, que se intensificou durante a breve experiência de funcionamento do Conselho da Comunidade durante os anos 2000, o Sempri chegou ao século XXI como referência consolidada na área. Com um ativismo que primeiro foi ampliando seu escopo de atuação por meio da consolidação de uma rede de familiares de presos capacitados pela entidade (obtendo assim um acesso privilegiado a informações de instituições que há duas décadas não permitiam atividades regulamentares de monitoramento no seu interior), para depois criar um canal de acesso direto tanto às unidades prisionais como aos gestores responsáveis pelo sistema penitenciário estadual, a organização foi como que incorporada à paisagem do sistema penitenciário do estado. Paulatinamente, essa atuação foi incluindo novos elementos, passando da denúncia de violação de direitos e abusos cometidos por agentes do Estado até a defesa de demandas dos familiares de detentos e mesmo dos ASPs, tornando-se forte aliada na luta por reivindicações históricas dos profissionais que trabalham na prisão, como o aumento do efetivo, a melhoria nas condições de trabalho, a segurança pessoal e sua capacitação e valorização profissional, num diálogo permanente com as entidades de classe e os agentes na ponta, que certamente serviu para minar resistências localizadas, ainda que sua relação com os agentes penitenciários esteja longe de ser pacífica.

A abertura ou o fechamento das unidades prisionais para a atuação de ativistas passou por idas e vindas relacionadas às forças políticas no poder e ao perfil dos tomadores de decisão responsáveis pelas unidades. Atualmente, o tipo de presença que o Sempri mantém nas prisões do estado, particularmente no Complexo Penitenciário do Curado, encontra-se diretamente associado ao seu protagonismo na disputa política que culminou com a instauração de medidas provisórias pela Corte IDH. Desde 2011, a liderança da Pastoral Carcerária e mesmo a participação de outras entidades que integravam a coalizão responsável pela petição de determinação de medidas protetivas junto à Corte IDH têm-se enfraquecido, por razões que vão da mudança do perfil dos tomadores de decisão nessas instituições até o prolongamento do processo por um longo período de tempo. Isso fez com que o Sempri fosse acumulando cada vez mais funções na coalizão de entidades peticionárias das medidas provisórias, a ponto de se tornar tarefa praticamente exclusiva sua as visitas às unidades e produção de relatórios periódicos para a Corte IDH, junto com a participação nos diversos fóruns e instâncias criadas para discutir o tema. Se isso contribuiu para legitimar a entrada da entidade nas prisões do estado, que hoje encontra poucas barreiras políticas, em comparação com experiências análogas enfrentadas por instituições como a Justiça Global ou com pesquisadores que procuram adentrar os meandros do sistema prisional em outros estados, também tem pautado, de alguma forma, o trabalho de instituição, já que, na falta de recursos humanos e materiais disponíveis para realizar o trabalho de monitoramento nas outras unidades prisionais do estado, e considerando o volume de trabalho envolvido no processo da Corte IDH, tem forçado uma presença mais constante no Complexo Penitenciário do Curado, em detrimento das demais prisões pernambucanas.

A forma como essa presença tem alterado a governança das unidades se manifesta de diferentes maneiras. Considerando o cenário mais amplo das unidades prisionais do estado, o histórico de atuação da instituição contribuiu para a consolidação de uma reputação disseminada entre gestores, funcionários e detentos do sistema. A entrada do Sempri nas unidades penitenciárias do estado, hoje, costuma ser facultada sem grandes obstáculos ou interferências dos agentes do Estado, desde que respeitado o protocolo mínimo de alerta para as instâncias superiores da SJDH com antecedência mínima de uma hora. No caso do Complexo, os problemas envolvendo a avaliação de nossa segurança narrados anteriormente interpuseram, no decorrer da pesquisa, novos obstáculos para a livre circulação, que incluíram a exigência da presença de guarda armada, fato não extensível às demais instituições penais do estado.

As visitas costumam ter regularidade semanal, obedecendo a uma metodologia que, grosso modo, consiste na inspeção dos pavilhões e áreas administrativas da unidade para a constatação de irregularidades e casos de violação de direitos, abrangendo, na maior parte das vezes, o registro de queixas de detentos e a oitiva mais demorada para os casos mais graves, com registro fotográfico, escrito e, por vezes, em vídeo. A escolha das unidades para o monitoramento pode se dar como resultado da rotina normal da instituição, em resposta à agenda de produção de relatórios para a Corte IDH ou mediante aquilo que se pode chamar de "provocação externa", isto é, informações a respeito de violações de direitos, abusos de autoridade ou qualquer outro fator particularmente relevante que chegue pela via de familiares de detentos, ASPs, funcionários da prisão, entidades religiosas ou presos que, de dentro das instituições, encontram meios de estabelecer contato, mantendo-se no anonimato. Há um esforço real de fazer com que as informações obtidas por meio de denúncias não sejam descobertas, muitas vezes com uma demorada inspeção em outros locais da unidade antes da "descoberta" daquilo que se foi realmente verificar. Tendo em vista que o Sempri não dispõe de nenhum meio de financiamento autônomo, o fato de seus integrantes dividirem a atividade institucional com a rotina normal de trabalho em outros empregos certamente contribui para uma presença irregular, com maior ou menor intensidade a depender do calendário e do tipo de provocação externa que eventualmente chegue aos seus integrantes.[3]

Do ponto de vista formal, o material coletado durante as visitas pode integrar, dependendo das unidades em questão, relatórios para a Corte IDH, denúncias aos órgãos fiscalizadores (MPPE e Poder Judiciário) ou encaminhamentos aos setores responsáveis, fazendo parte de amplas negociações que podem envolver transferência de detentos, medidas especiais para a proteção de sua integridade, melhorias estruturais nas unidades, mudanças e aprimoramentos de práticas etc. Por vezes, o conteúdo relativo aos problemas encontrados pode ser debatido com os gestores locais, gerando encaminhamentos os mais diversos, às vezes levando a soluções ou arranjos que retiram a necessidade do envolvimento de autoridades superiores ou de outras instâncias. Boa parte da confiança que os gestores dos escalões superiores (não poucos localizados nos andares de baixo da hierarquia governamental) têm em relação ao trabalho de monitoramento diz respeito à forma como a maior parte dessas questões é tratada. Não é que não haja confronto, tensão e mesmo situações de risco. Normalmente, agentes públicos não são afeitos a qualquer tipo de fiscalização. Em espaços como a prisão, essa resistência pode adquirir uma dimensão perigosa, a depender das pessoas envolvidas. Porém, há inúmeras situações de abuso e ilegalidade que são contornadas por um complicado processo de negociação que se estabelece antes mesmo do prosseguimento de uma denúncia formal às instâncias fiscalizadoras locais ou aos organismos internacionais.

Não foram poucas as vezes em que vi isso acontecer. Durante as visitas de monitoramento, surgiram casos de detentos ameaçados de morte dentro da prisão, por "falta de convívio", que precisavam de nossa ajuda para conseguir uma transferência. Ainda que a maioria das unidades reserve espaços para abrigar esse tipo de público, trata-se de locais o mais das vezes improvisados, com condições de habitação bem inferiores às do restante da prisão, já bem precárias. Quando o preso arruma problemas até mesmo dentro do Pavilhão Disciplinar ou de Isolamento, pode ser alocado em antigos depósitos, locais pequenos, totalmente improvisados, junto de materiais de construção, ferragens e entulho, sem a mínima condição de habitabilidade. Contudo, não é só essa situação precária que leva um preso a pedir ajuda. A maioria dos detentos que acumula problemas em vários pavilhões sabe que está em risco permanente independentemente do lugar onde se encontre isolado na unidade. Nessas situações, os presos aventam a possibilidade de que um agente penitenciário de plantão possa ser subornado para transferir um deles para um pavilhão onde seria assassinado em poucas horas. E, de fato, em pelo menos uma ocasião, verifiquei na prática que esse tipo de hipótese era verossímil. Problemas internos de ruído nas redes de informação da prisão, provocados pela troca de plantão ou pela ação deliberada de presos concessionados com maior proximidade com os agentes penitenciários, também podem acontecer, provocando transferências inesperadas para os pavilhões onde os presos em situações de ameaça podem ser agredidos ou assassinados por desafetos. Além disso, nos casos de rebelião, esses detentos costumam ser alvo preferencial dos amotinados, que aproveitam a desordem momentânea para resolver rixas antigas, ao mesmo tempo que impõem um prejuízo político aos gestores responsáveis pela unidade, que ficam desmoralizados perante a opinião pública e o governo, dada sua incapacidade de oferecer segurança para os prisioneiros sob sua responsabilidade.

Em geral os agentes em função comissionada demonstravam abertura para resolver problemas dessa natureza. Às vezes, tratava-se apenas de dar prioridade a um problema entre tantos que fazem parte da rotina atribulada dessas pessoas. Também podia acontecer que a transferência do preso estivesse na dependência de alguma instância superior do governo, ou à espera da decisão do juiz responsável, apesar da preocupação dos administradores em dar prosseguimento ao caso, para evitar problemas futuros. Assim, uma simples conversa ou telefonema de Wilma podia agilizar as coisas, fosse por relações de fidelidade pessoal, fosse porque o servidor público em questão desejasse logo se livrar do problema, por não querer ter alguém da sociedade civil organizada cobrando sua resolução, já que a segurança do preso estava sob sua responsabilidade.

Em outros casos, como o relatado no início do capítulo, a interferência de instâncias de monitoramento foi capaz de evitar desfechos trágicos, como a morte de presos ou sua incapacitação permanente devido a surras ou maus-tratos. Isso inclui tanto as situações que acontecem com a conivência ou participação direta de agentes públicos quanto aquelas que são mantidas sob relativo segredo, mas que dificilmente seriam aceitas pelas instâncias superiores, caso informações a respeito da ocorrência chegassem aos tomadores de decisão. Dessa forma, tensionamentos numa ponta do sistema costumam muitas vezes ser distendidos na outra, tendo em vista a utilidade dos ativistas em evitar mortes violentas que são motivo de preocupação para os escalões superiores do governo.

Processos de negociação também se verificavam em situações de castigo prolongado para além do tempo permitido em lei. Nesses casos, ainda que fosse a palavra do preso contra a do gestor responsável ou o registro feito pelo mesmo no livro de ocorrências ou no sistema de gestão, a expectativa de que a queixa dos "direitos humanos" pudesse evoluir para uma denúncia mais grave muitas vezes influenciava os tomadores de decisão.

Um caso em particular merece um relato mais detalhado. Aconteceu logo no início de uma das visitas, quando ouvimos gritos de alguns detentos que estavam trancafiados na estrutura reservada para o isolamento administrativo em uma das unidades. O pavilhão se resumia a uma estrutura com quatro celas, de tamanho variado, fechadas por portas amarelas de ferro, com um pequeno espaço para ventilação interna. Assim que a primeira porta foi aberta, um bafo quente saiu de dentro do local, onde quase cinquenta homens abarrotavam o espaço, que não deveria ter mais de 25 metros quadrados, com um cubículo ao fundo, utilizado como banheiro. O calor era insuportável, os poucos ventiladores pendurados nas paredes só faziam o ar quente circular pelo local, sem reduzir em nada o abafado do ambiente. Muitos dos detentos ali presentes alegavam estar no castigo devido a problemas pessoais com os chaveiros de seus respectivos pavilhões, que teriam forjado acusações contra eles, tomadas como verdadeiras pela administração. Não poucos diziam que já haviam ultrapassado o limite máximo de dez dias para o castigo; pelo menos um alegava habitar ali havia mais de três meses, pela falta de convívio em todas as unidades do Complexo. Anotamos o nome dos queixosos e pouco tempo depois estávamos com o chefe de segurança para discutir os casos. Ele acessou a planilha de Excel que utilizava para controle e nos mostrou que as datas alegadas pelos presos não condiziam com os registros. Ainda assim, solicitado a ter um cuidado especial com aqueles detentos, não se fez de rogado. No final do dia, de saída da unidade, pudemos cruzar com um grupo deles que estava sendo transferido de volta para seus respectivos pavilhões. Alguns deles comentaram:

— Valeu, mãe!
— A senhora é o comando!
— Mãezinha!

Situações como essa refletiram na reputação do Sempri junto à população carcerária e contribuíram para a consolidação de sua legitimidade. Essa mesma legitimidade, acredito, é um dos motivos que fez com que os políticos responsáveis pela gestão e os administradores das unidades prisionais permitissem a sua atuação nos estabelecimentos penais do estado. De certa forma, é importante que haja alguém disposto a operar como intermediário num nível diferenciado de relacionamento. Em mais de uma ocasião de rebelião nas unidades prisionais do estado, a instituição participou do processo de mediação de conflitos, ajudando a evitar resultados mais desastrosos para todas as partes envolvidas, quando a desconfiança mútua entre presos, gestão penitenciária e polícias levava a situações de impasse que exigiam um mediador capaz de fazer a tradução das demandas da população carcerária e respaldar os acordos firmados entre os amotinados e o governo para a resolução pacífica de tais eventos.

— Tem situações que a gente mesmo se impressiona — disse Wilma, durante uma das conversas que tivemos sobre o assunto. — Já entrei no meio dos presos, todos eles irritados, querendo quebrar tudo. As lideranças gritando para todo mundo se acalmar, porque a doutora iria falar. O pessoal querendo saber se eu podia dar garantias sobre retaliação.

Em outros casos, como no imbróglio relativo à tentativa de instalação de um pavilhão voltado para a recuperação de dependentes químicos, os gestores responsáveis solicitaram a presença do Sempri em inúmeras ocasiões, para realizar mediações que eles não se achavam capazes ou não tinham paciência de administrar. Presenciei seguidas reuniões com os chaveiros e a equipe responsável pelo pavilhão para resolver fofocas internas, brigas e conflitos que, de outra forma, poderiam levar os ASPs a tomar o caminho mais fácil da utilização da força ou de sanções previstas no regulamento. O mesmo aconteceu em outras unidades, envolvendo pessoas em situação de vulnerabilidade, tidas muitas vezes como mais difíceis de lidar por muitos agentes, como o caso da população LGBT, com regras próprias de convivência e comportamento que dificultam a relação com os demais presos, além de demandarem atenção para problemas relativos ao preconceito ou dificuldades de ordem material que não despertam a sensibilidade dos agentes, de modo que a instituição não raro aparece como elo para traduzir demandas de parte a parte, evitando dores de cabeça e desentendimentos.

Logicamente, tal trabalho só é possível pelos problemas políticos e institucionais que resultariam da vedação da entrada de ativistas em defesa dos direitos humanos. No caso de Pernambuco, os problemas viriam de setores da imprensa e dos partidos de esquerda, mas também dos organismos internacionais, com consequências de difícil previsão em termos diplomáticos para o Estado brasileiro como um todo. Ainda assim, é preciso frisar que existem diversos focos de resistência ao trabalho de monitoramento. O relato sobre os casos que levaram à imposição de uma escolta armada que tem atrapalhado bastante o trabalho da entidade no Complexo é bastante exemplificativo nesse sentido. Além disso, muitos agentes interpretam atuações como as relatadas no caso dos detentos no castigo como disputas de poder com os gestores locais, isto é, tentativas de angariar reputação junto aos detentos e ao mesmo tempo desmoralizar a autoridade instituída. Enquanto uns chegam ao ponto de debater mudanças e pequenas reformas na unidade, dispostos a acatar eventuais sugestões, outros interpretam qualquer tentativa de se imiscuir na gestão como invasão de competências. Em meio a isso tudo, existe a desconfiança e resistência natural em relação a pessoas externas ao sistema penitenciário, que frequentemente presenciam e relatam irregularidades, provocando, muitas vezes, cobranças em cadeia, de cima para baixo, a fim de dar resposta a situações que nem sempre são do conhecimento imediato das instâncias superiores do governo. Ou seja, a governança que ativistas dos direitos humanos exercem nas unidades também se relaciona com o papel de intermediário de informações em relação ao que acontece na ponta do sistema, influenciando diretamente os tomadores de decisão. De algum modo, mesmo as relações de conflito parecem exercer, em alguma das pontas do sistema, papel importante para a governança da prisão.

Isso acontece até mesmo nos casos envolvendo violência e agressão contra os presos, seja praticada por chaveiros, seja por agentes do Estado. Obviamente, esses são os pontos de maior resistência no âmbito local e mesmo nas instâncias superiores do governo, por uma série de razões. Afinal, atos de violência eventualmente podem ser praticados com anuência ou mesmo participação direta de gestores locais, como resultado da maneira particular de administrar a autoridade de um ou de outro. Em casos assim, tentativas de monitoramento ou denúncias são muitas vezes vistas como afrontas de natureza pessoal, que ameaçam a carreira dos atores envolvidos e podem mesmo provocar sua autuação em processos de natureza criminal. Por outro lado, ainda que tais casos não sejam praticados por vontade dos responsáveis diretos pela unidade, é preciso considerar cálculos que envolvem a coesão institucional, relativos à capacidade dos gestores de exercer poder sobre os próprios funcionários e/ou sobre os chaveiros, personagens essenciais para a governança das unidades. Isso pode acontecer tanto com relação aos gestores locais quanto com relação aos tomadores de decisão das instâncias superiores do governo, a depender das pessoas envolvidas e da gravidade da situação. Também é preciso considerar as situações que dizem respeito à economia política da unidade, não só envolvendo custos e riscos envolvidos na exposição de determinadas personagens ou arranjos de poder, como também os eventuais prejuízos para as partes envolvidas. Pode ser necessário proteger a posição de determinados personagens importantes para o equilíbrio das relações locais, como grandes traficantes ou chaveiros poderosos. E no caso de agentes eventualmente envolvidos com mercados ilegais, a exposição de esquemas de corrupção ou denúncias que possam levá-lo à perda de posição implicam prejuízos bem maiores do que os que podem ser contabilizados por gratificações, prestígio ou simples progresso na carreira.

Porém, nem sempre atos de violência praticados nas unidades são de conhecimento ou mesmo desejados por gestores locais. Seguidas denúncias de abusos de autoridade ou violação de direitos podem ser uma boa desculpa para se livrar de *personas non gratas* na sua equipe, sejam chaveiros, sejam agentes penitenciários. Algo parecido parece ter ocorrido no caso narrado neste livro sobre a derrubada de um pavilhão, com a responsabilidade sendo transferida para os "direitos humanos", como forma de proteger os administradores de eventuais retaliações dos detentos prejudicados, que poderiam assumir a forma de rebeliões ou outros distúrbios de natureza coletiva. O mesmo pode acontecer quando se trata de pressionar as instâncias superiores do governo para a substituição e/ou transferência de um agente em determinada posição, ou no que se refere ao tipo de justificativa necessária para a eventual troca de um chaveiro de um pavilhão sem provocar grandes conflitos de legitimidade com a população local.

De qualquer forma, em muitos casos, é sempre preferível dialogar com potenciais denunciantes do que entrar em confronto aberto, evitando possíveis denúncias e até mesmo tendo de mudar práticas há muito estabelecidas. Muitas conversas com agentes e chaveiros, relacionadas a casos de menor gravidade, serviram para que não fosse necessária uma denúncia oficial, sob promessa de correção de atitudes no futuro. Essa forma essencialmente política de governança às vezes se expressa de maneira chocante. Numa das situações que acompanhei, após receber denúncias de que um agente estava realizando seguidos casos de agressão contra detentos, utilizando uma colher de pau como forma de aplicar punições nas mãos, Wilma conseguiu se apoderar do objeto na copa da unidade e adentrou, sem nenhum aviso, a sala onde se encontrava o agente. A conversa que se desenrolou nessa ocasião, para minha surpresa, não foi marcada pela resistência do servidor, mas quase por uma atitude de franca subserviência, ainda que este negasse todas as acusações, alegando que jamais repetiria as práticas que, no passado, haviam dado ensejo a denúncias para a Corte IDH, prejudicando sua carreira. "Eu juro pela minha mãe que isso não está acontecendo! Aquilo ficou para trás. A senhora sabe que estou muito mais calmo hoje", exclamava, quase em tom de súplica, enquanto a ativista batia com a colher de pau na própria mão, após lhe passar um sermão absolutamente constrangedor. Depois do acontecimento, passaram-se meses sem que esse tipo de queixa viesse a se repetir. E as relações com o agente envolvido continuaram cordiais como antes, como se nada tivesse acontecido. Outros casos solucionados por meio de diálogos e compromissos mútuos foram relatados nos capítulos anteriores, de modo que é possível dizer que esse tipo de mecanismo de governança não se constitui como uma exceção, ainda que não se possa mensurar seu alcance real em termos de redução de casos de violência e abusos de autoridade nas unidades, pelo menos em termos quantitativos.

Por fim, um último ponto merece destaque, relacionado, especificamente, ao Complexo Penitenciário do Curado. Aqui, a atuação do Sempri tem tido impactos ainda mais abrangentes para a instituição do que o trabalho normal de monitoramento. Óbvio que parte disso se deve ao processo envolvendo a Corte IDH. É possível afirmar que, a partir de 2011, o Complexo começou a ganhar destaque especial, devido a mudanças nas práticas de gestão, desde a ponta até os níveis mais altos das esferas de governo. Os diretores responsáveis pelas três unidades que o compõem têm assento reservado nas reuniões do Pacto pela Vida. Fóruns especiais para tratar dos temas relativos ao Complexo foram criados no âmbito da Secretaria de Justiça e Direitos Humanos e do Ministério Público Federal, com uma participação ampla de instituições da sociedade civil organizada e de outras esferas de poder do Estado brasileiro. A produção de relatórios, inicialmente enviados para a CIDH e, depois, periodicamente, diretamente para a Corte IDH, estabeleceu canais de monitoramento e gestão já a partir do momento em que são também enviados para os gestores da instituição, que procuram lhes dar respostas, na medida de suas possibilidades, e também debatem diretamente com os níveis superiores do governo o que precisa ser disponibilizado, em termos de recursos, capacidades e tecnologias. "Eu acho que, no final das contas, pelo menos nesse aspecto, acabou nos ajudando", desabafou um dos agentes quando conversamos informalmente sobre o tema. "Tenho minhas reservas sobre o trabalho dos direitos humanos, mas, pelo menos, criou uma cultura de gestão. Nas outras unidades do estado, é abandonado. É um mundo à parte, cada um por si."

Em resumo, as implicações políticas para o Estado brasileiro envolvidas no processo das medidas protetivas, que podem desembocar em condenação inédita numa corte internacional, geram pressões sobre o governo do estado, que estabelece, assim, arranjos para tentar encontrar respostas pontuais relativas ao Complexo. É bem verdade que isso não se reflete em aportes de investimentos substantivos para o sistema penitenciário como um todo, ou mesmo numa grande mudança estrutural no PFDB, no PAMFA ou no PJALLB. Porém, fatos como a aquisição de novos armamentos, scanners e outros equipamentos, reformas da muralha, melhorias na qualidade da alimentação e no material utilizado para o seu preparo, além de incrementos informalmente realizados com o dinheiro arrecadado nas cantinas, ou por meio de pressões em relação aos chaveiros, que terminam realizando pequenas reformas nos pavilhões com recursos próprios e/ou arrecadados dos próprios detentos, passaram a fazer parte da rotina das unidades. Durante os últimos anos, acompanhei de perto a implementação de várias dessas melhorias. Particularmente, quando da visita da comitiva da Corte IDH ao Brasil em 2016, uma série de pequenas reformas foram implementadas, para além de medidas meramente realizadas para mascarar a precariedade da gestão, como a utilização de uniformes para todos os presos que trabalhavam na unidade, concessionados ou voluntários, logo deixados de lado após a visita. Porém, melhorias estruturais nos pavilhões de rancho, por exemplo, assim como a aquisição de novos equipamentos, tiveram consequências reais para a vida de muitos detentos. Além disso, casos de violência e abusos de autoridade passaram a entrar com mais frequência no radar das autoridades instituídas, ainda que não se possa afirmar com certeza que houve redução substantiva, dada a carência de dados confiáveis quanto a esse tema. No entanto, uma rápida vista nos relatórios produzidos pelos peticionários das medidas protetivas de 2011 para cá permite verificar que, pelo menos desde 2016, a quantidade de pessoas vítimas desse tipo de violência parece realmente estar diminuindo, assim como a ocorrência de mortes violentas na unidade. Além disso, o abandono de dispositivos como as chamadas "visitas vexatórias" em 2013, durante as quais familiares e presos eram forçados a abrir as pernas, nus em frente a espelhos ou agentes de custódia, exibindo as partes íntimas em posições humilhantes, também figura como uma das conquistas que resultaram do trabalho de aproximação entre a coalizão de entidades e os mecanismos internacionais de proteção aos direitos humanos.

É lógico que outras instituições também desempenham atividades que podem influenciar de alguma forma a governança das unidades. A Pastoral Carcerária, organização religiosa com presença em muitas instituições penais do estado, foi um ator importantíssimo na organização da coalizão de entidades envolvidas com as medidas protetivas. Mudanças na gestão da instituição, entretanto, parecem ter levado a uma atuação cada vez mais focada no aspecto missionário, o que não deixa de ter sua importância em termos do impacto da conversão religiosa sobre o comportamento de detentos, influenciando na produção de ordem nas unidades. Entretanto, inúmeras denúncias de violação de direitos e informações importantes sobre problemas nas unidades, principalmente aquelas mais distantes da região metropolitana do Recife, chegam ao Sempri pela intricada rede de relacionamentos entre organizações que militam em prol dos direitos humanos, entre as quais se incluem a Pastoral. Outras personagens também desempenham papel que precisa ser estudado com mais atenção. A própria atuação do Sempri, no decorrer dos anos, levou a dissidências na organização, que passaram a desempenhar um ativismo do tipo "lobo solitário", que encontra muita resistência entre gestores, agentes penitenciários e mesmo muitos detentos, mas com capacidade de permanência no sistema, cujas razões ainda precisam ser investigadas com mais detalhe.

Obviamente, analisar a prisão como um "sistema total", ou como uma instituição que comporta uma série de nódulos que se articulam entre si e para além dos seus limites físicos e institucionais, de maneira mais ou menos frouxa, em relações não raro simultâneas de cooperação e competição, que estabelecem mecanismos causais de produção de ordem por meio de uma série de incentivos e constrangimentos para a ação humana, implica operar com uma quantidade enorme de variáveis, o que certamente aumenta os pontos cegos do estudo. Isso inclui não só eventuais nódulos que não tenham sido apreendidos pela investigação, como também a extensão e a abrangência daqueles que foram levados em conta. É possível que o papel dos grupos de proteção aos direitos humanos e outras instituições que desempenham função de controle externo na prisão, conformando, de uma maneira ou de outra, parte de uma família bastante extensa, sejam ainda mais abrangentes, integrando mecanismos bem mais complexos do que os que delineei aqui.

Epílogo:
O Complexo do Curado tem que acabar

Este livro traz um corpo de conclusões que pode ser resumido de maneira sucinta, considerando os pontos mais relevantes do debate empreendido sobre a produção de ordem em instituições penais. Durante suas mais de três décadas de existência, o Presídio Professor Aníbal Bruno, atual Complexo Penitenciário do Curado, assim como outras prisões pernambucanas, foi adquirindo a conformação de um modelo de governança nodal, que foi capaz de dar respostas reais, mas evidentemente limitadas, às demandas por coordenação das relações sociais, ainda que endemicamente marcado por momentos ocasionais de ruptura, e sem a menor condição de responder às exigências legais de salubridade, segurança, privacidade, organização, infraestrutura, serviços, respeito aos direitos dos presos e individualização da pena, tendo em vista a reinserção social e o cumprimento da missão institucional prevista pelo ordenamento jurídico do Estado brasileiro.

Nesse modelo, a figura do chaveiro desempenha função central, tanto como intermediário da autoridade do Estado, num contexto de déficit de agentes de segurança penitenciária, infraestrutura precária e superlotação, quanto na distribuição de incentivos que acabam colaborando para a manutenção da ordem no sistema. Mesmo as instituições extralegais de governança, como facções prisionais, acabam se conformando a esse arranjo, o qual representa, de forma muitas vezes ambígua, um entrave para a plena consolidação e expansão dessas organizações. A situação de privação a que a população penitenciária se encontra submetida, agravada pela precariedade e superlotação do sistema, contribui para a formação de verdadeiras arenas de troca, onde bens e serviços os mais variados passam a ser negociados pelos detentos, desde um lugar para dormir ou manter relações íntimas até comida, entretenimento, drogas, informação, proteção etc. O sistema de governança nodal, que tem nos chaveiros um dos seus elos mais importantes, acaba se configurando como uma forma de regular essas arenas, a fim de evitar a competição desenfreada, o recurso constante à força como forma de garantir o cumprimento dos contratos e outros efeitos perversos das falhas de mercado. O resultado é um sistema cujo acesso a muitos dos bens e serviços se faz de maneira relativamente descentralizada, ainda que não se aproxime em nada de uma sociedade aberta ou de uma comunidade regulada exclusivamente pelo hábito, regras de conduta e valores comuns. Nele, as autoridades prisionais acabam atuando na governança das relações sociais de modo variado, seja pelo exercício das prerrogativas formais previstas em lei, pelo uso da força, isolamento ou transferência de presos, seja mediando trocas, transferindo prerrogativas para que determinados detentos as tenham em seu lugar ou regulando, por meio de informantes e outros dispositivos de controle, a predominância deste ou daquele grupo em determinado pavilhão, contribuindo para a consolidação de uma rede de proteção patrocinada pelo Estado, que reduz os conflitos violentos provocados por uma concorrência completamente desregulamentada nos mercados ilegais. Tudo isso se deve à interferência direta das instituições governamentais, pautadas por orientações políticas gerais em torno da necessidade de redução das mortes violentas no estado, mas também pela ação de organismos internacionais, da imprensa e de organizações de proteção e defesa dos direitos humanos. Aqui, instituições como o Ministério Público, o Poder Judiciário, a Defensoria Pública, as polícias, as entidades religiosas, as famílias de presos, os partidos políticos e a imprensa também desempenham papel importante, atuando nas periferias do sistema, para a produção de resultados coletivos.

A pergunta, portanto, que dá nome ao livro tem caráter quase retórico. O Complexo não tem um "comando", pelo menos não no sentido que os presos costumam dar a esse tipo de expressão, ao designar uma facção prisional capaz de exercer poder quase absoluto sobre a vida dos detentos. Tampouco é uma prisão cuja ordem seja o resultado exclusivo da operação das peças e engrenagens de uma instituição capaz de exercer controle absoluto sobre todos os aspectos da vida dos apenados, pela ação de uma burocracia racional, orientada por regulamentos inteiramente impessoais. Ao contrário, a produção de ordem nele, como em outras prisões do estado, dá-se como resultado da articulação de uma rede complexa de instituições, que coordenam a ação de milhares de pessoas pela influência de mecanismos eficazes para a assunção de resultados coletivos.

O recente histórico das unidades prisionais pernambucanas em face da crise do sistema penitenciário brasileiro é uma evidência de que esse sistema funciona. O fato de o estado da federação com a menor quantidade proporcional de agentes de custódia por detentos, uma das maiores taxas de ocupação e uma infraestrutura absolutamente precária ainda não ter se tornado repasto de alguma grande facção criminosa, com rebatimento direto sobre a configuração social da criminalidade e da violência local, não pode ser atribuído ao acaso, sem antes ser objeto de uma análise mais refinada. Não se trata de uma justificativa, nem de um elogio, mas antes de uma afirmação baseada na ideia de eficácia do sistema em termos de governança, a partir de uma investigação centrada na sua unidade mais complexa e problemática. Falar em eficácia e produção de ordem não significa falar em algo necessariamente bom, ou não sujeito a críticas em inúmeros aspectos. Esse sistema de governança nodal também produz, de maneira endêmica, violência, corrupção, reincidência criminal, anomia, doenças, violação de direitos e inúmeras mazelas, intencionais ou não. Como procurei demonstrar ao longo destas páginas, ele é o produto final de um acúmulo de arranjos, improvisos, investimentos irregulares, acordos, negociações e conflitos entre uma série de instituições legais e extralegais, com interesses nem sempre convergentes, capazes de se articular de maneira mais ou menos frouxa para a produção de determinados resultados coletivos.

O problema é que a legitimidade de um tal sistema é, essencialmente, precária. A ideia de que detentos possam exercer prerrogativas de Estado sobre os demais, praticando controles de natureza coercitiva, na forma de punições muitas vezes cruentas, ao mesmo tempo que ocupam posição central na distribuição de incentivos não raro ilegais, vai de encontro a tudo o que se pode imaginar como uma política prisional desejável num Estado democrático de direito. Indivíduos condenados pela Justiça ou acusados de crimes não podem, a priori, exercer poder de polícia, além de violência física sobre seus iguais. Isso implica não só a legitimação da injustiça e o incentivo à corrupção, como a abertura de precedentes que podem dar ensejo a arranjos ainda piores num futuro não muito distante. Além disso, o equilíbrio que o sistema penitenciário estadual apresentou durante muito tempo se encontra permanentemente ameaçado pelas mudanças nas dinâmicas dos mercados ilegais. Processos de consolidação de facções no âmbito nacional dificilmente encontrarão grandes dificuldades para driblar os arranjos estabelecidos no nível local. Pelo dinheiro ou pela força, por um meio ou por outro, o sistema dos chaveiros pode, sim, em algum momento, ser cooptado por uma instituição de governança extralegal centralizada com recursos, capacidades, tecnologia e competência para tanto. Um exemplo recente pode ser auferido da Operação Echelon, deflagrada pelo Ministério Público de São Paulo, que revelou, entre outros fatos inusitados sobre a organização, a realização de um censo prisional pelo Primeiro Comando da Capital. Entre as perguntas, figurava uma questão específica sobre os chamados faxinas, se estes eram "soltos nas galerias" e "indicados por presos ou pela direção".[1] Ainda que a existência do referido censo já tivesse sido objeto de discussão entre estudiosos do tema, a natureza dessa preocupação específica parece ter passado despercebida por estudiosos e especialistas. Acredito que ela diz respeito à importância dos intermediários para a consolidação do poder dessas organizações nas prisões. Dominar os processos de mediação ou suplantá-los parece ser etapa necessária da expansão de facções prisionais nos diversos sistemas penitenciários estaduais. Faz parte da geopolítica do crime organizado, que precisa de informações confiáveis e canais de comunicação entre as celas, alas e pavilhões que compõem uma unidade, assim como entre as unidades que integram o sistema, para se estabelecer como instituição capaz de exercer ampla governança nas relações sociais. Não me parece um objetivo de todo impossível de alcançar em Pernambuco. Nesse processo, a possibilidade de que a própria estrutura governamental seja tragada é real. O nível de discricionariedade exigido dos agentes governamentais num sistema como o pernambucano equivale à tensão excessiva sobre uma corda já muito esticada, que pode ser rompida a qualquer momento, dada a exposição a pressões às quais os indivíduos ficam sujeitos o tempo inteiro. Por outro lado, é previsível que o aumento progressivo da população penitenciária, por si mesmo, possa gerar tensões num nível que o atual sistema não seja mais capaz de comportar. Casos de assassinatos de chaveiros após sua liberação são um bom indicativo disso. Em Pernambuco, aparentemente, o processo de consolidação de facções prisionais tem acontecido primeiro nas unidades do interior do estado, não coincidentemente as que apresentam maiores taxas de superlotação. O próprio esforço da gestão estadual em distribuir detentos em determinadas unidades a partir de seu pertencimento a determinadas facções indica a possibilidade de que o sistema esteja entrando em crise ou, pelo menos, numa fase de acomodação para uma nova lógica, que pode rapidamente vir a se refletir na reorganização dos mercados ilegais nas periferias do estado. É o que se depreende, também, das informações que circulam de maneira ainda discreta pelas corporações policiais do estado, sobre a aceleração do processo de consolidação do PCC e do CV em algumas periferias e favelas de Pernambuco, que pode aproximar rapidamente a realidade pernambucana da de estados próximos como o Ceará. Com assassinatos que atingem a casa dos 60 mil todos os anos, um número parecido de estupros e quase doze vezes maior de roubos a transeuntes, para só falar em crimes violentos, é difícil acreditar que os esforços quixotescos de redução da população carcerária por parte das instâncias superiores do Poder Judiciário ou do Executivo possam se refletir numa diminuição da superlotação das unidades em qualquer contexto que não signifique debacle completo da segurança pública do país. E nem mesmo a diminuição das atuais taxas de ocupação, sem mudanças profundas na legislação penal, na organização do sistema de justiça criminal e, principalmente, na gestão das unidades prisionais, promete ter qualquer efeito sobre o poder de facções prisionais, como ensina a experiência de outros sistemas prisionais do mundo.

O histórico de transformações em sistemas análogos deixa uma importante lição que deve ser assimilada pelos tomadores de decisão. A retirada brusca de poderes e a eliminação de um sistema de incentivos informais ou mesmo ilegais, com a retomada não mediada das prerrogativas de controle pelos agentes do Estado, exclusivamente centrada no aspecto coercitivo, tende a resultar em mais poder, não menos, para essas organizações, após um longo período de instabilidade. Bons exemplos podem ser retirados de casos relativamente recentes em outros países. No Texas, a substituição do chamado *building tender system* nos anos 1980, por imposição da Suprema Corte americana, se seguiu a um período de intensa instabilidade nas prisões texanas, com aumento dos casos de agressão, assassinato, ataques a agentes penitenciários, fugas, motins e rebeliões, depois do qual a consolidação de gangues prisionais se estabeleceu em progressão geométrica. Processo semelhante se verificou no caso da Penitenciária do Novo México, ocorrido na mesma década, quando a substituição de um sistema de controle centrado nas relações entre administradores, agentes e lideranças prisionais por um representado pela presença ostensiva de agentes penitenciários orientados pela norma estrita do regulamento levou a uma progressiva deterioração das relações sociais na cadeia, culminando numa rebelião sangrenta, depois da qual as gangues prisionais encontraram terreno fértil para seu estabelecimento. A substituição de instituições de governança mais ou menos conectadas com o Estado por outras francamente antagônicas é um resultado esperado, na permanência das condições de privação e aumento dos conflitos interpessoais nas unidades prisionais, conforme discutido no decorrer deste livro.

A administração correta de um sistema de incentivos, por sua vez, compõe parte do aparato de produção de ordem do Estado em muitos sistemas prisionais mais eficientes que o nosso. É possível pensar em transições progressivas, incluindo a implementação de um modelo com algum nível de participação de presos que operem como intermediários de determinados benefícios, na liderança de equipes de trabalho, por exemplo, mas sem a concentração de prerrogativas que se verifica no atual arranjo institucional. Logicamente, nada disso pode ser realizado com os atuais índices de superlotação, déficit de pessoal e precariedade do sistema, nem sempre vai servir para todo tipo de preso. Pensar em reformas totais também parece utópico, sobretudo considerando o atual quadro de crise fiscal do Estado brasileiro. Isso não impede, porém, que investimentos alocados na construção e operação de unidades prisionais de referência possam contribuir para a implementação progressiva de um novo modelo de governança, criando, ao mesmo tempo, uma porta de saída da filiação em facções prisionais e um dique para novas adesões a essas organizações. O estímulo a penas alternativas para crimes de menor potencial ofensivo também pode ser operacionalizado por uma política específica do Estado nesse sentido, influenciando, assim, o processo de tomada de decisão de juízes e promotores públicos. O enfoque do trabalho policial na repressão qualificada de crimes violentos, com a retirada dos bônus de produtividade policial para apreensão de pequenas quantidades de drogas, também pode ter tido rebatimento direto sobre o sistema penitenciário estadual. Ainda que considere o tráfico de drogas um problema a ser enfrentado pelo Estado brasileiro, longe da panaceia da regulamentação da venda e uso de substâncias ilícitas, a apreensão desenfreada de usuários pobres ou mesmo de jovens que atuam ocasionalmente com a comercialização de pequenas quantidades de drogas não me parece uma alternativa razoável. Esse conjunto de medidas, associado às mudanças necessárias em termos de construção de unidades prisionais mais restritivas, capazes de anular ou diminuir a capacidade de organização e cooptação de lideranças do crime organizado, pode influenciar positivamente não só o sistema penitenciário como um todo, mas também os índices de criminalidade e violência no estado, afetando a reincidência criminal e alterando as dinâmicas dos mercados ilegais. Depois que isso for feito, será possível discutir a possibilidade de implementação de medidas incapacitantes mais drásticas pelo sistema de justiça criminal em caso de resiliência das facções prisionais.

Isso nos leva a uma constatação irremediável, que não poderia ficar de fora do escopo desta obra: o Complexo do Curado precisa acabar. Essa afirmação, ao contrário do que possa parecer, não precede um libelo abolicionista. Não é nem sequer uma exigência política ou simbólica em face das sucessivas violações à lei e aos direitos fundamentais que tiveram lugar no longo histórico da instituição, parte das quais pude testemunhar pessoalmente durante os anos de trabalho de campo. Acabar com o Complexo Penitenciário do Curado é um passo fundamental para o processo de transformação do sistema penitenciário estadual, cuja necessidade se impõe pelas razões elencadas anteriormente. Trata-se não somente da maior prisão pernambucana, como também de uma das mais precárias do país, em avançado processo de deterioração e favelização, que já descaracterizou totalmente sua estrutura original. Sua arquitetura pavilhonar se mostrou de pouca ou nenhuma utilidade para a produção de ordem, exigindo uma alocação de recursos humanos e tecnologias que são bem menos custosas em outros modelos de unidades mais modernos. E sua localização, no meio de um bairro com alta densidade populacional, entre ruas apertadas, becos e vielas, transforma qualquer medida de controle e vigilância em paliativos facilmente superáveis pela criatividade e capacidade humana. Não disponho dos meios para avaliar os custos envolvidos numa completa reestruturação das unidades, com a necessária redução de tamanho e reconfiguração arquitetônica. Porém, acredito que um acúmulo tão grande de erros governamentais, que levaram à consolidação no imaginário popular de um "presídio problema", onde novos incidentes se seguem a cada rearranjo, carrega um imenso simbolismo, que possivelmente leva ao descrédito até mesmo os gestores públicos e agentes penitenciários responsáveis pela execução de iniciativas de caráter reformista. A memória em torno da instituição, carregada de imagens de rebeliões, assassinatos, desordem, sujeira, sofrimento e degradação humana, tampouco depõe em favor de sua continuidade, ainda que em outros parâmetros. Acredito fortemente que sua implosão e substituição por equipamentos públicos mais positivos para a comunidade no entorno poderia ser um gesto não só simbólico, como bastante inteligente por parte dos tomadores de decisões, ajudando, inclusive, a justificar investimentos para a construção de novas unidades prisionais, que usualmente costumam suscitar críticas de certos setores da opinião pública. Parques, escolas, creches, complexos esportivos ou mesmo iniciativas recentes ainda não devidamente avaliadas pela literatura especializada, como os Centros Comunitários da Paz, rapidamente contribuiriam para a valorização de todo o bairro, passando uma importante mensagem para a sociedade como um todo, mas especialmente para as novas gerações. Em caso de falta de investimentos ou incapacidade política para a alocação de recursos, até mesmo a venda do terreno para a iniciativa privada, visando a construção de novas residências, um shopping center ou mesmo um grande supermercado, seria mais positiva do que manter a coisa como está. Obviamente, isso não resolve o problema dos presos e a necessidade do estado de apresentar um plano consistente de mudança no sistema penitenciário como um todo.

Eu realmente gostaria que este livro pudesse ser o último trabalho de caráter científico a registrar a existência e o funcionamento dessa instituição. E não há nenhum desejo de exclusivismo na expressão dessa vontade. Os problemas abordados aqui certamente continuarão a existir por muito mais tempo no sistema penitenciário estadual. A realidade das prisões brasileiras ainda é um terreno indevassável sob muitos aspectos. É muito difícil produzir pesquisas quantitativas de qualidade sobre esse tema no Brasil, que permitam comparações com um nível diferenciado de precisão entre unidades prisionais, sistemas estaduais distintos e diferentes modelos de gestão. Sabemos pouco sobre muita coisa a esse respeito, na verdade. O aumento considerável dos trabalhos científicos produzidos no país ainda não responde ao tamanho da demanda. Algumas hipóteses levantadas aqui, como as que debatem as consequências possíveis dos efeitos da superlotação e da privação do sono, as causas que levam à produção da desordem nas prisões, os efeitos do uso intensivo de crack e outras drogas, as diferenças entre modelos distintos de governança, dentre outras, carecem de uma modelização mais sistemática que permita a comparação entre realidades distintas. Obviamente, isto é algo que não depende somente da capacidade e inventividade dos pesquisadores, mas de uma maior abertura dessa realidade por vezes indevassável à produção do conhecimento científico, o que implica a permissão para que pesquisadores desenvolvam estudos, a publicização de dados, a padronização de normas e condutas etc. Isso permitiria não só um avanço em termos da qualidade do conhecimento científico produzido no país, como também uma abertura para o diálogo com gestores públicos, operadores do sistema de justiça criminal, formadores de opinião e a sociedade como um todo, possibilitando transformações pautadas mais pelo estudo do que pelo improviso, com menos ênfase nas respostas fáceis e mais foco na eficácia das políticas públicas. Com efeito, também se trata de um acerto de contas com a realidade nacional. A verdade é libertadora em muito mais sentidos do que a interpretação corrente sobre o caráter religioso da mensagem evangélica. O que está em jogo aqui é a profissão de fé num valor civilizacional. E acredito que todo esforço em prol da sua realização valha a pena, ainda que o acúmulo de erros nas últimas décadas deponha em sentido contrário.

Radiografia do Sistema Penitenciário de Pernambuco

População carcerária, capacidade de lotação e quantidade de agentes de segurança prisional

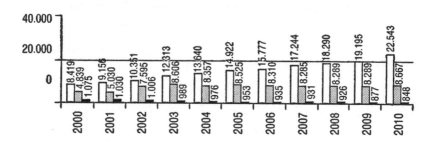

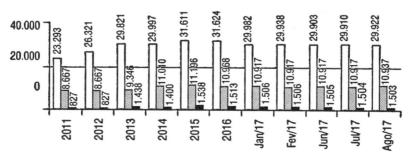

☐ População carcerária
▒ Capacidade de lotação
■ Quantidade de ASPs

Evolução da população carcerária do estado de Pernambuco

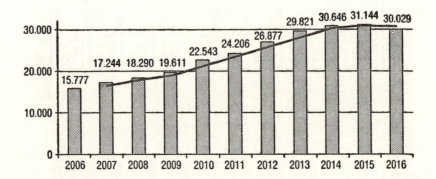

Unidades prisionais em Pernambuco

REGIÃO METROPOLITANA			
Unidades	Vagas	Total	Déficit
CPFAL	192	387	-195
HCTP	372	353	19
PPBC	430	1.836	-1.406
COTEL	940	3.282	-2.342
PFDB	454	1.487	-1.033
PAISJ	749	2.764	-2.015
CPFR	200	716	-516
PAMFA	464	1.452	-988
PI	426	3.620	-3.194
PJALLB	901	3.000	-2.099

INTERIOR			
Unidades	Vagas	Total	Déficit
PDAD	144	927	-783
CPFB	100	304	-204
PIT	990	48	942
PSCC	186	420	-234
PDEPG	426	1.709	-1.283
PJPS	381	1.748	-1.367
PTAC	676	447	229
PRRL	74	727	-653
PVSA	99	676	-577
PDEG	775	1.347	-572
PABA	427	1.024	-597
PSAL	176	626	-450
CRA	400	1.244	-844

TOTAL		
Vagas	Total	Déficit
11.802	31.920	-20.118

Bibliografia

ABREU, Allan de. *Cocaína: a rota caipira: o narcotráfico no principal corredor de drogas do Brasil*. Rio de Janeiro: Record, 2017.

AMORIM, Carlos. *Comando vermelho: a história secreta do crime organizado*. Rio de Janeiro: Record, 1993.

ANBARCI, Nejat; GOMIS-PORQUERAS, Pedro; PIVATO, Marcus. "Formal and Informal Markets: A Strategic and Evolutionary Perspective". *MPRA Paper No. 42513*, 9 nov. 2012.

ANDERSON, Elijah. *Code of the Street: Decency, Violence, and the Moral Life of the Inner City*. Nova York: W.W. Norton and Company, 1999.

ARLACCHI, Pino. "Some Observations on Illegal Markets". In: RUGGIERO, Vincenzo; SOUTH, Nigel; TAYLOR, Ian R. (orgs.). *The New European Criminology: Crime and Social Order in Europe*. Londres: Routledge, 1998, pp. 203-15.

ATLAS, Randall. *Violence in Prison: Architectural Determinism*. Tese (Doutorado). Florida State University, 1982.

BARAK-GLANTZ, Israel. "Toward a Conceptual Schema of Prison Management Styles". *Prison Journal*, v. 61, n. 2, pp. 42-60, 1981.

BECKERT, Jens; WEHINGER, Frank. "In the Shadow: Illegal Markets and Economic Sociology". *Socio-Economic Review*, v. 11, n. 1, pp. 5-30, 2012.

BIONDI, Karina. *Junto e misturado: uma etnografia do PCC*. São Paulo: Terceiro Nome, 2010.

BOURGOIS, Philippe. *In Search of Respect: Selling Crack in El Barrio*. 2. ed. Nova York/Cambridge: Cambridge University Press, 2003.

BURRIS, Scott; DRAHOS, Peter; SHEARING, Clifford. "Nodal Governance". *Australian Journal of Philosophy*, v. 30, pp. 31-58, 2005.

CHRISTINO, Marcio Sergio; TOGNOLLI, Claudio. *Laços de sangue: a história secreta do PCC*. São Paulo: Matrix, 2017.

CLEMMER, Donald. *The Prison Community*. Nova York: Holt, Rinehart & Winston, 1940.

COELHO, Edmundo C. *Oficina do diabo e outros estudos sobre criminalidade*. Rio de Janeiro: Record, 2005.

COLVIN, Mark. *The Penitentiary in Crisis: From Acommodation to Riot in New Mexico*. Nova York: State University of New York Press, 1992.

CROZIER, Michel; FRIEDBERG, Erhard. *L'acteur et le système*. Paris: Éditions du Seuil, 1977.

DARKE, Sacha. "Inmate Governance in Brazilian Prisons". *The Howard Journal*, v. 52, n. 3, pp. 272-84, 2013.

DAUDELIN, Jean; RATTON, José Luiz. "Mercados de drogas, guerra e paz no Recife". *Tempo Social*, v. 29, pp. 115-32, 2017.

DELISI, Matt et al. "The Cycle of Violence Behind Bars: Traumatization and Institutional Misconduct among Juvenile Delinquents in Confinement". *Youth Violence and Juvenile Justice*, v. 8, n. 2, pp. 107-21, 2010.

DEWA, Lindsey Helen. *Insomnia in a Prison Population: A Mixed Methods Study*. Faculdade de Biologia, Medicina e Saúde da Universidade de Manchester, 2017. Tese (Doutorado em Filosofia).

DIAS, Camila Caldeira Nunes. *PCC: hegemonia nas prisões e monopólio da violência*. São Paulo: Saraiva, 2013.

DIIULIO, John J. *Governing Prisons*. Nova York: Free Press, 1987.

_____. *No Escape: The Future of American Corrections*. Nova York: Basic Books, 1991a.

_____. "Understanding Prisons: The New Old Penology". *Law and Social Inquiry*, v. 16, pp. 65-99, 1991b.

ELSTER, Jon. *Alchemies of the Mind: Rationality and the Emotions*. Cambridge: Cambridge University Press, 1999.

FASSIN, Didier. *Prison Worlds: An Ethnography of the Carceral Conditions*. Cambridge: Polit Press, 2016.

FELTRAN, Gabriel de Santis. *Fronteiras de tensão: política e violência nas periferias de São Paulo*. São Paulo: Unesp, 2011.

_____. *PCC: uma história dos irmãos*. São Paulo: Companhia das Letras, 2018.

FOUCAULT, Michel. *Vigiar e punir: nascimento da prisão*. Petrópolis: Vozes, 1977.

FRENCH, Sheila A.; GENDREAU, Paul. "Reducing Prison Misconducts: What Works!". *Criminal Justice and Behavior*, v. 33, n. 2, pp. 185-218, 2006.

GOTTFREDSON, Michael R.; HIRSCHI, Travis. *A General Theory of Crime*. Stanford: Stanford University Press, 1990.

GREENBLATT, Stephen. *Renaissance Self-Fashioning: From More to Shakespeare*. Chicago: University of Chicago Press, 1980.

JACOBS, James. *Stateville: The Penitentiary in Mass Society*. Chicago: University of Chicago Press, 1977.

KOERNER, Andrei. "Punição, disciplina e pensamento penal no Brasil do século XIX". *Lua Nova*, n. 68. 2006.

LABRECQUE, Ryan M. *The Effect of Solitary Confinement on Institutional Misconduct: A Longitudinal Evaluation*. Universidade de Cincinnati, 2015. Tese (Doutorado em Filosofia).

LEMGRUBER, Julita. *Cemitério dos vivos: análise sociológica de uma prisão de mulheres*. Rio de Janeiro: Forense, 1999.

LIEBLING, Alison. "Prison Officers, Policing and the Use of Discretion". *Theoretical Criminology*, v. 4, n. 3, pp. 333-357, 2000.

MANSO, Bruno Paes; DIAS, Camila Caldeira Nunes. *A guerra: a ascensão do PCC e o mundo do crime no Brasil*. São Paulo: Todavia, 2018.

MARQUAT, James W. "Prison Guards and the Use of Physical Coercion as a Mechanism of Prisioner Control". *Criminology*, v. 24, n. 2, pp. 347-66, 1986.

MARQUAT, James W.; CROUCH, Ben M. "Coopting the Kept: Using Inmates for Social Control in a Southern Prison". *Justice Quarterly*, v. 1, n. 4, pp. 491-509, 1984.

MARQUAT, James W.; ROEBUCK, "Prison Guards and 'Snitches': Deviance Within a Total Institution". *British Journal of Criminology*, v. 25, n. 3, pp. 217-33, 1985.

McCGUIN, Stephen. *Prison Management, Prison Workers, and Prison Theory: Alienation and Power*. Maryland: Lexington Books, 2014.

NAGIN, Daniel S. "Deterrence in the Twenty-First Century". *Crime and Justice*, v. 42, n. 1, pp. 199-263, 2013.

RAMALHO, José R. *Mundo do crime: a ordem pelo avesso*. Rio de Janeiro: Centro Edelstein de Pesquisas Sociais, 2008.

RAMOS, Hosmany. *Pavilhão 9: paixão e morte no Carandiru*. 3. ed. São Paulo: Geração Editorial, 2001.

SKAPERDAS, Stergios. "The Political Economy of Organized Crime: Providing Protection When the State Does Not". *Economics of Governance*, n. 2, pp. 173-202, 2001.

SKARBEK, David. *The Social Order of The Underworld: How Prison Gangs Govern the American Penal System*. Nova York: Oxford University Press, USA, 2015.

SYKES, Grescham. *The Society of Captives*. Princeton: Princeton University Press, 1958.

USEEM, Bert; KIMBALL, Peter. *States of Siege: US Prison Riots, 1971-1986*. Nova York: Oxford University Press, 1989.

WILLIS, Graham Denyer. *The Killing Consensus: Police, Organized Crime and Regulation of Life and Death in Urban Brazil*. Oakland: University of California Press, 2015.

ZIMBARDO, Philip. *O Efeito Lúcifer: Como pessoas boas se tornam más*. Rio de Janeiro: Record, 2012.

Notas

Introdução

1. ALESSI, Gil. "Massacre em presídio de Manaus deixa 56 detentos mortos". *El País*, 2 jan. 2017. Disponível em: <https://brasil.elpais.com/brasil/2017/01/02/politica/1483358892_477027.html>.
2. CARVALHO, Marco A. "213 são denunciados por massacre em presídio de Manaus; acusação pede 2,2 mil anos de prisão". *O Estado de S. Paulo*, 24 nov. 2017. Disponível em: <https://brasil.estadao.com.br/noticias/geral,213-sao-denunciados-por-massacre-em-presidio-de-manaus-acusacao-pede-2-2-mil-anos-de-prisao,70002096404>.
3. BARROS, Edmar. "'Não entramos no presídio para evitar um Carandiru 2', diz secretário do AM". *Folha de S.Paulo*, 2 jan. 2017. Disponível em: <www1.folha.uol.com.br/cotidiano/2017/01/1846552-nao-entramos-no-presidio-para-evitar-um-carandiru-2-diz-secretario-do-am.shtml>.
4. AVENDAÑO, Tom C. "Rebeliões em prisões de Rondônia e Roraima deixam 18 mortos em menos de 24 horas". *El País*, 17 out. 2016. Disponível em: <https://brasil.elpais.com/brasil/2016/10/17/politica/1476683609_511405.html>.
5. ALESSI, Gil. "Rebeliões sinalizam fim de pacto entre PCC e CV e espalham tensão em presídios". *El País*, 20 out. 2016. Disponível em: <https://brasil.elpais.com/brasil/2016/10/17/politica/1476734977_178370.html?rel=mas>.
6. ROSSI, Marina. "Presídio do Rio Grande do Norte tem nova rebelião após a morte de 26 no sábado". *El País*, 16 jan. 2017. Disponível em: <https://brasil.elpais.com/brasil/2017/01/16/politica/1484576160_184861.html>

7. Idem. "Penitenciária do Rio Grande do Norte vira campo de guerra em contagem regressiva". *El País*, 17 jan. 2017. Disponível em: <brasil.elpais.com/brasil/2017/01/17/politica/1484674591_155560.html>.
8. "Governador do AM diz que 'não tinha nenhum santo' entre presos mortos. *Folha de S.Paulo*, 4 jan. 2017. Disponível em: <www1.folha.uol.com.br/cotidiano/2017/01/1846913-governador-do-am-diz-que-nao-tinha-nenhum-santo-entre-presos-mortos.shtml>.
9. DUARTE, Geiza. "Secretário de Juventude pede demissão após declaração polêmica". G1, 7 jan. 2017. Disponível em: <https://g1.globo.com/jornal-hoje/noticia/2017/01/secretario-de-juventude-pede-demissao-apos-declaracao-polemica.html>.
10. PEDUZZI, Pedro; AQUINO, Yara. "Moraes diz que mortes de presos em RR foram 'acerto de contas interno' do PCC". Agência Brasil, 6 jan. 2017. Disponível em: < https://agenciabrasil.ebc.com.br/geral/noticia/2017-01/moraes-diz-que-mortes-de-presos-em-rr-foi-acerto-de-contas-interno-do-pcc>.
11. BENITES, Afonso. "Tamanho de facções em Roraima cresce seis vezes em dois anos ante inação do Estado". *El País*, 9 jan. 2017. Disponível em: < https://brasil.elpais.com/brasil/2017/01/10/politica/1484004155_392022.html>.
12. ROSSI, Marina. "Nova batalha campal assola presídio em Natal após transferência de presos". *El País*, 19 jan. 2017. Disponível em: < https://brasil.elpais.com/brasil/2017/01/19/politica/1484833507_145381.html>.
13. "Após reunião no Planalto, governo lança Plano Nacional de Segurança". Ministério da Justiça, 5 jan. 2017. Disponível em: <www.justica.gov.br/news/apos-reuniao-no-planalto-governo-lanca-plano-nacional-de-seguranca>.
14. "Entenda a crise no sistema prisional brasileiro". EBC, 24 jan. 2017 Disponível em: <www.ebc.com.br/especiais/entenda-crise-no-sistema-prisional-brasileiro>.
15. SOUZA, Felipe. "'A questão não se resolve com construção de presídios', diz Gilmar Mendes sobre crise penitenciária". BBC Brasil, 6 jan. 2017. Disponível em: <www.bbc.com/portuguese/brasil-38492779>.
16. SOARES, Jussara. "'Se o brasileiro soubesse tudo o que sei, seria muito difícil dormir', diz Cármen Lúcia". *O Globo*, 7 out. 2018. Disponível em: <https://oglobo.globo.com/brasil/se-brasileiro-soubesse-tudo-que-sei-seria-muito-dificil-dormir-diz-carmen-lucia-1-21921369>.

17. "Advogado de bandido propõe acordo para cessar confrontos na Rocinha". *O Dia*, 29 jul. 2017. Disponível em: <https://odia.ig.com.br/_conteudo/rio-de-janeiro/2017-09-20/advogado-de-bandido-propoe-acordo-para--cessar-confrontos-na-rocinha.html>.
18. ALESSIO, Gil. "Norte e Nordeste são a linha de frente do embate entre PCC e CV". *El País*, 21 out. 2016. Disponível em: <https://brasil.elpais.com/brasil/2016/10/19/politica/1476901434_489418.html>.
19. VIEIRA, Felipe. "Mentor do Pacto pela Vida diz: 'o programa morreu'". *Jornal do Commercio*, 9 jan. 2017. Disponível em: <http://jc.ne10.uol.com.br/blogs/jcnasruas/2017/01/09/mentor-do-pacto-pela-vida-diz-o--programa-morreu>.
20. "Funcionários de clínica e escola são feitos reféns em tentativa de fuga no Complexo do Curado". G1, 26 jun. 2017. Disponível em: <https://g1.globo.com/pernambuco/noticia/funcionarios-de-clinica-e-escola-sao-feitos--refens-em-tentativa-de-fuga-no-complexo-do-curado.ghtml>.
21. OLIVEIRA, Cássio. "Pernambuco tem cerca de 154 membros do PCC atuando no estado". Blog do Jamildo, 19 jan. 2017. Disponível em: <https://blogs.ne10.uol.com.br/jamildo/2017/01/19/pernambuco-tem-cerca--de-154-membros-do-pcc-atuando-no-estado>.
22. HISAYASU, Alexandre. "27 facções disputam controle do crime organizado em todos os estados do país". *O Estado de S. Paulo*, 7 jan. 2017. Disponível em: <https://brasil.estadao.com.br/noticias/geral,27-faccoes--disputam-controle-do-crime-organizado-em-todos-os-estados-do--pais,10000098770>.
23. Recomendo particularmente o relatório "O Estado deixou o mal tomar conta", da Human Rights Watch, publicado em 2015, disponível no seguinte link: <https://www.hrw.org/pt/report/2015/10/19/282335>. Os documentos elaborados pela coalizão de entidades nos primeiros anos do processo internacional envolvendo o Complexo Penitenciário do Curado ainda estão disponíveis na internet, contendo igualmente bons registros. Podem ser acessados no link: <https://arquivoanibal.weebly.com/arquivo.html>.

1. A caça e o caçador

1. Para mais informações sobre o programa, recomendo a tese de doutoramento em Ciência Política de José Maria da Nóbrega Jr., *Os homicídios no Brasil, no Nordeste e em Pernambuco: dinâmica, relações de causalidade*

e políticas públicas. Disponível em: <https://repositorio.ufpe.br/handle/123456789/1558>.
2. Para uma análise acurada desse cenário só aparentemente controverso, ver o artigo de Luís Flávio Sapori publicado em 2012 na revista *Desigualdade & Diversidade*, disponível em: <http://desigualdadediversidade.soc.puc-rio.br/media/7artigo11.pdf>.
3. "Justiça condena ex-vice-presidente do Condepe e mais 4 advogados por integrarem facção criminosa". G1, 26 jun. 2017. Disponível em: <https://g1.globo.com/sao-paulo/noticia/justica-condena-ex-vice-presidente-do-condepe-e-mais-4-advogados-por-integrarem-faccao-criminosa.ghtml>.
4. MELO, Jamildo. "Ex-assessor de Eduardo critica duramente Ratton: 'Ele não é pai, mãe ou mentor do Pacto pela Vida'". Blog do Jamildo, 27 jan. 2017. Disponível em: <http://blogs.ne10.uol.com.br/jamildo/2017/01/27/ex-assessor-de-eduardo-campos-critica-duramente-ratton-e-diz-que-ele-nao-e-pai-mae-ou-mentor-do-pacto-pela-vida>.
5. "PSOL divulga lista de apoio com artistas e professores". JC Online, 19 set. 2016. Disponível em: <https://jconline.ne10.uol.com.br/canal/politica/pernambuco/noticia/2016/09/19/psol-divulga-lista-de-apoio-com-artistas-e-professores-253526.php>.
6. Para mais sobre o assunto, ver *O Efeito Lúcifer*, de Philip Zimbardo. Zimbardo foi o inventor do famoso Experimento de Stanford, em que um grupo de rapazes topou participar de um laboratório em que simulariam a vivência numa prisão de segurança máxima. Apesar das críticas possíveis da experiência e dos erros de interpretação de Zimbardo, sua descrição de como determinadas situações podem induzir a comportamentos delinquentes nos indivíduos permanece bastante interessante. De maneira geral, o experimento é evocado para falar sobre como a prisão pode transformar um homem na função de guarda em um opressor cruel e embrutecido, mas pouco se fala no tipo de comportamento que a instituição induz nos apenados, o que inclui a mentira, a trapaça, a calúnia, a difamação, a vitimização etc. Se os cientistas sociais e políticos tivessem mais atenção a esse aspecto, talvez o que um detento diz não seria sempre levado em grande conta sem procedimentos rigorosos de checagem, sobretudo em se tratando do trabalho de agentes penitenciários e outros oficiais da lei.
7. Recomendo particularmente os artigos do *Palgrave Handbook of Prison Ethnography* (Palgrave Macmillan, 2015).

2. Coisas estranhas

1. Os dados coletados pelo WBP não consideram como parte do sistema penitenciário brasileiro as 36.765 pessoas que se encontram nas carceragens das delegacias de polícia espalhadas pelo país. Isso significa que a taxa calculada para o Brasil fora de 172,9% de ocupação, um número aquém dos 197,4% divulgados pelo último relatório do Infopen. Esta informação me foi repassada por e-mail pela própria organização.
2. Para um estudo mais aprofundado sobre o tema, recomendo a excelente coletânea organizada por Clarissa Nunes Maia, Marcos Paulo Pedrosa Costa, Marcos Luiz Bretas e Flávio de Sá Neto, *História das prisões no Brasil*, publicada pela editora Anfiteatro em dois volumes.
3. Obviamente, não compartilho da visão de uma parcela da moderna sociologia que atribui ao Estado o papel de protagonista na civilização dos hábitos e contenção da violência na sociedade. Na verdade, uma parcela da historiografia indica justamente o contrário, isto é, que foi o Estado que teve de ser civilizado por outras instituições, e não o contrário. No caso brasileiro, antes que este abrangesse minimamente a provisão de serviços básicos, a Igreja Católica já operava como protagonista na educação moral da população, em bem mais de um aspecto que as ciências sociais produzidas no Brasil insistem em ignorar. Coincidentemente, a explosão da violência no país coincidiu com mudanças significativas na sua forma de atuação junto à população a partir dos anos 1960, o que incluiu um relaxamento em inúmeros aspectos que só hoje começam a ser discutidos pela bibliografia especializada. Tampouco se pode ignorar o papel da mudança de regime político ao final do período militar, que parece ter levado a uma progressiva perda da autoridade na sociedade brasileira, com consequências que ultrapassam em muito o âmbito da violência e da criminalidade urbana.
4. Tomo a expressão de um artigo publicado por Andrei Koerner sobre as punições e práticas disciplinares no Brasil do século XIX.
5. As informações sobre os eventos citados foram coletadas em pesquisa preliminar sobre o tema nos grandes periódicos em circulação no estado — *Jornal do Commercio*, *Diário de Pernambuco* e *Folha de Pernambuco*. De modo algum constituem uma análise extensa do material histórico à disposição, portanto, carecem de precisão e apresentam lacunas evidentes na periodização.

6. Dados fornecidos pelo Sindicato dos Agentes Penitenciários de Pernambuco (Sindasp-PE).
7. Disponível em: <http://www2.uol.com.br/JC/_2000/0406/cd0406a.html>. Acesso em: jan. 2018.
8. "Helinho, o justiceiro, é morto a facadas no Aníbal Bruno". *Jornal do Commercio*, 15 jan. 2001. Disponível em: <www2.uol.com.br/JC/_2001/1501/cd1501_3.html>. Acesso em: jan. 2018.
9. "Pernambuco: Aníbal Bruno dividido em 3 partes". Blog das PPPs, 17 nov. 2009. Disponível em: <http://www.blogdasppps.com/2009/11/pernambuco-anibal-bruno-dividido-em-3.html>. Acesso em: jan. 2018.
10. "Novo Aníbal Bruno será inaugurado nesta terça". *Jornal do Commercio*, 2 jul. 2012. Disponível em: <jconline.ne10.uol.com.br/canal/cidades/noticia/2012/02/07/novo-anibal-bruno-sera-inaugurado-nesta-terca-31241.php>. Acesso em: jan. 2018.
11. É necessário já chamar atenção para o caráter improvisado do sistema de classificação adotado pelo governo, tendo em vista questões alegadas de segurança. Em vez de um cuidado maior para separar os detentos por tipo de crime cometido, o que pode constituir um indicativo mais plausível do nível de periculosidade do mesmo, pensou-se um sistema para separar os presos por quantidade de processos. Isso significa que um homicida condenado por dezenas de crimes seria realocado junto com um detento reincidente em crimes de furto ou estelionato, por exemplo. A ideia não era só ruim, mas também denunciava o modo como se pensou em fazer a coisa toda — "nas coxas", como se costuma dizer. Afinal, é mais fácil classificar e separar detentos a partir das informações contidas na ficha criminal de cada um.
12. COUTINHO, Katherine. "No Recife, divisão do presídio Aníbal Bruno não resolve superlotação". G1, 7 fev. 2012. Disponível em: <https://g1.globo.com/pernambuco/noticia/2012/02/no-recife-divisao-do-presidio-anibal-bruno-nao-resolve-superlotacao.html>. Acesso em: dez. 2017.
13. MARIZ, Renata. "Um terço das obras de presídios do Brasil está paralisada". *O Globo*, 7 nov. 2016. Disponível em: <https://oglobo.globo.com/brasil/um-terco-das-obras-de-presidios-do-brasil-esta-paralisada-20422491>. Acesso em: dez. 2017.
14. ARAGÃO, Marcelo. "Aníbal Bruno se transforma em complexo prisional modelo". *Diário Oficial do Estado de Pernambuco*, 11 fev. 2012. Acesso em: jan. 2018.

15. REPÚBLICA FEDERATIVA DO BRASIL. "Pessoas Privadas de liberdade no Presídio Professor Aníbal Bruno". 22 fev. 2012. Disponível em: <http://arquivoanibal.weebly.com/uploads/4/7/4/9/47496497/09_2o_informe_estado_brasileiro_mc_199-11_-_2012_fev_23-pub.pdf>. Acesso em: jan. 2018.
16. "2° contrainforme dos representantes das medidas provisórias". 26 ago. 2012. Disponível em: <http://arquivoanibal.weebly.com/uploads/4/7/4/9/47496497/10_contrainforme_2_cppab_2012_26_08_--pub.pdf>.
17. "3° contrainforme dos representantes dos beneficiários". 13 set. 2013. Disponível em: <http://arquivoanibal.weebly.com/uploads/4/7/4/9/47496497/15_-_3o_contrainforme_dos_representantes_dos_beneficiarios_-_mc_199-11_2013_09_13_--pub.pdf>.
18. Um compilado sobre as notícias dos eventos de 2015 pode ser encontrado em: <http://www.tjpe.jus.br/documents/10180/0/-/8effa01d-ea2a-49d6-9908-12849cc7722d>.

3. O comando é nóis

1. Nesse sentido, a obra de Gresham Sykes, *The Society of Captives*, publicada em 1958, permanece ainda a mais representativa daquilo que se convencionou denominar, na bibliografia especializada sobre o tema, teoria da privação, ou a ideia de que o ordenamento das instituições penais seria resultado de uma subcultura própria que se desenvolve como resposta às privações características da vida social do apenado a partir do momento em que ele adentra o ambiente da prisão.
2. Sem dúvida, o artigo que funda a chamada teoria da importação, que explica a ordem social nas prisões como resultado das subculturas delinquentes trazidas de fora do ambiente prisional pelos detentos, é "Thieves, Convicts and the Inmate Culture", de Irwin e Cressey, publicado em 1962 pela revista *Social Problems*.
3. A obra *Governing Prisons*, de John Dilulio, publicada em 1987, é certamente a pedra fundamental para o estabelecimento da *teoria do controle administrativo* ou *gerencialista*, que se tornou paradigmática para os debates sobre a administração de prisões com a contribuição posterior de inúmeros autores. Infelizmente, nada disso tem sido debatido na bibliografia especializada nacional. O fato de as obras citadas até aqui serem todas em inglês não é mera coincidência. Simplesmente não há traduções das obras especializadas

sobre o tema para o português. A bibliografia sobre prisões produzida no Brasil, em que pese dispor de livros muito bons, não costuma estabelecer diálogos com essa tradição, apresentando forte influência de autores como Michel Foucault e David Garland. O problema é que o primeiro jamais entrou numa prisão e o último tampouco demonstra outra preocupação mais profunda que não a crítica radical do encarceramento como instrumento de controle social. No máximo, o que se vê é um diálogo indireto com elementos da teoria da privação e da teoria da importação, citadas anteriormente, ou um debate sobre governança, mas só no nível do papel das facções criminosas. Isso para não falar da vasta bibliografia produzida sob ênfase da defesa dos direitos humanos, carregada de forte conteúdo de denúncia de violações, legítima em inúmeros aspectos, mas incapaz de construir pontes para encontrar soluções que ultrapassem a demanda pelo cumprimento daquilo que está previsto na lei e nos acordos internacionais sancionados pelo governo brasileiro. A consequência dessa limitação é que o debate sobre o tema se encontra restrito a um círculo muito pequeno de especialistas. Como jornalistas, agentes penitenciários, legisladores, gestores públicos e tomadores de decisão não costumam ter acesso a essa bibliografia, por desconhecimento ou dificuldades relativas ao idioma, o debate sobre o assunto no país costuma se dividir entre reivindicações legítimas da sociedade civil organizada em relação ao direito dos presos e à humanização das instituições penais e operadores de segurança pública enfatizando demandas classistas por melhores condições de trabalho, mais segurança e instrumentos de controle direto, como scanners, bloqueadores de celular, coletes, armamento etc.
4. A ideia de governança nodal utilizada aqui se inspira, principalmente, no artigo seminal de Scott Burris, Peter Drahos e Clifford Shearing, "Node Governance", publicado no *Australian Journal of Legal Philosophy* em 2005.
5. Robert Sampson é certamente o maior expositor da teoria da eficácia coletiva. Recomendo em particular seu livro *Great American City: Chicago and the Enduring Neighborhood Effect* (University of Chicago Press, 2013).

4. O que faz o monge é o mosteiro

1. Para mais referências a respeito, recomendo a obra espetacular de David Skarbek, *The Social Order of the Underworld: How Prison Gangs Govern the American Penal System* (Oxford University Press, 2014). Uma parte

considerável do entendimento sobre facções prisionais neste livro é inspirada diretamente nas reflexões de Skarbek.
2. A chamada teoria do controle é uma das correntes mais bem estabelecidas na criminologia anglo-saxã. Talvez a obra mais significativa produzida sobre o assunto seja *A General Theory of Crime*, de Michael Gottfredson e Travis Hirsch (Stanford University Press, 1984). Em que pesem as limitações evidentes de uma tradição fortemente calcada no behaviorismo, acredito que a teoria oferece pontos de aproximação relevantes com a filosofia clássica, fornecendo dados em profusão para fundamentar a aplicação de conhecimentos tradicionais para o entendimento de problemas modernos, como é o caso do crime e da violência.
3. Os estudos sobre *overcrowding*, isto é, a superlotação, constituem quase que um ramo de especialização nas ciências sociais norte-americanas. Talvez o maior especialista no assunto seja o psicólogo social Gerald G. Gaes, cujos artigos podem ser um ótimo ponto de partida para o estudo sobre o tema. Ver, por exemplo, "The Effects of Overcrowding in Prison", de 1985, publicado na revista *Crime and Justice*.
4. Para os interessados no tema, recomendo a excelente tese da dra. Lindsey Helen Dewa, "Insomnia in a Prison Population: A Mixed Methods Study", defendida em 2017 na Universidade de Manchester e disponível em: <www.research.manchester.ac.uk/portal/files/55559267/FULL_TEXT.PDF>.
5. Sobre o tema, recomendo as obras de Diego Gambetta, em particular *The Sicilian Mafia: The Business of Private Protection* (Oxford University Press, 1992).
6. O melhor estudo sobre rebeliões prisionais jamais realizado ainda é o de Bert Useem e Peter Kimball, *States of Siege: US Prison Riots, 1971-1986* (Oxford University Press, 1989). É lamentável que, num país como o Brasil, marcado por grandes rebeliões no sistema penitenciário desde o final dos anos 1980, nenhum estudo sistemático sobre esse tipo de fenômeno tenha sido conduzido até agora.
7. Para uma análise detalhada sobre o tema, recomendo o artigo de Yue Song, "Risk Factors Analysis of Criminals Escape from Prison Based on Interpretative Structural Modelling", publicado na revista *Advances in Applied Sociology*.

5. Os donos da chave

1. Para uma discussão mais detalhada sobre a importância desse tipo de personagem para a sociologia das organizações, recomendo o livro de Michael Crozier e Erhard Friedberg, *L'acteur et le système* (Points, 1977). A bibliografia mais específica sobre *brokers* é muito vasta, tanto na economia quanto nas ciências sociais, e dispensa referências mais detalhadas.
2. Para saber mais sobre esse sistema, a melhor obra é *An Appeal to Justice: Litigated Reform of Texas Prisons*, de Ben M. Crouch e James R. Marquat (University of Texas Press, 2014).
3. A formação e as consequências trágicas da desmobilização do sistema são analisadas de maneira primorosa por Mark Colvin em *The Penitentiary in Crisis: From Accommodation to Riot in New Mexico* (SUNY Press, 1992).
4. A bibliografia sobre o PCC e seu papel na regulação das prisões é tão vasta quanto controversa. Para iniciar o estudo do tema, recomendo particularmente as obras de Camila Nunes Dias e Karina Biondi, que têm escrito sistematicamente sobre a organização na última década.
5. Diversos vídeos e reportagens que se registra esse tipo de ocorrência estão disponíveis na internet. Um bom exemplo está em: <https://www.youtube.com/watch?v=Gim_uGU15PY>.
6. Para mais sobre o tema, ver o livro de Dave Grossman e Loren W. Christensen, *On Combat: The Psychology and Physiology of Deadly Conflict in War and in Peace* (Warrior Science Publication, 2008).
7. Um exemplo sem efusão explícita de sangue sobre esse tipo de evento pode ser visto em: <https://www.youtube.com/watch?v=LLnyutiOtho>.
8. Talvez a melhor revisão da pesquisa sobre efeito dissuasório esteja no artigo "Deterrence in the Twenty-First Century", de Daniel S. Nagin, publicado em 2013 na revista *Crime and Justice*.
9. Recomendo o livro de Steven Hewitt sobre o tema: *Snitch! A History of the Modern Intelligence Informer* (The Continuum International Publishing Group, 2010).
10. Um exemplo desse tipo de ação, com as tarjas necessárias de censura, está disponível em: <https://www.youtube.com/watch?v=0A4OsicGLE4&bpctr=1536765495>.
11. Esse tema vem sendo brilhantemente tratado por um cientista político da Universidade Federal do Piauí, Alexandre Marques, ainda desconhecido do grande público brasileiro. Particularmente, a leitura de seu artigo

"Terror e horror: a Nova República e a Teoria do Estado", no prelo, foi de grande ajuda para as reflexões desse tópico.

12. Para uma discussão mais aprofundada dessa ideia, ver o artigo de Greg Pogarsky, "Identifying 'Deterrable' Offenders: Implications for Research on Deterrence", publicado em 2002 pela *Justice Quarterly*.
13. O conceito foi tomado de empréstimo da obra seminal de Stephen Greenblatt, *Renaissance Self-Fashioning: From More to Shakespeare* (Chicago University Press, 1980).
14. Relato parte dessas experiências em uma série de artigos publicados na revista *Amálgama* em 2018. Talvez o mais didático deles seja "Onde os fracos não têm vez", disponível em: <https://www.revistaamalgama.com.br/01/2018/eleicao-2018-jair-bolsonaro-os-fracos-nao-tem-vez>.
15. A ideia aqui foi retirada do livro da filósofa Edith Stein, *An Investigation Concerning the State* (ICS Publications, 2007).

6. Feira livre

1. Para uma introdução honesta à disciplina da sociologia econômica, recomendo a obra de Richard Swedberg, *Principles of Economic Sociology* (Princeton University Press, 2003). Ela certamente não é a única nem a principal fonte utilizada neste livro, que também dialoga com a economia política, a criminologia, o direito etc. Porém, trata-se de um bom ponto de partida para um debate mais aprofundado desse tipo de questão sob uma ótica em diálogo direto, mas não necessariamente centrada na economia enquanto disciplina especializada.
2. Para uma discussão mais aprofundada, ver o artigo de Jens Beckert e Frank Wehinger, "In the Shadow: Illegal Markets and Economic Sociology", publicado em 2012 na *Socio-Economic Review*.
3. Obviamente, não utilizo a acepção no sentido comum de uma economia justa, solidária ou baseada em qualquer princípio de igualdade. Aqui, resgato a ideia de economia moral como termo que define o *background* ou a ordem social na qual se instituem arenas de troca, que definem explícita ou implicitamente aquilo que pode ser comercializado, por quem, de que maneira etc. Para mais sobre o tema, recomendo o artigo de Norbert Götz, "'Moral Economy': Its Conceptual History and Analytical Prospects", publicado no *Journal of Global Ethics* em 2015.

7. O comércio pacifica, mas a concorrência mata

1. Podem existir divergências a respeito de tratar os chaveiros, enquanto coletivo de pessoas, como uma instituição, e não um papel social. Acredito, porém, que o termo instituição acaba sendo o mais adequado para designar esse grupamento, que apresenta um nível relativamente estável de características uniformes em todo o sistema, apresentando, inclusive, cultura corporativa em algum nível, com chaveiros protegendo-se uns aos outros em muitas ocasiões, retaliando agressões cometidas por detentos contra ocupantes da função, e administradores de prisão acessando a rede para conseguir indicações de detentos de confiança, informações privilegiadas etc.
2. "Polícia apreende em loja no Centro do Recife mais de 50 celulares roubados". G1, 10 ago. 2016. Disponível em: <http://g1.globo.com/pernambuco/noticia/2016/08/policia-apreende-em-loja-no-centro-do-recife-mais--de-50-celulares-roubados.html>.
3. Nesse aspecto, é interessante notar que o contexto de crise instituído pelo advento dessas novas tecnologias de comunicação, responsável pela desestruturação progressiva do sistema político brasileiro desde 2013, pelo menos, já havia se instaurado no âmbito da segurança pública brasileira pelo menos uma década antes, em face de corporações policiais e de uma legislação penal absolutamente defasadas para lidar com a nova era das comunicações.
4. A referência indispensável ao tema se encontra em *Cocaína: a rota caipira — O narcotráfico no principal corredor de drogas do Brasil*, de Allan de Abreu (Record, 2017).
5. SERAPIÃO, Fabio. "Armas do crime vêm de Paraguai e EUA e rota é pela Tríplice Fronteira, diz PF". *O Estado de S. Paulo*, 9 jan. 2018. Disponível em: <https://brasil.estadao.com.br/noticias/geral,armas-do-crime-vem--de-paraguai-e-eua-e-rota-e-pela-triplice-fronteira-diz-pf,70002143559>.
6. Ver o artigo "The Drugs/Violence Nexus: A Tripartite Conceptual Framework", de Paul Goldstein, publicado em 1985 no *Journal of Drug Issues*.
7. Uma excelente análise da estrutura do mercado de crack foi realizada por Jean Daudelin e José Luiz Ratton para o caso recifense. Um resumo das descobertas dos autores está presente no artigo "Mercados de drogas, guerra e paz no Recife", publicado em 2017 pela revista *Tempo Social*.

8. De quem é o comando?

1. Farta bibliografia vem sendo produzida no Brasil sobre o Comando Vermelho desde seu surgimento. Clássicos indispensáveis são *A oficina do diabo*, de Edmundo Campos Coelho, e *Comando Vermelho: a história secreta do crime organizado*, ambos publicados pela Record. Também recomendo as obras de estudiosos como Michel Misse, Alba Zaluar, Antônio Luís Antônio Machado da Silva, Ignácio Cano, dentre outros. Em que pesem as discordâncias que possa ter com esses autores, já se tornaram bibliografia obrigatória nos debates sobre o crime organizado no Rio de Janeiro.
2. Entre 2018 e 2019, o PCC foi tema de pelo menos quatro grandes livros com impacto no mercado editorial brasileiro: *Guerra: a ascensão do mundo do crime no Brasil*, de Bruno Paes Manso e Camila Dias; *Irmãos: uma história do PCC*, de Gabriel Feltran; *Cocaína: a rota caipira do tráfico*, de Allan de Abreu; e *Laços de sangue: a história secreta do PCC*, de Marcio Christino e Claudio Tognolli. Além destes, uma grande quantidade de artigos, teses e dissertações tem sido produzida nas universidades paulistas sobre a facção, que se transformou numa verdadeira grife desde os atentados de 2006.
3. O estudo da economia política do crime organizado já é uma tradição relativamente bem consolidada nas ciências sociais nas últimas duas décadas. Certamente, o trabalho mais expressivo nesse campo nos últimos anos é *The Social Order of the Underworld: How Prison Gangs Govern the American Penal System*, de David Skarbek, publicado em 2015 e infelizmente sem tradução para o português.
4. Para mais informações sobre o tema, recomendo o estudo seminal de John B. Calhoun, "Population Density and Social Pathology", publicado em 1962 na revista *Scientific American*, v. 206, n. 2, p. 139-149.
5. Aqui, faço uso principalmente da teoria de David Skarbek sobre as gangues prisionais, exposta no livro supracitado e em diversos artigos publicados em periódicos internacionais de economia e ciência política.
6. No momento em que este livro estava sendo editado para publicação, o pacote anticrime do ministro Sergio Moro sequer havia entrado em tramitação no Congresso.
7. Para mais informações, ver o clássico de James Jacobs, *Stateville: The Penitentiary in Mass Society* (University of Chicago Press, 1977).

8. Ver Didier Fassin, *Prison Worlds: An Ethnography of the Carceral Condition* (Polit Press, 2016).
9. Ver *The Society of Captives*, o clássico de Gresham Sykes citado anteriormente.
10. Recentemente, tenho desenvolvido pesquisas junto ao professor João Cézar de Castro Rocha para compreender esse fenômeno, por meio da construção de uma perspectiva calcada na antropologia mimética, que pode dialogar diretamente com as descobertas deste livro. Como o trabalho ainda está em andamento, preferi não me aventurar a digressões mais complexas, que podem confundir o leitor. Em trabalhos futuros, espero poder desenvolver o tema com mais vagar.
11. Obviamente, não me atenho aqui ao conceito de "tipo ideal" conforme expresso na obra de Max Weber, o qual, grosso modo, constitui-se de um trabalho de exageração de atributos encontrados muitas vezes dispersos na realidade para a construção de um tipo. Antes, prefiro operar na mesma linha de Walter Eucken, um dos pais do chamado ordoliberalismo alemão, segundo o qual o entendimento da economia de uma única casa ou vizinhança poderia servir de parâmetro para a compreensão da economia mais geral da própria sociedade e mesmo da própria teoria econômica. Para uma análise mais aprofundada desse debate, ver o clássico de Eucken, *The Foundations of Economics: History and Theory in the Analysis of Economic Reality*. Springer-Verlag, Berlin-Heidelberg.

9. Na letra que mata

1. Para maior aprofundamento sobre o tema, recomendo a excelente tese do dr. Ryan M. Labrecque, *The Effect of Solitary Confinement on Institutional Misconduct: A Longitudinal Evaluation*.
2. Para mais sobre o tema, ver o artigo de Howard et al., "Processing Inmate Disciplinary Infractions in a Federal Correctional Institution: Legal and Extralegal Correlates of Prison-Based Legal Decisions", publicado em 1994 no *Prison Journal*.

10. Quem vigia os vigias

1. Para uma discussão mais detalhada sobre o conceito, ver o artigo de Richard Syder e Angelica Duran-Martinez, "State-Sponsored Protection

Rackets in Mexico and Colombia", publicado na revista *Colombia Internacional* em 2009.
2. Para mais informações sobre o conceito de instituição total, é indispensável a leitura do clássico de Erving Goffman, *Manicômio, prisões e conventos* (Perspectiva, 1961).
3. A literatura nacional sobre o uso de informantes nas atividades de investigação e, em particular, no contexto prisional aproxima-se perigosamente da inanição. Para uma introdução sobre o tema, recomendo o artigo de Leonardo Ferreira de Lira, "Inteligência e integração institucional no combate ao crime organizado no sistema penitenciário", publicado no livro *Ciências policiais e segurança pública* (Iluminia, 2018).
4. VERAS, Paulo. "Secretário Pedro Eurico diz que fala com presos pelo celular e ALEPE pede investigação". *Jornal do Commercio*, 2 fev. 2016. Disponível em: <https://jconline.ne10.uol.com.br/canal/politica/pernambuco/noticia/2016/02/02/secretario-pedro-eurico-diz-que-fala-com-presos-por-celular-e-alepe-pede-investigacao-219665.php>.
5. Ver o artigo de John Hepburn, "Exercise of Power in Coercitive Organizations: A Study of Prison Guards", publicado em 1985 na revista *Criminology*.
6. Ver o livro de Stephen McGuinn, *Prison Management, Prison Workers, and Prison Theory: Alienation and Power* (Lexington Books, 2014). É relevante observar que, no momento da edição deste livro, o juiz Sergio Moro apresentava propostas de modernização do sistema de justiça criminal brasileiro no seu pacote anticrime, muitas das quais em consonância com as discussões apresentadas nestas páginas, como o uso de "informantes do bem" e a possibilidade de policiais negociarem com organizações criminosas sem que isso acarrete perda para o devido processo legal.

11. A família estendida da prisão

1. Só para referenciar um exemplo mais recente, na Bahia, ver: <https://g1.globo.com/ba/bahia/noticia/justica-determina-interdicao-de-modulo-de-presidio-e-transferencia-de-presos-para-evitar-briga-entre-faccoes-na-ba.ghtml>.
2. Aqui, prescindo deliberadamente de uma análise mais detalhada sobre o histórico dessas organizações. Isso significa ignorar, para fins metodológicos, o fato de que parcela delas se integra a projetos políticos de partidos

de extrema esquerda, fortalecendo uma agenda de ativismo judicial que tem contribuído para a insegurança jurídica sistemática dos últimos anos. Também prefiro não me ater ao caráter político das intervenções de algumas organizações que disfarçam a ação político-partidária na forma de um ativismo de conveniência, a depender do partido no poder.
3. Aqui, vale uma observação interessante. Como não conta com financiamento externo de fundações ou organismos internacionais, nem recebe emenda parlamentar ou doações de particulares, o Sempri tem certa reputação de independência que legitima significativamente o seu trabalho para muitos agentes penitenciários e gestores públicos. Ainda que apresente franca resistência em alguns momentos, esse tipo de ativismo quase nunca é acusado de partidarizado por nenhuma das personagens envolvidas. Esta, aliás, foi a razão pela qual fui autorizado a acompanhar a instituição durante os anos de pesquisa, em que pesem as evidentes diferenças em termos de preferência política, o que me torna(va) *persona non grata* para muitas organizações e personalidades envolvidas no campo do ativismo em "direitos humanos" no estado.

Epílogo: O Complexo do Curado tem que acabar

1. Uma cópia do questionário pode ser acessada em: <http://download.uol.com.br/noticias/questionario_pcc_sobre_presidios_brasil.pdf>.

Índice onomástico

#
"Rei da Maconha no Nordeste" (criminoso), 109
1º Vara de Execuções Penais, 122, 473

A
A Corrente (organização criminosa), 352, 365, 369
Abelhas (grupo criminoso), 377
Agentes de Segurança Penitenciária (ASP), 121, 198, 233, 249, 252, 256, 288, 297, 298, 317, 320, 325, 328, 338, 376, 377, 397, 403, 406, 420, 435, 440, 443, 446, 447, 458, 459, 473
Alexandre de Moraes, 21
Al-Qaeda, 60
Amigos dos Amigos (ADA), 348
Antonino (detento), 194
Antônio Bonfim Lopes ("Nem da Rocinha"), 25
Antônio Henrique Ferreira da Silva, 109
Anuário da Criminalidade em Pernambuco, 110
Aryan Brotherhood (gangue americana), 354

B
Barrio 18 (El Salvador), 353
Batalhão de Choque da Polícia Militar, 109, 149, 227, 424
Batalhão de Operações Especiais (BOPE), 149
Batan (comunidade), 49
BBC Brasil, 21
Betão (detento), 85-87, 89
Botinha (detento), 271, 273, 274, 276, 277
Bureau of Justice Statistics (BJS), 100

C
Calabouço de Aljube, 103
Câmara de Articulação, 467
Câmara Técnica de Administração Prisional, 466
Carandiru, 17, 19-21, 23, 105, 350, 351

Cármen Lúcia, 24
Casa da Vila, 104
Casa de Correção, 103-05
Casa de Custódia de Taubaté ("Piranhão"), 350, 351
Casa de Detenção, 23, 103-05
Casa Militar, 443
Casas Correcionais,104
Cemitério Parque das Flores, 78
Centro de Observação Criminológica e Triagem Professor Everardo Luna (Cotel), 297, 397, 398, 447
Centro de Segurança Institucional e Inteligência do Ministério Público de São Paulo, 28
Centros Comunitários da Paz (Compaz), 499
Cidade de Deus, 49
Claude Lévi-Strauss, 105
Clínica Internacional de Direitos Humanos da Faculdade de Direito de Harvard, 55
Clube Náutico Capibaribe, 34
Código Civil, 330
Código Penal Brasileiro, 103, 309, 402, 467
Código Penitenciário de Pernambuco, 80, 136, 161, 395, 408, 409, 411
Código Penitenciário, 183, 375, 415, 421, 467
Código Processual Penal, 402
Colônia Penal Feminina Bom Pastor, 33
Comando Vermelho (CV) (facção criminosa), 18-22, 27, 28, 315, 345, 347, 348, 351, 352, 361, 365-67, 369, 374, 376, 378, 383, 423, 495

Comissão Interamericana de Direitos Humanos (CIDH), 55, 56, 488
Comitê Estadual de Prevenção e Combate à Tortura (CEPCT), 464
Complexo Penitenciário Anísio Jobim (Compaj), 17, 18, 20-24
Conselho de Direitos Humanos de São Paulo, 65
Conselho Disciplinar, 256
Conselho Nacional de Justiça (CNJ), 471
Conselho Nacional de Política Criminal e Penitenciária (CNPCP), 26, 99
Conselho Nacional do Ministério Público (CNMP), 470
Conservative Vice Lords (gangue americana), 354
Constituição Federal de 1988, 395, 467, 476
Convenção Americana sobre Direitos Humanos (CADH), 56
Corpo de Bombeiros (CBM), 443
Corte Interamericana de Direitos Humanos (Corte IDH), 56-58, 61, 72, 110, 111, 117, 119-21, 151, 152, 156, 206, 207, 243, 248, 293, 303, 404, 471, 478-80, 487-89
Crimes Violentos Letais Intencionais (CVLIs), 100, 110 ,119, 121, 338, 383, 466, 467, 475

D

Daniel Defoe, 331
Dead Man Incorporated (gangue americana), 354

Defensoria Pública, 57, 61, 89, 197, 296, 462, 469, 492
Departamento de Homicídios e Proteção à Pessoa (DHPP), 381
Departamento de Justiça norte-americano, 100
Departamento de Monitoramento e Fiscalização do Sistema Carcerário e do Sistema de Execução de Medidas Socioeducativas (DMF), 471, 472
Departamento Estadual de Prevenção e Repressão ao Narcotráfico (DENARC), 381
Departamento Penitenciário Nacional (Depen), 99, 118, 152
Disco (traficante e "chaveiro" do Complexo), 428-30
Doutrina Nacional de Inteligência Penitenciária (DNIPEN), 442

E
Eduardo Campos, 47, 67
El País, 17, 21
Elias Maluco, 348
Estadão, 20, 21, 28, 322
Estados Unidos (facção criminosa), 27, 352
Estatística Penal Anual do Conselho da Europa, 99
Eusébio ("chaveiro" do Complexo), 86, 87
Exército Vermelho, 354
Extra, 21

F
Falange LSN (facção criminosa), 347

Falange Zona Norte ou Falange Jacaré (facção criminosa), 346
Família do Norte (FDN) (facção criminosa), 18-20, 25, 315, 374
Federal Bureau of Prisons (FBP), 100
Fernandinho Beira-Mar, 348
Fernando (agente penitenciário), 429
Fim de Semana Sangrento, 19
Floresta Amazônica, 123
Folha de S.Paulo, 21
Força de Intervenção Penitenciária, 21, 22
Força Nacional de Segurança Pública (FNSP), 21, 22
Fórum Permanente para Acompanhamento das Medidas Provisórias, 57

G
Gabinete de Assessoria Jurídica às Organizações Populares (Gajop), 477
Gazeta do Povo, 21
Geleião (um dos fundadores do PCC), 352
Gerência de Inteligência e Segurança Orgânica (Giso), 442-44, 448
Gerência de Operações e Segurança (GOS), 70, 72, 149, 199, 205, 207-09, 211, 227, 228, 319, 376, 401, 402, 405, 424, 425
Gilmar Mendes, 22
Givanildo (detento), 128-31
Gresham Sykes, 123
Grupos de Trabalho de Juízes de Varas de Penas e Medidas Alternativas (GMFs), 471

Guardiões do Estado (facção criminosa), 352, 361
Guerra dos Farrapos, 104

H
Helinho (chaveiro do Complexo), 116, 117, 240
Henri Charrière ("Papillon"), 345
Hospital da Restauração, 245

I
Igreja Católica, 476, 477, 513
Instituto de Menores Artesãos, 104
Instituto Penal Antônio Trindade (Ipat), 18
Instituto Penal Cândido Mendes (ICPM) ("Caldeirão do Diabo"), 345

J
Jean Daudelin, 45
Jeremy Bentham, 95, 96
Jorge Rafaat ("Rei da Fronteira"), 20
Jornal do Brasil, 109
Jornal do Commercio, 115
José Luiz Ratton, 11, 46, 49, 67
José Roberto Fernandes Barbosa ("Zé Roberto da Compensa"), 18
Justiça Global, 55, 479

L
La Eme (máfia mexicana), 354, 361
Lei de Execução Penal (LEP), 54, 80, 93, 96, 135, 136, 161, 183, 206, 230, 293, 309, 351, 395, 398, 407-09, 467, 468, 471
Lei de Segurança Nacional (LSN), 345, 347
Leonel Brizola, 348
Levantamento Nacional de Informações Penitenciárias (Infopen), 97, 98, 100-02, 110
Liga da Justiça (organização criminosa), 365
Limeira (agente de segurança penitenciária), 89
Lobo (traficante de Casa Amarela), 428, 429
Luciano Oliveira, 107
Lula Monstrinho ("chaveiro" do Complexo), 273-77

M
Macaé (detento), 392, 393
Mara Salvatrucha (MS) (gangue de El Salvador), 353, 361
Marcinho VP, 348
Marco Antônio (detento), 83, 86, 87
Marcola, 377
Mario Covas, 350
Matias (agente de custódia), 252, 415, 435, 446
Mecanismo Estadual de Prevenção e Combate à Tortura (MEPCT), 464
Michel Foucault, 14, 15, 94, 96, 107
Minha Cela Minha Vida (MCMV), 205-07, 282
Ministério da Justiça (MJ), 22, 100, 352
Ministério Público (MP), 28, 54, 57, 59, 151, 178, 294, 349, 424, 467-71, 473, 474, 477, 488, 492, 494

Miruca (delegado), 321, 322
Movimento Nacional de Direito Humanos (MNDH), 477

N
Nando (chaveiro do Complexo), 388, 391-93
Neco (chaveiro do Complexo), 210, 211
Neno (diretor do Complexo), 419
Nuestra Familia (gangue americana), 354, 361

O
O Globo, 21
Okaida (facção criminosa), 27, 352, 365
Olavo Bilac, 104
Operação Echelon, 494
Organização dos Estados Americanos (OEA), 55, 57-59, 77, 130, 206
Os Cachorros (organização criminosa), 352, 365, 369

P
Pablo Escobar, 347-48
Pacto Pela Vida (PPV), 48-50, 465, 466
Partido Socialista Brasileiro (PSB), 67
Pascal, 174
Pastoral Carcerária (PCr), 55, 155, 171, 477, 478, 489, 490
Pedro Juan Caballero, 20, 322
Penitenciária 2 de Presidente Venceslau, 349
Penitenciária Agrícola de Monte Cristo (PAMC), 20
Penitenciária Estadual do Novo México, 380
Penitenciária Federal de Campo Grande, 18
Pitico (chaveiro do Complexo), 40-44, 132, 148, 263, 264
Plano Estadual de Segurança Pública, 46
Plano Municipal de Segurança, 50
Plano Nacional de Direitos Humanos (PNDH), 476
Plano Nacional de Segurança Pública, 22
Polícia Civil, 149, 208, 381, 443
Polícia Militar (PM), 19, 23, 109, 112, 114, 149, 199, 227, 231, 366, 382, 443
Porto de Suape, 27
Presídio Agente Marcelo Francisco de Araújo (PAMFA), 26, 78, 88, 90, 118, 120, 124, 488
Presídio de Igarassu, 32, 114, 297, 373
Presídio de La Paz, 362, 363
Presídio Frei Damião de Bozzano (PFDB), 26, 27, 78, 118-20, 124, 488
Presídio Juiz Antônio Luiz Lins de Barros (PJALLB), 26, 78, 118, 120-22, 124, 464, 488
Presídio Professor Aníbal Bruno (atual Complexo Penitenciário do Curado), 55, 56, 58, 78, 108, 109, 111, 113, 114, 116-19, 124, 130, 198, 238, 246, 247, 318, 326, 366, 403, 491
Primeiro Comando da Capital (PCC) (facção criminosa), 18-23, 25, 27,

28, 65, 139, 217, 253, 271, 305, 306, 315, 321, 349-52, 361, 365-67, 369, 374-76, 378, 383, 423, 427, 429, 438, 494, 495
Procuradoria da República, 57, 471
Programa Atitude, 50, 393
Promotoria de Execuções Penais, 151

R
Ramon (detento), 303-06, 344, 372
Ramos (agente de segurança penitenciária), 298, 299, 372, 373
Rede Bandeirantes (Band), 21
Rede Globo de Televisão, 21
Regime Disciplinar Diferenciado (RDD), 301, 367, 371, 374, 406, 410, 421-23
Revista *Tempo Histórico*, 109
Ribamar (chaveiro do Complexo), 83-88, 269
Robertinho (detento), 128, 129
Roberto Carlos, 211
Rocinha, 25, 49

S
Santa Cruz Futebol Clube, 34, 41
SBT, 21
Secretaria de Educação, 462
Secretaria de Justiça e Direitos Humanos (SJDH), 69, 70, 72, 151, 152, 205, 207, 208, 260, 262, 295, 462, 464, 465, 479, 488
Secretaria de Planejamento e Gestão (SEPLAG), 117, 465
Secretaria Estadual de Saúde (SES), 462

Secretaria Executiva de Ressocialização (Seres), 62, 70, 71, 101, 119, 124, 147, 151, 152, 207, 208, 247, 260, 269, 291, 295, 313, 321, 370, 388, 389, 396, 397, 400, 423, 425, 443-45, 456, 462, 464-66
Secretaria Nacional de Direitos Humanos (SNDH), 476
Serasa, 276
Sérgio Fontes, 19
Serviço Ecumênico de Militância nas Prisões (Sempri), 12, 33, 34, 45, 51, 53-55, 57, 64, 67, 69-71, 94, 155, 207, 208, 293, 387, 389, 404, 477-80, 483, 484, 487, 490
Sindicato do Crime (facção criminosa), 20, 374, 376
Sistema de Inspeção Prisional do Ministério Público (SIP-MP), 470
Sistema Estadual de Inteligência de Segurança Pública de Pernambuco (SEINSP), 443
Sistema Interamericano de Proteção dos Direitos Humanos (SIPDH), 57
Sistema Único de Segurança Pública (Susp), 152
Sport Club do Recife, 34, 35
Statesville Correctional Center (SCC) (penitenciária americana), 96, 379
Stefan Zweig, 105
Superintendência de Segurança Prisional, 425, 464
Supremo Tribunal Federal (STF), 22, 24

T
Terceiro Comando (TC), 348
Termo de Ajustamento de Conduta (TAC), 469
Thomas Hobbes, 133, 254
Toinho (agente de segurança penitenciária), 406

U
Unidade de Pronto Atendimento (UPA), 245
United Blood Nations (gangue americana), 354
Universidade de Carleton (Canadá), 45
Universidade Federal de Pernambuco (UFPE), 11, 30, 45, 46
UOL Notícias, 21

UPP Social, 49
Uziel de Castro, 19

V
Valter (superintendente do presídio), 130
Vidigal, 49

W
Wilma Melo, 12, 34, 35, 43-45, 51, 52, 57, 66, 68, 70, 73, 75-77, 81, 82, 84, 86, 92-94, 124, 205, 207, 208, 211, 243, 245, 275, 276, 406, 459-61, 477, 482, 484, 487
World Prison Brief (WPB), 99

Z
Zico (detento), 127-32, 148

Este livro foi composto na tipografia Minion
Pro, em corpo 11/15, e impresso em
papel off-white no Sistema Cameron da
Divisão Gráfica da Distribuidora Record.